고대문명의 도약

고대문명의 도약 下

발행일 2022년 10월 30일

지은이 유자심
펴낸이 유영미
펴낸곳 인왕출판사
출판등록 2015-000335
주소 서울시 마포구 상암산로 1길 24, 404동 1001호
전화번호 02-308-2356
팩스번호 02-308-2356

편집/디자인 (주)북랩

ISBN 979-11-956665-8-4 03910

고대 유적지에 숨겨진 모순과 진실

고대문명의 도약 下

유자심 지음

서울 석촌동고분에서
창녕고분 바위, 익산 입점리고분까지
유적과 유물 속 사람형상의 비밀을
낱낱이 파헤치다

인왕출판사

일 / 러 / 두 / 기

1. 반복되는 박물관 대학명은 가급적 간략하게 표기했다. 박물관은 '박'으로 줄이고, '국립'은 생략했다. 대학교는 '대'로 표기했다.

2. 박물관 도록 제목에 박물관명이 들어가지 않는 경우, 박물관명으로 표기했다. 원래의 도록명은 참고 도서 목록에서 확인할 수 있다.

3. 유적지와 유물명은 박물관과 도록에 따라 약간의 차이가 있는데, 하나로 통일하지 않고 나타난 그대로 적었다.

4. 유물 출토 위치가 미상이거나 표기되지 않은 경우, 출토지를 제대로 확인하지 못한 경우에는 유물이 전시된 박물관명을 표기했다.

목 / 차

4부 회화와 자연에 나타난 사람형상

27장 회화로 표현된 고대유물의 사람형상

28장 가덕도의 신석기시대 유적과 몽돌

3부

고대 토기의 사람형상

앞에서 고대유물 및 유적지에 사람형상이 새겨져 있는 것을 살펴보았다. 동일하게 고대 토기에도 사람형상이 새겨져 있는 듯하다.

특히 토기는 형태가 다양하고 커서 형상을 새길 공간이 넓고, 수량 또한 많다.
따라서 고대유물에 사람형상이 새겨져 있음을 확인할 수 있는 중요한 위치에 있는 유물이다.

중앙박물관에 게시된 글이다.

토기의 등장

토기는 1만 년 전 인간이 진흙을 구우면 단단해진다는 화학적 변화를 깨닫고 만든 최초의 발명품이다. 토기는 흙으로 빚은 그릇 그 이상의 의미를 지닌다. 끓이고 데치고 삶는 등 다양한 조리방법이 가능해져 먹을 수 있는 재료가 많아지고 보관, 운반도 이전보다 손쉬워졌기 때문이다. 이처럼 식생활이 안정적으로 유지되면서 사람들은 한 곳에 비교적 오래 머물며 생활할 수 있게 되었다.

15장 토기에 인위적으로 선을 그은 증거

1. 표면에 인위적으로 그어진 선

언뜻 보면 조각난 토기를 다시 이어붙인 부분이 나타내는 균열선처럼 보이나, 실제로는 인위적으로 표면에 그은 선이 있다.

하남 미사리유적 출토 초기철기시대의 다음 토기를 보자.(『한양대박 도록』)

다수의 균열선이 표면에 나타난 것처럼 보이나, 윗부분의 선을 보면 토기가 균열된 것이 아님을 알 수 있다.

입구 테두리 부위에서 선이 멈추어 있고, 윗부분에 선이 이어지지 않아서 균열된 선이 아님이 명백하다.

제작되어 단단해진 이후에 자연적으로 이런 선이 그어질 수 없으므로, 성형 단계에서 인위적으로 그은 것으로 추정된다.

균열선이 아니라 그은 선인 것을 육안으로도 알 수 있지만, 이처럼 설명하는 이유는 이에 대한 학계의 언급을 보지 못했기 때문이다.

자연적으로 나타난 것으로만 여기는 듯하다.

토기를 제작할 당시에는 균열선을 알 수 없다.

균열선은 조각난 토기를 다시 이어붙여 나타난 것이기 때문이다.

이러한 균열선과 유사한 형태의 그은 선은 균열선 또한 그은 선처럼 인위적 현상일 수 있음을 암시한다.

거꾸로 보면 위의 선이 인물상을 그린다.

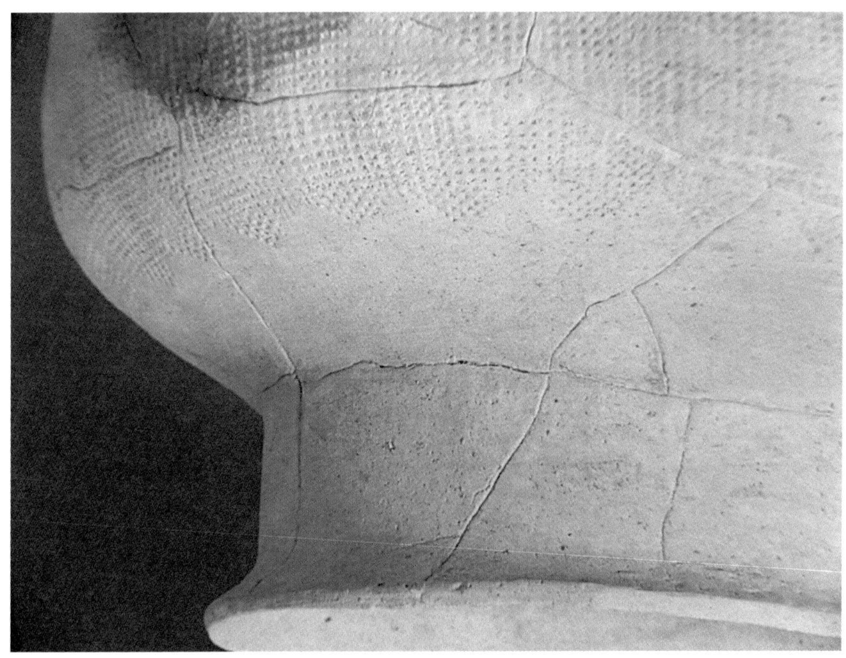

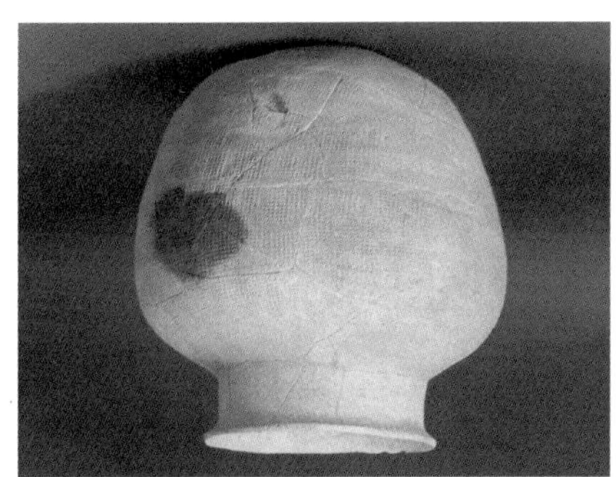

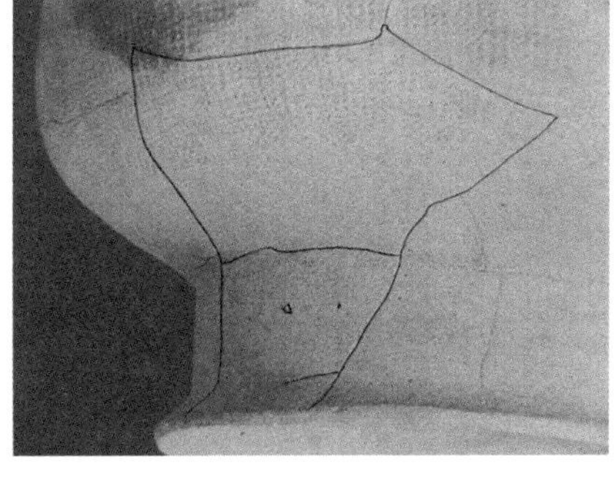

함께 출토된 다음 토기의 선들도 균열선이 아니라, 인위적으로 그은 선이다.

위의 선을 거꾸로 보면 인물상을 그린다.

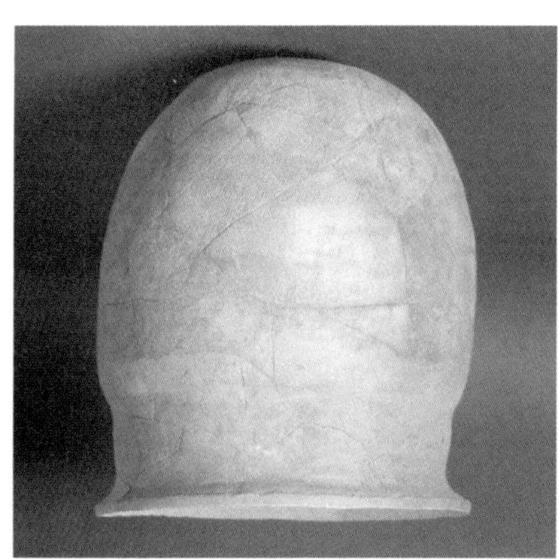

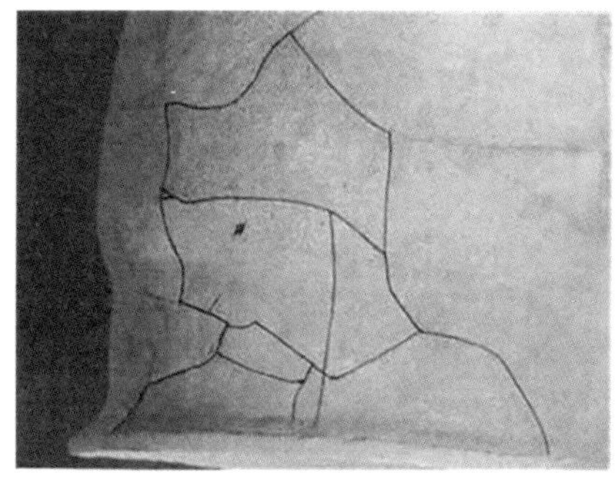

옆으로 보아도 인물상이 나타난다.

선이 나타내는 인물상은 인위적으로 선을 그었음을 증명한다.

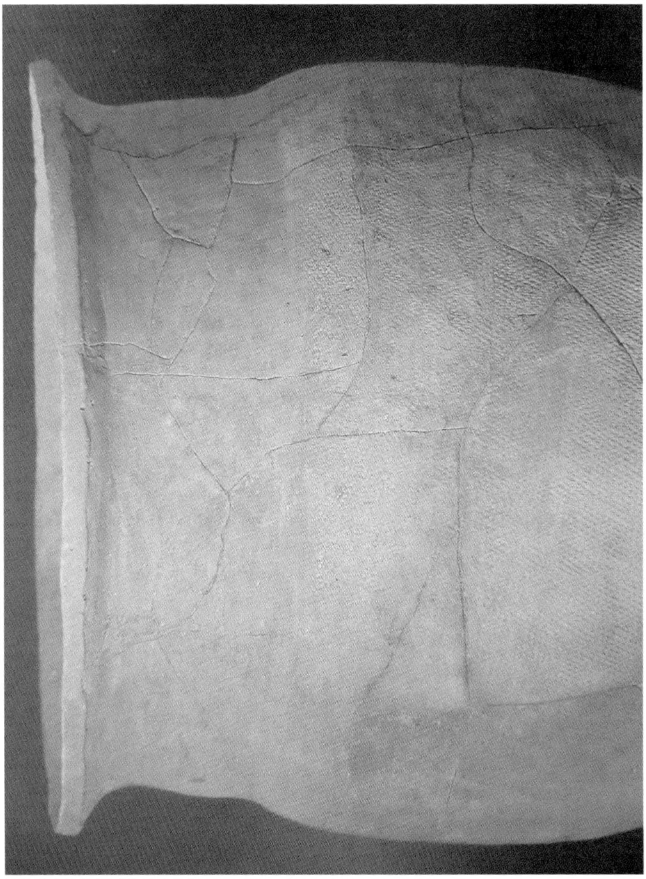

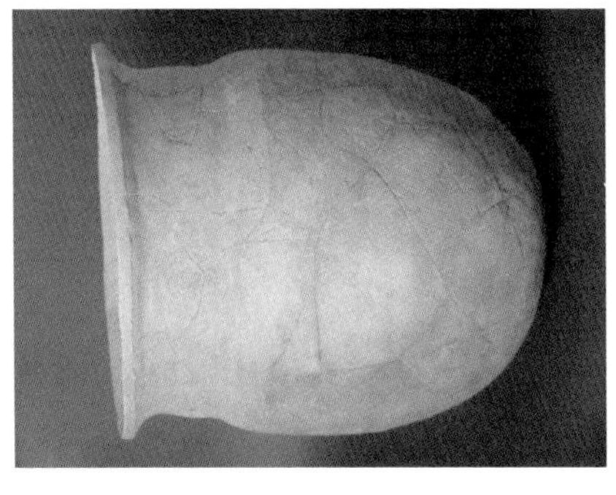

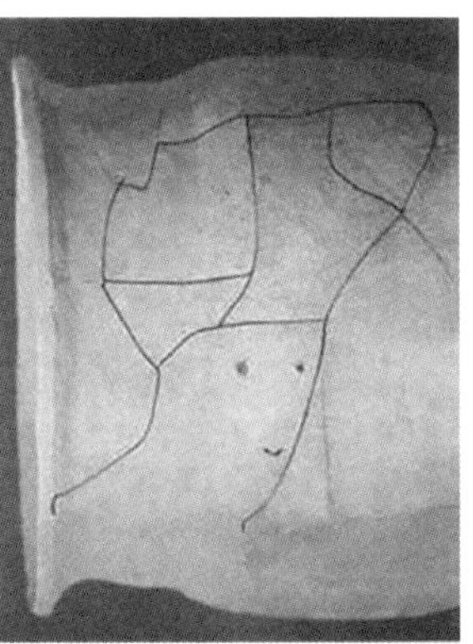

파주 주월리유적의 초기 삼국시대 토기다.(한양대박물관)(『한양대박 도록』)
선이 그어지다 끊겨있다. 인위적으로 선을 그었음이 잘 나타난다.

인천 동양동유적의 삼국시대 토기다.(인천검단선사박물관)

입구 테두리에 나타난 선은 균열선이 아닌 그은 선임이 뚜렷하다.

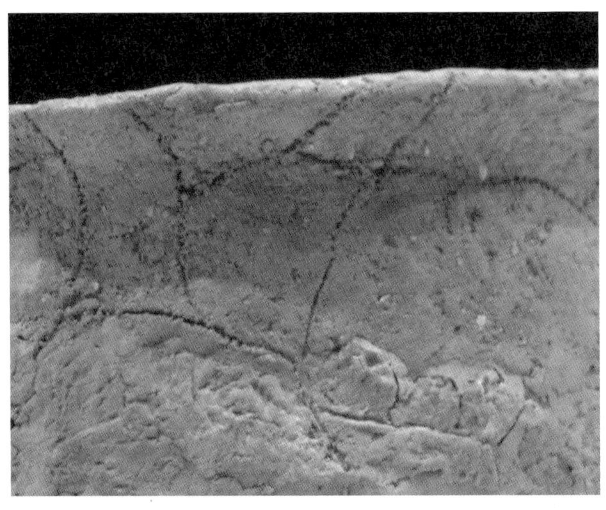

단양 수양개유적의 초기 삼국시대 시루 토기다.(수양개유적전시관)
그어진 선이 인물상의 윤곽선을 이룬다.

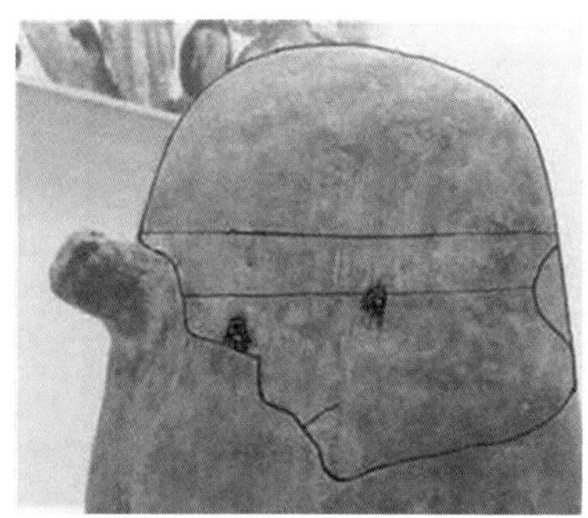

위 형상 위쪽에 중첩된 인물상이다.

반듯하게 그려진 문양 선이 머리카락 경계선과 입을 이룬다. 균열선처럼 보이는 불규칙한 선이 인위적으로 그어졌음이 잘 나타난다.

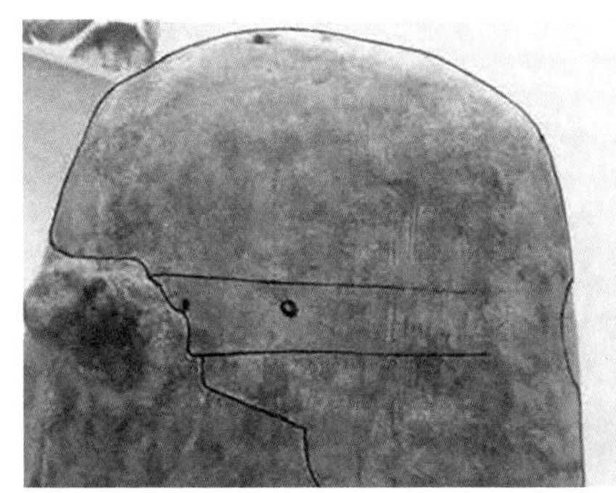

파주 주월리유적의 초기 삼국시대 토기다.(『한양대박 도록』)

얕게 새겨진 선은 균열선이 아닌 그은 선임을 나타낸다.

옆으로 하면 선이 뚜렷한 인물상의 형태를 그린다.

파주 주월리유적의 철기시대 토기다.(한양대박물관)
그은 선이 뚜렷한 인물상을 그린다.

파주 주월리유적의 철기시대 토기다.(한양대박물관)

그은 선이 인물상을 나타낸다.

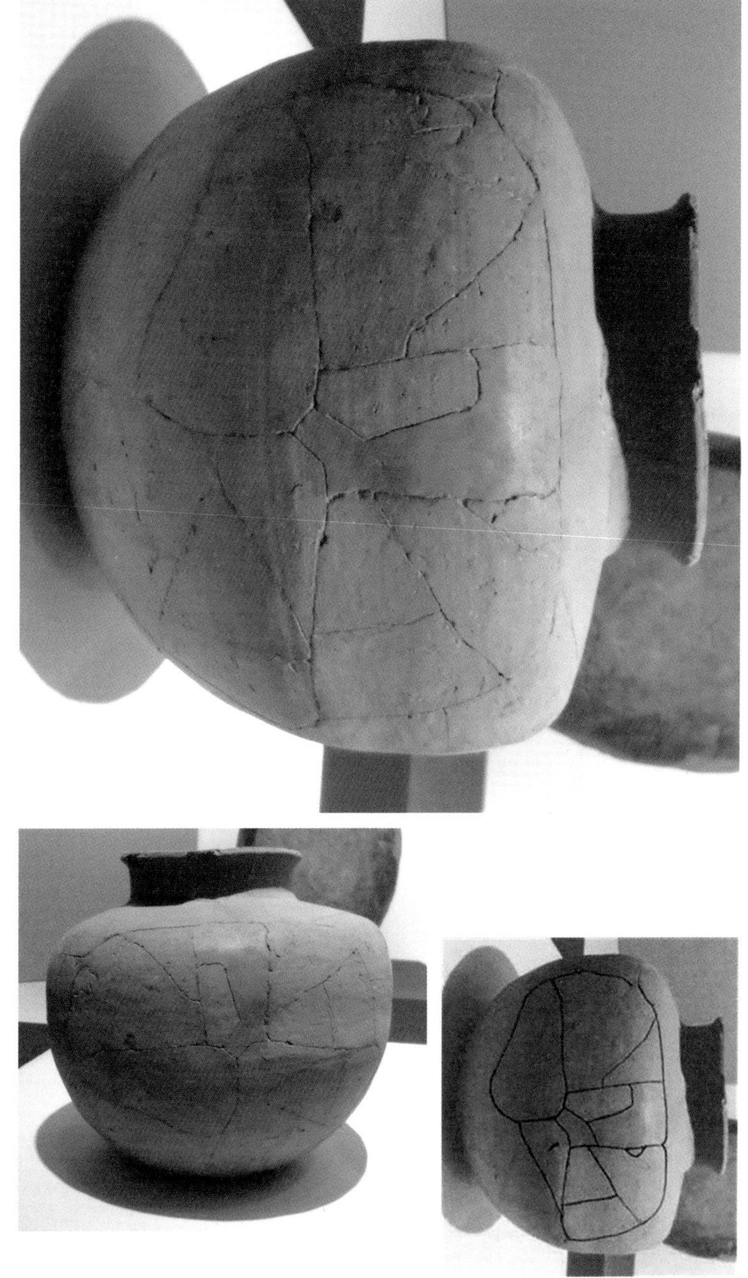

파주 당하리유적의 청동기시대 토기에 나타난 선도 균열선이 아닌 그린 선이다.(『한양대박 도록』)

선이 인물상의 형태를 그린다.

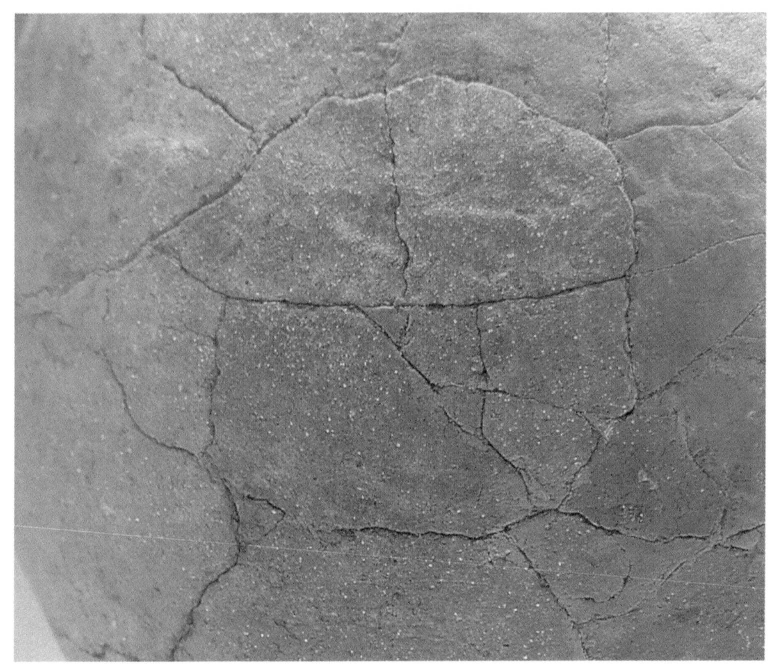

위 토기를 거꾸로 보면 인물상이 나타난다.

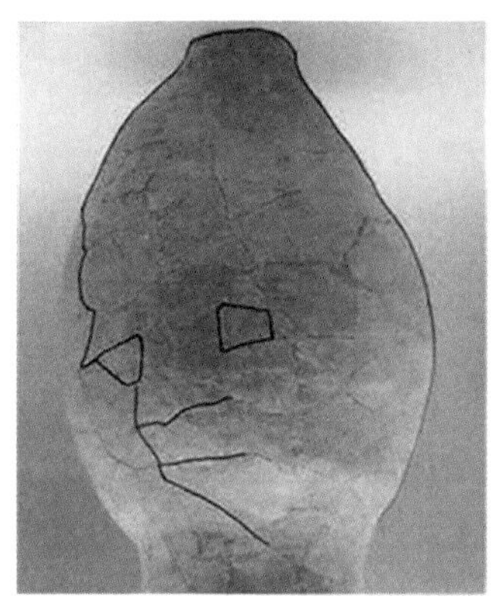

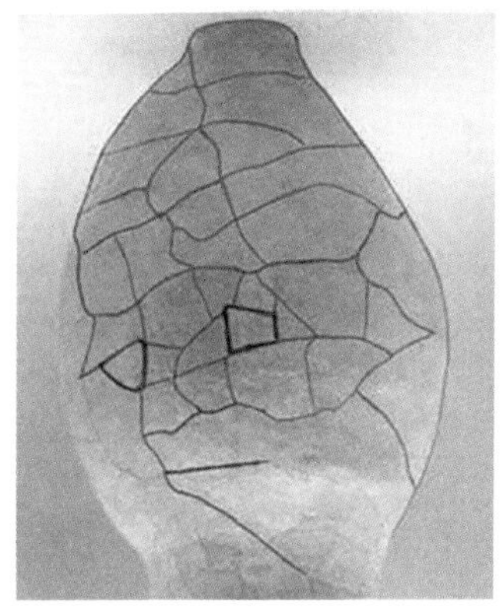

태안 안면도 고남리 청동기시대 토기다.(『한양대박 도록』)

그은 선이 나타나 있으며, 거꾸로 본 인물상이다.

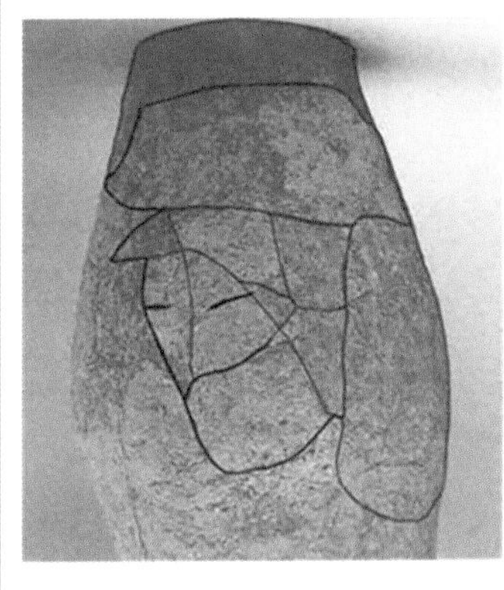

옆에서 본 인물상이다.

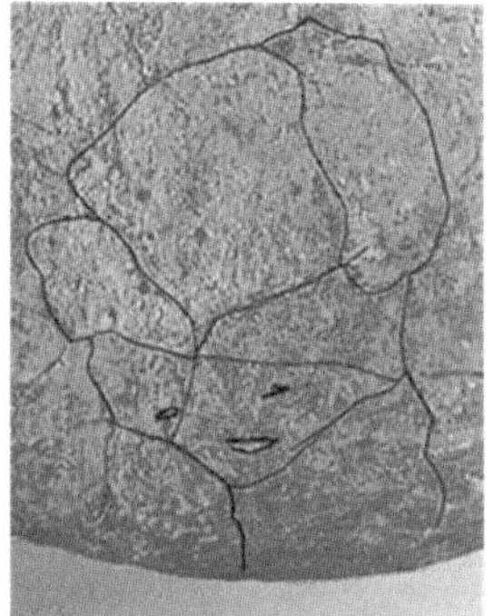

태안 안면도 고남리유적 청동기시대 토기다.(『한양대박 도록』)

그어진 선이 인물상을 그린다.

위와 유사한 형태의 파주 당하리유적 청동기시대 토기다.(『한양대박 도록』) 거꾸로 하면 그어진 선이 인물상을 나타낸다.

2. 구멍과 연결된 그은 선

하남 미사리유적 출토 신석기시대 빗살무늬토기다.(『한양대박 도록』)

구멍이 하나 뚫려있다. 토기와 구멍은 어울리지 않는다.

깨진 곳이 보이지 않아서 수리와 관련도 없다. 토기에 나타난 구멍이 깨진 곳을 보수하기 위해서라는 설명이 맞지 않음이 증명된다.

구멍은 빗살무늬토기가 실용적인 용도로 사용된 것이 아님을 증언한다.

이는 밑이 뾰족한 것도 마찬가지다. 자체적으로 세울 수 없는 토기가 실용적인 용도로 제작될 리 없다.

빗살무늬토기를 비롯한 이후에 제작된 밑이 뾰족하거나 둥글어서 세울 수 없는 고대의 토기들은 모두 하나의 작품으로 제작된 듯하다.

사람형상이 새겨진 것이 이를 증명한다.

빗살무늬와 다르게 가로 방향으로 길게 연결된 선이 그어져 있다. 균열선이 아닌 그은 것이 분명한 이 선이 구멍과 연결되어 있다.

구멍은 인위적으로 판 것이므로 여기에 연결된 선 또한 인위적으로 그은 선으로 볼 수 있다.

이 선이 뚜렷한 인물상을 나타낸다.

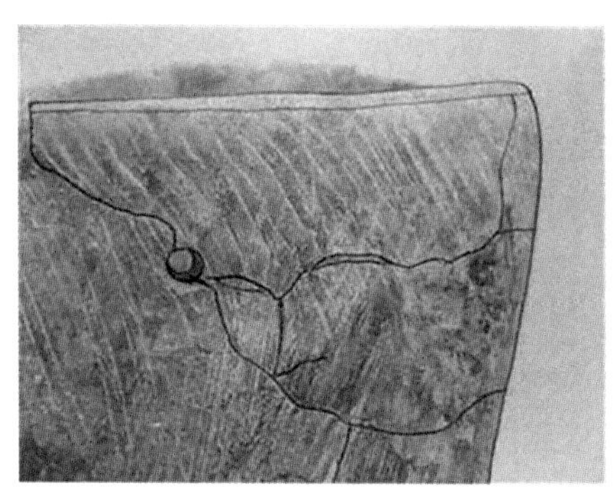

거꾸로 보면 선이 윤곽선을 이루고, 구멍이 입을 나타내는 인물상이 나타난다.

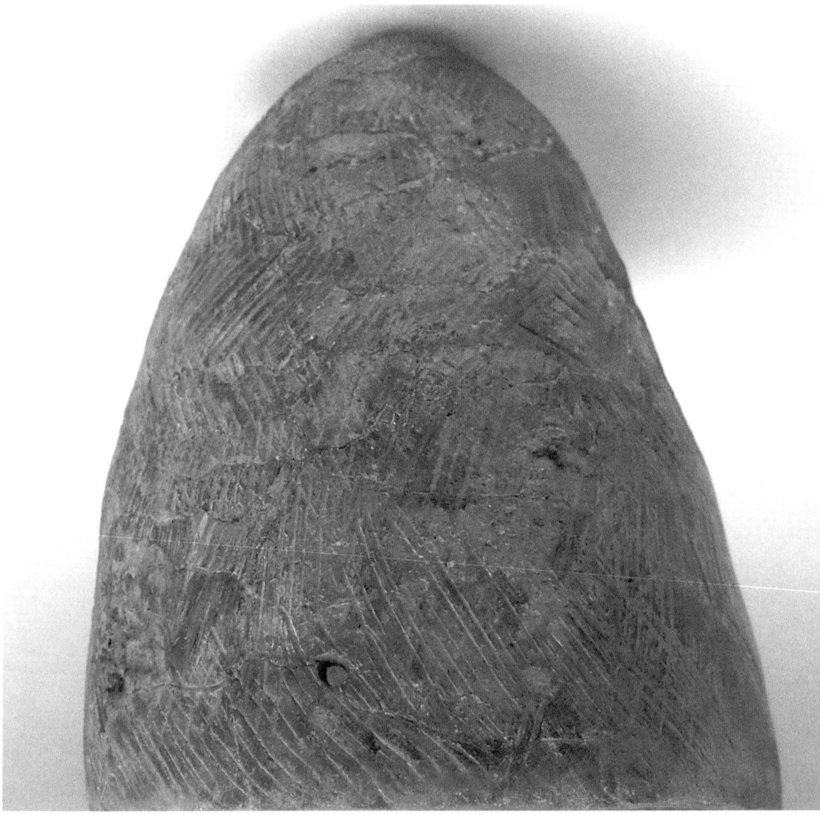

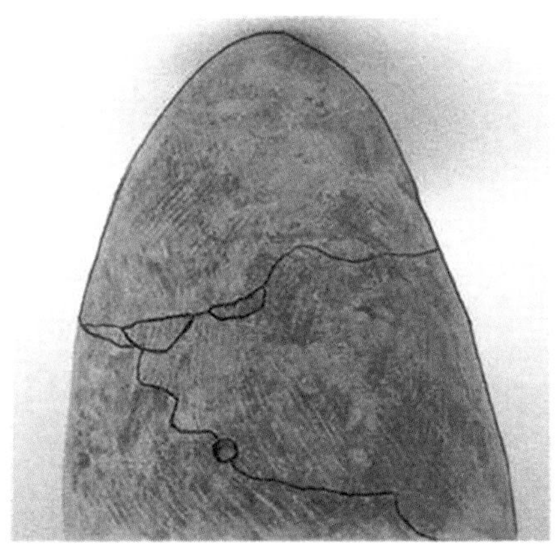

위 형상 위쪽에 중첩해 나타난 인물상이다.

사선으로 그어진 빗살무늬에 가려져 잘 나타나지 않지만, 얕게 새긴 그은 선이 인물상의 윤곽선을 그린다.

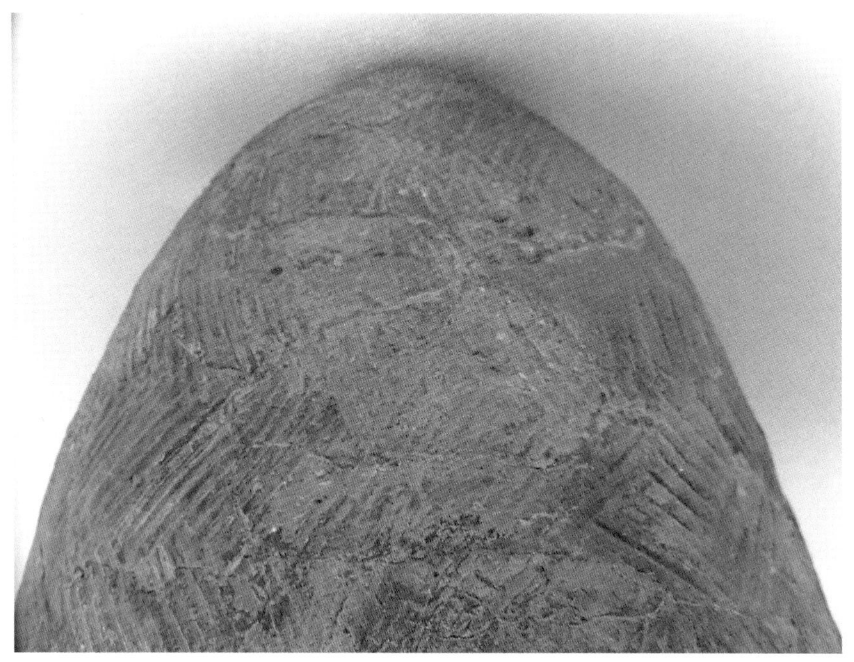

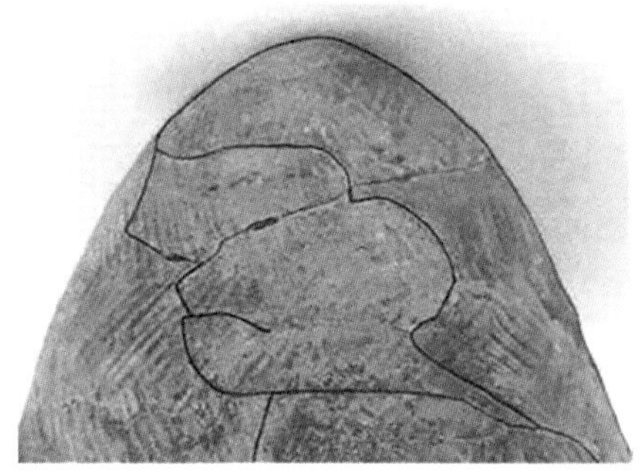

빗살무늬토기에 나타난, 그은 선이 윤곽선을 이루는 중첩된 인물상은 신석기 시대 유물이 생명형상과 관련 있음을 증명한다.

파주 당하리유적 출토 구멍무늬토기의 구멍과 그은 선이 이어져 있다.(『한양대박 도록』)

선이 윤곽선을 이루고 두 구멍이 눈을 나타내는 인물상으로 볼 수 있다.

입구 부위를 빙 둘러 구멍이 뚫려있어서, 구멍무늬토기로 불리는 토기가 전국 각지에서 출토된다. 구멍이 생명형상과 관련 있어서, 구멍무늬토기를 제작한 이유가 설명된다.

옆에서 보면, 그은 선이 윤곽선과 입을 이루는 인물상이 뚜렷하다.
눈은 별도로 그렸다.

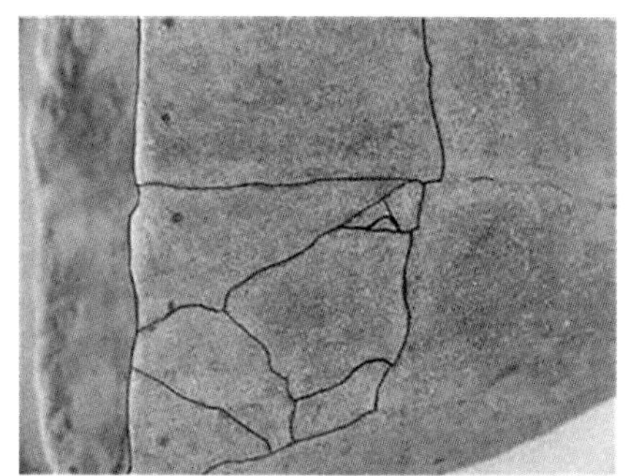

화성 석우리유적 출토 토기다.(『한성백제박 도록』)

그은 선이 큰 구멍과 연결돼 있다.

구멍과 연결된 그은 선이 함께 형상을 표현하는 기능을 한다.

고대 토기에 인위적으로 선을 그었음이 명백해졌다.

이 선이 사람형상을 표현하는 것도 증명된 듯하다.

16장 토기를 인위적으로 균열시킨 증거

복원한 토기는 제작할 때 새긴 문양 외에, 조각난 토기를 붙인 부분이 선을 이루는 균열선이 나타나게 된다. 이런 균열선이 사람형상을 나타내는 것을 앞에서도 살펴보았다.

여기에서는 균열선이 인위적으로 조성되었으며, 이 균열선이 사람형상을 나타내는 것을 본격적으로 다양한 사례를 통해 증명하고자 한다.

모든 토기에 사람형상이 새겨진 것은 아닌 듯하다. 오히려 뚜렷한 형상이 새겨진 경우는 전체 토기에서 차지하는 비율이 낮을 것으로 판단된다.

그러나 사람형상이 새겨진 토기의 수량이 적은 것도 아니어서, 토기에 다양한 방법으로 사람형상을 표현하고 있음이 증명될 것으로 판단된다.

토기는 약해서 자연적으로 균열 되기 쉬운 것으로 생각하므로, 지금껏 오랜 시간이 경과 한 고대의 토기들이 조각나 있는 것을 당연하게 생각해 왔다.
그러나 자연적인 균열만으로 설명하기 어려운 경우도 많은 듯하다.

먼저, 토기의 균열선이 자연스러운 균열에 따른 것만이 아니라, 의도적으로 균열시킨 결과임을 증명하고자 한다.

이후 토기의 균열선이 나타내는 형상을 살펴보기로 한다.

1. 균열선이 의도적으로 생성된 증거

1) 그은 선과 이어진 균열선

앞에서 고대 토기에 다양한 형태의 선을 그었음을 살펴보았다.

그런데 그은 선이 균열선처럼 보이는 선과 이어져 있는 경우가 있다.

이는 그은 선과 균열선이 관련 있음을 증명한다.

균열선은 조각나기 전에는 존재하지 않는다. 조각난 것을 붙여 복원해야 나타나게 된다. 이런 균열선과 그은 선이 이어져 있다면, 그은 선은 균열되기 전에 그어진 것이므로, 균열선 또한 그은 선과 이어지도록 의도적으로 조성했음을 의미한다.

부천 보강동유적 토기를 보자.(『한양대박 도록』)

그은 선이 얕게 파인 균열선과 이어진 모습이다.

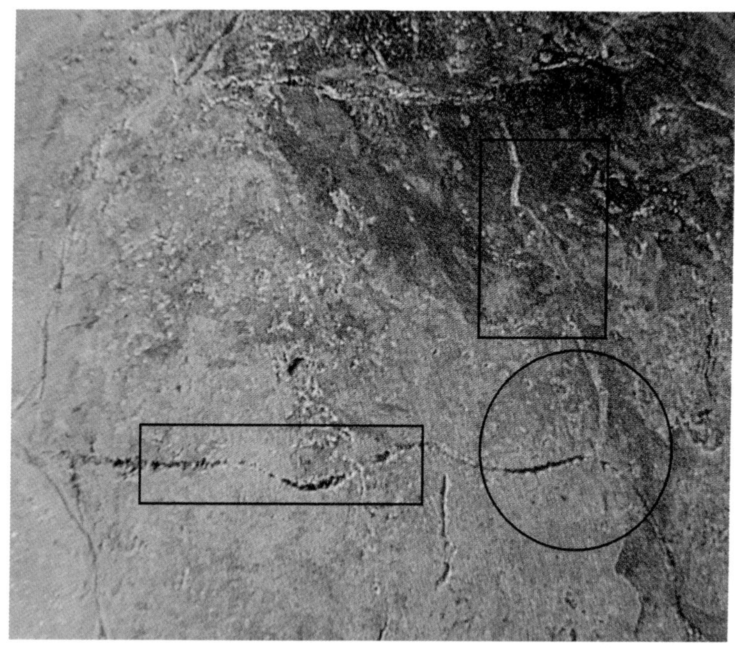

옆에서 보면, 그어진 선이 얕게 새겨진 균열선과 이어지며, 형상을 나타낸다.

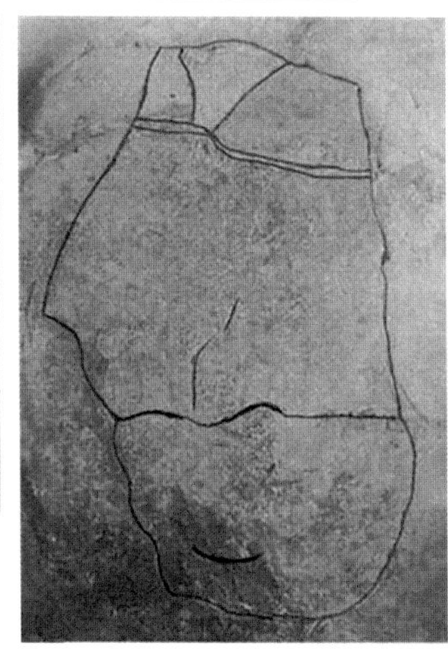

그은 선과 균열선이 이어지며 윤곽을 나타내고, 색감이 눈과 입을 표현한 인물상이다.

색감이 형상을 표현하는 기능을 하는데, 이에 대해서는 뒤에서 자세히 살펴보기로 한다.

서울 몽촌토성유적 출토 토기다.(『서울대박 도록』)

윗부분에 균열선이 뚜렷하게 나타나 있다.

아랫부분을 보면, 가로로 평행한 두 선을 연결하는 그은 선이 나타나 있다. 가로로 평행한 두 선도 매우 얕아서 그은 선으로 보인다.

이 그은 선들이 윗부분 균열선과 이어져 있다. 이는 균열선 또한 인위적으로 조성했을 수 있음을 나타낸다.

경주 황오동 1호분유적 출토 토기다.(『서울대박 도록』)

그어진 선들이 균열선과 이어져 있다.

2) 문양과 이어진 균열선

서울 풍납토성유적 출토 토기다.(한성백제박물관)

마름모꼴의 문양을 이루는 선이 균열선과 이어져 있다.

이는 균열선 또한 문양을 이루는 선처럼 인위적으로 그었음을 증명한다.

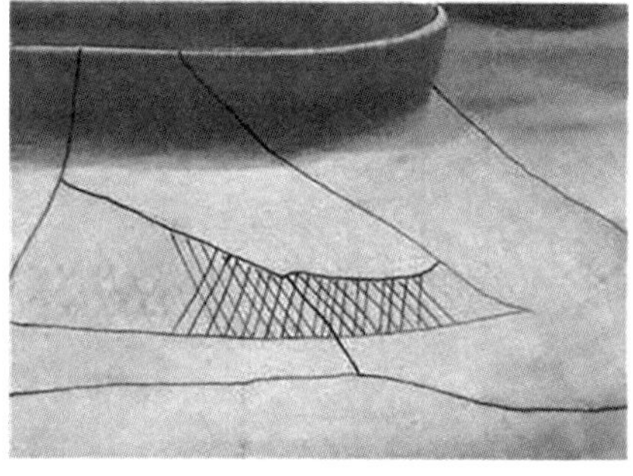

서울 암사동유적 출토 토기다.(『한성백제박 도록』)

그물망무늬가 나타나 있으며, 별다른 특이점이 없는 듯하다.

거꾸로 보면, 그물망 무늬를 가르며 나타난 균열선이 밑부분에서 선으로 바뀌고 있는 것이 잘 나타난다. 이 선이 그물망 무늬를 이루고 있다.

인위적으로 그은 선과 이어져 있어서, 이 균열선이 자연적인 균열에 따라 나타난 것이 아니라, 인위적으로 생성되었음이 증명된다.

균열선과 이어지는 선이 윤곽선을 이룬 인물상이다.

3) 구멍과 이어진 균열선

서울 몽촌토성유적 출토 토기에 하나의 구멍이 나타나 있다.(『서울대박 도록』) 그리고 구멍과 연결된 반듯한 균열선이 나타나 있어서 앞에서 살펴본 구멍과 그은 선이 이어져 있던 미사리유적 출토 신석기시대 빗살무늬토기와 유사하다. 신석기시대의 전통이 이어지고 있음을 알 수 있다.

거꾸로 보면, 선이 인물상의 윤곽선을 이루고, 구멍이 입을 나타낸다. 이 또한 앞에서 살펴본 빗살무늬토기와 유사하다.

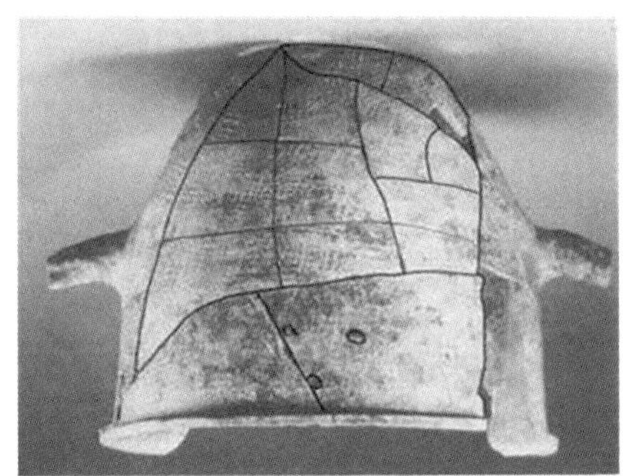

서울 몽촌토성 토기다.(『서울대박 도록』)

미세한 균열선이 그어졌다.

옆에서 보면 뚜렷하지 않지만 검은 색감의 물질이 눈을 나타내는 형상이 나타내는 듯하다.

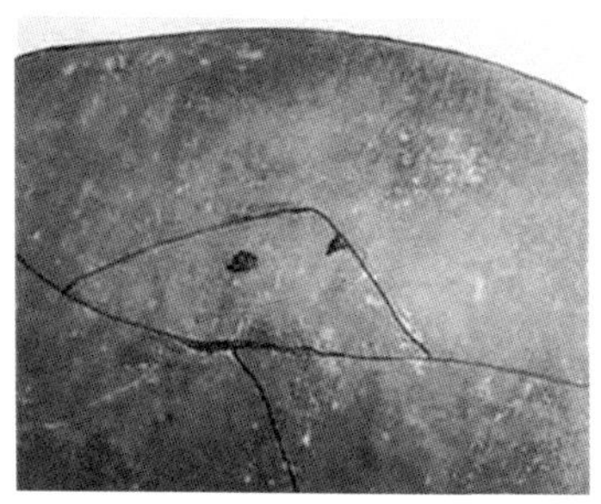

위 인물상의 입 부위를 나타내는 선이 깨진 구멍과 이어져 있다. 이외에도 인위적으로 그린 여러 선들이 이어져 있다.

선을 깊게 새기면 균열이 되고, 구멍도 되는 듯하다. 선을 깊게 새겨 토기를 의도한 대로 균열시킬 수 있었던 것으로 해석된다.

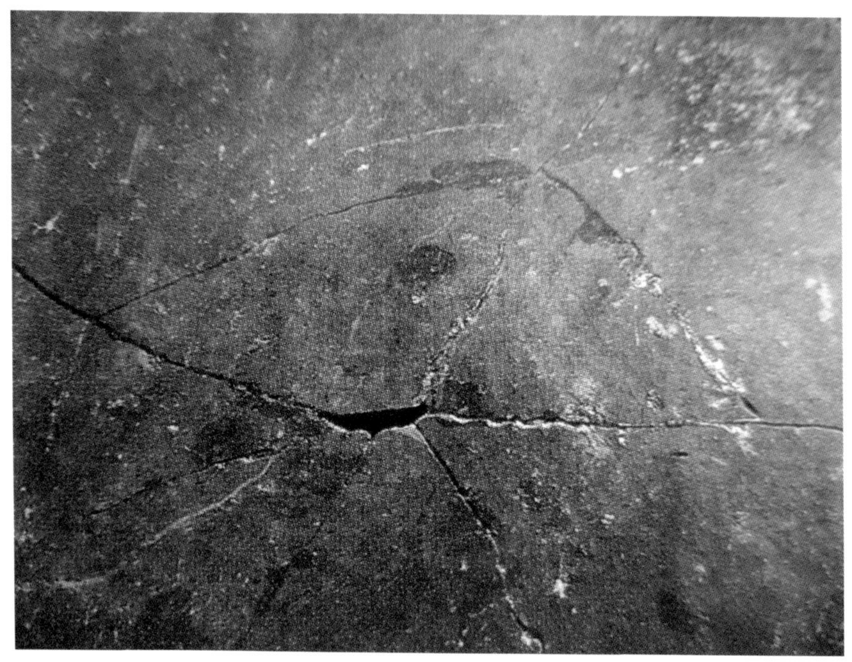

2. 균열선이 나타내는 사람형상

부서진 조각을 붙여 복원한 토기에 나타난 균열선이 자연적으로 나타난 선이 아닐 수 있음을 앞에서 살펴보았다. 의도한 대로, 선을 긋고 그 선을 따라 조각나게 할 수 있었던 것으로 추정된다.

여기에서는 균열선이 나타내는 사람형상을 살펴보기로 한다. 뚜렷한 사람형상이 다수 나타난다면 균열선을 의도한 대로 나타나게 한 것이 더욱 확실해질 것이다.

편의상 박물관에 전시된 토기와 도록에 실린 토기를 구분해서 보기로 한다.

1) 박물관에 전시된 토기

울산 지역의 다음 토기는 몸체 일부에만 균열선이 나타나 자연스러운 균열이 아니며 인위적 현상으로 보인다.(울산박물관)

중간 부분의 어긋난 선이 입을 이루고, 홈이 눈을 표시하는 형상을 표현한 듯하다.

서천 장암패총 빗살무늬토기다.(공주박물관)

인천 운복동유적 출토 토기다.(인천검단선사박물관)

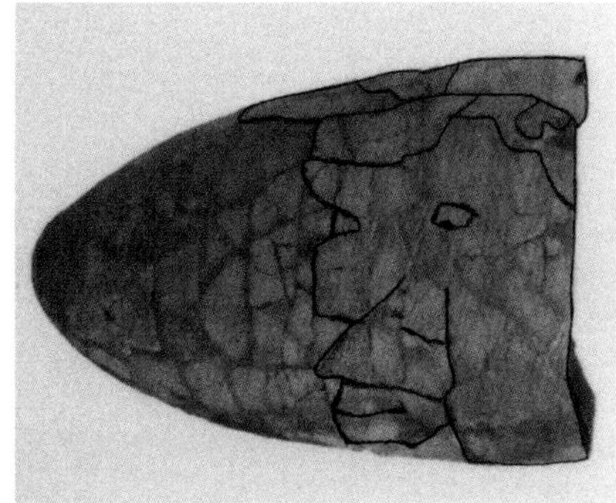

춘천박물관에 전시된 토기다.

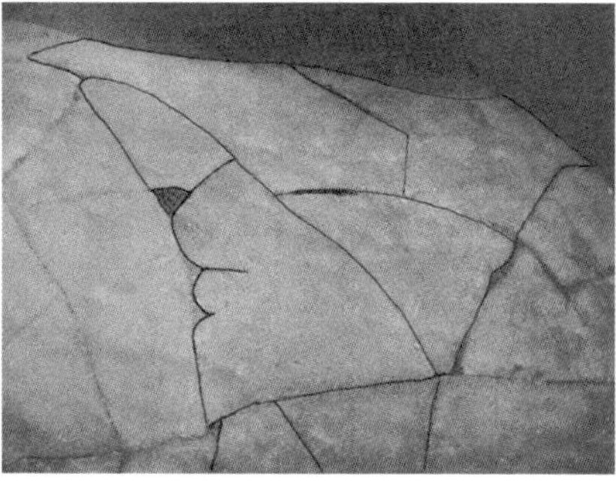

인천 원당동유적 출토 토기다.(인천검단선사박물관)

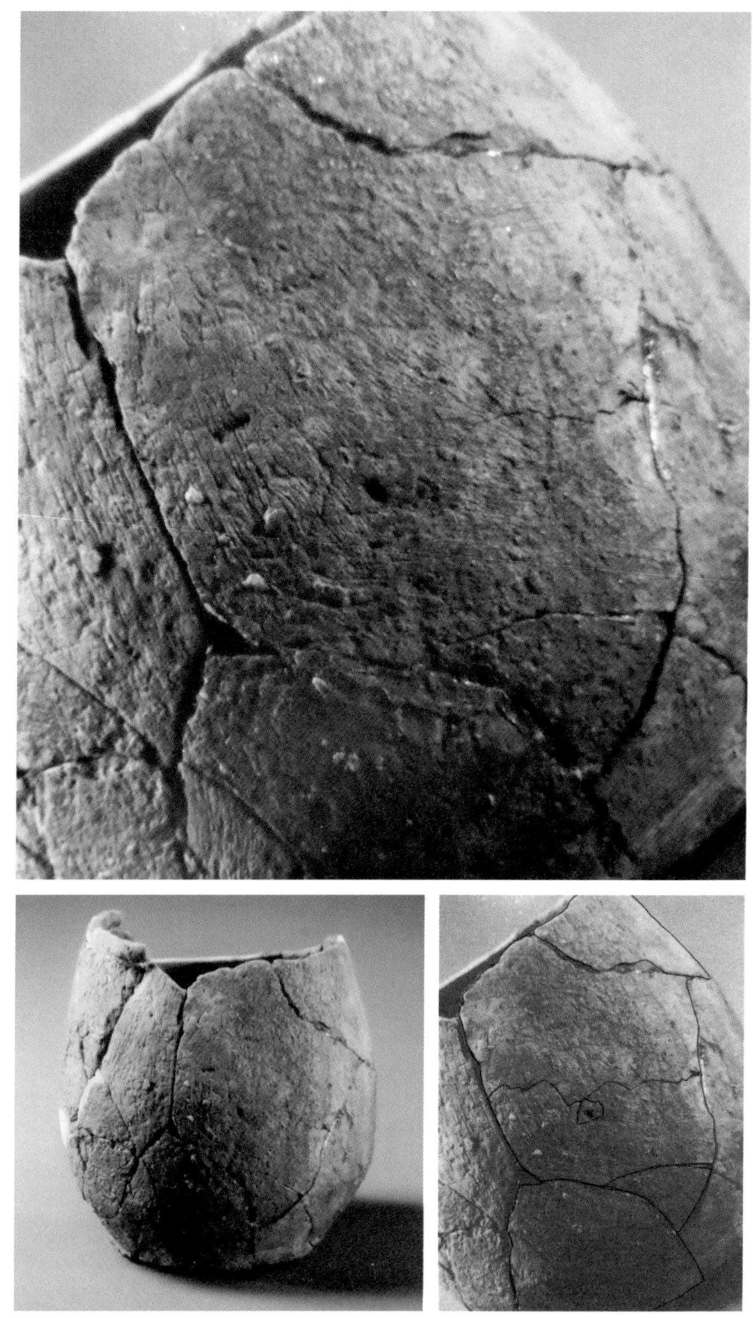

아산 명암리유적 출토 새모양토기다.(공주박물관)

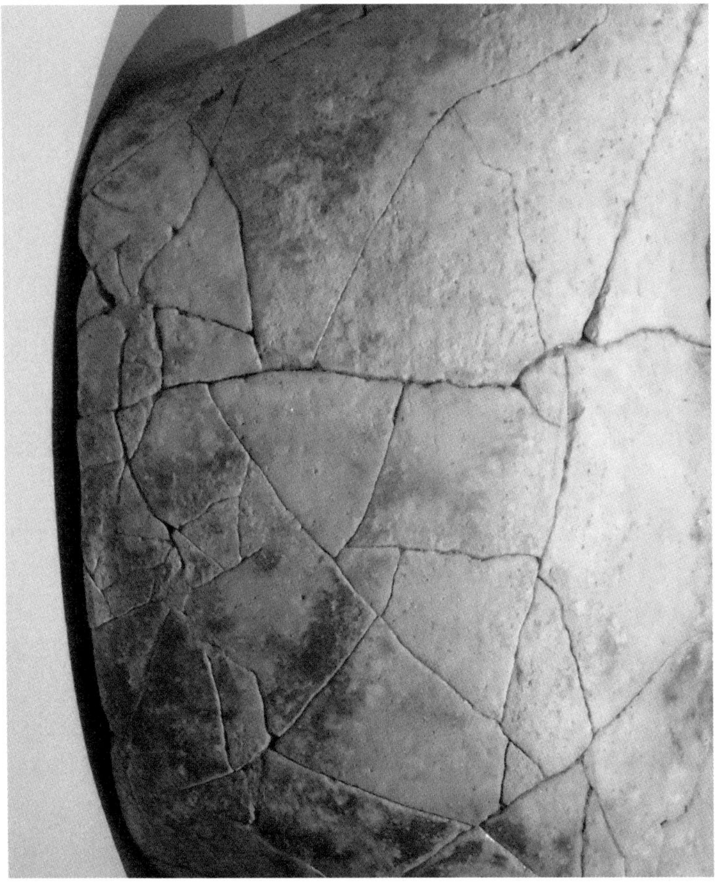

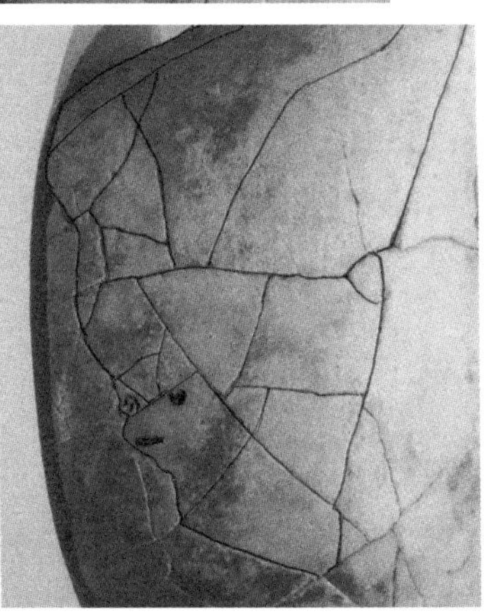

부여박물관에 전시된 토기다.

공주박물관 수장고의 토기다.

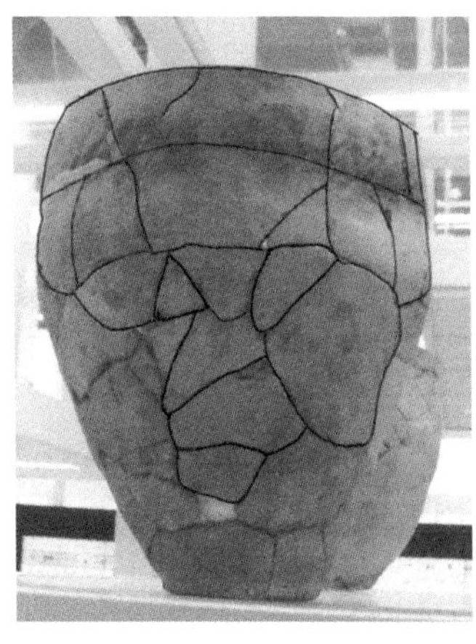

고령 지산동고분군 탐방로에서 출토된 토기다.(대가야박물관)

눈을 나타내는 부분이 삼각형으로 파였고, 코를 나타내는 부분의 크기도 적절해서 의도적으로 조성했음이 분명하다.

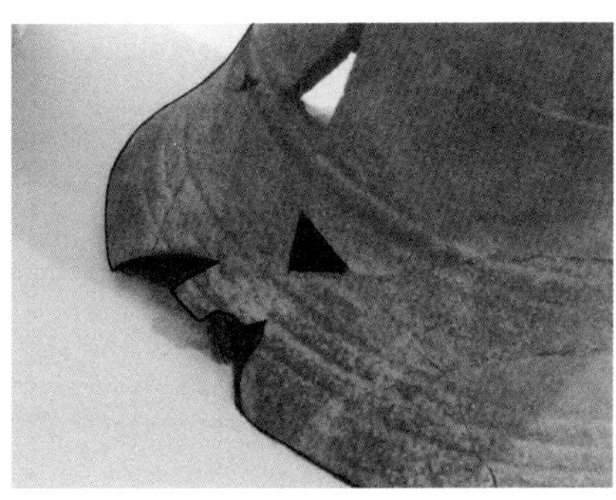

서울 우면동유적 출토 장군이다.(한성백제박물관)

인물상이 뚜렷하다.

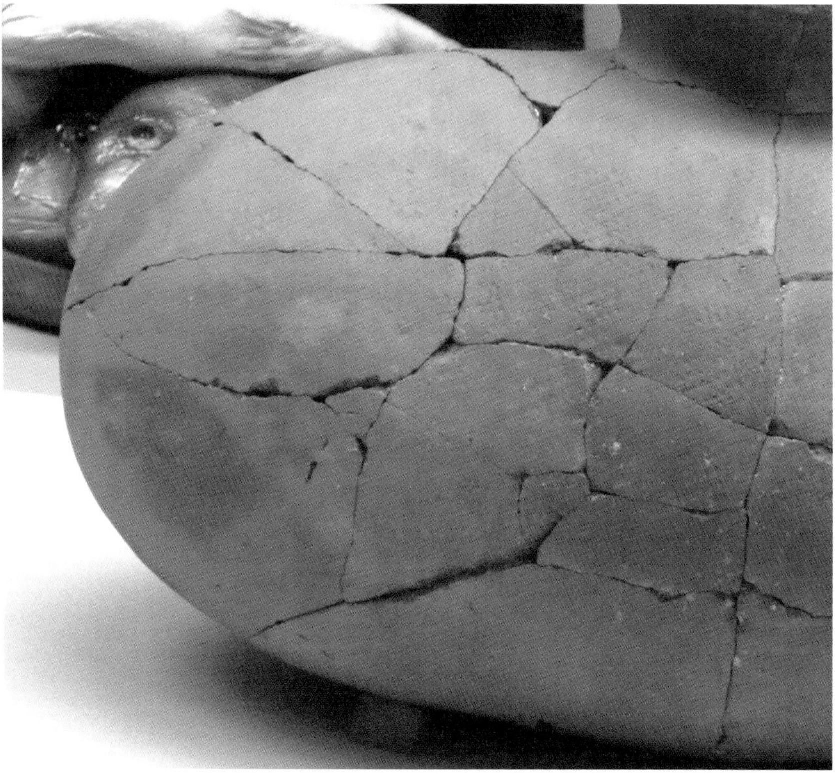

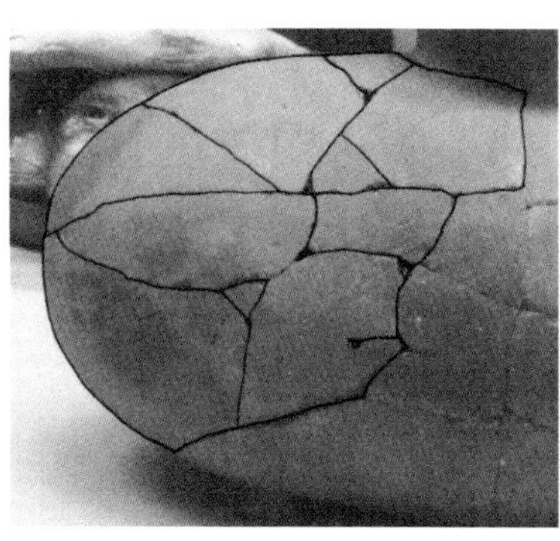

울산 지역의 청동기시대 토기다.(울산박물관)

전체적으로 인물상의 형태이고, 부분적으로도 인물상을 나타낸다.

완주 상운리유적의 토기다.(청주박물관)
구멍이 눈을 나타내고 선을 그어 입을 표시했다.

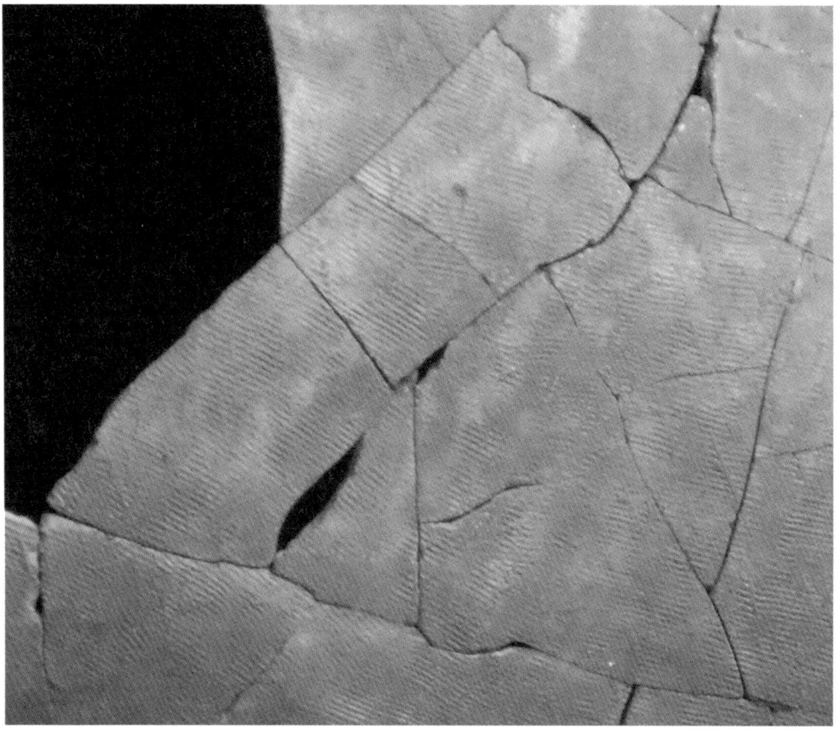

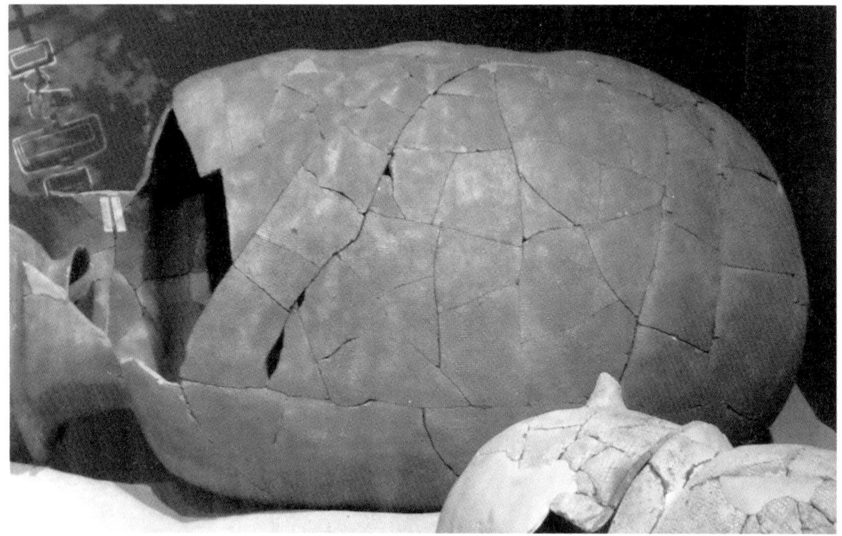

완주 상운리유적의 토기다.(청주박물관)

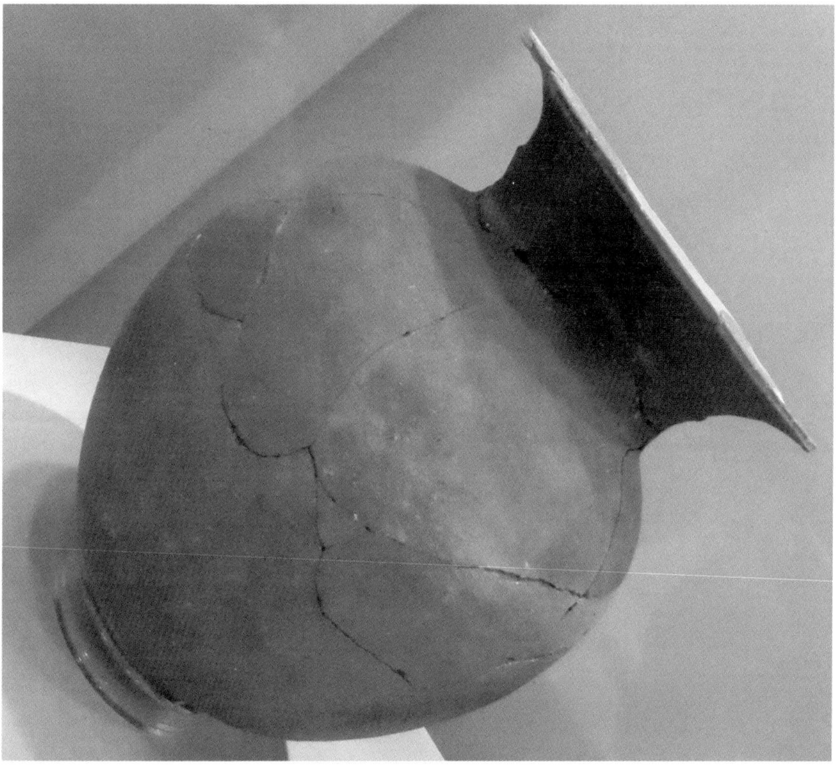

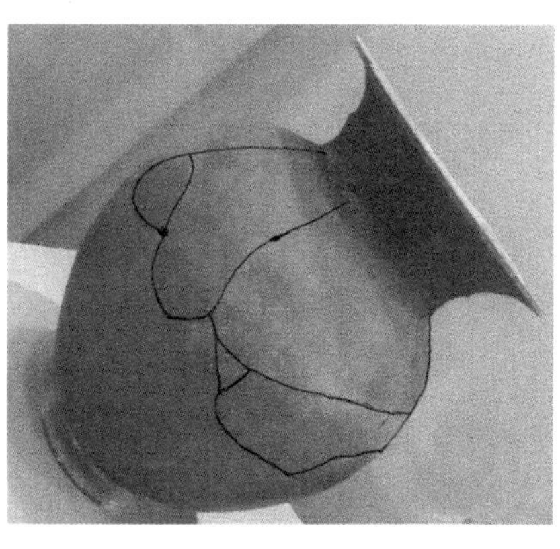

줄무늬 끝부분에 맞추어 그어진 균열선이 눈을 이루는 인물상이다.(중앙박물관)

2) 박물관 도록의 토기

지금부터는 박물관도록에 실린 토기를 위주로 살펴보자.

강릉 교동유적 출토 토기다.(『강릉대박 도록』)
옆으로 하면 중첩한 인물상이 나타난다.

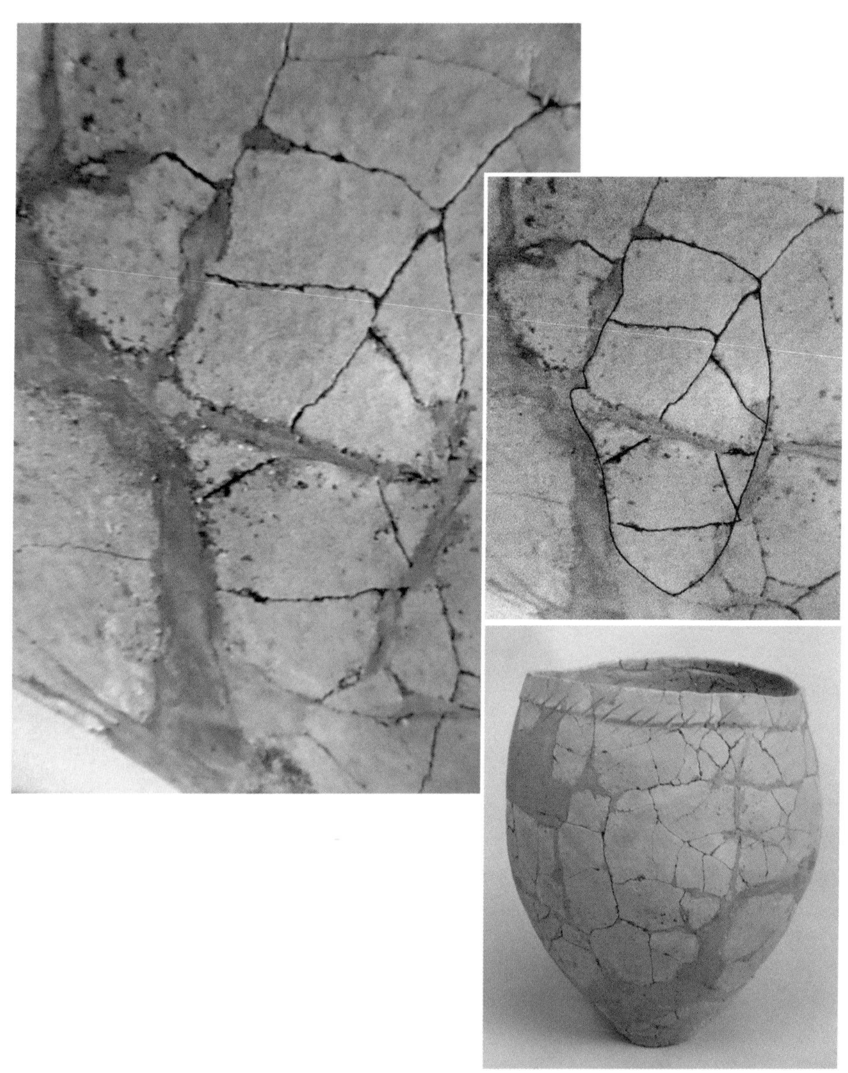

강릉 강문동유적 출토 토기다.(『강릉대박 도록』)

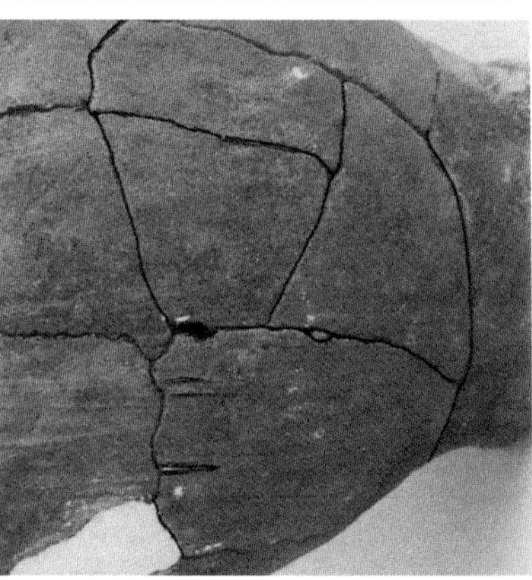

동해 송정동유적 출토 토기다.(『강릉대박 도록』)

뚜렷한 인물상이 숨겨져 있다.

청주 용정동유적 출토 토기다.(『청주박 도록』)

거꾸로 하면 균열선이 인물상을 그린다.

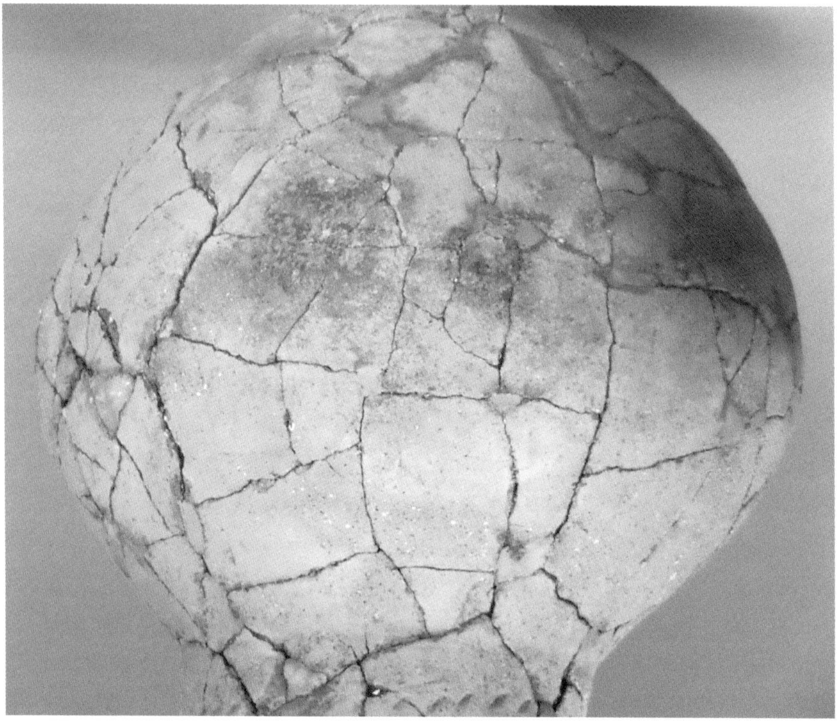

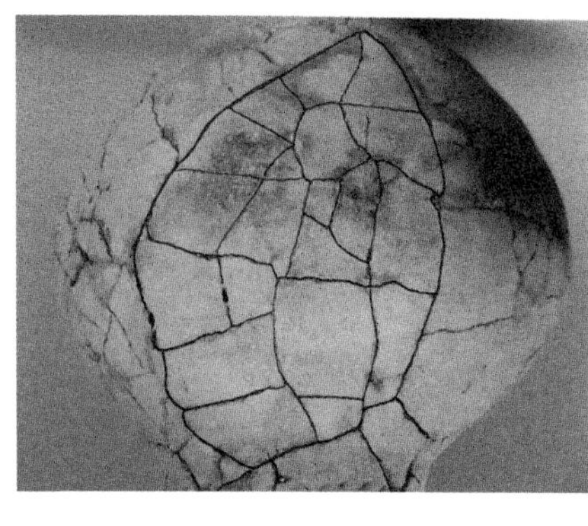

경주 인왕동고분 출토 토기다.(『경희대박 도록』)

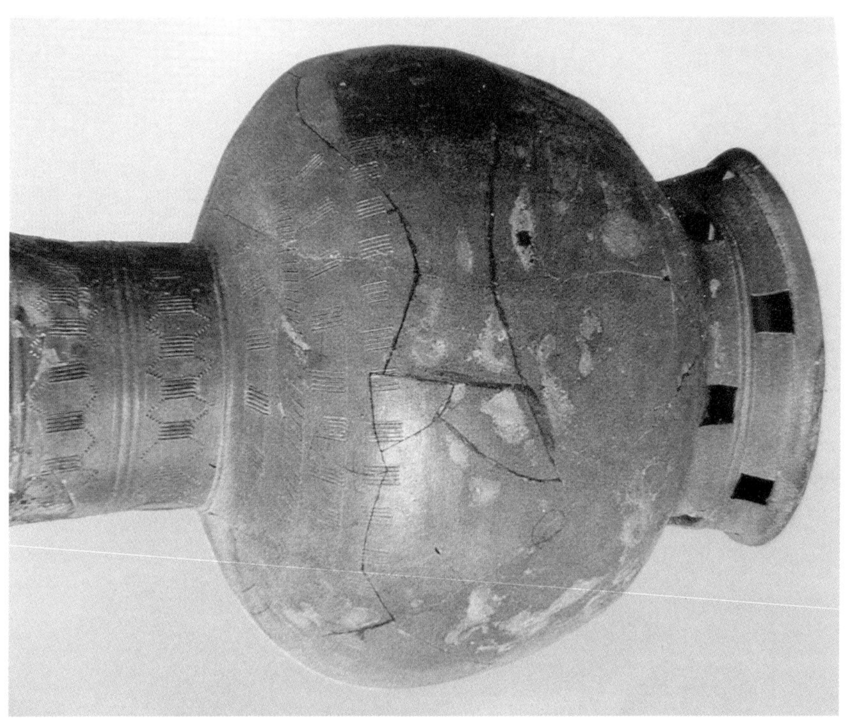

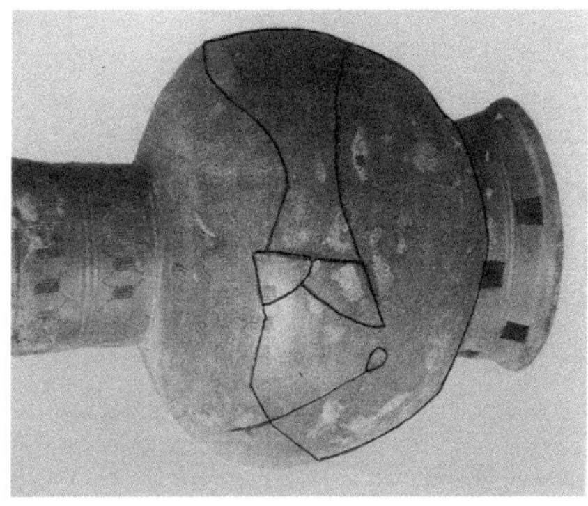

임실 망월촌유적 출토 토기다.(『임실』)

영광 원흥리 집자리유적 출토 토기다.(『영광』)

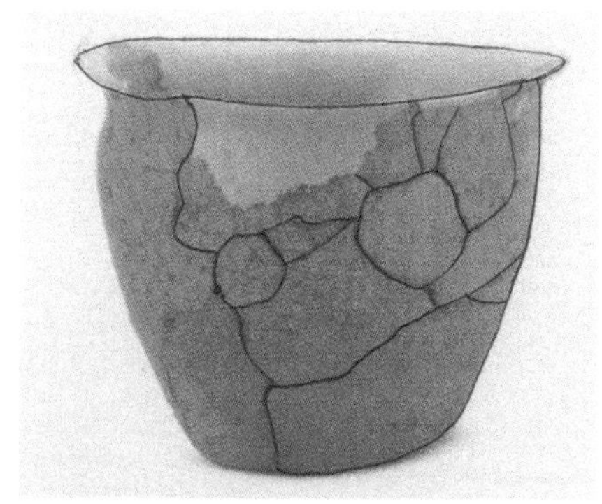

양산 신평 집터유적 출토 토기다.(『양산』)

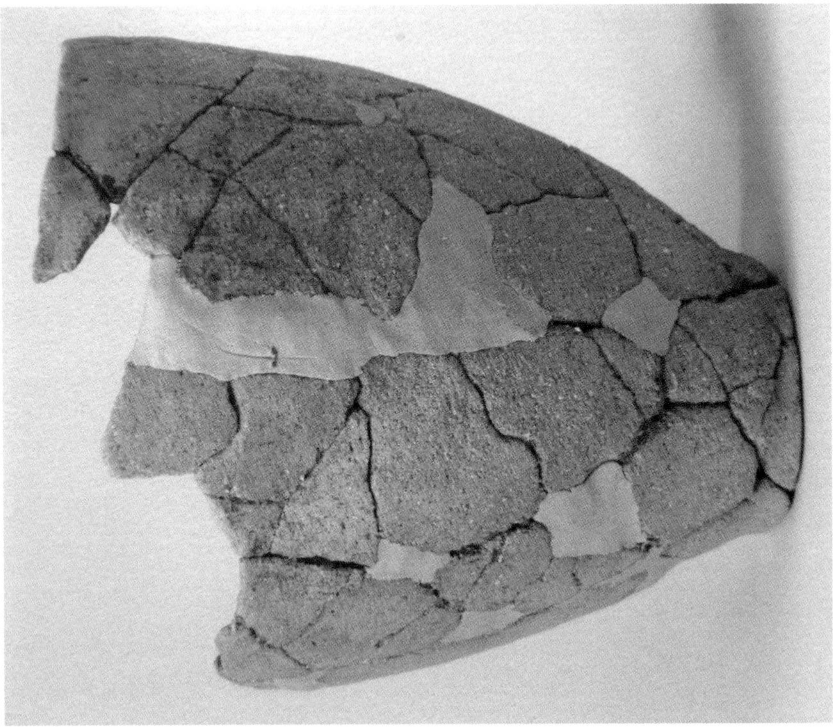

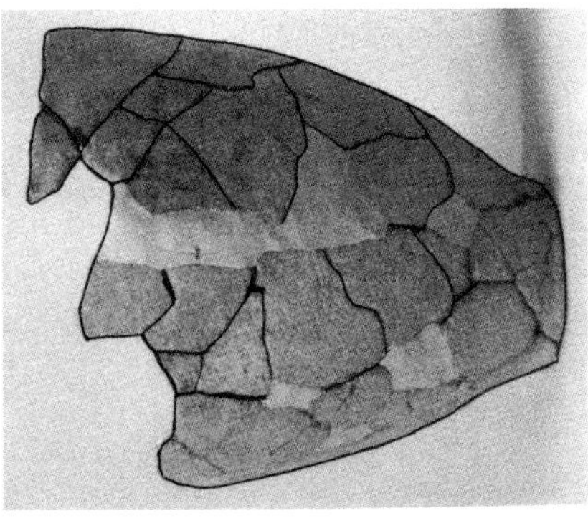

양산 소토리유적 출토 토기다.(『양산』)

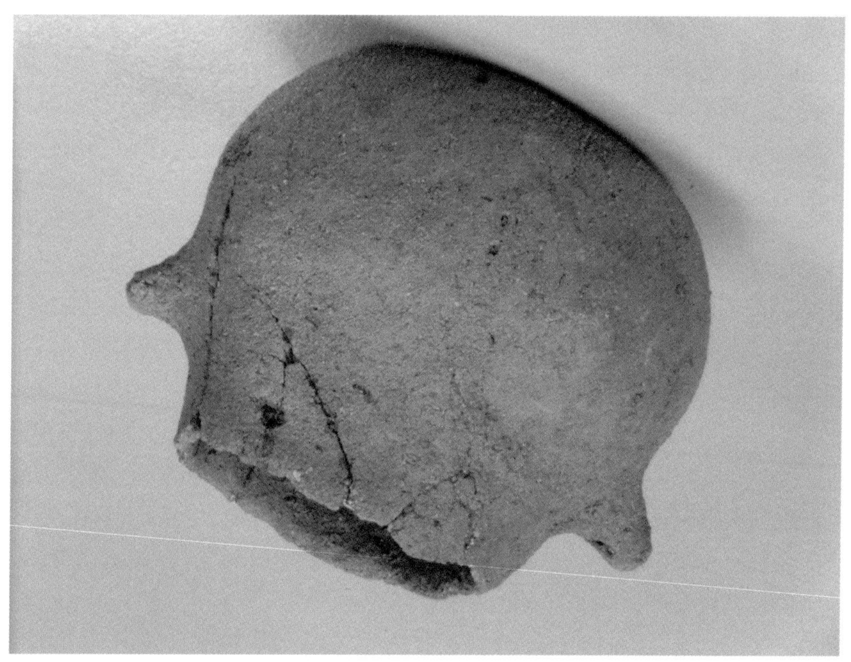

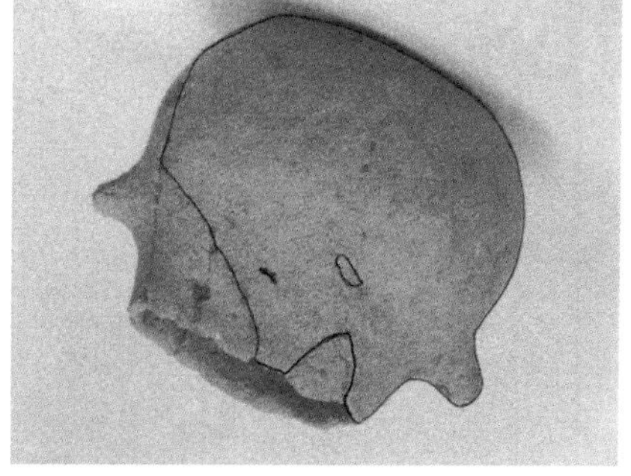

부산 동삼동유적 출토 토기다.(『한국미의 태동 구석기·신석기』)

부산 금곡동 율리유적 출토 토기다.(『한국미의 태동 구석기·신석기』)

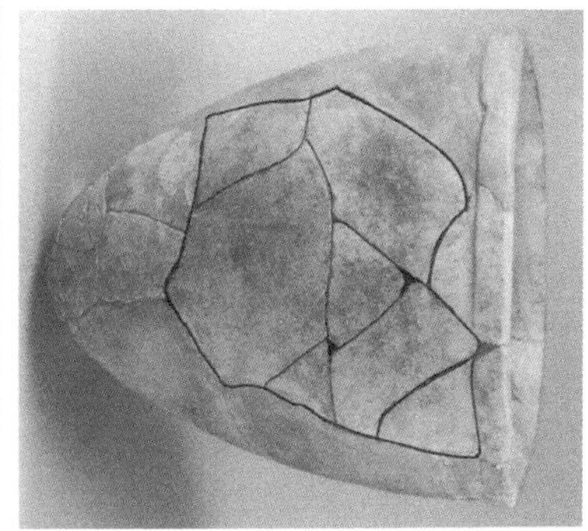

서울 가락동유적 출토 토기다.(『한성백제박 도록』)

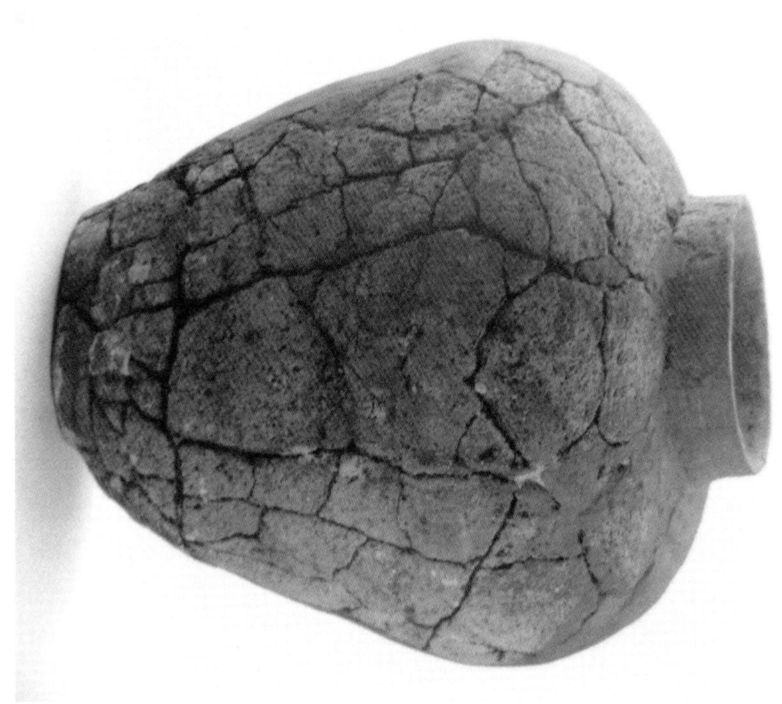

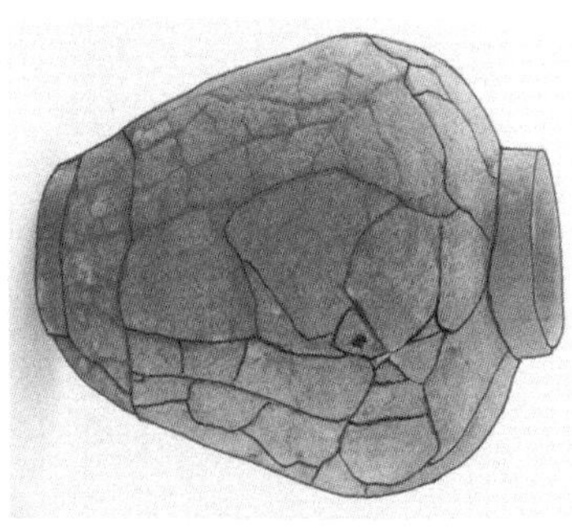

서울 풍납토성유적 출토 토기다.(『한성백제박 도록』)

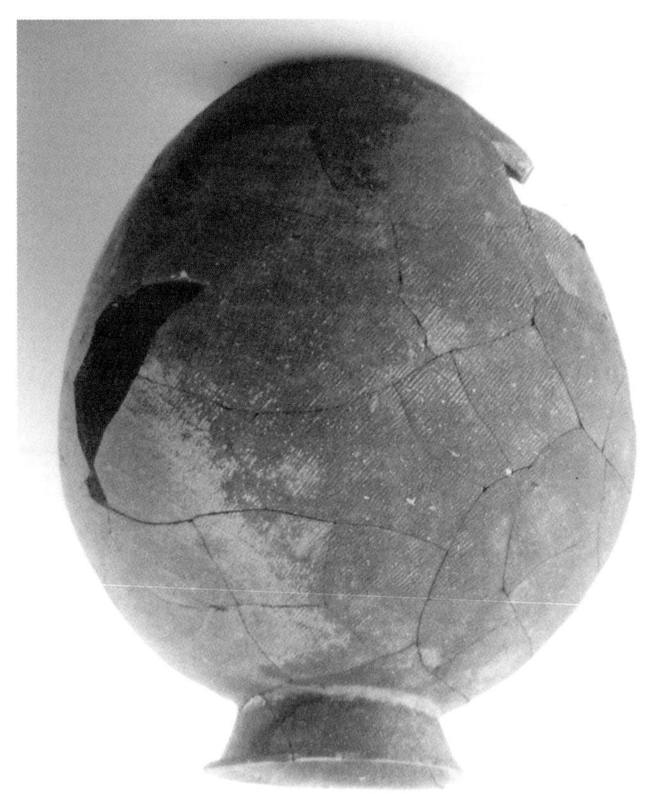

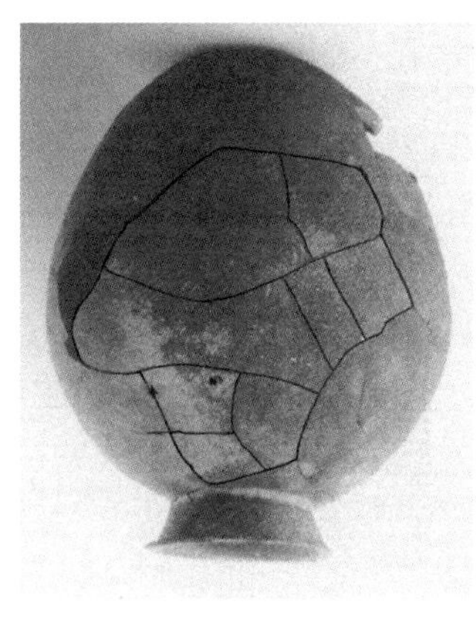

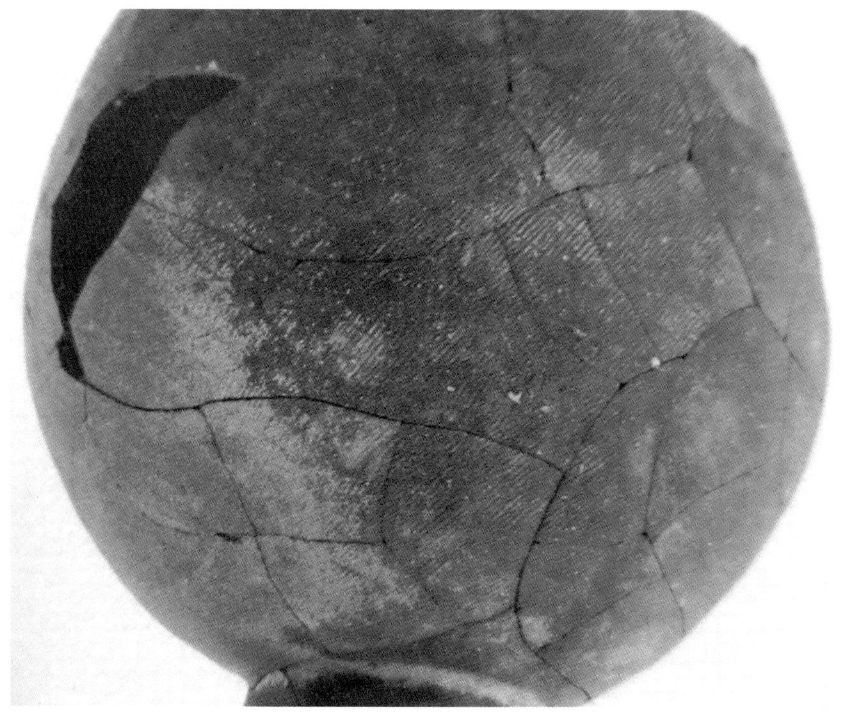

가평 대성리유적 출토 토기다.(『한성백제박 도록』)

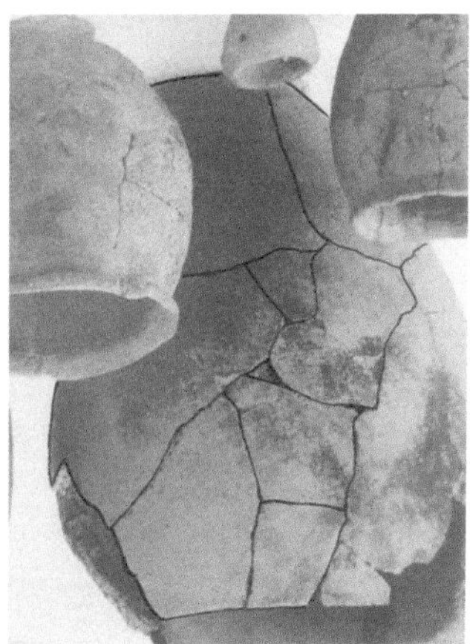

군포 부곡동유적 출토 토기다.(『한성백제박 도록』)

안성 도기동유적 출토 토기다.(『한성백제박 도록』)

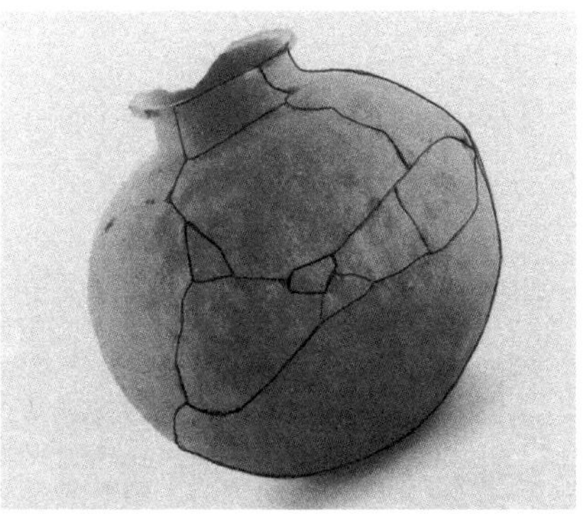

서울 아차산 4보루유적 출토 토기다.(『국보를 캐는 사람들』)

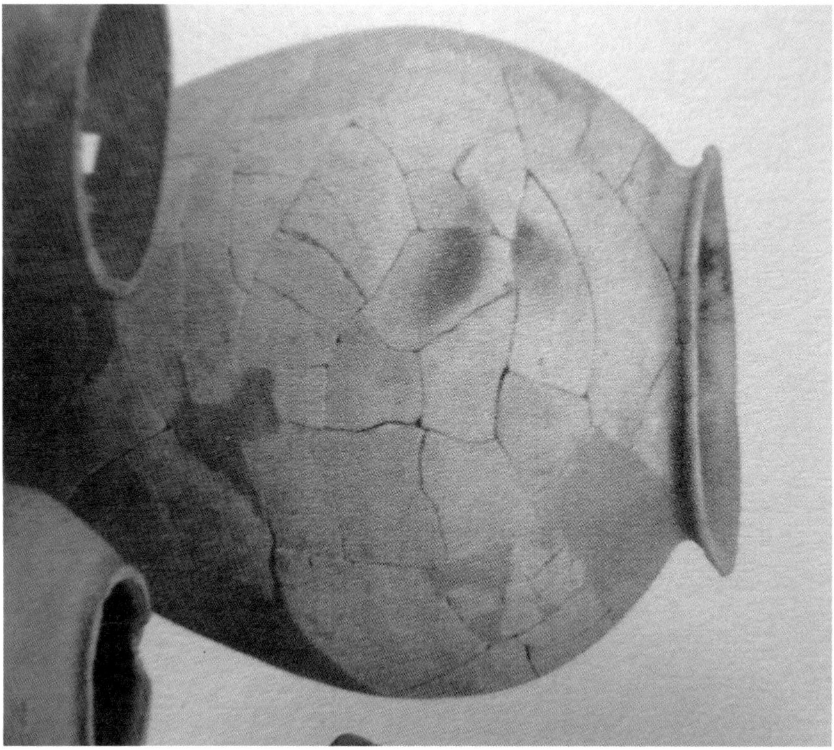

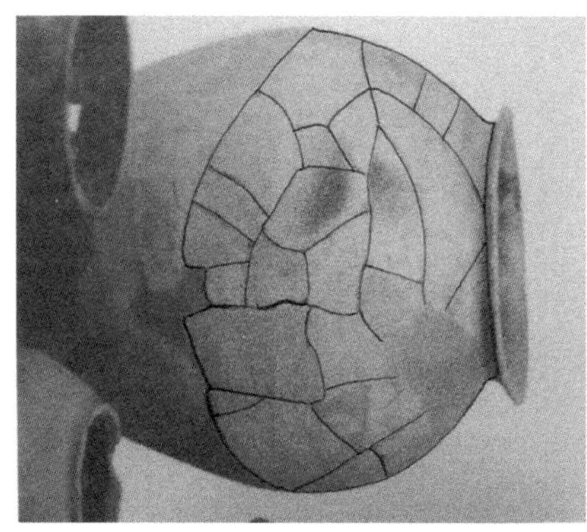

동해 송정동유적 출토 토기다.(『강릉대박 도록』)

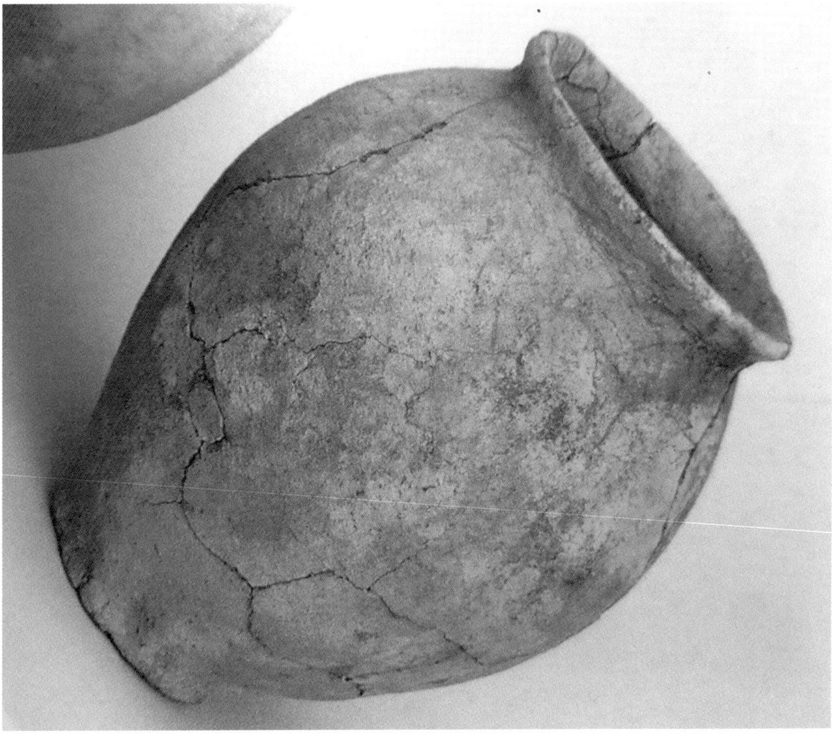

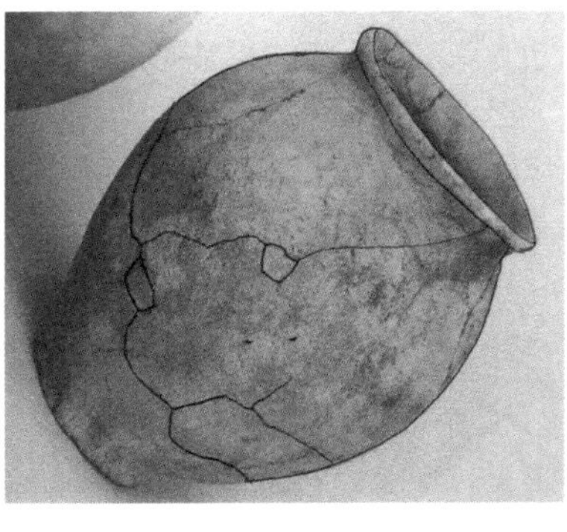

고령 지산리유적 출토 토기다.(『대가야박 도록』)

균열선이 인물상을 그린다.

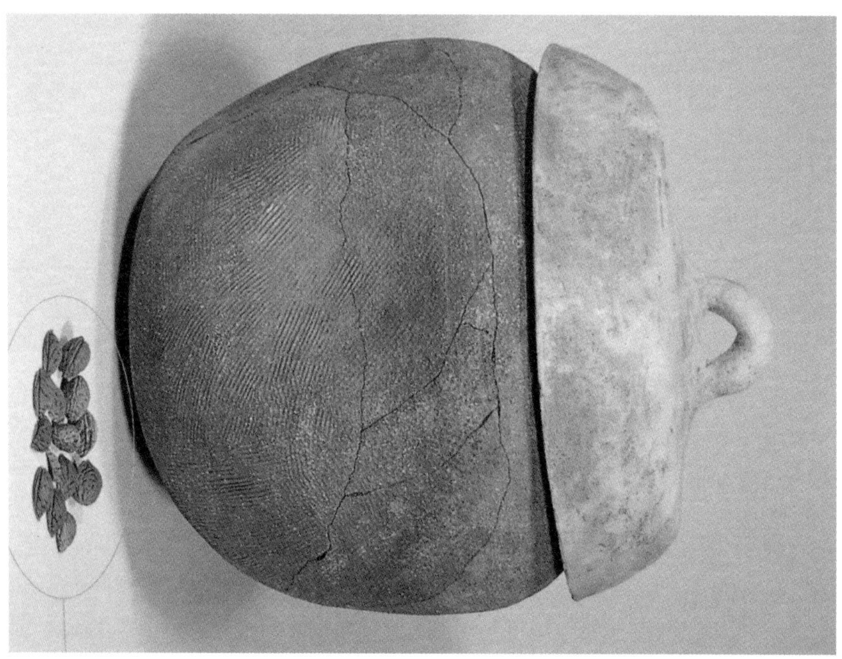

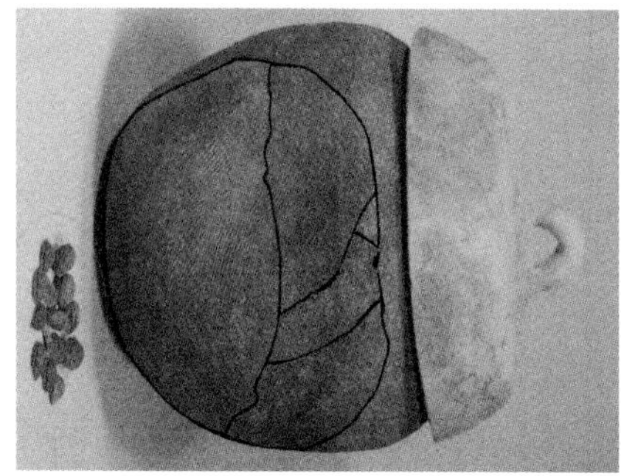

안성 도기동유적 출토 토기다.(『한성백제박 도록』)

거꾸로 하면 균열선이 인물상의 윤곽선을 나타내는 것이 뚜렷하다.

가는 선이 그어져 입을 표시한다.

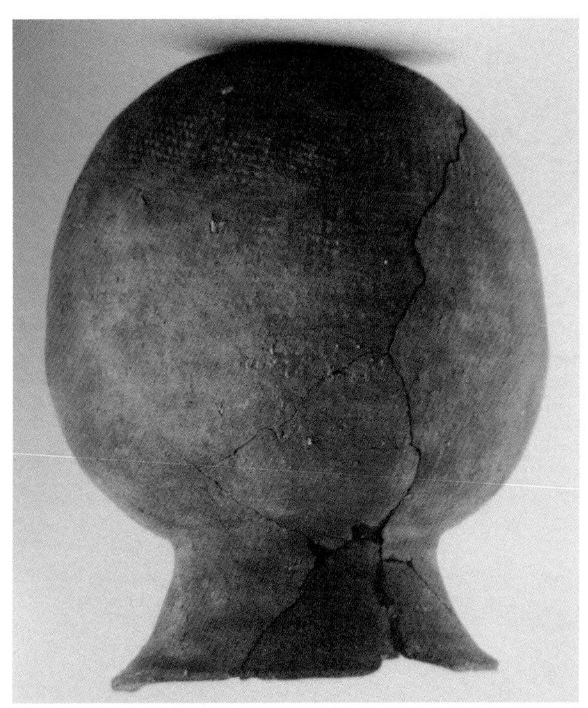

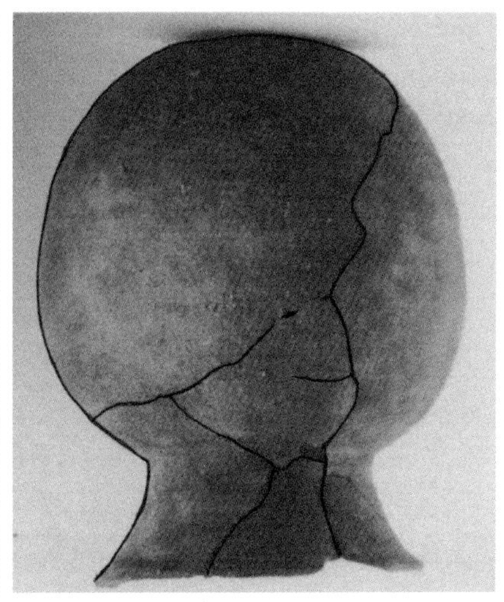

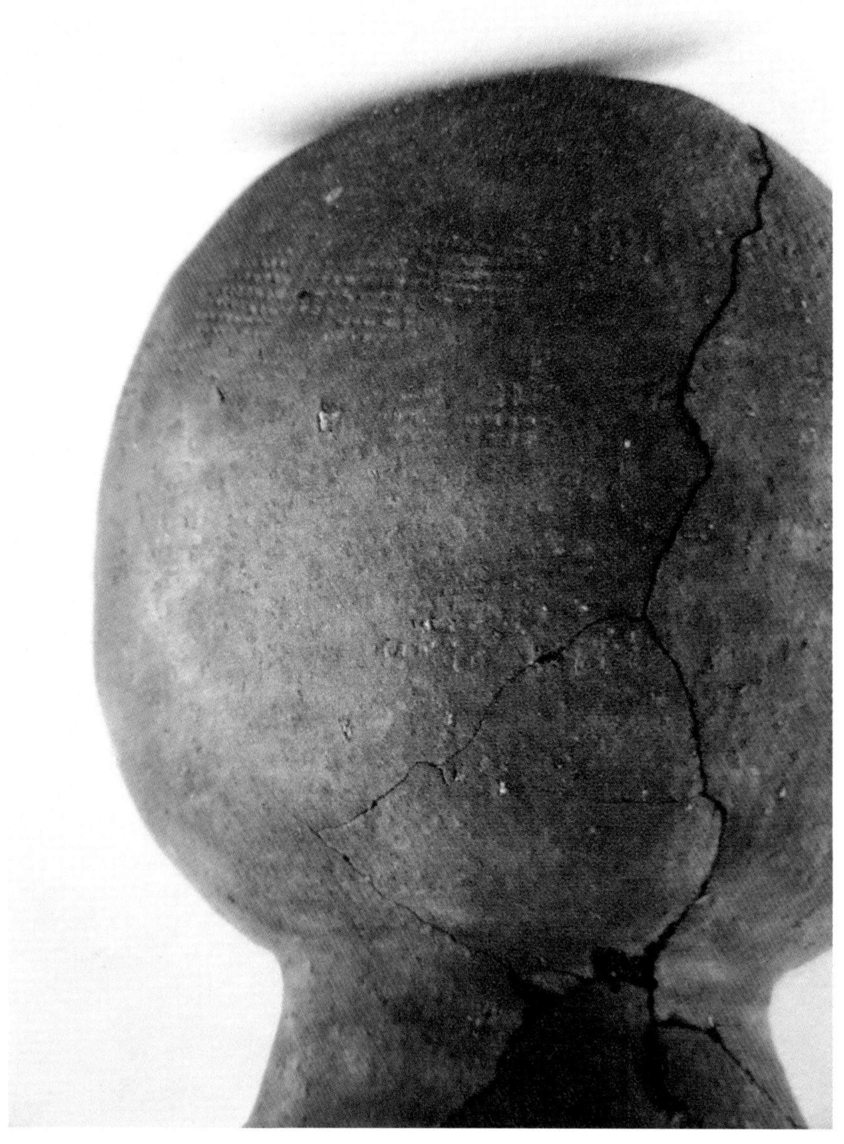

속초 조양동유적 출토 토기다.(『강릉대박 도록』)

17장 토기의 색감을 입힌 증거

1. 색감을 인위적으로 입힌 증거

토기 표면에 검은 색감이 나타난 경우가 많다. 대부분 불에 굽는 과정에서 그을린 것으로 해석하는 듯하다. 그런데 그중에는 색이 매우 진해서 불에 그을린 것이 아닌 것으로 보이는 토기들이 있다.

이런 토기들은 불에 그을린 것이 아니라 의도적으로 색감을 입힌 듯하므로 이에 대해 살펴보기로 하자.

현재 검은 색감의 토기 중 의도적으로 색감을 입혔다고 규정된 토기에는 가지무늬토기와 검은간토기(흑색마연토기)가 있다.
먼저 이에 대해 살펴보자.

『고인돌』에 소개된 가지무늬토기와 검은간토기에 대한 설명이다.

"가지무늬토기는 어깨 부분에 검은색 가지무늬가 있는 항아리 모양의 토기이다. 검은색 가지무늬는 토기를 가마에 넣고 구운 뒤 고온을 유지한 상태에서 풀이나 나뭇잎 같은 식물을 접촉시켜 탄소를 침염시킨 것으로 생각된다."

"검은간토기는(흑색마연토기)는 검은색을 띠는 광물질을 바른 후 표면을 마연한 토기다. 검은간토기는 주로 초기 철기시대에 확인되나, 전남 및 영남지방에서는 고인돌에서 출토되기도 한다."

1) 가지무늬토기

진주 대평리 외 지역의 가지무늬토기다.(『고인돌』)

위 가지무늬토기 중 다음 토기는 가지무늬가 뚜렷하지 않다. 그럼에도 가지무늬토기로 분류하는 것은 유사한 형태이고, 검은 색감이 나타나서인 듯하다, 이런 형태의 검은 색감도 가지무늬처럼 인위적으로 생성된 것으로 보는 것인지 의문이다. 만약 그렇다면 많은 토기에 나타난 검은 색감도 인위적으로 해석할 수 있어서, 가지무늬토기와 구분이 되지 않게 된다.

거꾸로 보면 균열선이 인물상을 나타낸다.

가지무늬토기가 생명형상과 관련 있음을 시사한다.

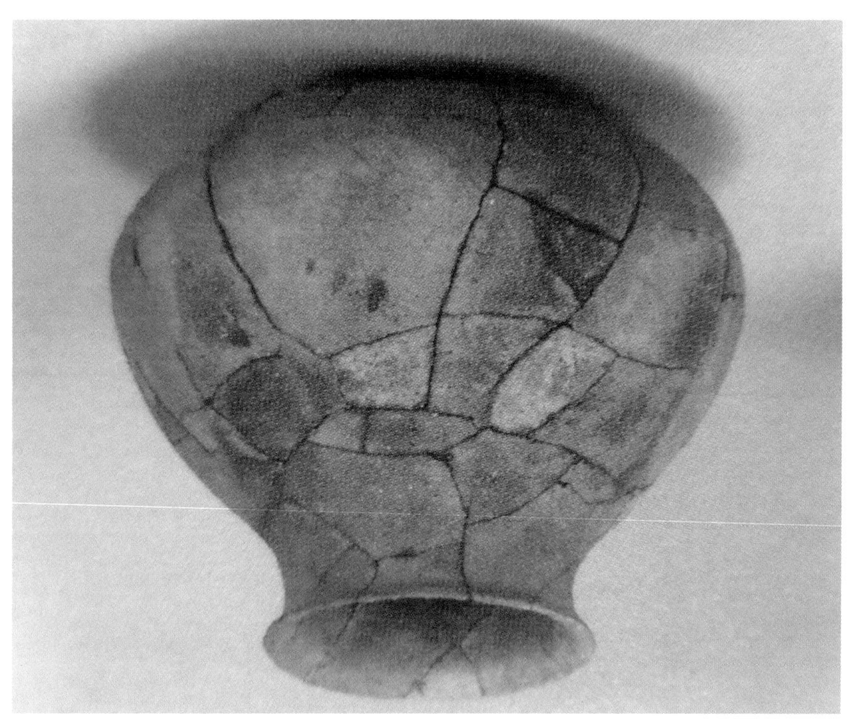

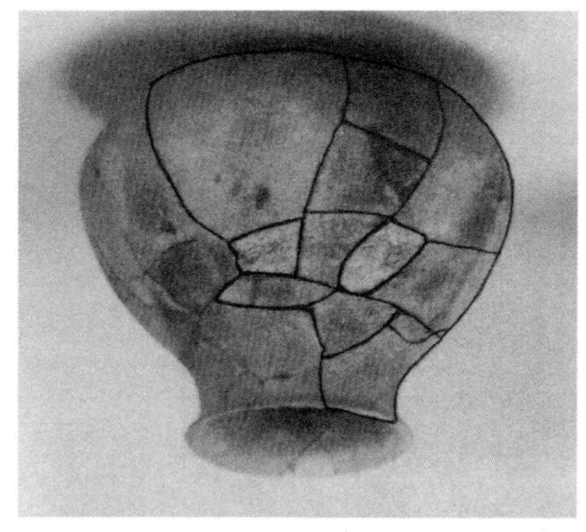

다음 가지무늬토기는 거꾸로 보면 공을 쥐고 있는 손처럼 보인다.

가지무늬토기를 고온을 유지한 상태에서 풀이나 나뭇잎 같은 식물을 접속시켜 탄소를 침염시켜 만들었을까? 그러기에는 너무 정교해 보인다.

또한, 입구의 목 부위는 검은 색감이 고르게 완전히 입혀져 있어서, 이 설명이 들어맞지 않는다.(김해박물관)

가지무늬토기는 위의 설명한 방식으로 제작되지 않았음이 분명하다.

원형을 이루는 가는 균열선은 인위적으로 그은 선이 분명하다.(김해박물관)
전체로 생명형상을 나타내고, 우측 부분에도 인물상이 중첩해 있다.

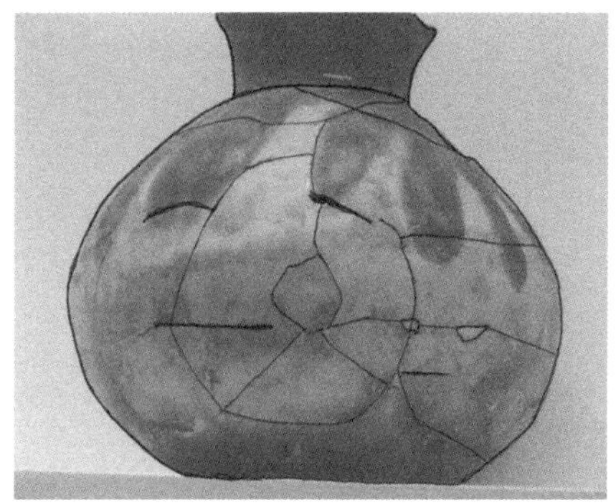

다음 가지무늬토기에는 세로로 나타난 가는 균열선과 인위적으로 그은 선들이 이어져 있다.(경남대박물관)

가는 균열선 또한 인위적인 선인 것이 증명된다.

희미하게 나타난 인물상을 그리는 선들은 선을 인위적으로 그었으며, 형상을 표현함을 입증한다.

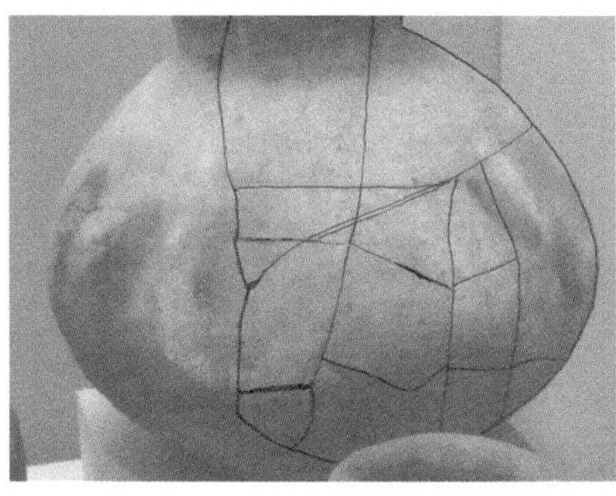

다음도 가지무늬토기라 하는데, 검은 색감이 앞에서 살펴본 가지무늬토기와는 다르다.(경남대박물관)

검은 색감이 전체로 형상을 나타내며, 홈이 눈을 표시한다. 우측 부분의 색감이 더 진한데, 중첩해 있는 또 다른 인물상을 나타낸다.

둥근 밑바닥 부분에 검은 색감이 나타난 다음 가지무늬토기는 기존의 설명대로 제작되지 않았음이 명백하다.(김해박물관)

가지무늬토기를 "토기를 가마에 넣고 구운 뒤 고온을 유지한 상태에서 풀이나 나뭇잎 같은 식물을 접촉시켜 탄소를 침염시켜 제작했다"는 설명은 맞지 않은 듯하다.

토기를 제작하던 당시는 도자기를 제작하기 전 단계의 원시문명이므로 색감을 이용해서 의도적으로 형상을 새기는 것을 인정할 수 없었기 때문에 이런 설명이 나온 것으로 추정된다.

한편 이를 인정할 경우 많은 토기에 나타난 검은 색감 또한 불에 굽는 과정에서 그을린 것만으로 설명하기 어렵게 된다. 따라서 색을 입힌 이유를 설명해야 하는데, 그 이유를 찾기 어렵기 때문으로 보인다.

가지무늬토기가 사람형상을 나타내서 가지무늬는 검은 색감을 이용해 그린 하나의 그림으로 판단된다.

2) 흑색마연토기

유사한 형태의 토기와 비교되는 흑색마연토기의 모습이다.(경남대박물관)

대전 괴정동유적의 흑색마연토기다.(중앙박물관)

경주박물관

흑색마연토기는 "검은색을 띠는 광물질을 바른 후 표면을 문질러 제작했다."고 설명된다. 한 가지 의문점은 흑색마연토기로 분류된 토기는 표면 전체가 검은색인데, 일부에만 검은색 광물질을 문지른 토기는 전혀 없을까 하는 점이다.

현재 전체가 아닌 일부에만 검은색이 나타난 토기는 흑색마연토기로 전혀 분류하지 않고 모두 불에 굽는 과정에서 그을린 것으로 규정하는 듯하다.

그런데 이런 토기 중에는 검은 색감이 불에 그을린 것으로 보기에는 너무 검어서 흑색마연토기에 사용된 검은 광물질을 문지른 것은 아닌지 의심이 든다.

이에 대해 살펴보자.

토기의 일부에만 나타난 검은 색감이 모두 불에 그을린 것만은 아님을 다음 부산 괴정동유적의 적색마연토기에 나타난 검은 색감을 통해 확인할 수 있을 듯하다.

적색마연토기(붉은간토기)는 흑색마연토기와 같은 방식으로 제작되었으며, 색만 붉은색으로 다르다고 설명한다.

적색마연토기의 붉은 색감은 성형 단계에서는 입히지 않았을 것이다.

약해서 문지르면 깨지므로 불에 구워 단단해진 이후 붉은 광물질을 문질러 입혔을 것이다.

따라서 적색마연토기의 붉은색감 위의 검은 색감도 불에 구운 이후 입혀졌을 것이다.

불에 굽는 과정에서 검은 색감이 나타난 것이 아님이 명백하다.

괴정동 적색마연토기는 붉은색을 문질러서 입힌 이후, 다시 검은색을 입혀 제작한 것으로 추정된다. 흑색마연토기처럼 전체에 검은색을 입힌 것이 아니라 일부에만 검은색을 입힌 것이다.

이는 많은 토기에 나타난 검은 색감이 불에 굽는 과정에서 그을린 결과가 아니라 의도적으로 입혔을 수 있음을 증언한다.

다만, 토기에 나타난 검은 색감이 모두 인위적으로 입혀진 것인지, 일부는 불에 그을린 것인지는 현재로서는 불분명하다.

검은 색감이 개를 나타내는 듯하다.

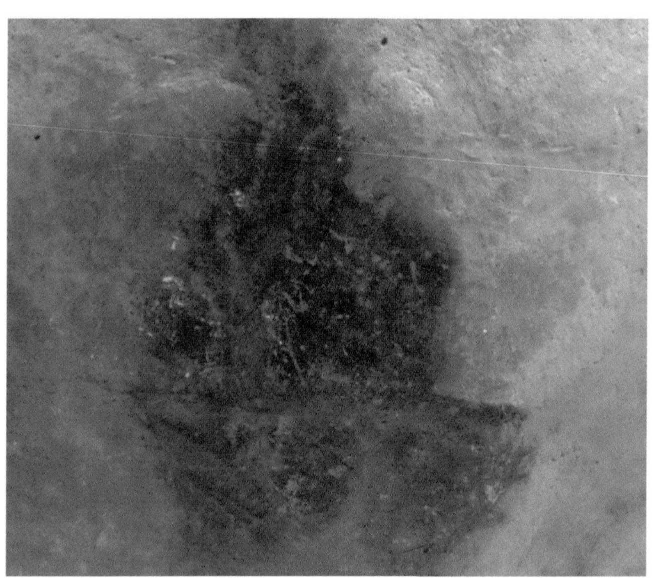

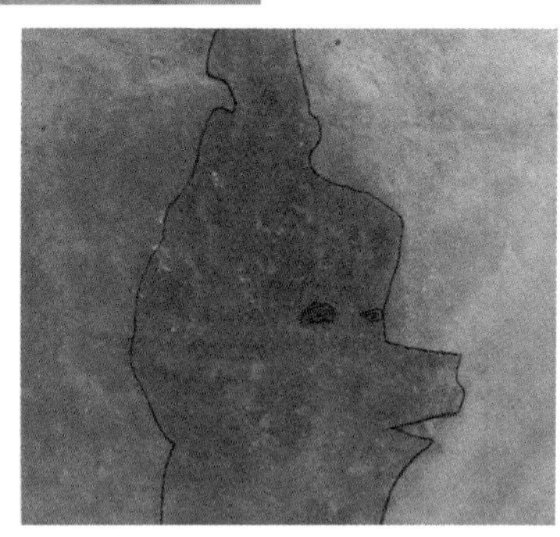

앞의 검은색이 나타난 적색마연토기와 함께 출토된 적색마연토기다.

외부에는 검은 색감이 전혀 보이지 않는데, 내부에 검은 색감이 나타나 있다.

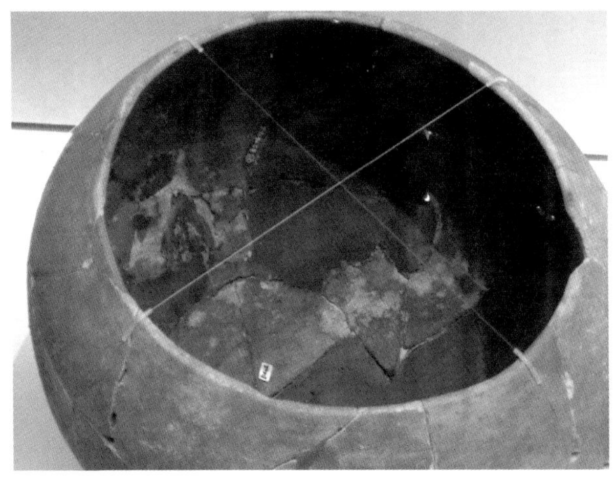

외부가 아닌 내부에 검은 색감을 입힌 이유는 무엇일까?

토기 내부의 검은 색감은 불에 그을려 나타난 것이 아니다. 인위적으로 입혔음은 명백하다. 이는 함께 출토된 검은 색감이 나타난 적색마연토기 표면의 검은 색감 또한 불에 굽는 과정에서 그을린 것이 아니라, 토기 내부의 검은 색감처럼 인위적으로 입힌 것임을 증언하기 위해서인 듯하다. 의도적 배치로 보인다.

가평 대성리유적 출토 토기의 외부와 내부 모두에 검은 색감이 나타나 있다.(한성백제박물관)

내부는 불에 굽는 과정에서 그을려 검은 색감이 나타날 수 없다.
이는 내부의 색감을 입히며, 외부의 검은 색감도 같은 방식으로 입혔을 수 있음을 나타낸다.

토기 표면의 검은 색감이 불에 구울 때 그을린 자국만은 아닌 것이다.

흑색마연토기는 검은 색감을 입힌 것에서 머무르지 않고, 이를 활용해 도형을 나타내기도 한다. 선을 그으면 검은 색감이 벗겨지며, 원래의 색감이 드러나 도형이 뚜렷하게 그려진다.

천안 용원리유적 출토 흑색마연토기다.(『백제』)
도형을 그린 곳에 황토색이 드러났다.

다음 청주 비하동 흑색마연토기도 검은 색감을 긁어서 흰색이 드러나게 해 형상을 표현했다.(『청주박 도록』)

거꾸로 하면 인물상이 나타난다.

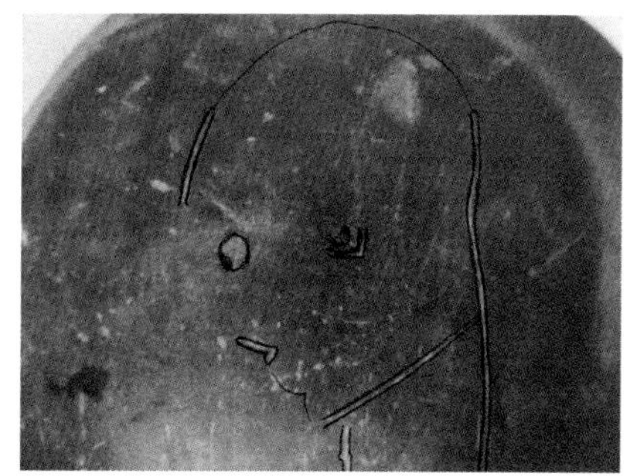

3) 입혀진 색감

아산 갈매리유적의 다음 격자문토기의 검은 색감은 어떻게 나타나게 되었을까.(공주박물관 수장고) 이 부분에만 불길이 집중되어서 검게 변한 것으로 보기에는 너무 정형적이다.

격자문 토기는 홈이 파여 있어서 광물질을 바른 후 문질러서 색을 입히기 어렵다. 흑색마연토기처럼 문질러서만 검은 색감을 입힌 것은 아님을 알 수 있다. 우측 아랫부분을 자세히 보면, 검은 색감이 균열선을 따라 정확하게 구분된다. 불에 구울 때는 나타날 수 없는 현상이다. 인위적으로 색을 입히지 않고서는 나타나기 어려워 보인다.

인위적으로 검은 색감을 입힌 이유가 궁금하다.

거꾸로 보면 검은 색감이 인물상을 나타낸다. 이처럼 정형적인 균열이 자연적으로 나타날 리 없고, 여기에 정확하게 맞춘 색감 또한 인위적 현상임이 분명하다.

인위적으로 색을 입혔음이 증명된다.

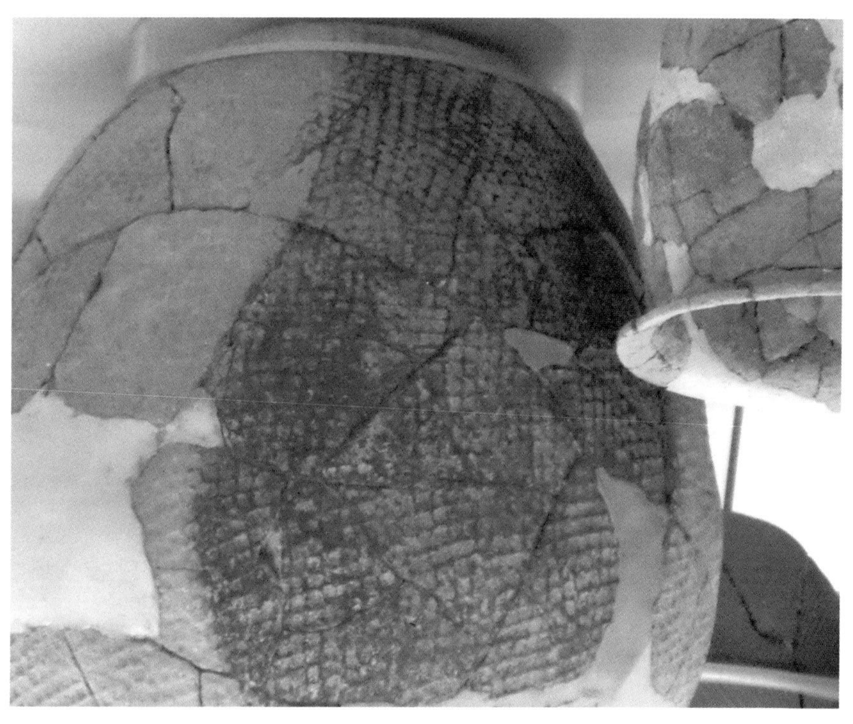

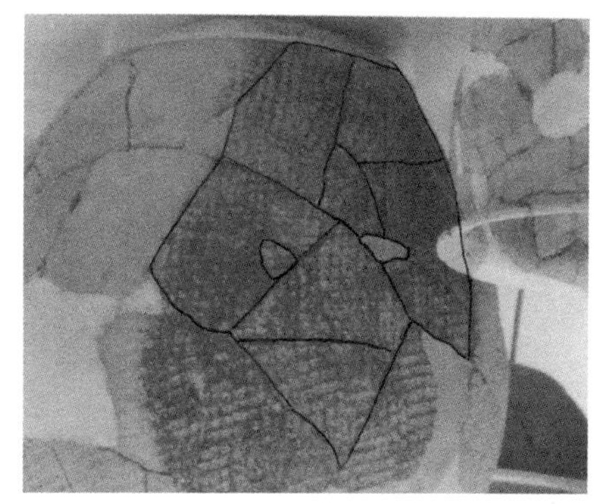

가평 대성리유적 출토 토기의 검은 색감 사이에 밝은색 선들이 나타나 있다.(한성백제박물관)

검은 색감을 입힌 이후 긁어서 나타나게 한 것으로 추정된다.

이는 검은 색감이 불에 그을린 것이 아님을 의미한다.

거꾸로 보면 검은 색감이 중첩된 형상의 윤곽선을 나타낸다.
홈이 눈을, 깨진 부분이 입을 표시한다.

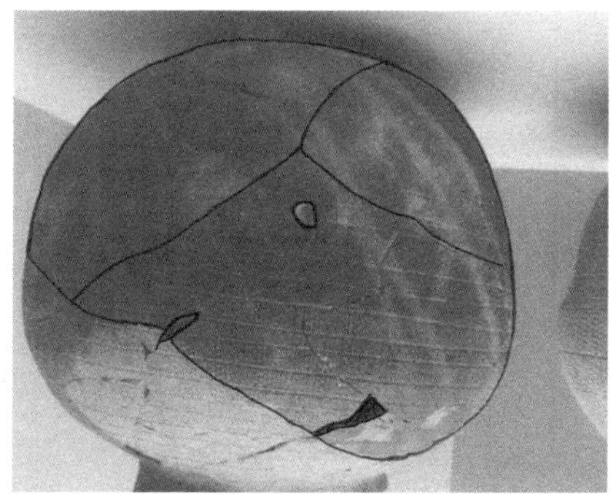

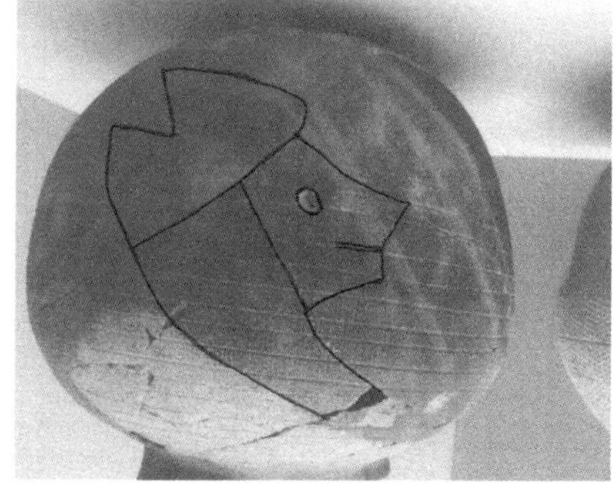

진주 상촌리유적의 항아리에도 위 토기와 유사한 선이 나타나 있다.(중앙박물관)
그런데 검은 색감이 없는 곳에도 선이 나타나 있어서 의문이다.

우측 위쪽은 검은 색감을 지우며, 밝은색 선이 그어져 있다.

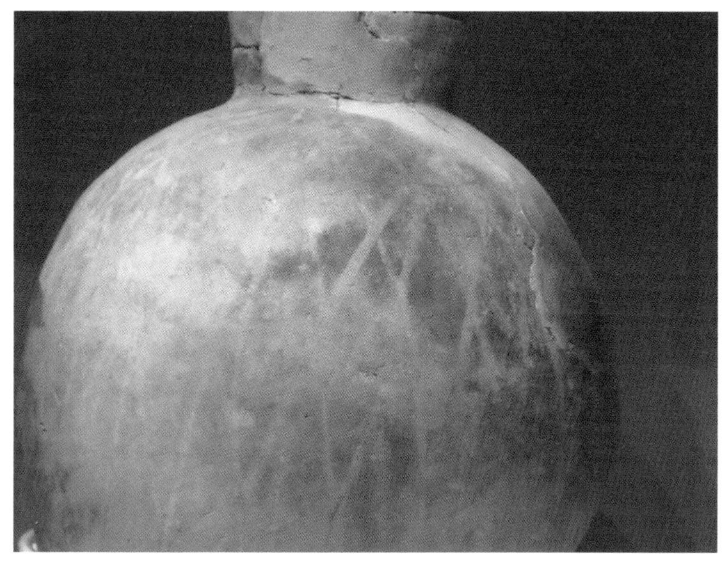

반면 좌측 아래는 밝은색 선이 검은 색감을 지우지 않고 있다.

검은 색감을 지우지 않게 밝은색의 선을 긋거나, 또는 검은 색감을 나중에 입혔을 것이다. 어느 경우든 검은 색감이 불에 의해 그을린 것이 아님을 입증한다.

앞에서 살펴봤던 인위적으로 선이 그어져 있는 미사리유적의 신석기시대 빗살무늬토기다.(한양대박 도록)

빗살무늬를 이루는 선들은 불에 구운 이후에는 단단해서 그을 수 없으므로, 성형 단계에서 그었을 것이다. 그런데 선이 검은 색감을 지우며 그어져 격자무늬가 뚜렷하다.

이는 선을 그을 때 이미 검은 색감이 나타나 있었음을 의미한다.

검은 색감이 불에 그을려 나타난 것이 아님이 증명된다.

검은 색감이 성형 단계에서 인위적으로 입혀졌음이 명백하다.

전국 박물관에는 계란형토기라 부르는 토기가 여러 곳에 전시돼 있다.
세울 수도 없고, 길어서 전혀 실용적이지 않은 토기다.
다수에 검은 색감이 나타나 있다.

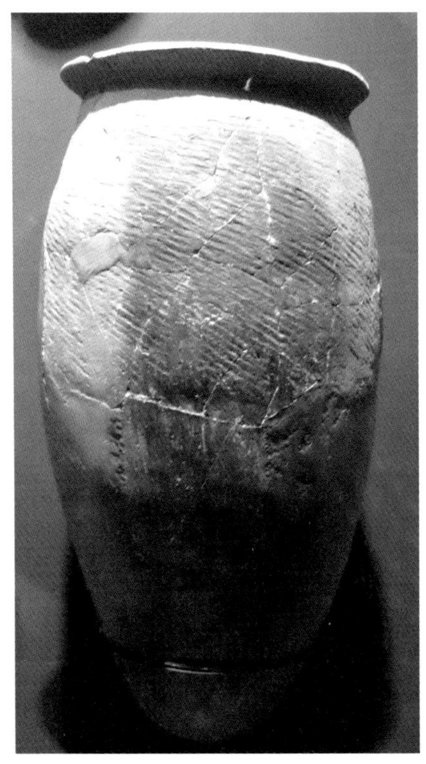

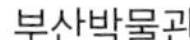

부산박물관

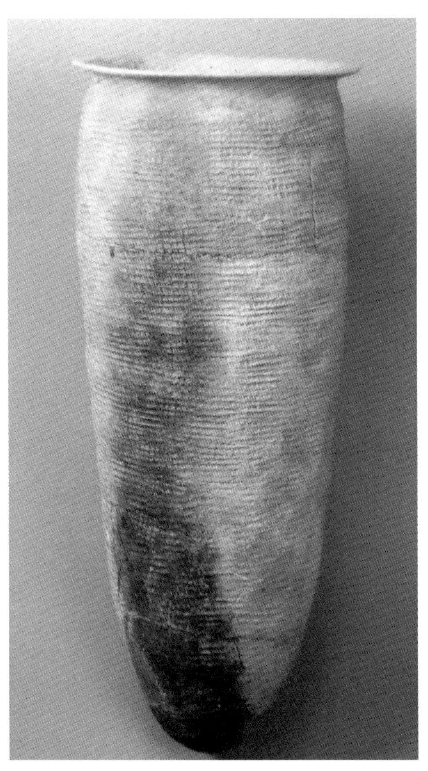

『전북의 고대문화』

검은 색감은 제작 과정에서 불에 그을렸거나, 화덕으로 사용되며 그을린 것으로 추정하는 듯하다. 그런데 다수가 한쪽에만 검은 색감이 나타나 있어 의문이다. 불은 차별성이 없으므로 검은 색감이 일부에는 더 진할 수 있지만, 전체적으로 나타나야 한다. 한쪽에만 이처럼 집중적으로 나타나는 것은 자연스럽지 않다.

검은 색감을 인위적으로 입힌 것으로 해석하는 것이 가장 타당해 보인다.

검은 색감이 토기 전체를 덮으면 흑색마연토기로 분류한다.

한편 유사한 검은 색감이 나타나도 일부에만 나타나면 불에 그을린 자국으로 분류하고 있다. 그러나 일부에만 검은 색감을 입힐 수도 있으므로 이를 무조건 불에 그을린 자국으로 해석하는 것은 문제가 있다.

앞에서 보듯이 검은 색감이 생명형상과 관련이 있으므로, 많은 경우 인위적으로 입힌 것으로 해석해야 할 듯하다.

부산박물관

광주 신창리유적, 『서울대박 도록』

4) 색을 입힌 방식

이상의 분석을 종합하면, 토기 표면에 나타난 검은 색감은 생명형상과 관련 있으며, 검은 색감은 불에 그을리거나, 검은 광물질을 문질러서 나타난 것만은 아니며, 인위적으로 입히기도 한 것이라는 결론에 이른다.

이와 관련해서 다음 가평 대성리유적 토기를 보자.(한성백제박물관)
겉면에 검은 색감의 물질이 흘러내렸다.
이는 어떤 방식으로 토기에 검은 색감을 입혔는지를 시사하는 듯하다.

논산 마전리유적 출토 토기다.(『금강』)
검은 색감은 광물질을 문지른 것과 전혀 다른 형태다.
광물질을 문질러 입힌 것이 아니라면, 검은 색감은 어떤 방법으로 입혔을까?

진주 대평리유적 출토 토기다.(경남대박물관)

두 토기 모두 밑부분이 한쪽으로 치우쳐 있다. 세우기도 어렵고 균형도 맞지 않은 토기를 제작해 놓은 이유가 궁금하다.

좌측 토기의 몸체 부분에는 검은 색감이 전혀 나타나지 않았는데, 목 부위에만 일부 나타나 있다.

입구 부위에 검은 색감이 나타나 있고, 그 검은 색감이 선을 이루기도 한다. 이런 형태로 색감을 입히고, 선도 그을 수 있는 도구로는 붓이 가장 적합하므로, 붓으로 그린 것으로 추정된다.

토기에서 자주 볼 수 있는 검은 색감이 반듯한 선을 이루고 있어서, 토기에 나타나는 검은 색감이 인위적으로 입혀졌음이 증명된다.

위 토기와 함께 출토된 토기다. 작은 규모의 검은 색감이 나타나 있다.

이 두 토기가 함께 출토된 이유는 분명해 보인다.

반듯한 선이 그어진 토기에 나타난 검은 색감과 같은 방식으로 검은 색감이 입혀졌음을 알리는 것이다. 즉 토기에 나타난 검은 색감이 인위적으로 입혀졌음을 증명하는 것이다.

선이 입을 이루고, 검은 색감이 눈을 표시하는 인물상으로 보인다.

색감이 생명형상과 관련 있음이 잘 나타난다.

함북 경성 원수대유적 출토 토기다.(중앙박물관)

불에 그을린 것과는 다른 모습이다. 홈이 파인 곳에도 균일하게 검은 색감이 입혀져 있어서 광물질을 문질러 입히지 않았음도 뚜렷하다.

안쪽까지 검은 색감이 입혀졌는데, 앞에서 살펴보았듯이 액체 상태의 안료를 붓을 이용해 입힌 듯한 모습이다.

홈이 파인 안쪽까지 검은 색감이 고르게 입혀졌다.

문양의 홈이 검은 색감과 함께 중첩된 인물상을 나타낸다.

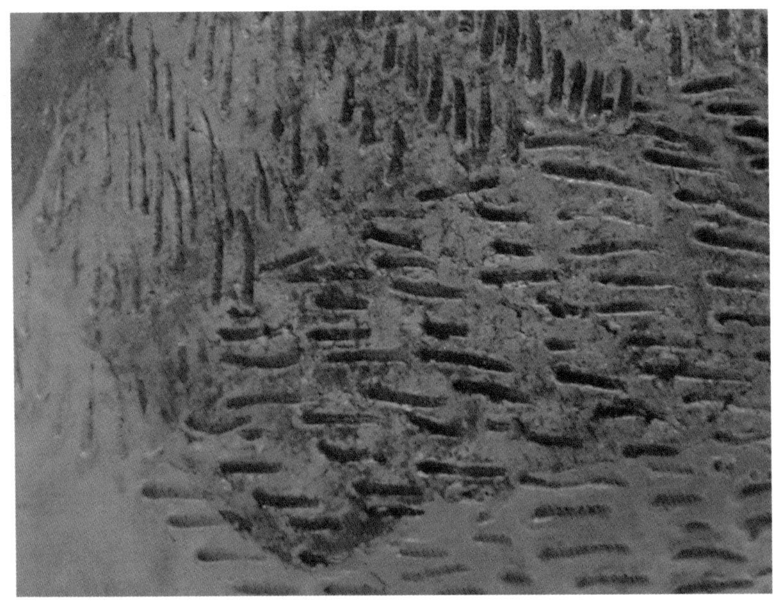

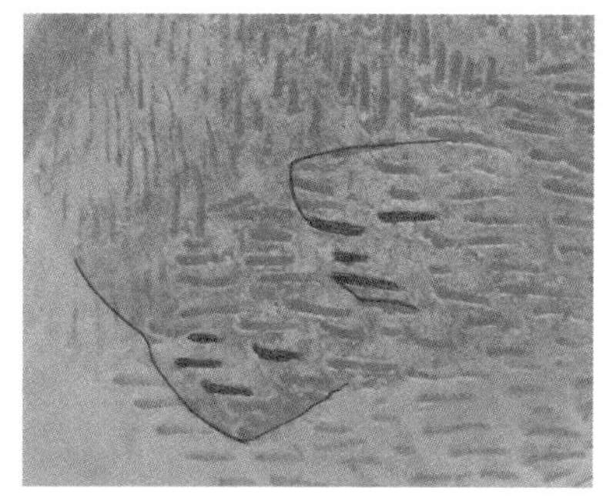

길게 갈라진 홈이 인물상의 앞부분 윤곽선을 이루고, 검은 색감이 뒷부분 윤곽선을 나타낸다. 검은 색감으로 그림을 그린 것과 다르지 않다.

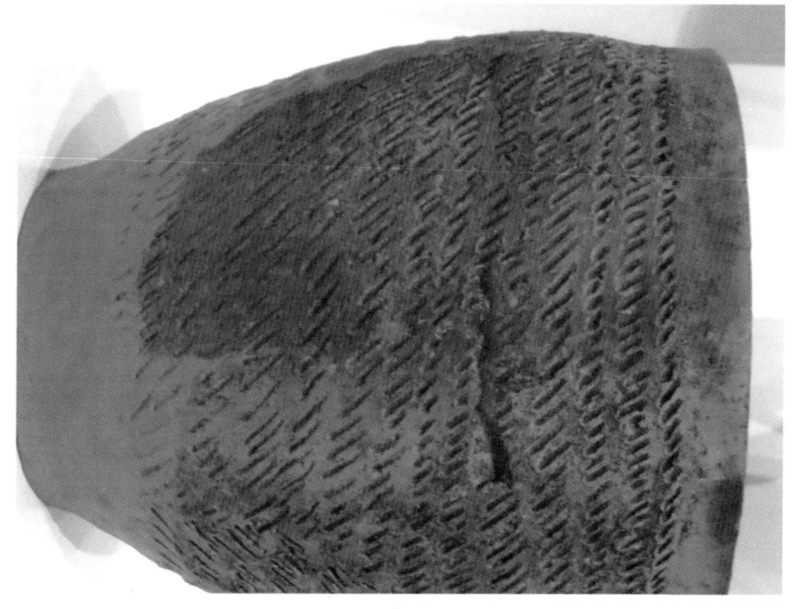

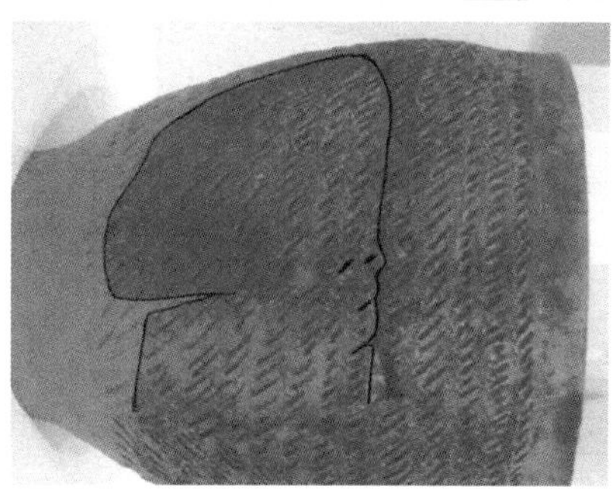

양양 오산리유적 출토 신석기시대 토기다.(『서울대박 도록』)

검은선은 액체 상태의 물질을 붓 등으로 그린 것이 명백하다.

다수의 선이 교차하는 곳에 검은색이 짙게 나타나 있다.

앞에서 살펴보았듯이, 다음 창녕 비봉리패총의 신석기시대 토기 조각이 인물상을 나타낸다.(비봉리패총전시관)

붓으로 그린 듯한 검은색의 가로선들이 그려져 있다. 토기에 붓으로 검은 색감의 물질을 입혔음을 알 수 있다.

이 전통이 신석기시대부터 계속 이어져 왔음을 증언한다.

진주 상촌리유적 신석기시대 토기다.(중앙박물관)

선의 골이 깊어서 광물질을 문질러 이처럼 고르게 색을 입힐 수 없다.

균열선을 따라 검은 색감과 밝은 색감이 정확하게 구별되므로 불에 그을린 것도 아니다.

검은 물감으로 그렸음을 증언한다.

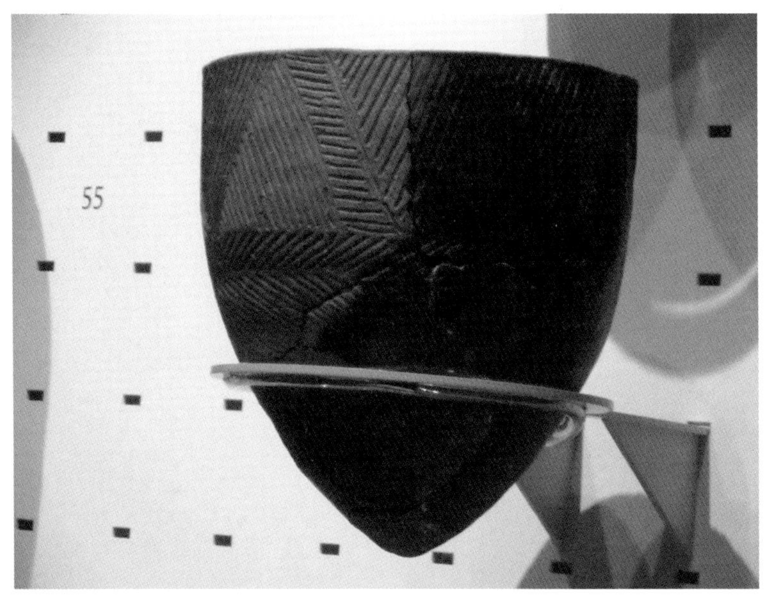

부산 동삼동유적 출토 토기다.(중앙박물관)

표면이 크게 굴곡져 있어서 광물질을 문질러서 검은 색감을 입힐 수 없다.

진주 상촌리유적의 신석기시대 토기와 유사해서 검은 물감으로 그렸음을 알 수 있다.

평양 호남리유적 빗살무늬토기 복제품이다.(중앙박물관)

복제품이라 의미가 없을 수 있지만, 참고로 나타난 그대로를 살펴보자.

검은 색감이 균열선과 함께 인물상을 나타내는 듯하다.

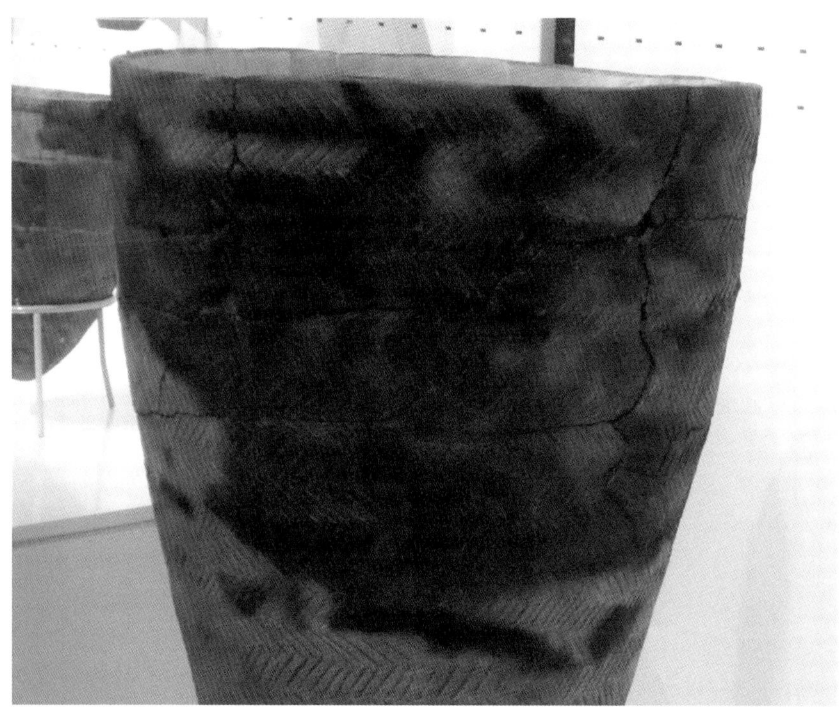

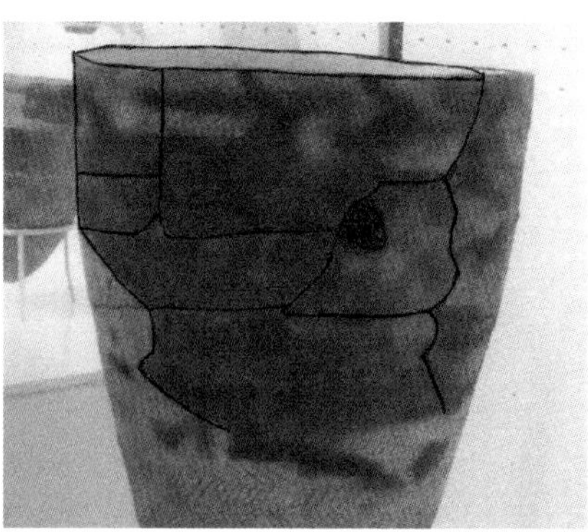

서울 구의동유적 고구려 토기 아랫부분에 검은 격자무늬가 그려져 있다.(『서울대박 도록』)

붓으로 액체 상태의 검은 안료를 찍어 그린 것이 분명하다

신석기시대부터 삼국시대까지 전통이 이어지고 있음을 증명한다.

이상으로 고대 토기 표면에 나타난 검은 색감이 불에 굽는 과정에서 그을린 자국이 아니라, 검은 색감의 안료나 물감으로 그린 것이 증명된 듯하다.

그 전통은 토기가 제작되기 시작한 신석기시대부터 도자기가 제작되기 전까지 계속 이어지고 있음을 알 수 있다.

흑색마연토기 제작 이전 신석기시대부터 토기에 색감을 입혔으므로, 흑색마연토기 중에는 광물질을 문질러서 제작한 것과 안료나 물감으로 그린 것이 있을 수 있다.

가지무늬토기의 가지무늬는 물감으로 그렸음이 분명하다.

모든 고대 토기 표면의 검은 색감이 물감으로 그린 것인지, 일부는 불에 그을린 것인지데 대해서는 추후 연구가 필요해 보인다.

다음 토기는 머리에 띠를 두른 인물상처럼 보인다.(청주박물관)

윗부분 표면 벗겨진 곳에 드러난 원래의 토기 색감은 검은색이다. 검은 색감의 토기 표면에 황토 색감이 입혀진 것으로 보인다.

유사한 방식으로 황토 색감이 입혀진 토기를 여러 군데서 볼 수 있었다.

안료나 물감만이 아닌 다양한 방법으로, 다양한 색감을 입혔음을 알 수 있다.

참고로 석재유물에 나타난 검은 색감을 보자.

부여 송국리유적에서는 많은 토기가 출토되어 송국리형 토기라 부른다.

이곳에서 출토된 석재유물에 검은 선이 그어져 있다.(중앙박물관)

용도가 별도로 있을 것 같지 않은 사각형으로 반듯하게 다듬어진 돌을 배치해 놓은 이유는, 이 선에 대한 의문의 제기를 위해서인 것으로 추정된다.

중간이 끊겨 있어서 돌의 성분과 관련 없는, 표면에만 얕게 나타난 선이다. 토기에 나타난 검은 색감과 같은 성분의 물질을 이용해 그렸을 가능성이 크다.

석재유물에도 안료나 물감을 입혔음을 증언한다.

2. 색감이 표현하는 사람형상

앞에서 토기에 입혀진 색감이 광물질을 문질러서 나타난 것이 아니라, 안료나 물감 같은 액체 상태의 물질을 입힌 것임을 살펴보았다.

이제 이 색감이 나타내는 형상을 살펴보기로 하자.

색감이 나타내는 다양한 형태의 형상은, 색감이 액체 상태의 물질을 입힌 후, 굳혀서 형성되었다는 것이 더 분명해질 것이다.

화성 마하리유적의 토기다.(『한성백제박 도록』)

균열선이 윤곽선을 나타내고 검은 색감으로 눈을 표시했다.

다음 논산 원북리유적의 토기도 유사하다.(부여박물관)

성남 판교유적 출토 토기다.(판교박물관)

거꾸로 보면 균열선이 윤곽선을 이루고, 색감으로 눈을 표시한 인물상이 뚜렷하다. 원하는 대로 형태를 다듬을 수 있었음이 잘 나타난다.

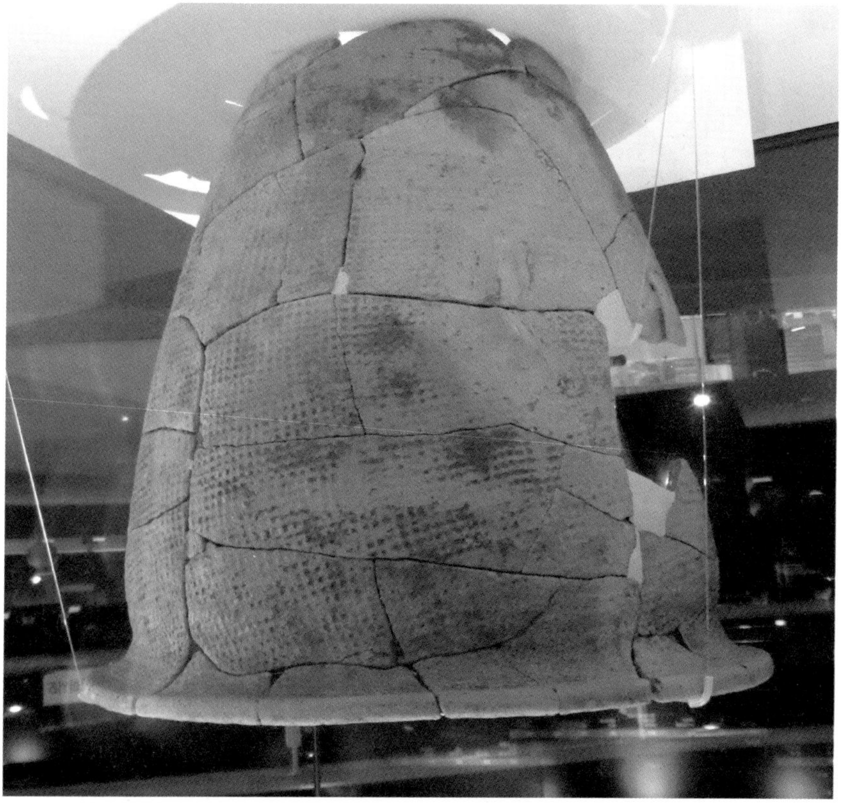

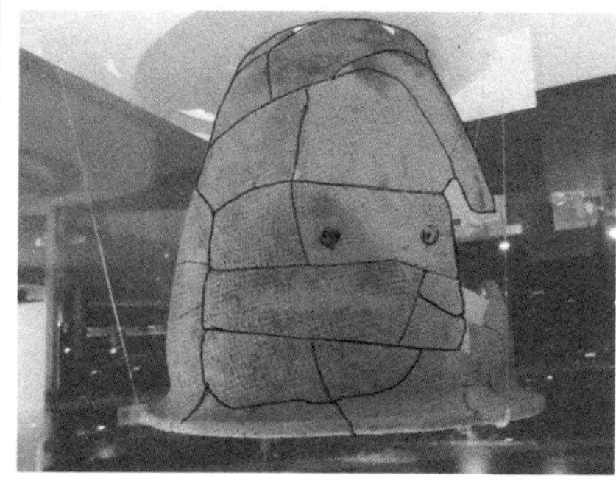

강릉 안인리유적 출토 토기다.(『강릉대박 도록』)

옆에서 보면 균열선이 윤곽선을 이루고, 색감으로 눈을 표시했다.

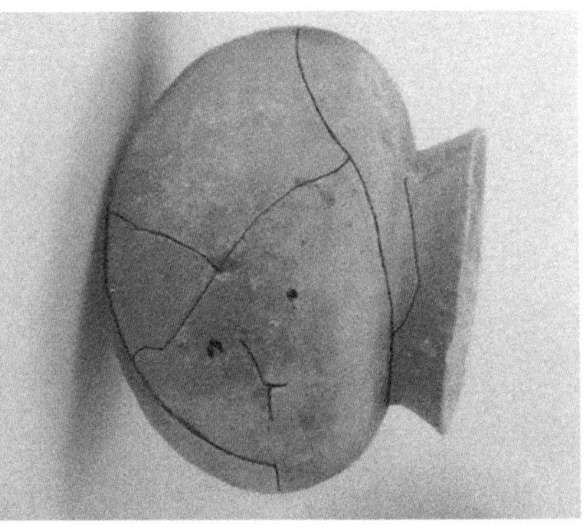

임실 도인리유적 출토 토기다.(『임실』)
거꾸로 하면 인물상이 나타난다.

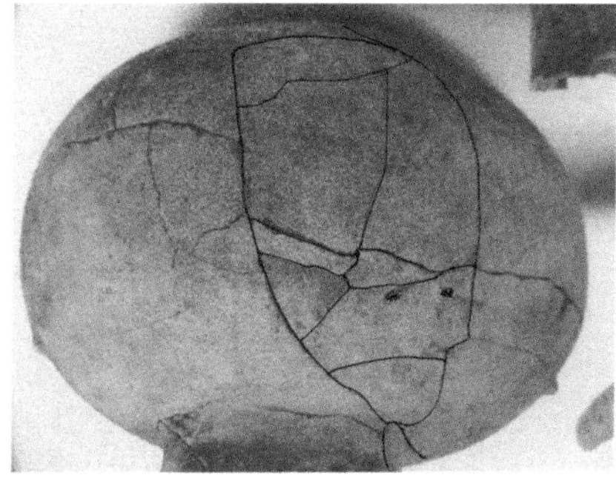

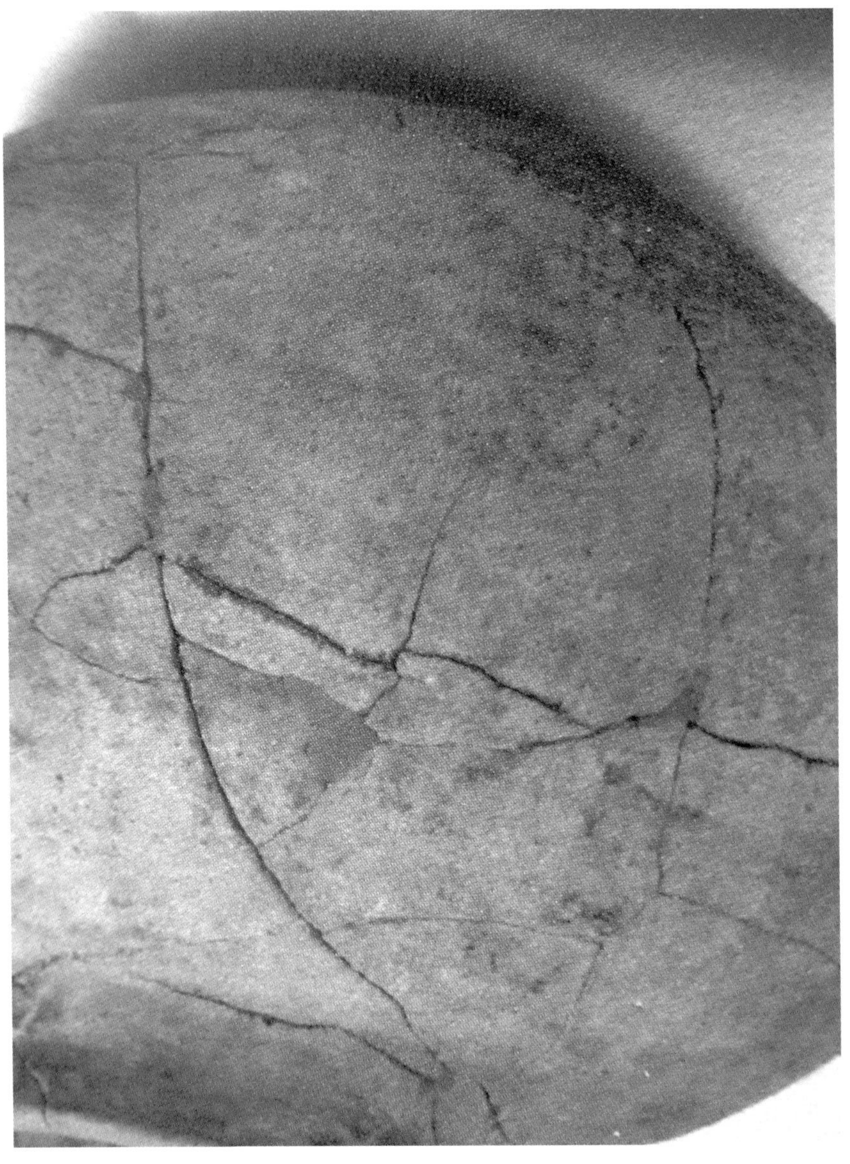

파주 주월리유적 출토 토기다.(『한양대박 도록』)

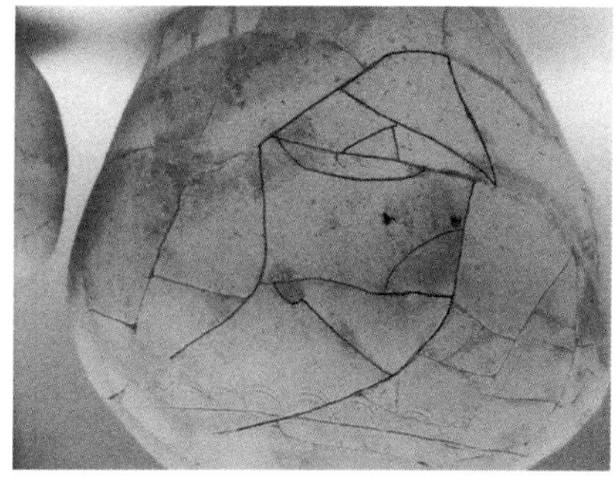

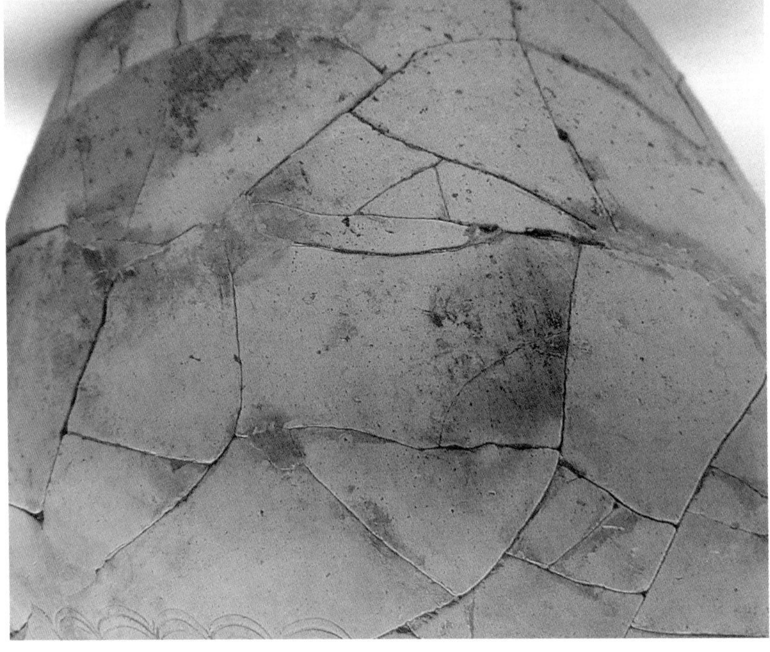

군산 비응도유적 출토 토기다.(『한국미의 태동 구석기·신석기』)
균열선이 윤곽선과 입을 나타내고, 색감이 눈을 표시한다.

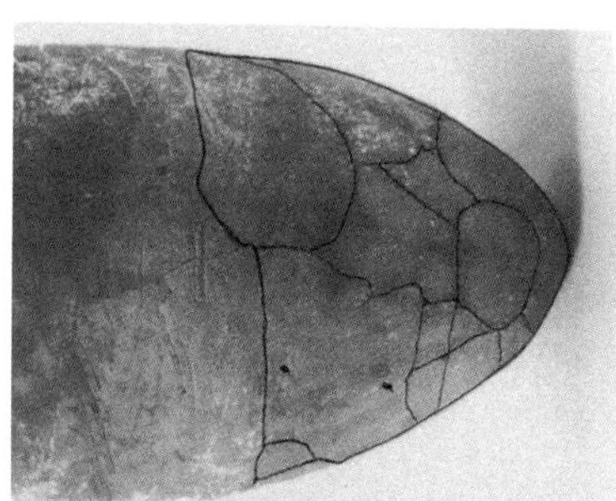

충주 조동리유적 출토 토기다.(『충북대박 도록』)

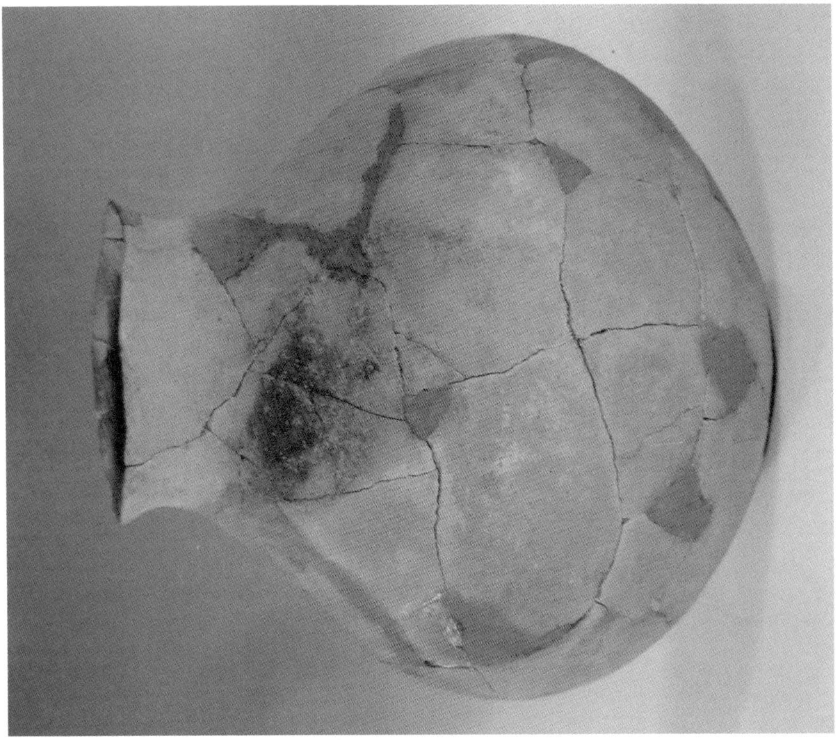

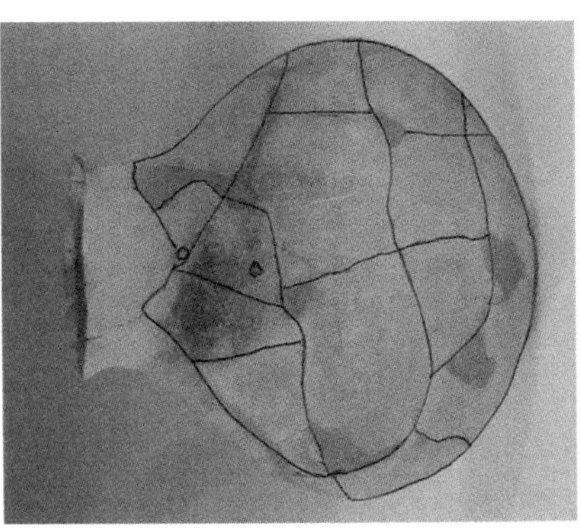

김천 송죽리유적 출토 토기다.(『대구박 도록』)

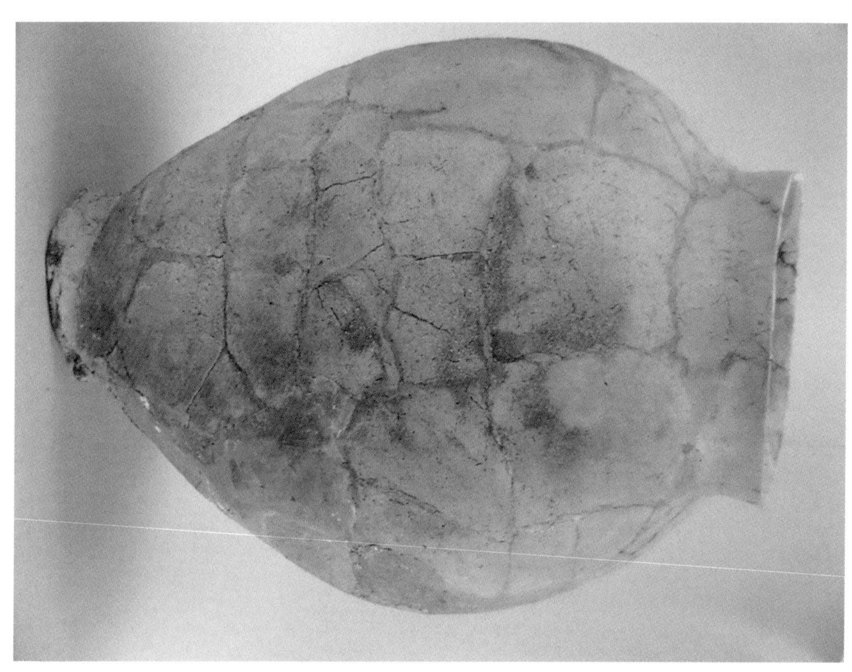

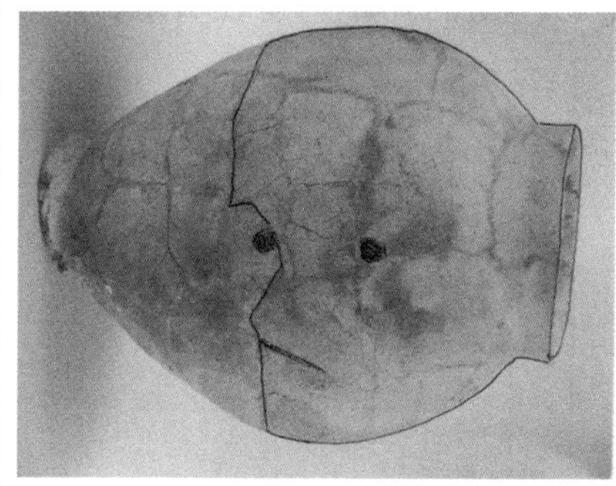

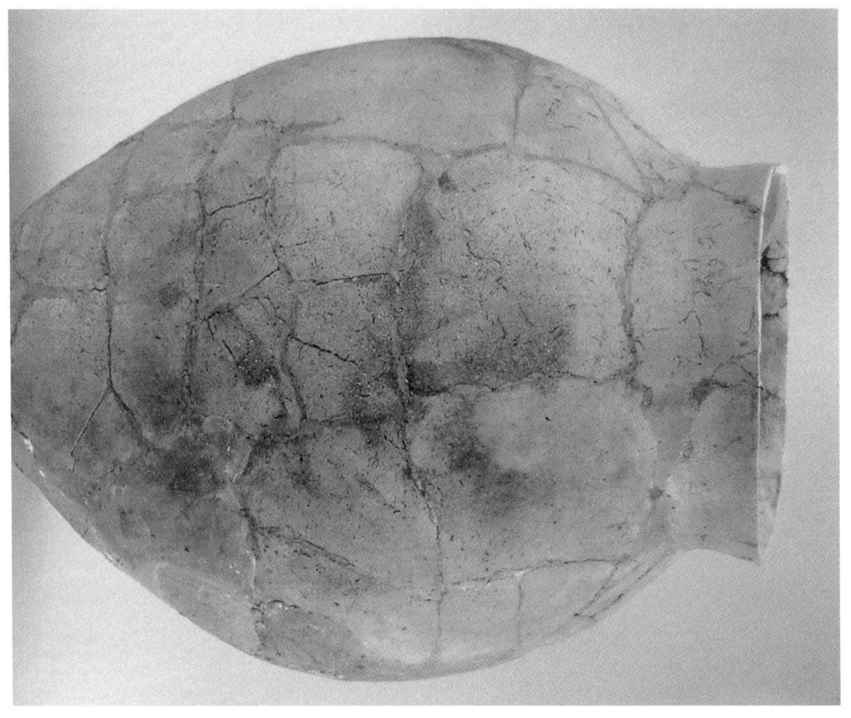

진안 용담댐 수몰지구 안자동유적 출토 토기다.(『금강』, 『전북의 고대문화』)
옆에서 보면 인물상이 중첩해 나타난다.

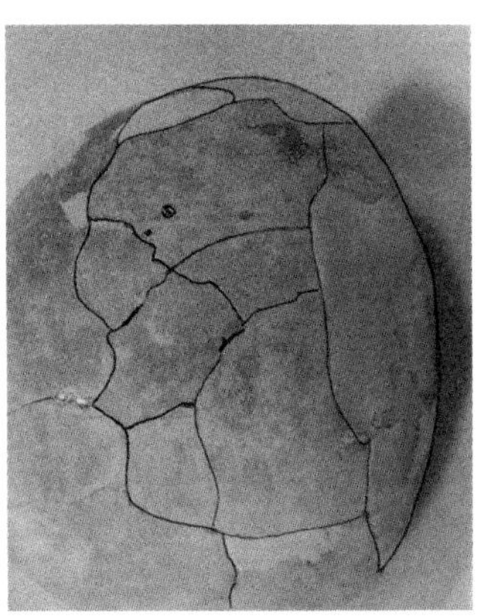

위쪽에 중첩된 인물상이다.

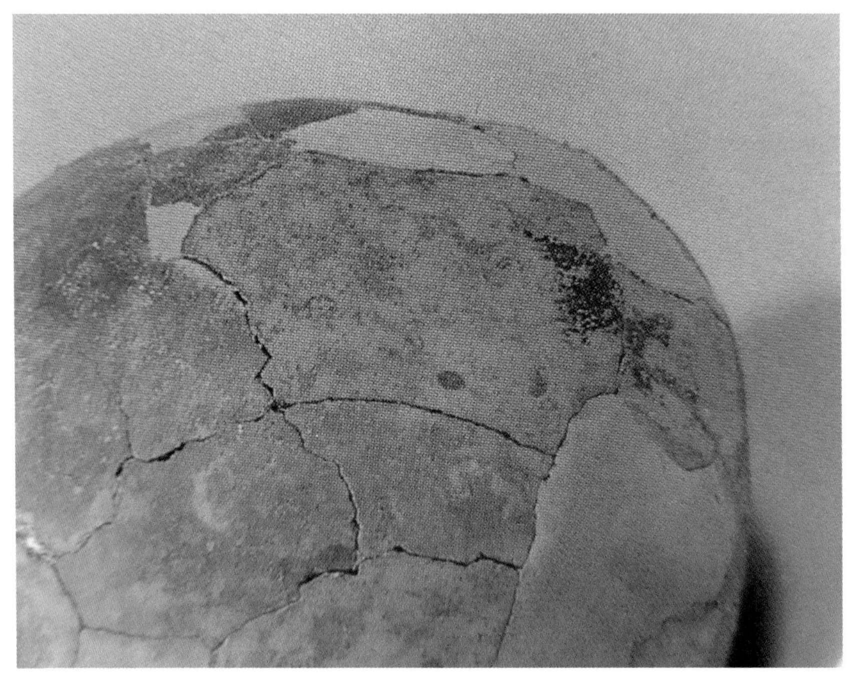

보성지역 유적 출토 토기다.(『고인돌』)

거꾸로 하면 인물상이 나타난다.

균열선이 윤곽선을 나타내고 검은 색감이 눈을 이룬다.

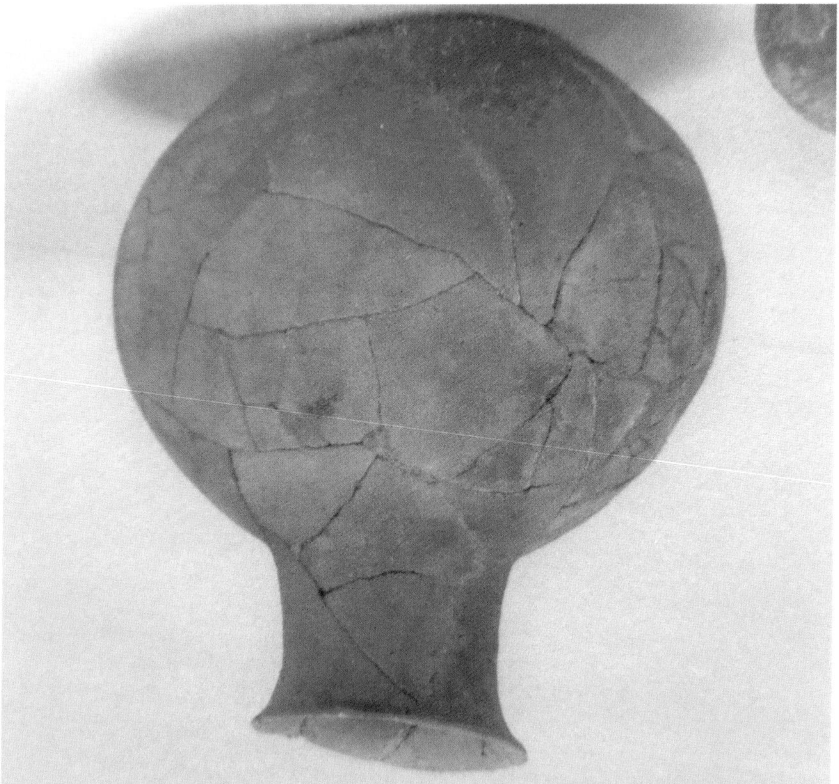

임실 석두리유적 출토 토기다.(『임실』)

균열이 자체로 형상을 나타낸다.

검은 색감이 더해지며 형상의 머리카락을 나타내는 듯하다.

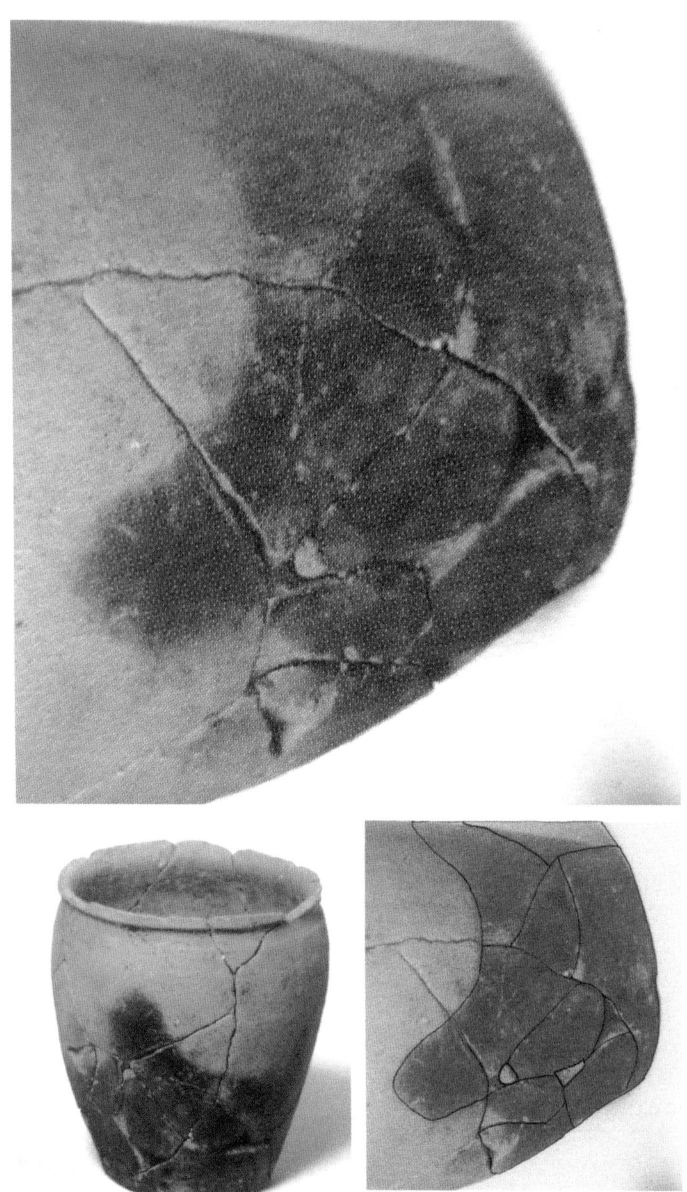

서울 몽촌토성유적 출토 토기다.(『서울대박 도록』)

옆으로 하면 문양의 선이 윤곽선을 이루는 형상이 나타난다.

문양 또한 생명형상과 관련 있음을 알 수 있다.

산청 매촌리유적 출토 토기다.(『고인돌』)

검은 색감이 깨진 부분과 함께 눈을 나타내는 형상이다.

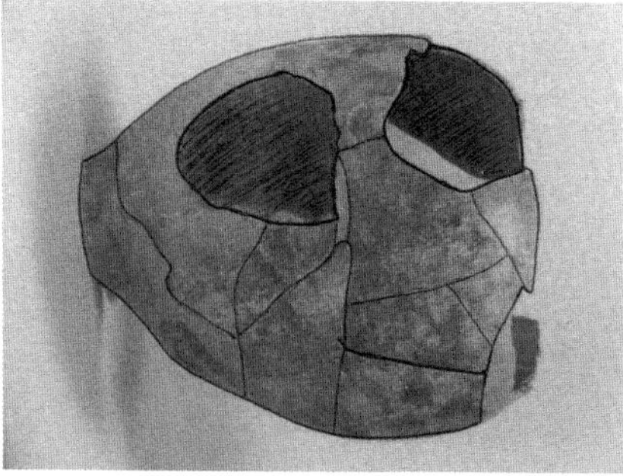

산청 매촌리유적 출토 토기다.(『고인돌』)

균열선과 그어진 흰 선이 윤곽선을 나타내는 인물상이다.

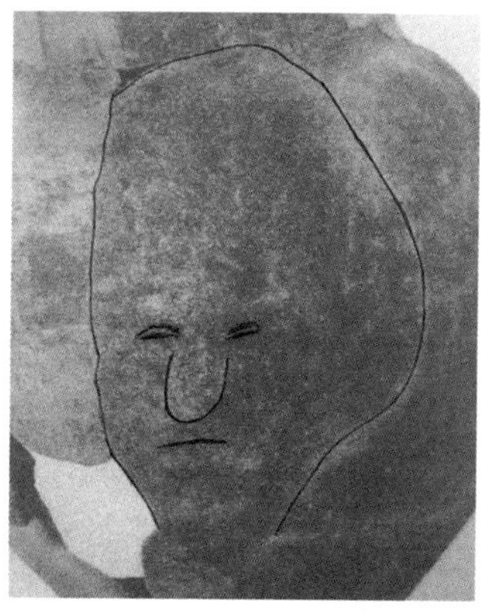

옆에서 보면 위 인물상이 모자를 나타내는 인물상이 나타난다.

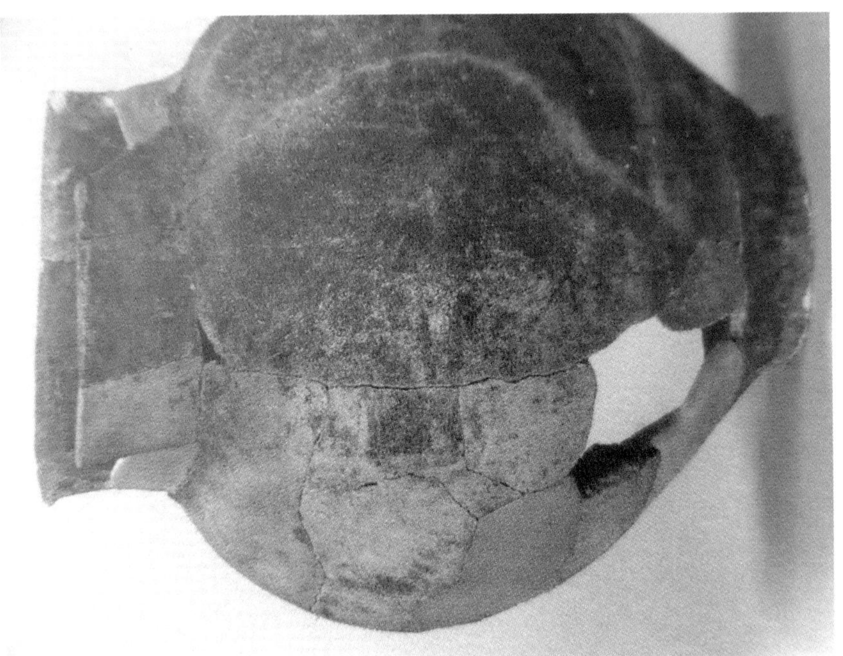

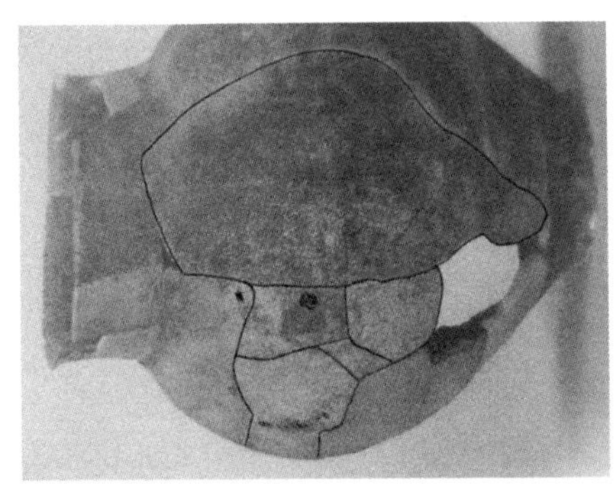

하남 미사리유적 출토 토기다.(『한양대박 도록』)

정면 아랫부분에 나타난 인물상이다.

제천 양평리유적 출토 토기다.(『백제』)

인위적으로 그은 선이 윤곽선을 이루고, 표면 벗겨진 부분이 눈을 표시하는 인물상이 나타나 있다.

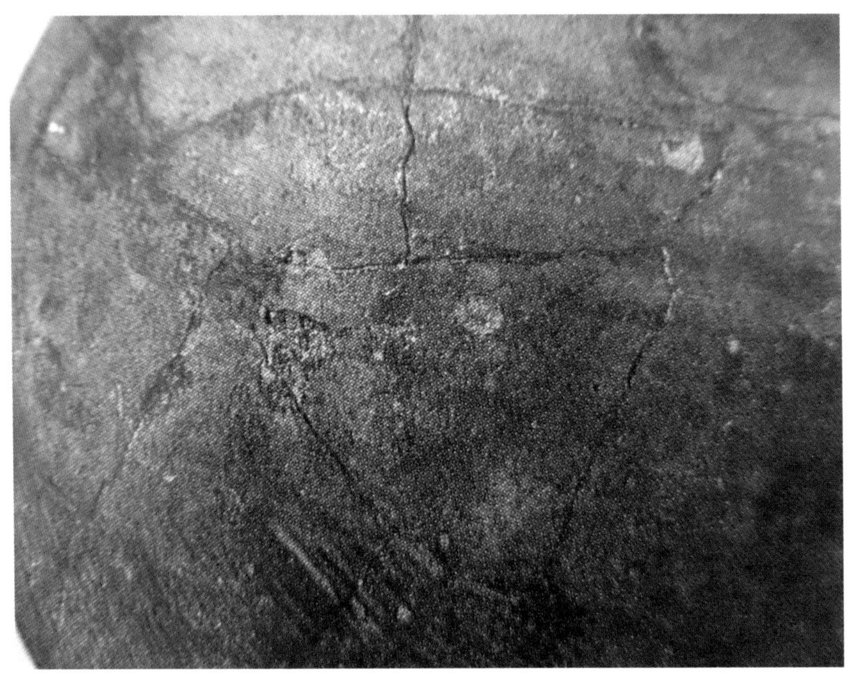

김해 지역 유적 출토 토기다.(『고인돌』)

선으로 뚜렷한 인물상을 새겼다.

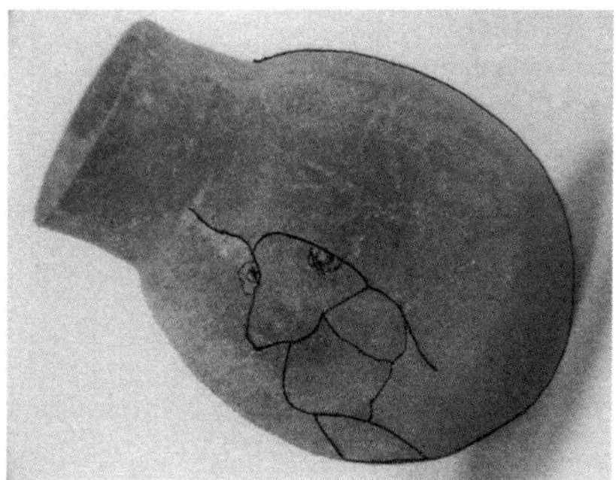

서울 가락동유적 출토 토기다.(『백제』)

흑색마연토기의 균열선이 윤곽선을 이루고, 표면 파인 곳에 드러난 밝은 색감이 눈과 입을 표시하는 인물상이 맞대하고 있다.

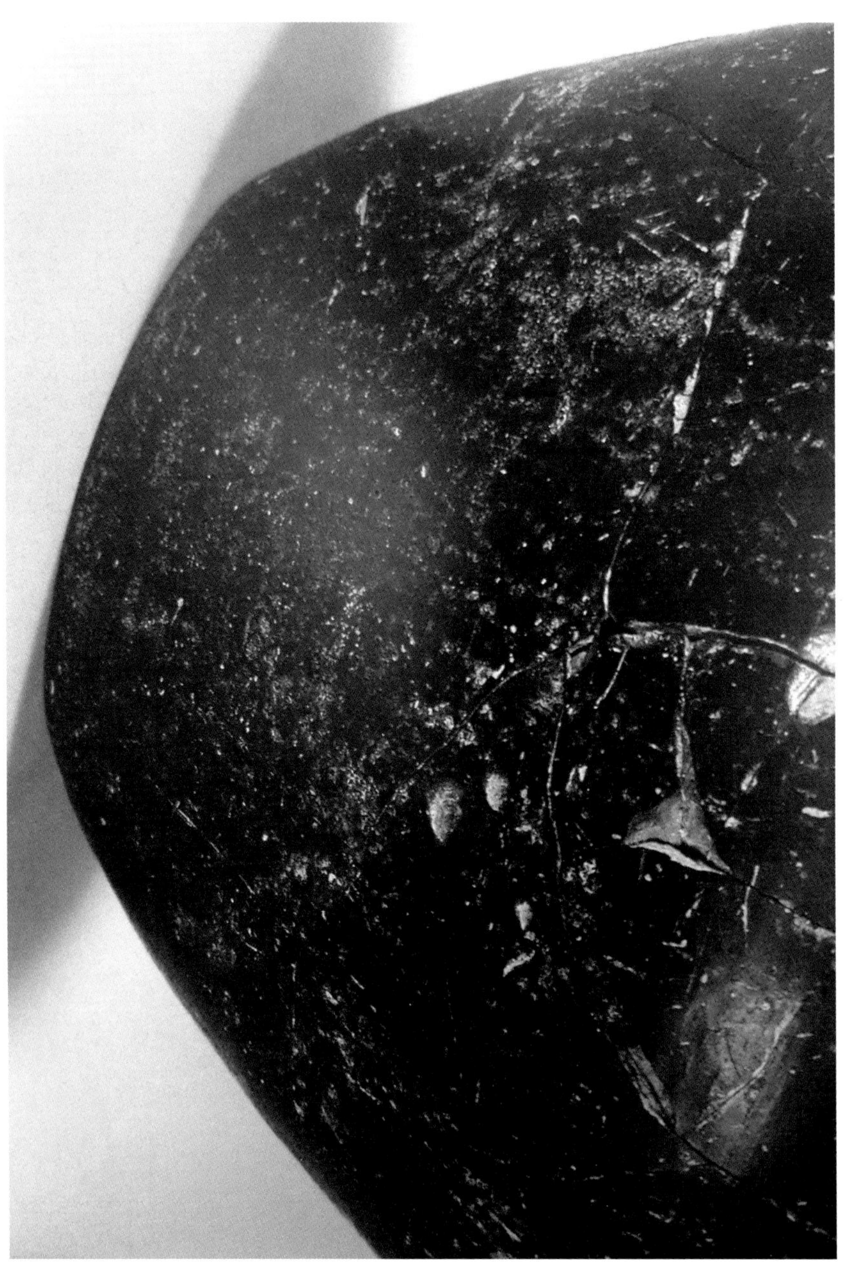

군산 상월리 고분 출토 토기다.(『금강』)

균열이 윤곽선을 이루고, 검은 색감의 눈과 표면을 벗겨 드러난 색감이 다른 눈을 나타낸 형상이다. 웃는 모습이다.

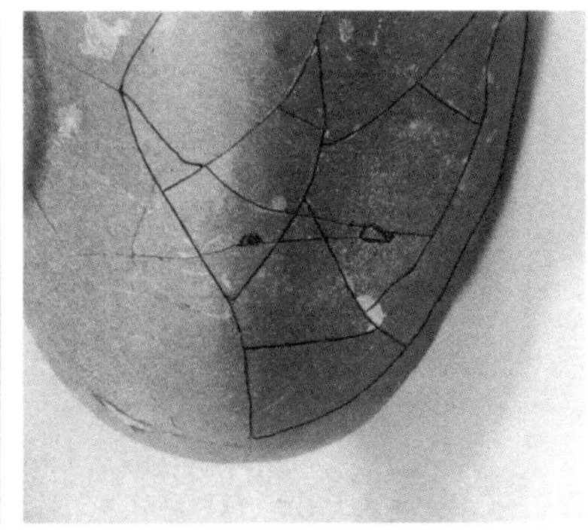

부여 논치유적 출토 토기다.(부여박물관)

그어진 선이 윤곽선을 나타내고, 검은 색감이 눈을 나타낸다.

검은 색감의 토기 표면에 흰색의 물질이 입혀진 듯하다.

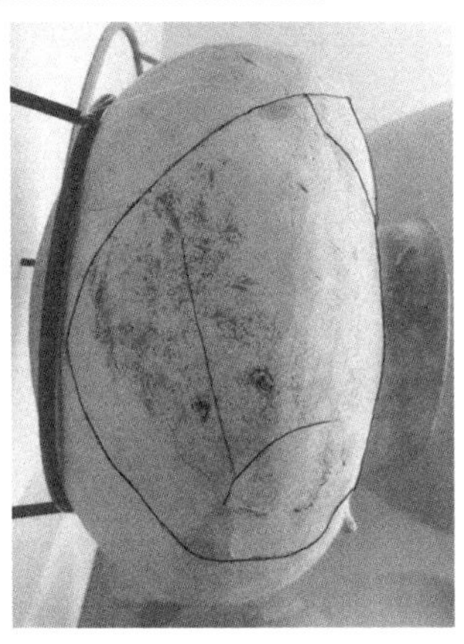

흰색 표면을 긁어내서 드러난 듯한 검은 색감이 인물상을 그린다. 선을 그어 코를 나타냈다.

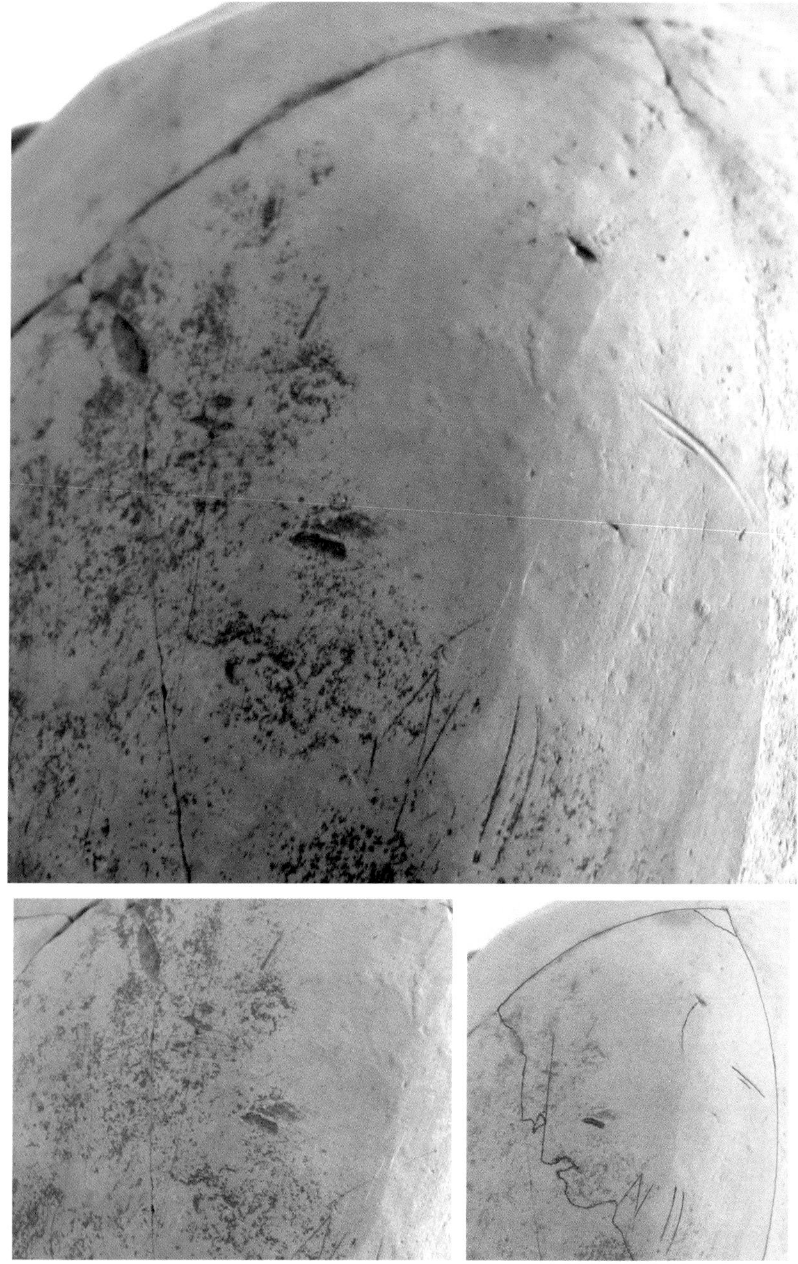

경주 조양동유적 출토 토기다.(『경주박 도록』)
검은 색감에 둘러싸인 노란 색감이 우연히 나타날 리 없다.
노란색 물질을 입혔음을 알 수 있다.

옆에서 보면 검은 색감이 눈을 나타내는 인물상으로 보인다.

위 형상을 거꾸로 하면 나타나는 인물상이다.

양쪽 방향을 향한 인물상이 중첩해 있다.

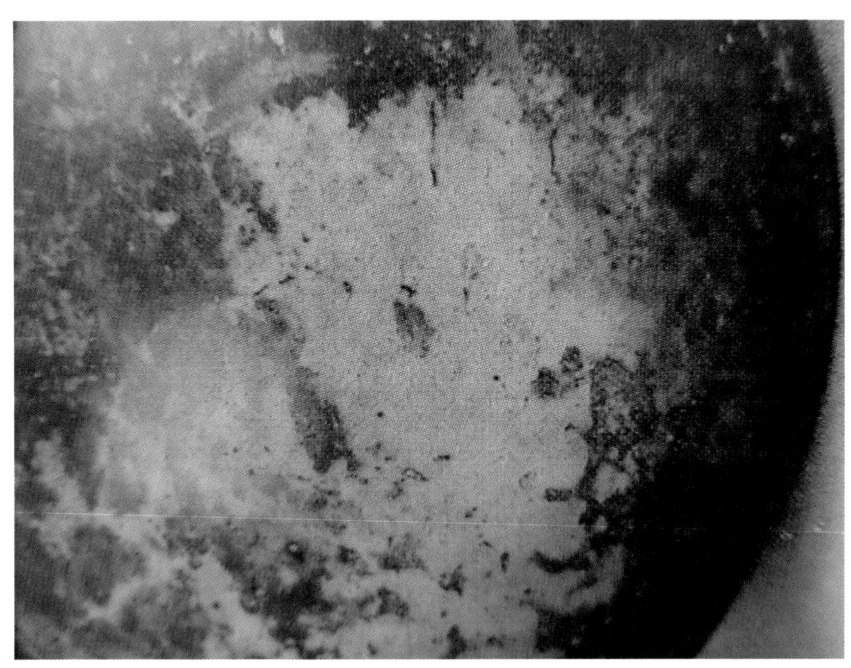

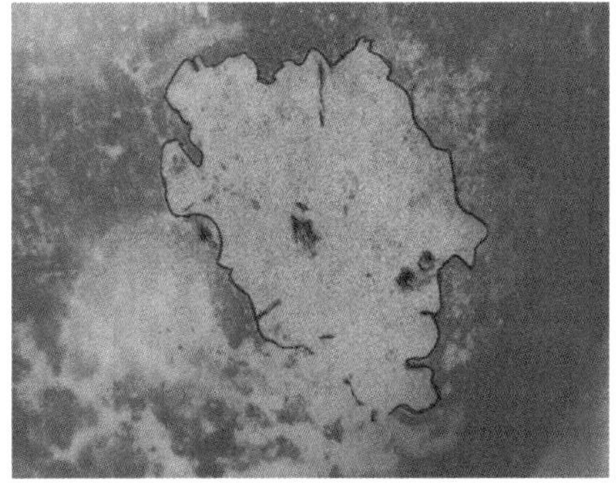

강릉 교황리유적 출토 토기다.(『강릉대박 도록』)

검은 색감이 입혀졌다. 황금색이 검은 색감과 뚜렷이 대비되는데, 이 또한 입혀진 것은 아닐까 추정된다.

수직으로 반듯한 두 선이 평행을 이루며 그어져 있다.

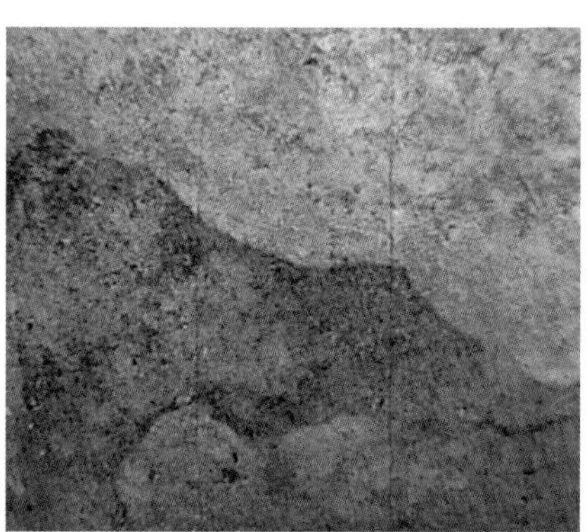

옆으로 하면 반듯한 직선이 입을 이루는 인물상이 나타난다.

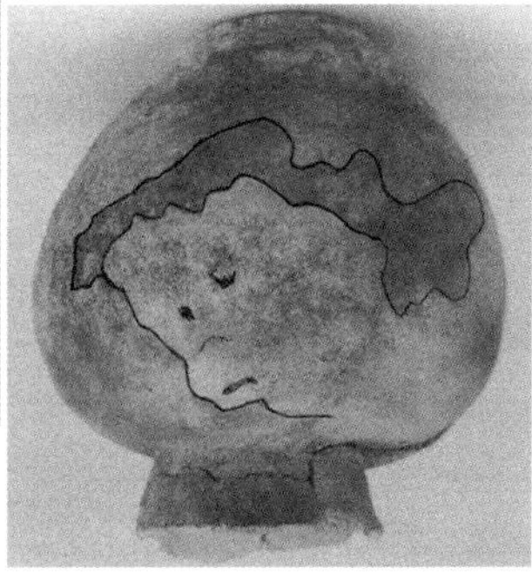

서울 석촌동 토광묘유적 출토 토기다.(『한성백제박 도록』)

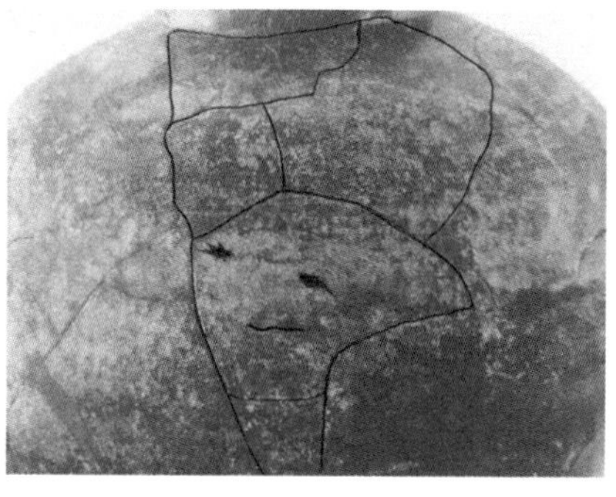

대구 팔달동유적 출토 토기다.(『대구 오천년』)

짙은 색감을 벗겨내 밝은 색감을 드러내서, 인물상의 윤곽선을 나타냈다.

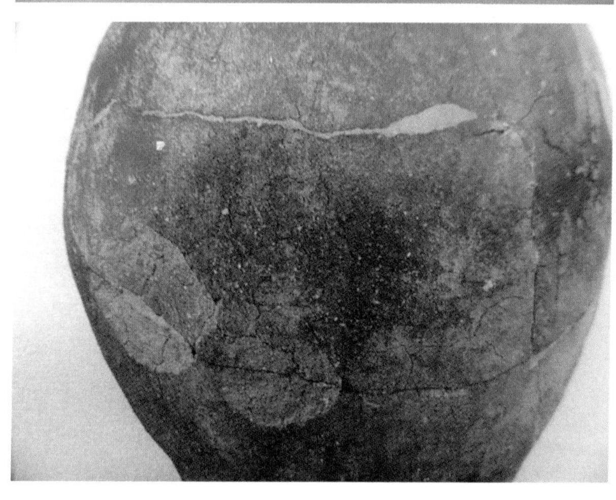

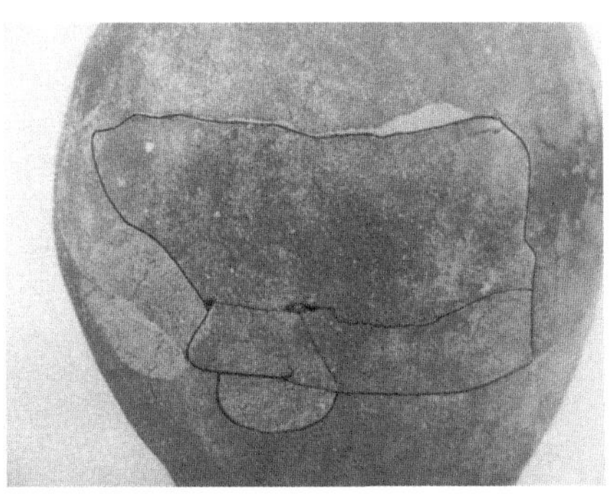

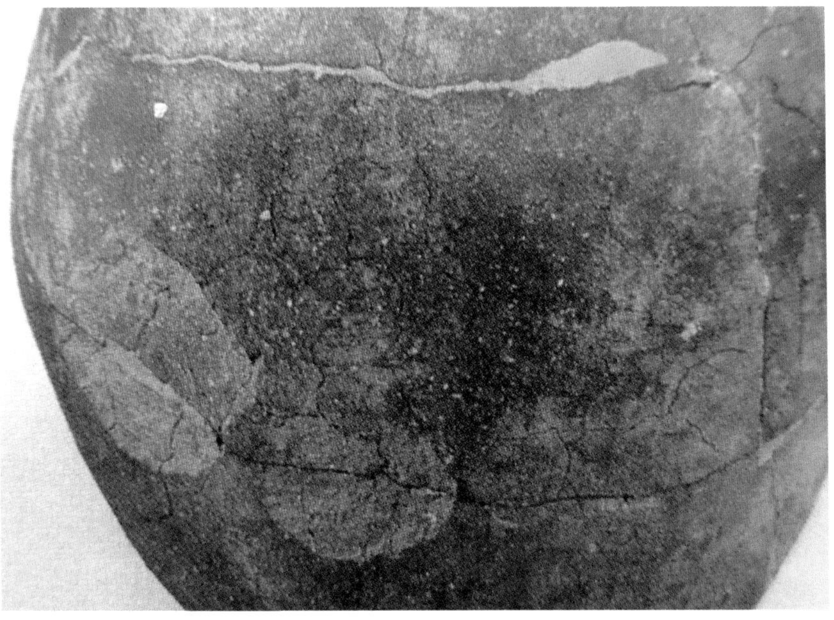

춘천박물관에 전시된 토기다.

거꾸로 보면 검은 색감이 나타내는 인물상이 뚜렷하다.

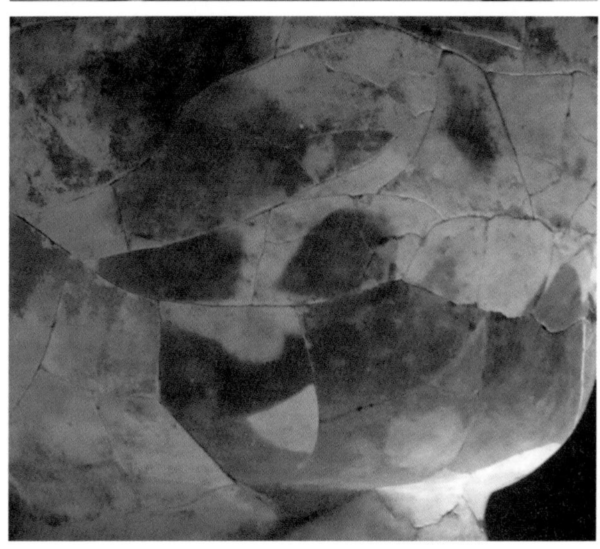

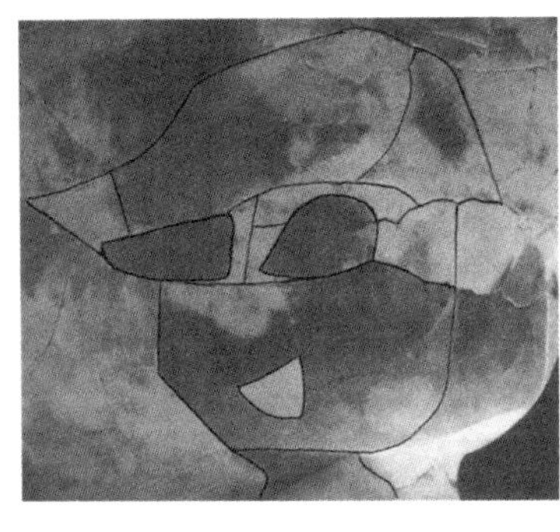

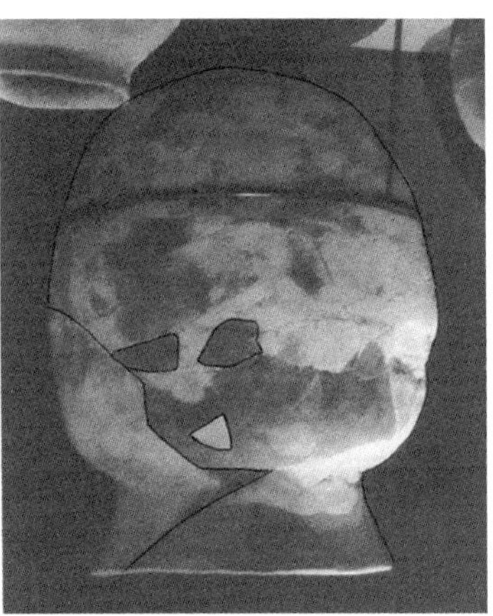

18장 토기의 세밀한 선과 돌

앞에서 토기 표면에 선을 긋거나, 토기를 균열시켜 균열선이 나타나게 했다는 것을 살펴보았다. 이 선들이 형상을 나타내는 경우가 있어 인위적 현상인 것을 증명하였다.

그런데 가늘어서 잘 보이지 않는 균열선들이 나타나기도 한다. 언뜻 보면 자연적인 균열처럼 보이는 이 선들이 형상을 표현해서 인위적인 현상으로 증명되는 경우가 있다.

토기 표면에 돌이 박혀있는 경우가 있다. 흙을 빚어 만드는 토기에 자연적으로 돌이 섞이기보다, 의도적으로 첨가했을 가능성이 큰데 무슨 이유일까?

영산강 유역에서 발견되는 대형옹관에 비짐용으로 돌이 함유되어 있는데, 이와 같은 이유일 수 있다.

그런데 이들 돌 중에는 가는 균열선과 함께 형상을 표현하는 경우가 있어서, 단순한 비짐용이 아닌 의도적으로 배치한 것으로 추정된다.

이 장에서는 가는 균열선을 인위적으로 긋고, 이 선이 인위적으로 배치된 작은 돌과 함께 형상을 표현하는 것을 살펴보기로 하자.

동해 송정동유적 출토 토기다.(『강릉대박 도록』)

가늘게 그어진 선들이 인물상을 나타낸다.

포천 영송리유적 출토 토기다.(『한양대박 도록』)

선이 그어져 인물상의 윤곽선을 나타내고, 흰 돌이 눈을 표시한다.

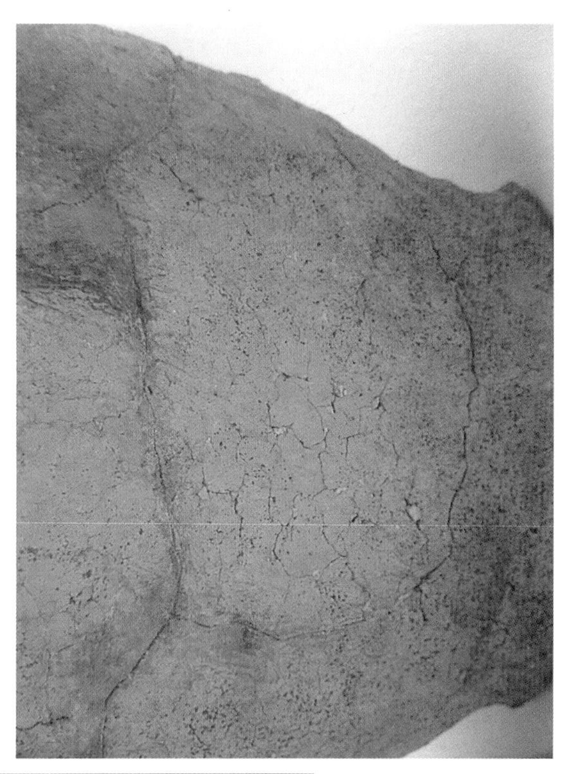

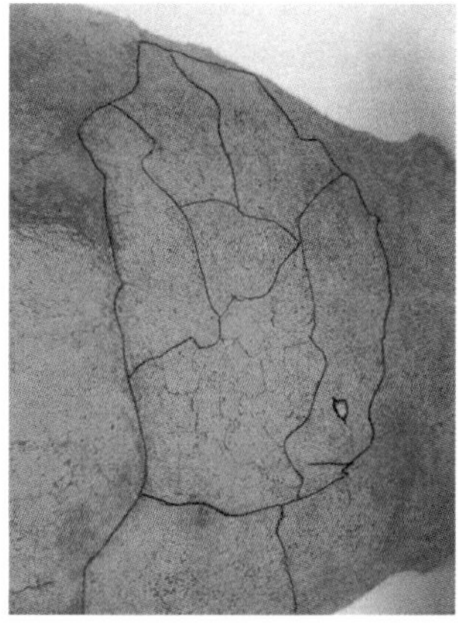

거꾸로 하면 세밀한 선이 앞쪽 윤곽선을 이루고, 흰 돌이 눈을 표시하는 인물상이다.

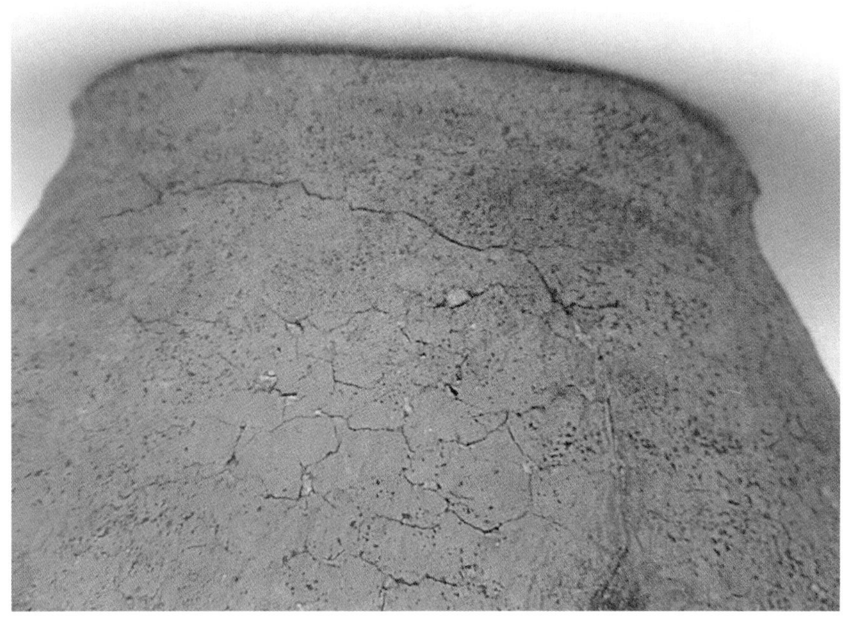

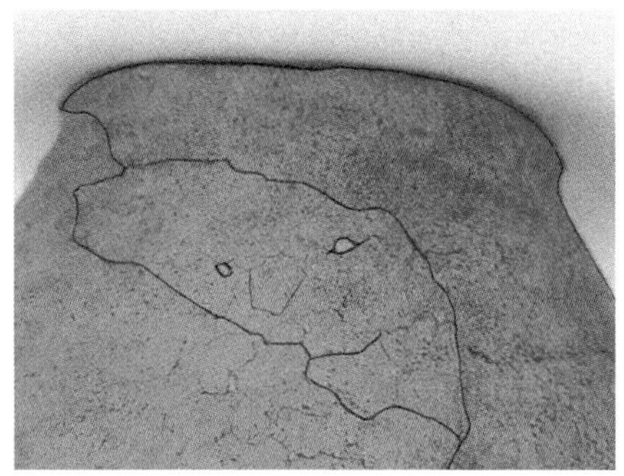

포천 영송리유적 출토 토기다.(『한양대박 도록』)

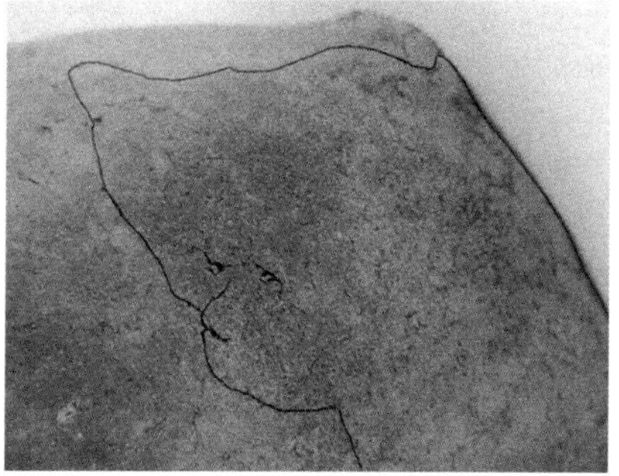

하남 미사리유적 출토 토기다.(『한양대박 도록』)

거꾸로 하면 나타나는 가는 균열선이 그리는 뚜렷한 인물상이다.

위의 곳을 옆에서 보면, 작은 흰 돌이 한쪽 눈을 나타내는 인물상이다. 머리카락 부분이 별도의 인물상을 나타낸다.

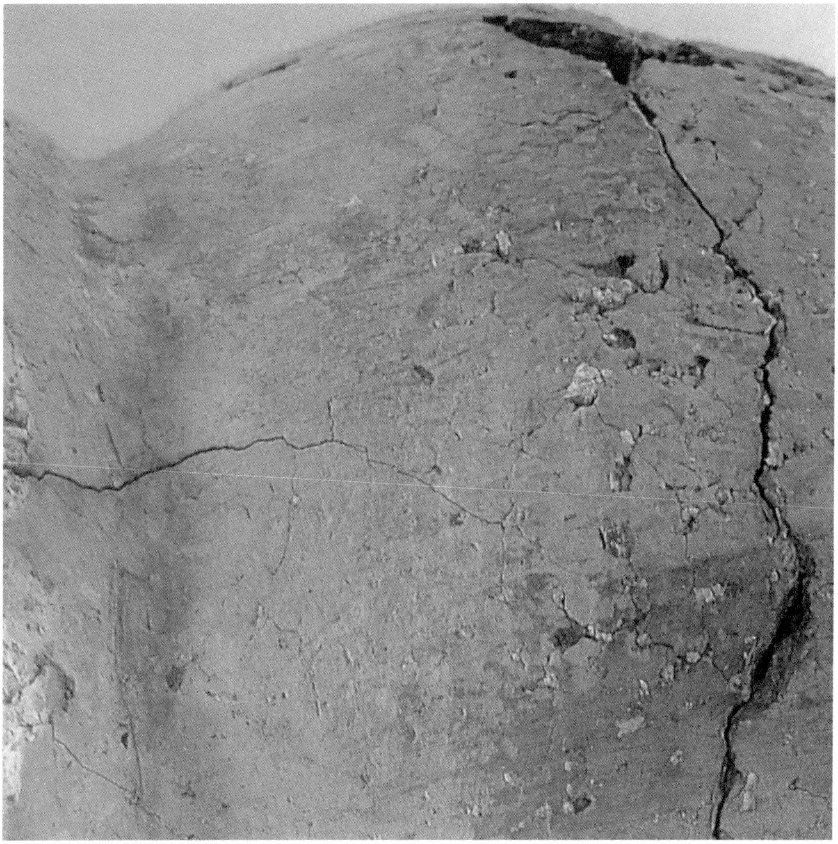

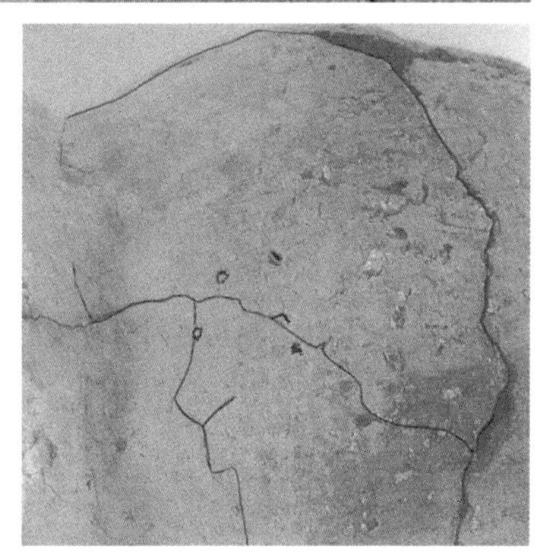

위 형상을 옆으로 돌려보자.

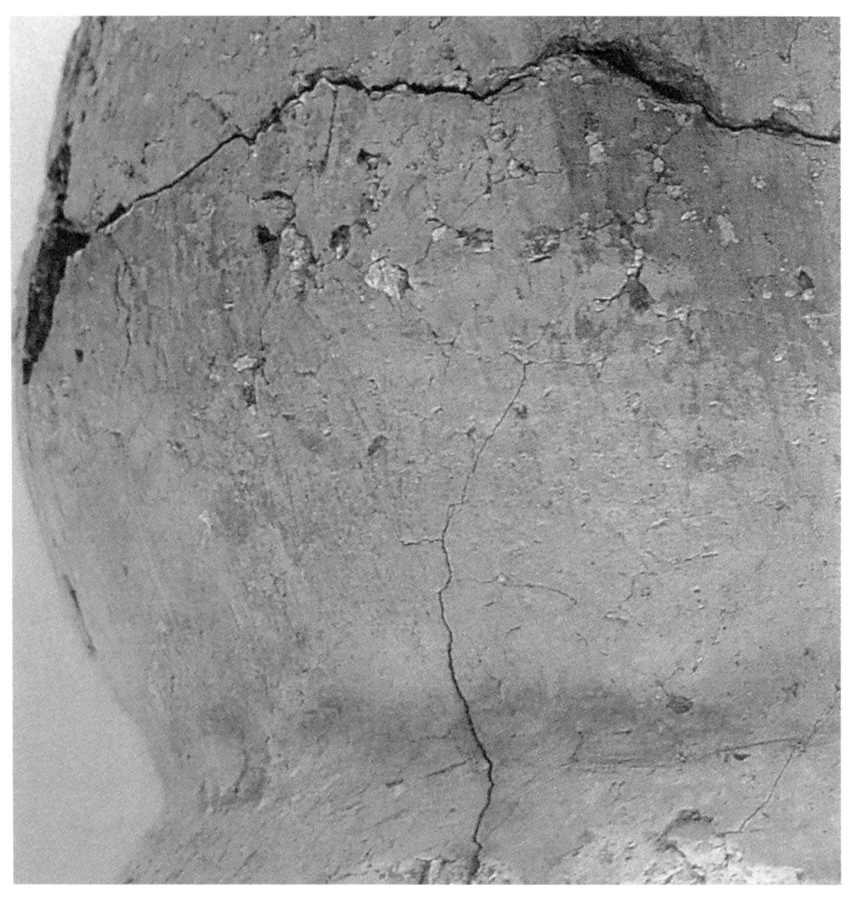

공주 산의리유적 출토 토기다.(『금강』)

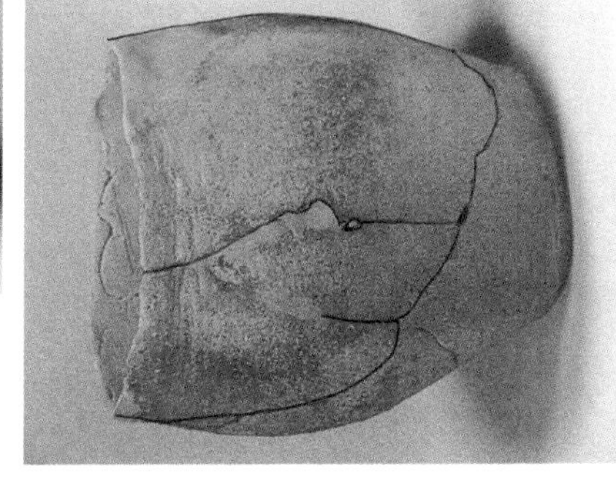

안성 도기동유적 출토 토기다.(『한성백제박 도록』)

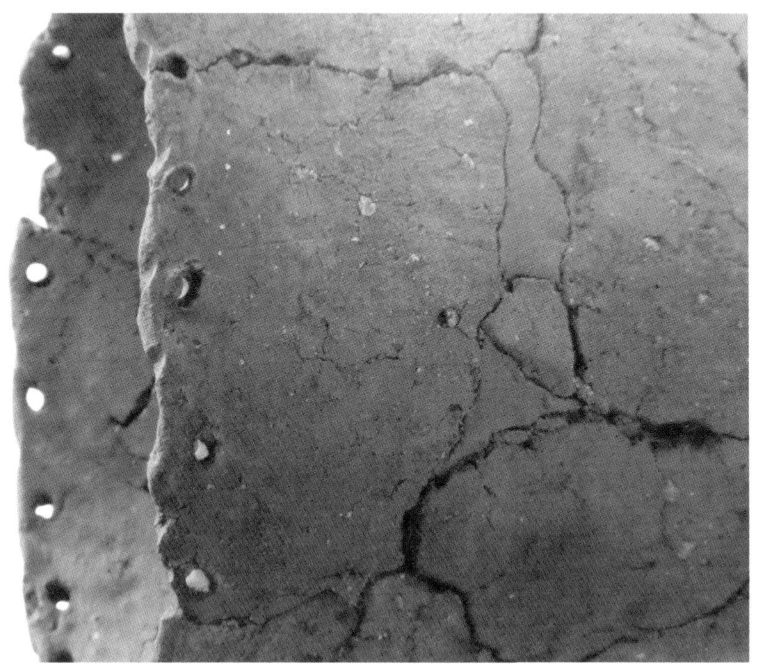

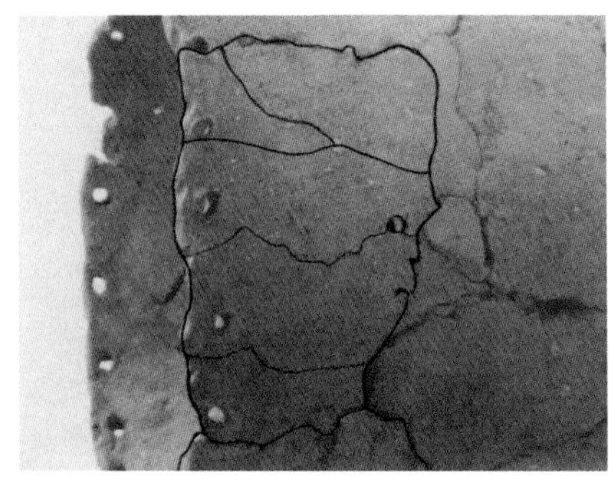

파주 주월리유적 출토 토기다.(『한양대박 도록』)

표면의 선들이 균열선이 아닌 인위적으로 그은 선인 것이 분명히 나타나 있다.

그은 선이 인물상의 윤곽선을 그리고, 흰 돌이 두 눈을 나타내는 인물상이다.

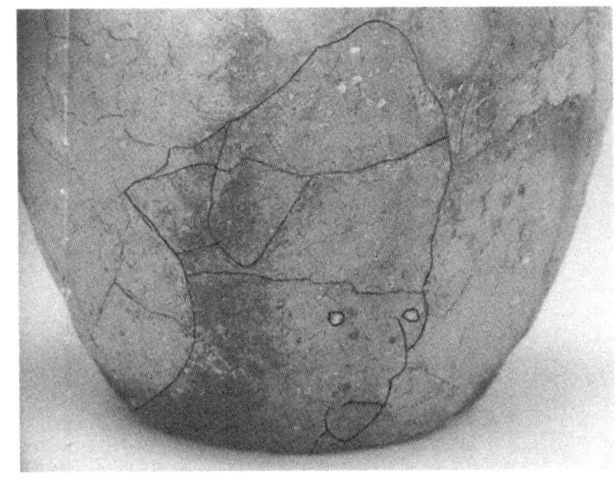

파주 주월리유적 출토 토기다.(한양대박물관)

옆에서 보면 두 인물상이 맞대하고 있다. 흰 돌이 눈을 나타낸다.

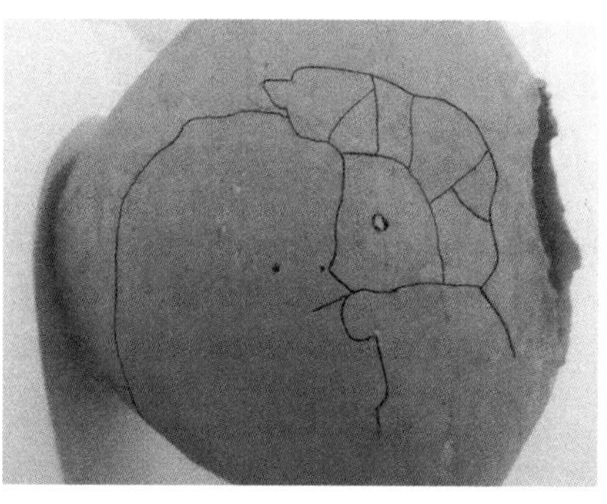

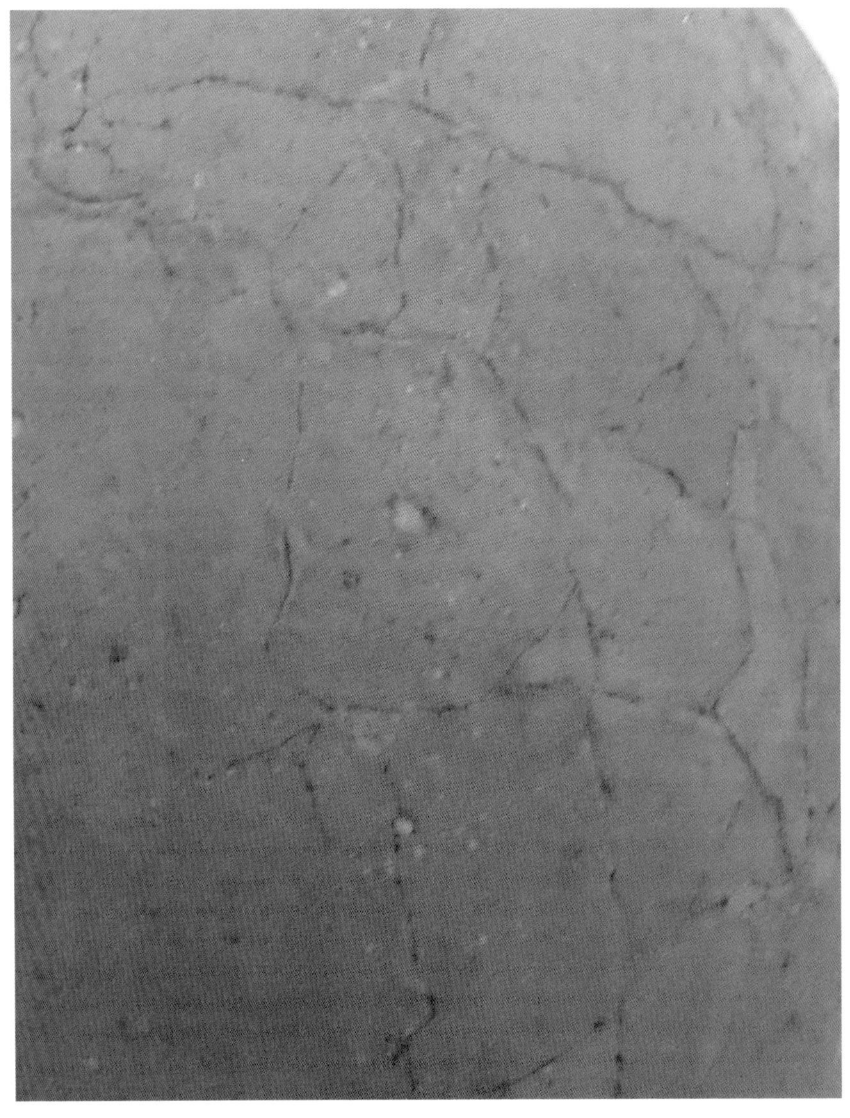

19장 토기에 나타난 구멍의 의미

다수의 고대 유물에 구멍이 나타나는데, 그 이유가 불분명한 경우가 많다.

이런 경우 전작에서 설명했듯이, 형상을 표현하는 기능을 하거나, 생명형상과 관련 있음을 표시하는 기능을 하는 것으로 추정된다.

고대의 토기에 나타난 구멍 또한 유사한 기능을 하는 듯하다.

고대의 토기에 나타난 구멍이 생명형상을 표현하는 사례를 살펴보자.

1. 다양한 토기

완주 상운리유적의 구멍단지를 보자.(청주박물관)

나주 복암리, 영암 만수리 외 지역의 구멍 단지다.(『나주박 도록』)

토기의 큰 구멍은 실용품이 아님을 나타낸다. 물은 물론 곡물도 담을 수 없다. 유사한 토기가 다른 지역에서도 다수 발견되는데, 토기 유물이 생활에 따른 자연적인 유산이 아닌 것을 증언한다.

구멍이 표시의 기능을 하는 분명한 사례다.

통영 연대도유적 출토 토기다.(김해박물관)

형태적으로 완전하지 않지만, 세로로 그어진 선과 문양의 선들이 윤곽선을 이루고, 구멍이 눈을 나타내는 인물상으로 보인다.

김해박물관에 위 토기와 함께 전시된 다음 두 구멍무늬토기의 구멍도 뚜렷한 형상을 나타내지는 않지만 유사한 의미로 생각된다.

전국에서 출토되는 의미를 알 수 없는, 구멍무늬토기의 존재 이유가 어느 정도 해명된 듯하다.

밑이 빗살무늬토기처럼 뾰족해서 실용적인 토기가 아님도 분명하다.

양양 포월리유적 출토 토기다.(『강릉대박 도록』)

뒤쪽에는 구멍이 촘촘한데, 앞에는 구멍이 하나밖에 없다.

이런 배치는 구멍이 뚜렷한 의도의 산물임을 나타낸다.

옆으로 하면, 구멍처럼 보이는 원이 한쪽 눈을 나타내고, 흰 돌이 다른 눈을 나타내는 형상으로 보인다.

구멍을 뚫다 만 듯한 곳이 입을 나타낸다.

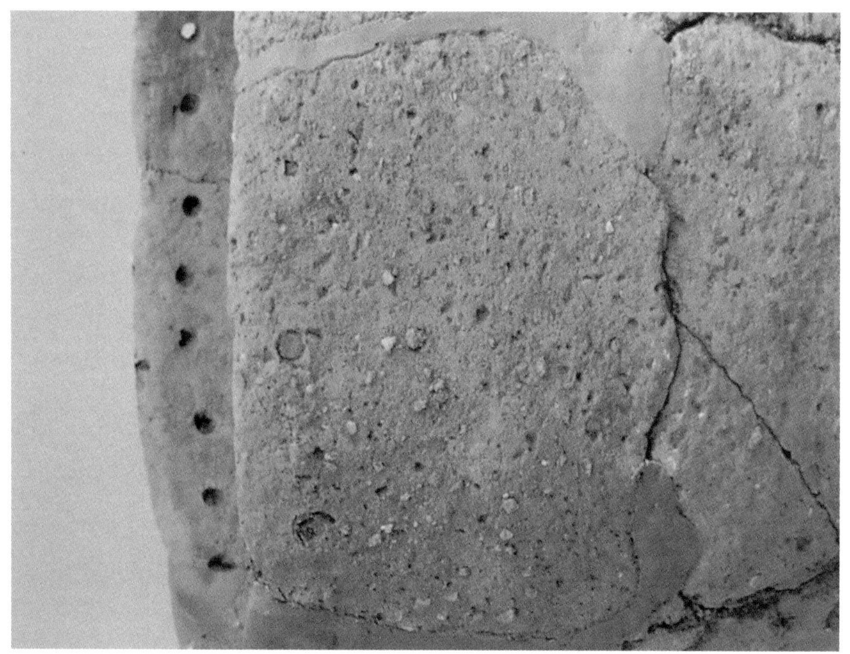

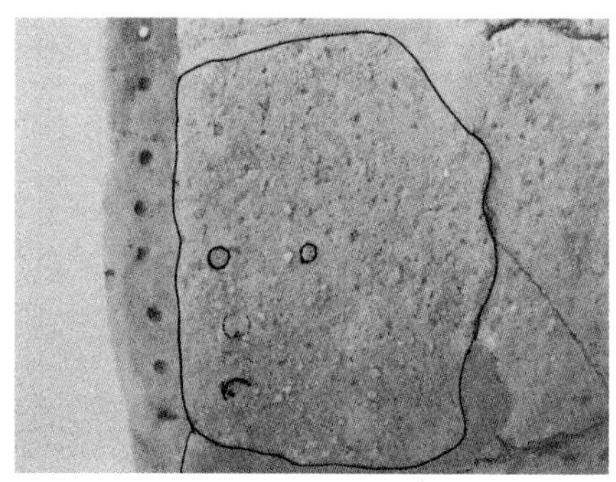

신석기시대 토기 조각이다.(『순천』)

이처럼 구멍 가운데 부분이 돌출된 상태로, 맞뚫리지 않은 구멍을 다른 토기에서는 보지 못하였다. 다른 토기에는 나타나지 않는 형태의 구멍이 조각에 나타난 것은, 완형 토기의 조각이 아니라, 처음부터 이 형태로 제작되었음을 추정케 한다. 구멍과 연결된 균열선으로 입을 나타내고, 구멍이 눈을 표시하는 형상으로 보인다.

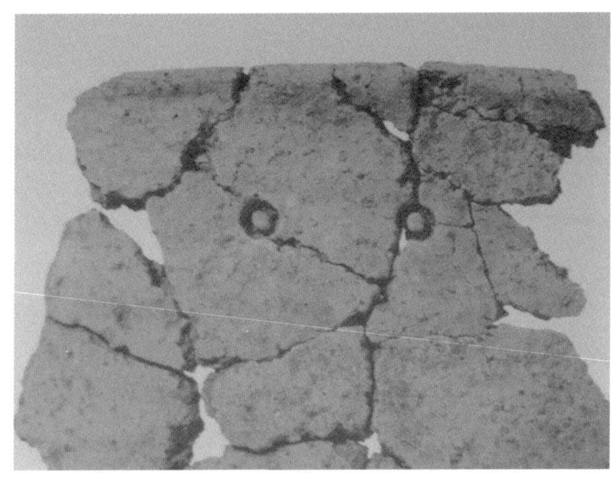

한편 유사한 형태의 구멍을 반월형돌칼에서는 볼 수 있어서, 토기와 반월형돌칼에 같은 원칙이 적용되고 있음을 증언한다.

다음 토기는 구멍이 하나 뚫려 있어 의문이다.(경기도박물관)

옆으로 보면, 구멍이 눈을 나타내고 균열선이 입을 표시하는 인물상으로 보인다. 입 부위 균열선과 만나는 토기 위쪽 테두리 부분이 약간 꺼지며, 입 모양과 유사한 형태를 나타냈다.

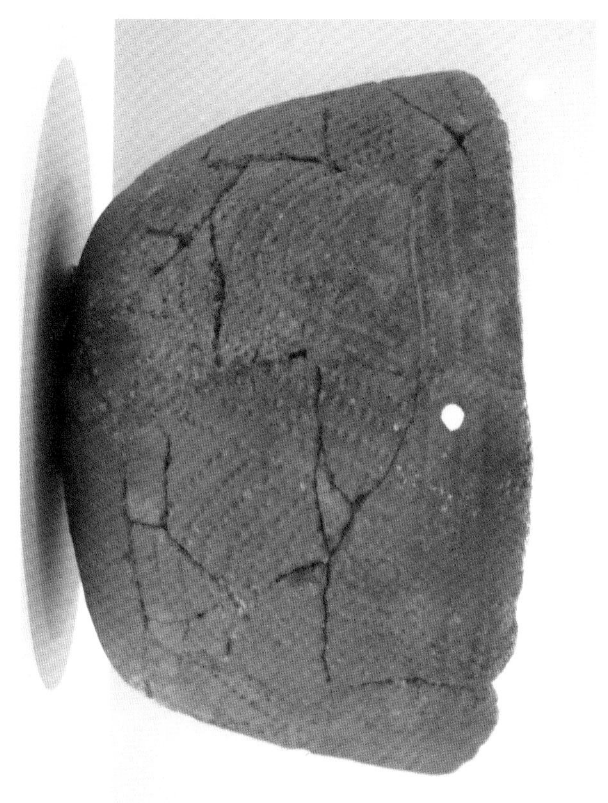

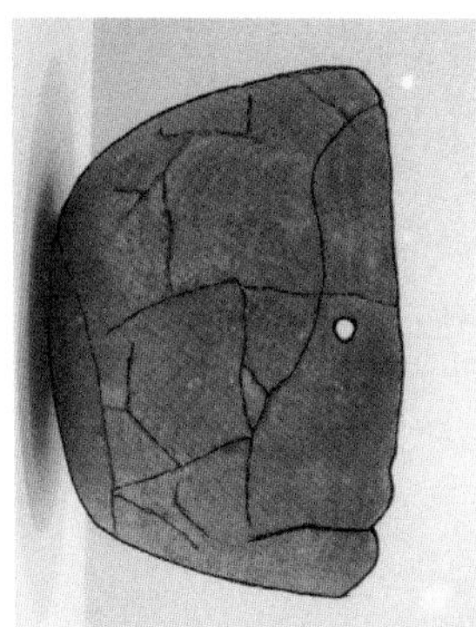

긴 토기들 다수에 구멍이 보인다.(공주박물관 수장고)

다음 토기를 옆으로 하면, 윗부분에 구멍이 눈을 나타내고 그어진 선이 입을 표시하는 형상이 나타난다.

아랫부분도 맞대한 인물상을 나타내는 듯하다.

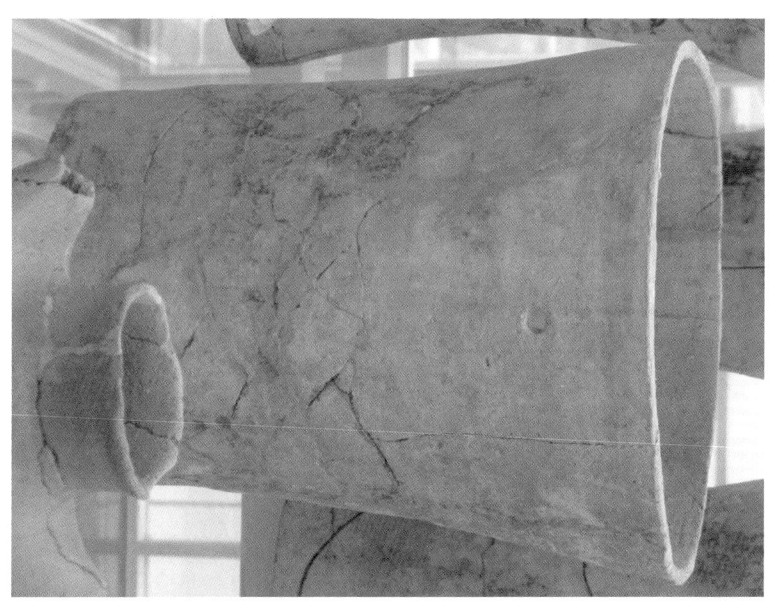

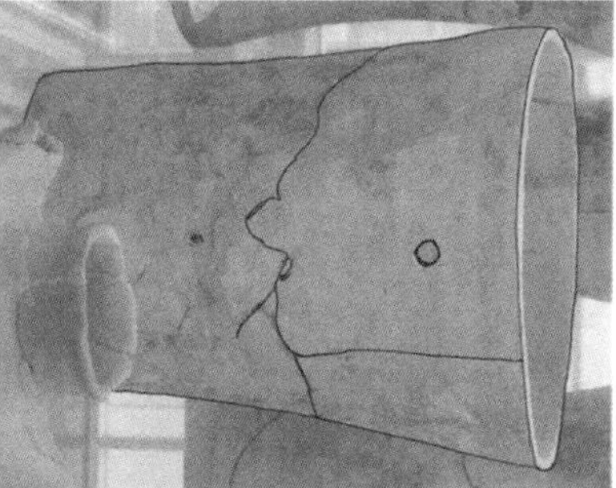

강릉 안인리유적 출토 토기다.(『강릉대박 도록』)

방향을 약간 틀면 홈이 눈을 이루고, 다른 홈이 입을 표시하는 인물상이 나타난다.

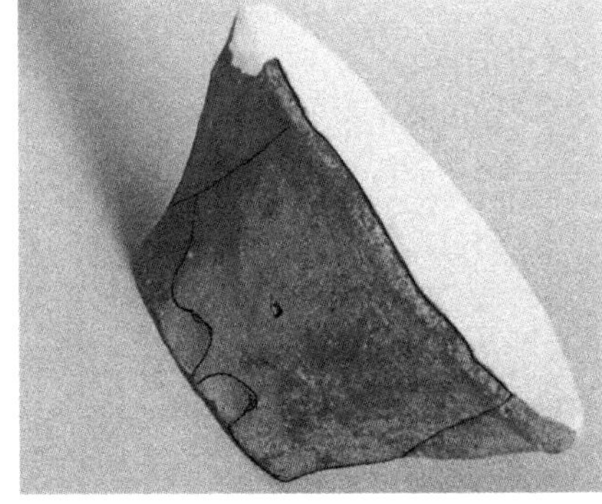

공주 분강 저석리유적 출토 토기다.(『금강』)

주구에 작은 구멍이 여섯 개 나타나 있다. 아무런 용도가 있을 것 같지 않은데 무슨 이유일까?

옆으로 돌리면, 구멍이 한쪽 눈과 입을 나타내고, 색감이 다른 눈을 표시하는 인물상이 뚜렷하다.

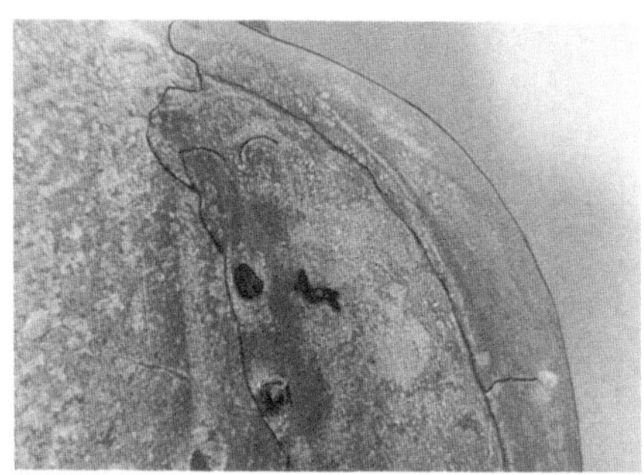

반대 방향으로 돌리면, 구멍이 눈과 코, 입을 표시하는 형상이 나타난다.

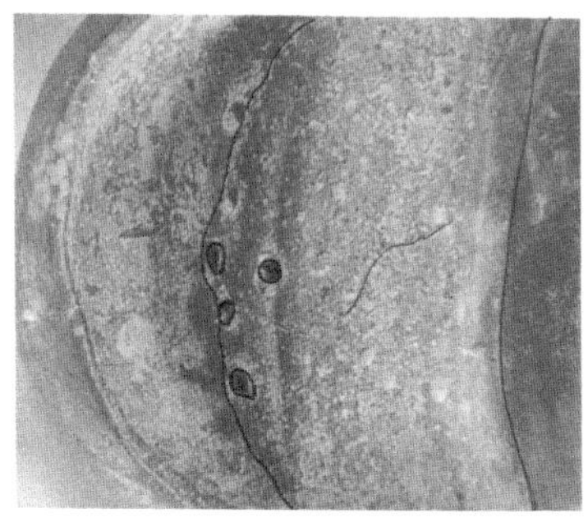

파주 대능리유적의 빗살무늬토기다.(경기도박물관)
몸체 중간 부분에 위치한 두 구멍은 균열선과 연결되어 있다.
두 구멍이 뚫린 이유는 무엇일까?

균열선이 윤곽선과 입을 표시한 인물상으로 보인다.

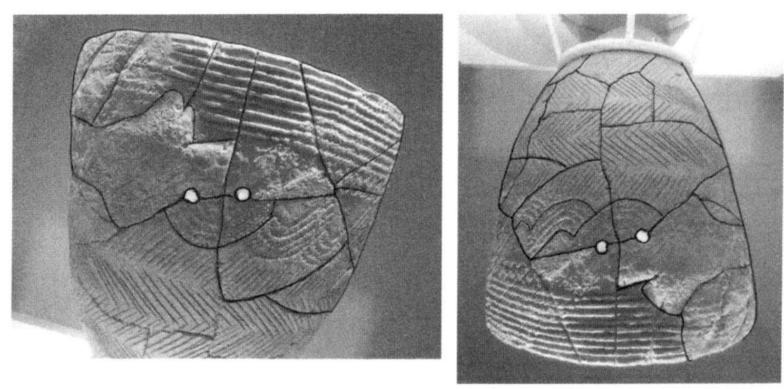

거꾸로 하면 선이 윤곽선을 나타내고, 두 구멍이 눈을 표시하는 인물상이 뚜렷하다. 균열선과 이어진 반듯한 두 선은 그은 선이 분명하다.

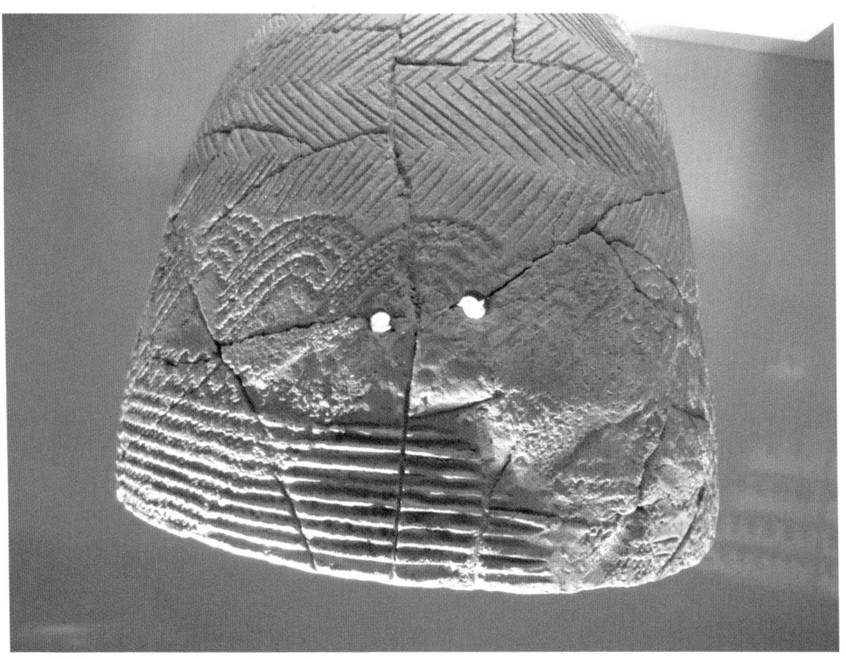

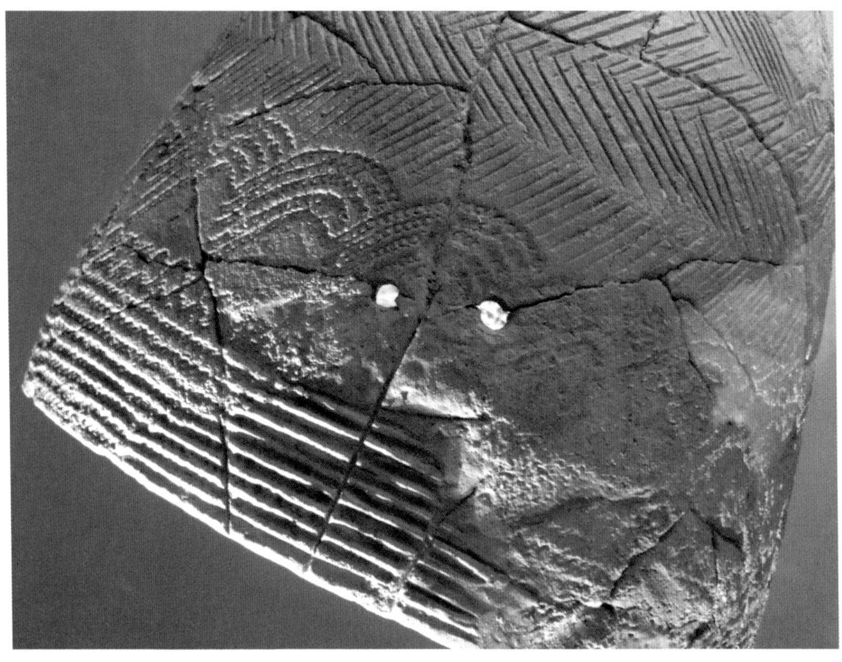

2. 시루토기

밑동에 구멍이 다수 뚫린 시루가 고대 유물과 함께 출토되는데, 토기라는 것만 다를 뿐, 현대에 사용되고 있는 것과 구조가 다르지 않아 시루라는 데 이의가 없는 듯하다.

그런데 한 가지 의문은 시루는 반드시 밑을 받치는 솥이 있어야 하는데, 그 솥들이 제시되지 않고 있다는 점이다. 출토되었다면 대부분 함께 전시했을 것이다. 그렇지 않으므로 발견되지 않은 듯하다.

아래를 받치는 솥이 없다면 시루인지에 의문이 제기된다.

울산 하삼정유적에서는 시루가 옹관묘 형태로 출토되었다.(『울산대곡박 도록』) 이에 대해 일상생활에서 사용했던 독, 시루 등을 옹관묘로 활용했다고 설명한다.

그러나 옹관이 시신을 보호하기 위해서임을 감안하면, 구멍이 뚫린 시루는 적합해 보이지 않는다.

영산강 유역에서 발견되는 대형옹관에도 밑부분에 구멍이 뚫린 경우가 있는데, 이 또한 대형옹관이 무덤용이 아닐 수 있음을 시사한다.

후대에 옹기가 보편화되며, 옹기를 어린아이 등의 무덤으로 활용한 것은 사실인데, 이 때문에 발견되는 옹관 형태의 토기를 모두 옹관묘로 해석하는 듯하다. 그러나 하삼정유적의 옹관묘 형식의 시루는 옹관묘로 설명되는 유물들이 실제는 무덤이 아니며, 무덤 형식을 빌려, 옹기나 토기 자체를 유물로써 매장해 놓았을 가능성을 시사한다.

울산 대곡박물관에 전시된 하삼정유적의 시루 실물을 보자.

윗부분에 뚜렷한 인물상이 나타나 있다.

위 형상을 세워서 보자.

검은 색감이 눈을 나타내고, 선으로 입을 표시했다.

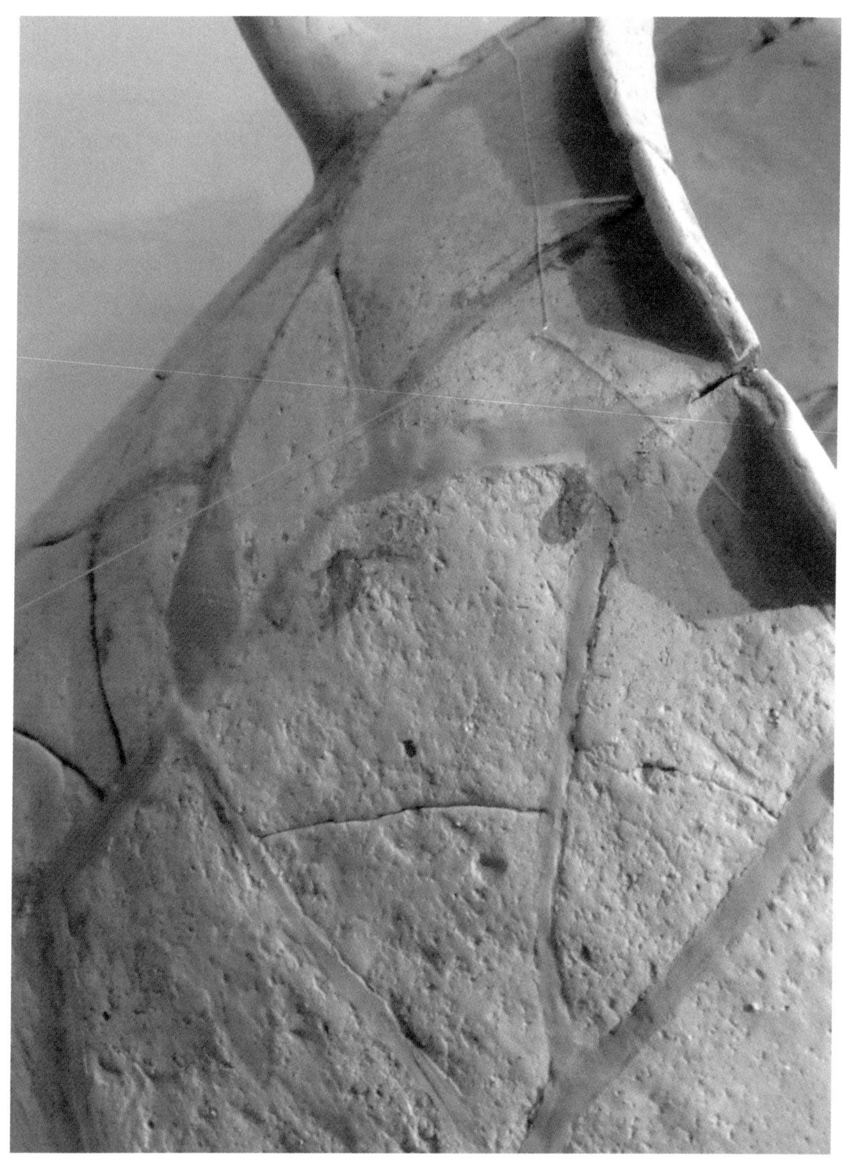

서울 우면동유적 출토 시루다.(한성백제박물관)

몸체에 구멍이 다수 나타나 있다, 수증기가 새어 나가므로 음식을 찌는 용도의 시루 몸체에 구멍이 있을 리 없다.

시루로 사용된 것이 아님을 증언한다.

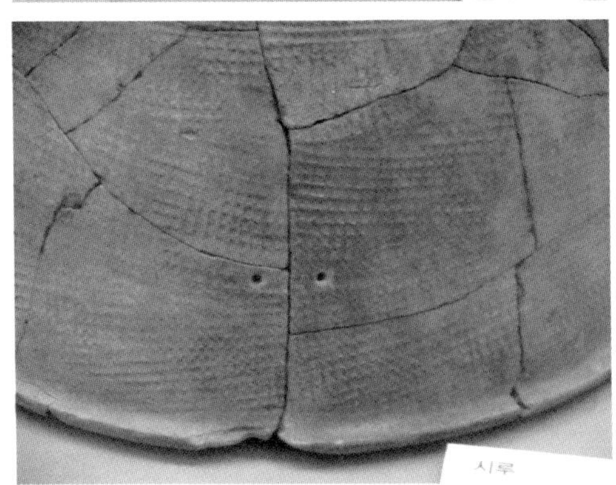

균열선이 인물상을 나타낸다.

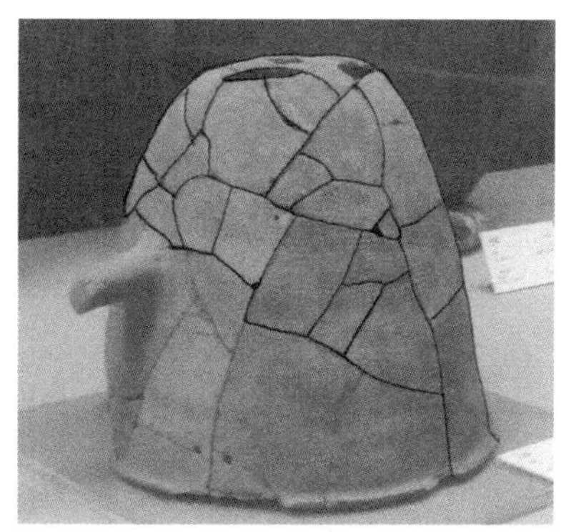

울산 교동리유적 출토 시루다.(울산박물관)

불규칙한 형태의 구멍이 눈을 나타낸다.

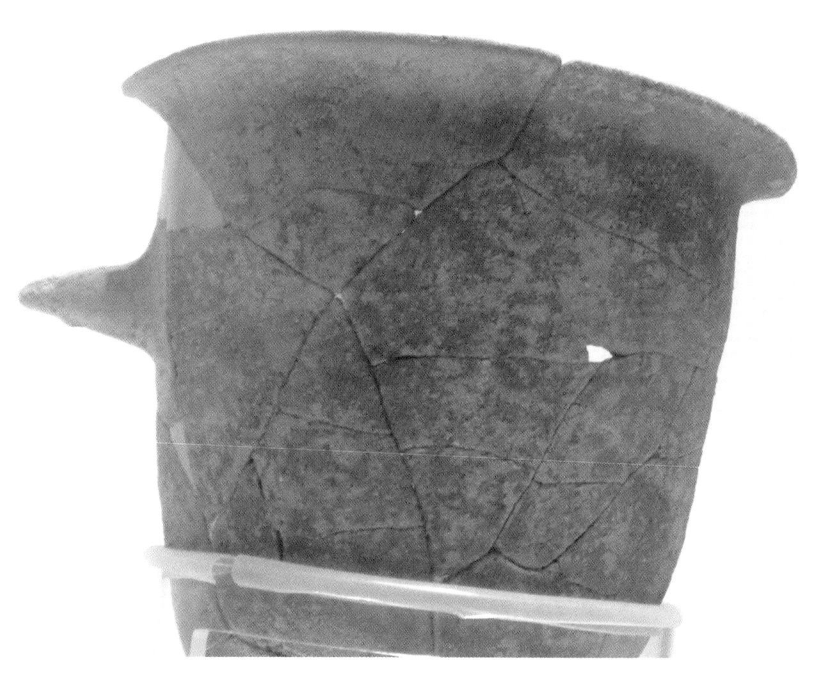

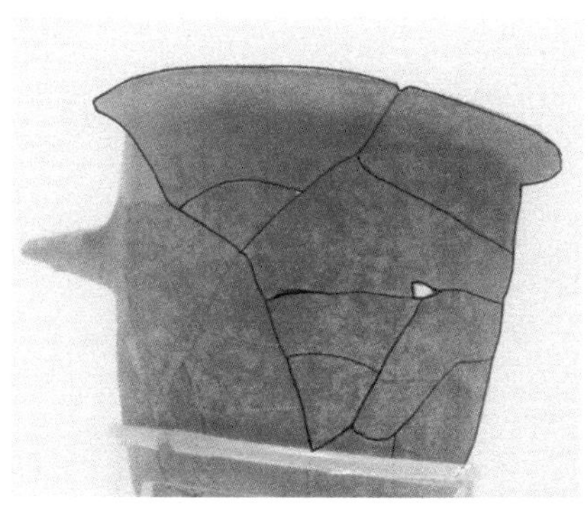

군산 여방리유적 출토 시루다.(『금강』)

문양으로 그어진 반듯한 선과 균열처럼 보이는 그은 선이 어우러지며 인물상을 나타낸다.

문양이 나타내는 인물상은 생명형상을 나타내도록, 처음부터 기획하에 제작했음을 증언한다.

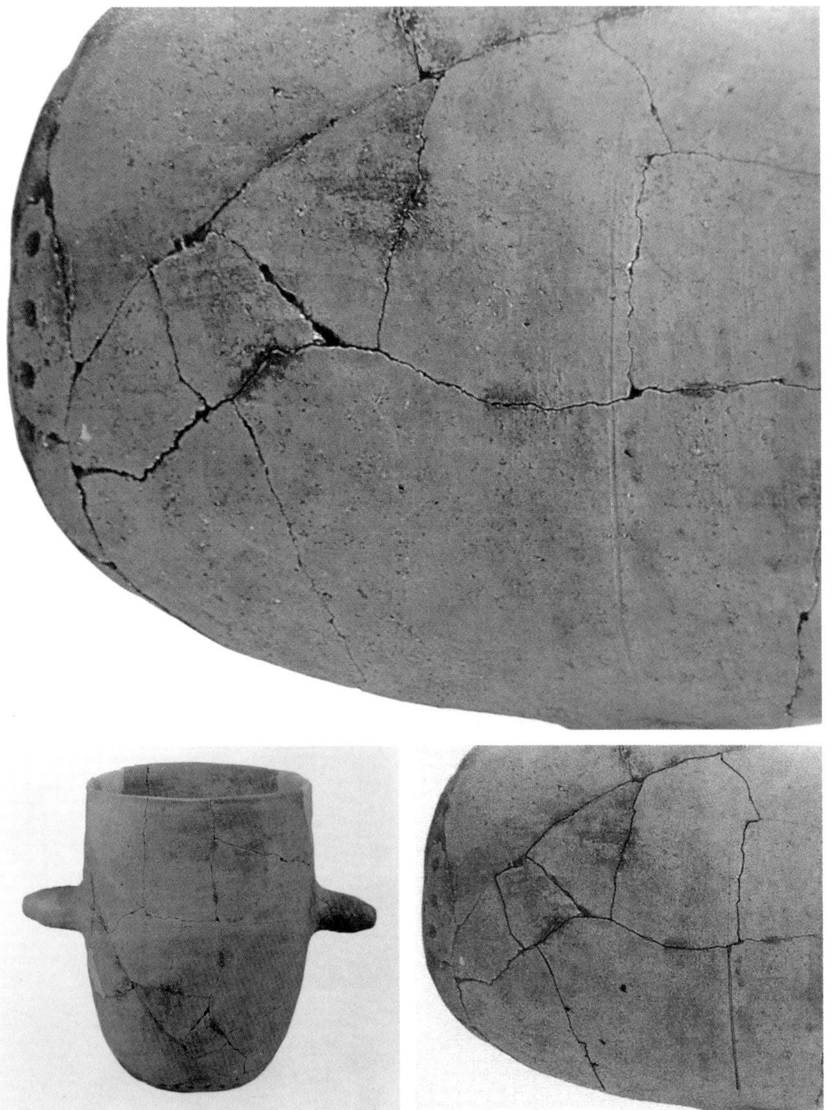

시루 몸체 일부에만 검은 색감이 나타나 있다.(춘천박물관)

검은 색감을 인위적으로 입히고 있음을 앞에서 살펴보았다.

검은 색감이 인물상의 윤곽선을 이룬다.

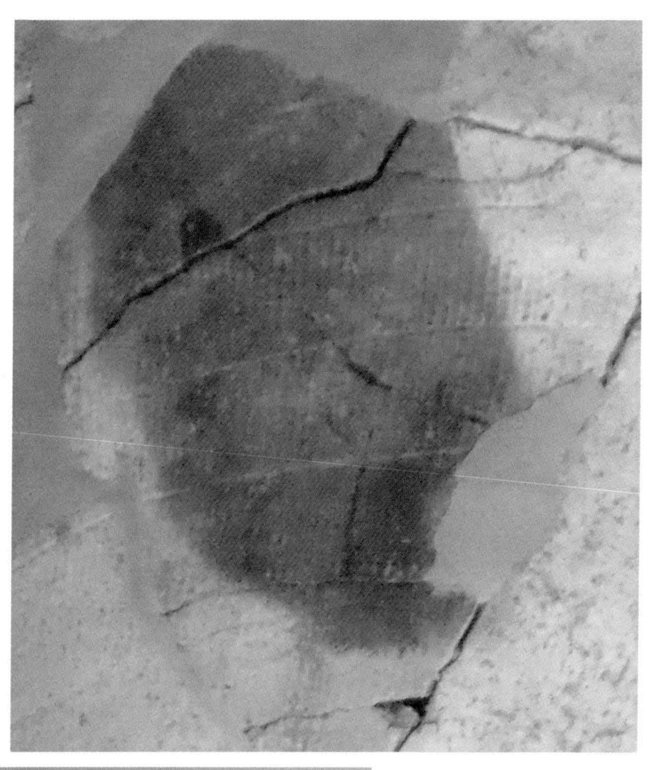

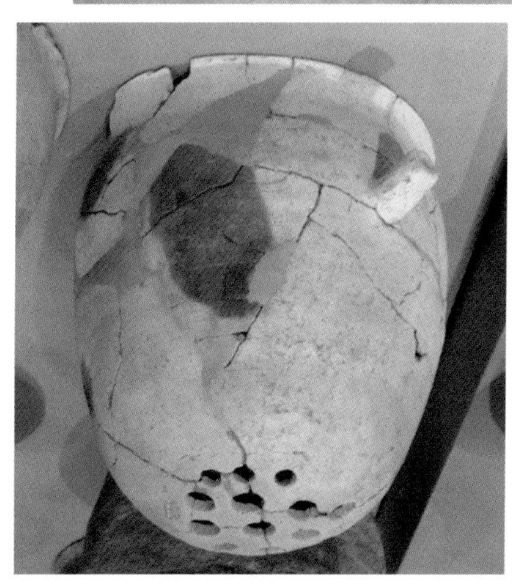

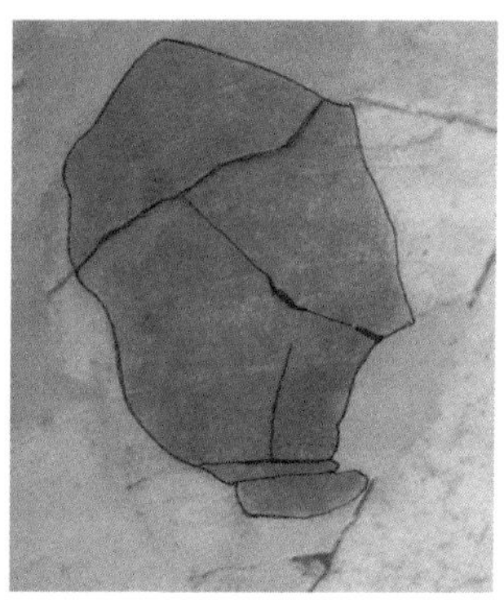

밑동 구멍 갈라진 곳이 윤곽선을 이루고, 구멍이 눈을 표시하는 인물상을 나타내는 듯하다.

두 형상이 마주 보는 형국이다.

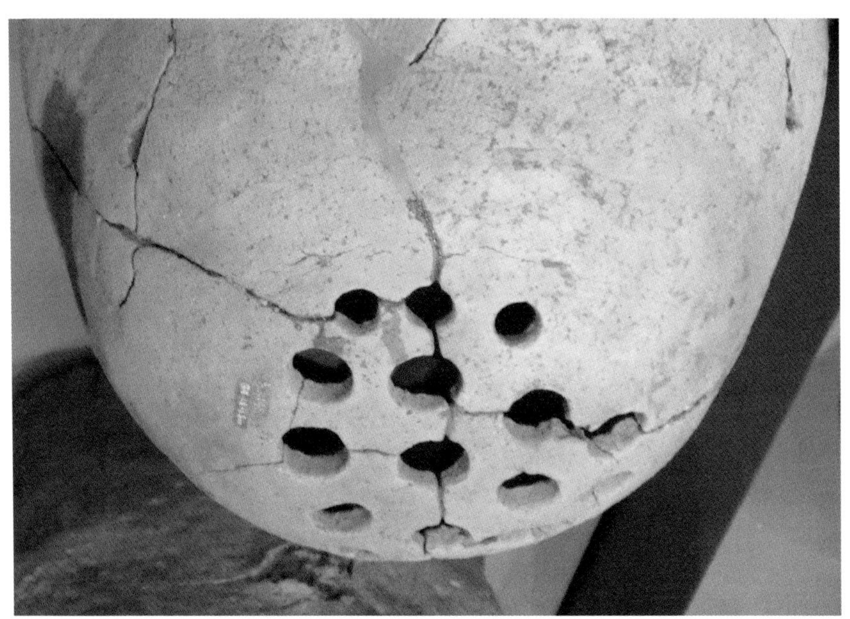

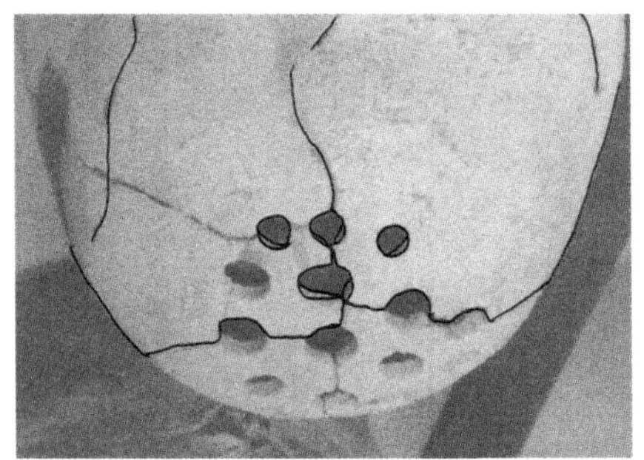

진해 웅천 조개더미 출토 시루 조각이다.(『경희대박 도록』)

구멍 주위에 테두리가 형성돼 있다. 보이지도 않는 곳이며, 아무런 실용성이 없는 것이어서, 실제 사용된 시루의 조각으로 보기 어렵다.

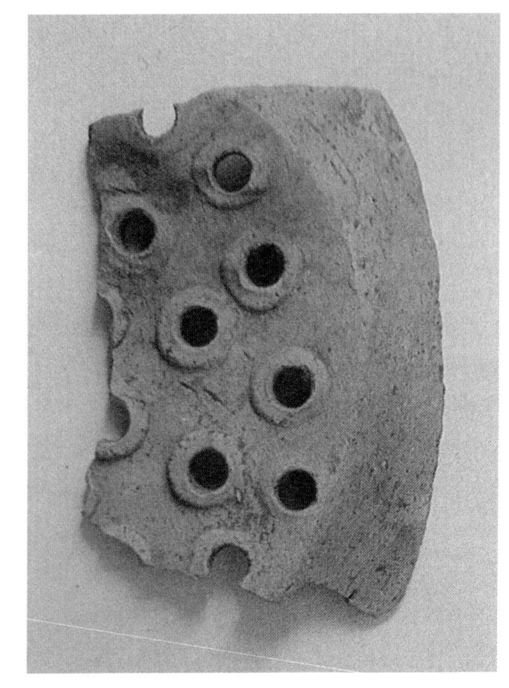

함께 출토된 시루 조각의 깨진 부분이 형상의 윤곽선을 이루고, 구멍이 눈을 나타낸다. 시루 조각이 아니라, 시루 형식을 빌려 처음부터 이 형태로 제작한 것임을 알 수 있다.

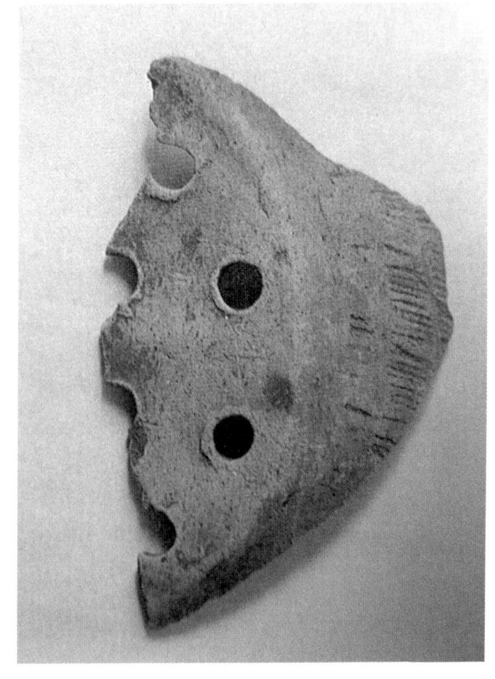

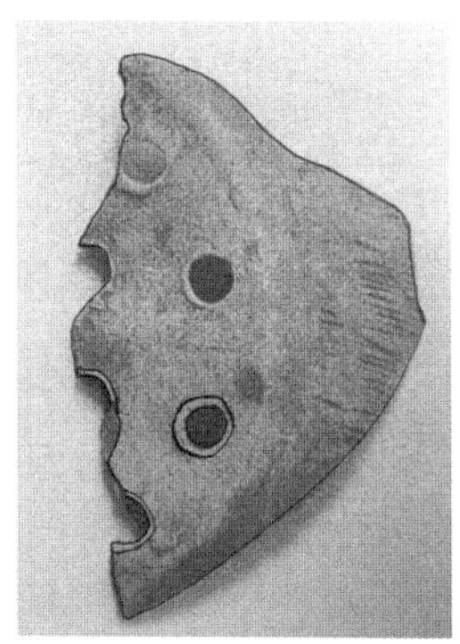

거꾸로 하면 나타나는 형상이다.
구멍 주위에 얕게 나타난 테두리가 눈과 입을 더 실감 나게 하는 듯하다.

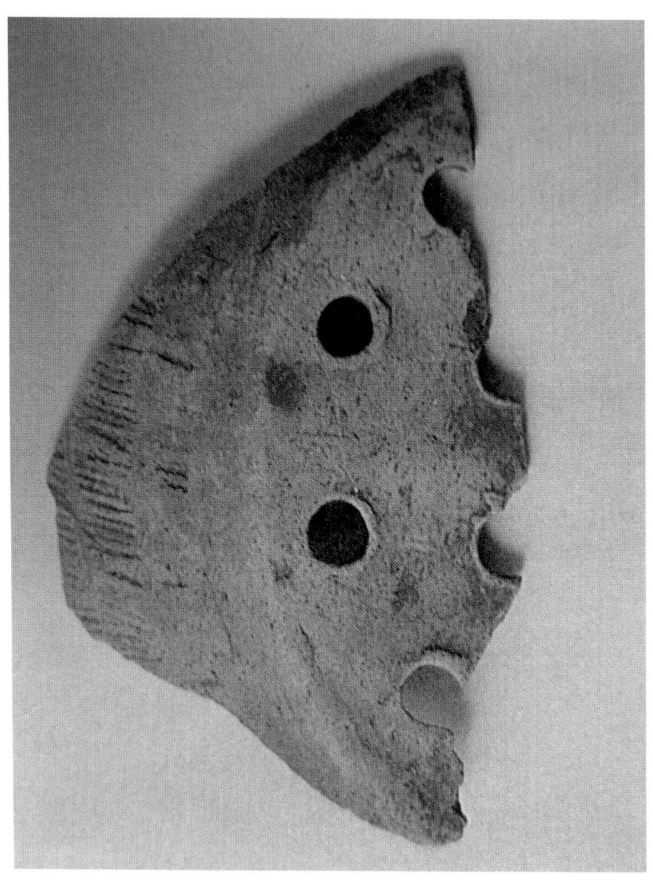

시루 조각이다.(한성백제박물관)

다음 방향에서 보면 인물상의 형태다. 두 구멍이 눈을 이루고, 주위에 검은 색감의 물질이 입혀진 구멍이 입을 표시한다.

균열선 윗부분에도 별도의 인물상이 나타난다.

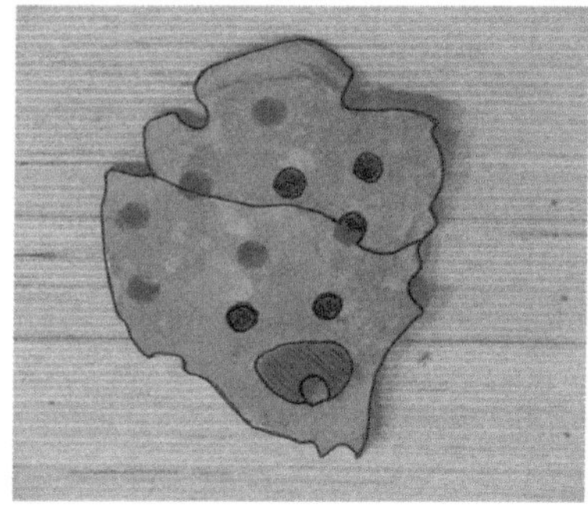

서울 몽촌토성유적의 시루 조각이다.(『고구려와 한강』)
구멍이 눈과 입을 표시한다.

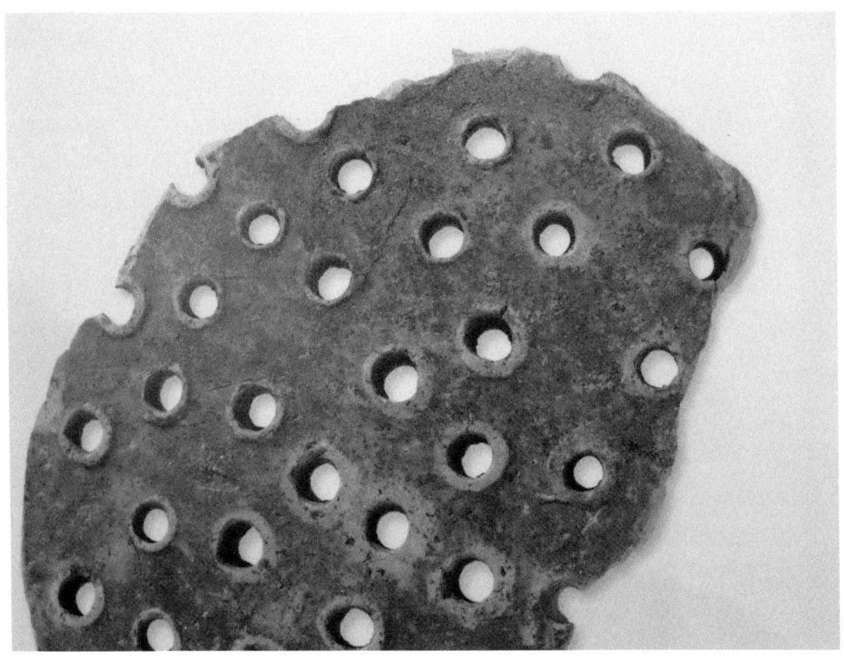

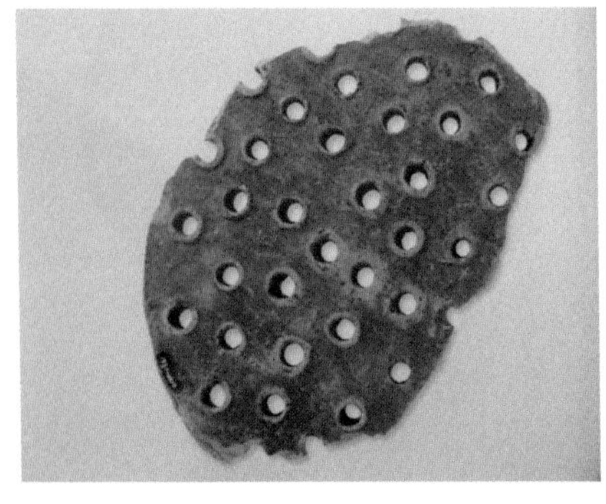

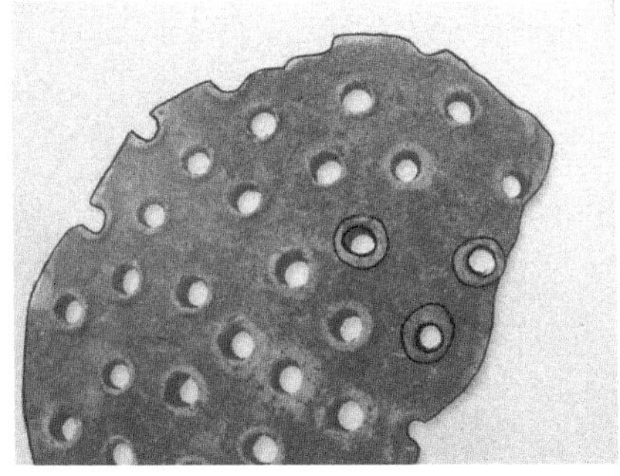

다른 방향에서 보면, 반쯤 잘린 구멍이 한쪽 눈과 입을 이루고, 온전한 구멍이 다른 눈을 표시하는 형상이 나타난다.

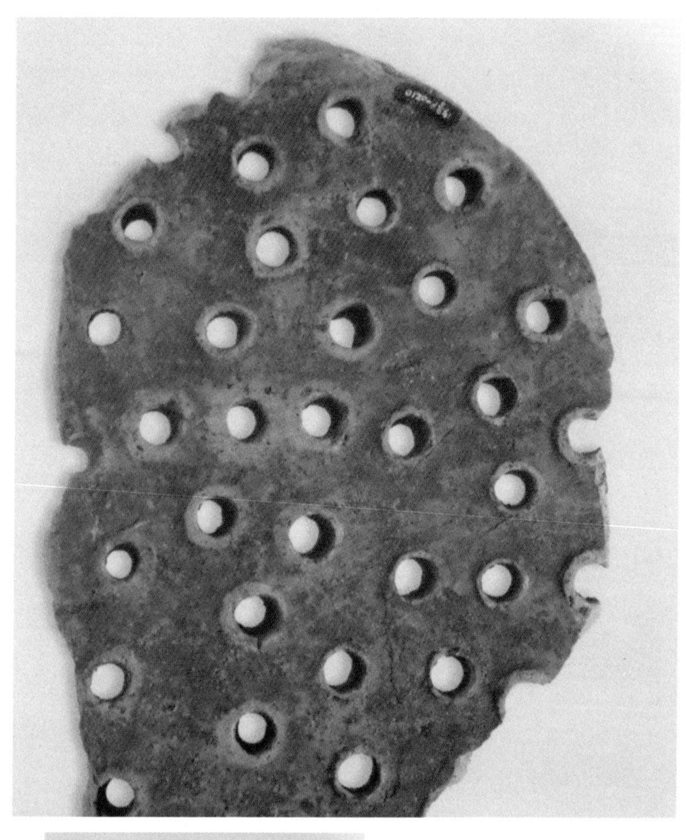

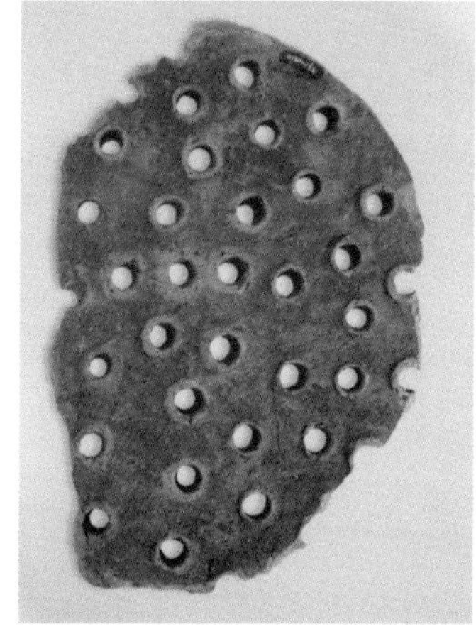

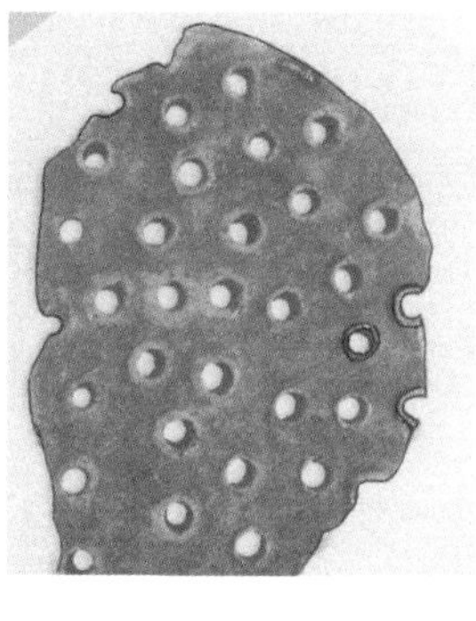

강릉 안인리유적 출토 시루의 몸체와 밑동이다.(『강릉대박 도록』)

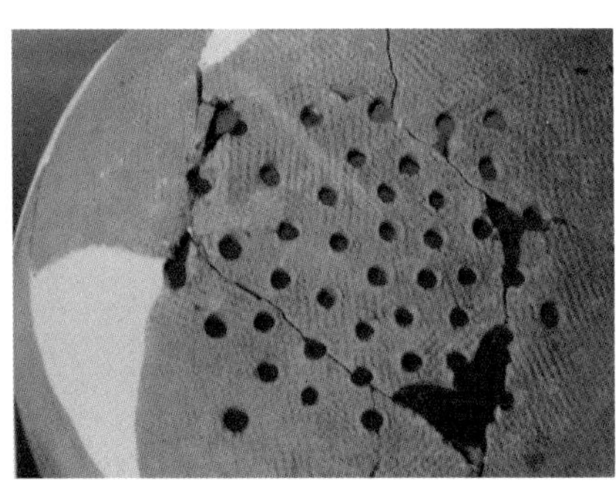

옆에서 보면, 몸체의 균열선이 형상을 나타낸다.

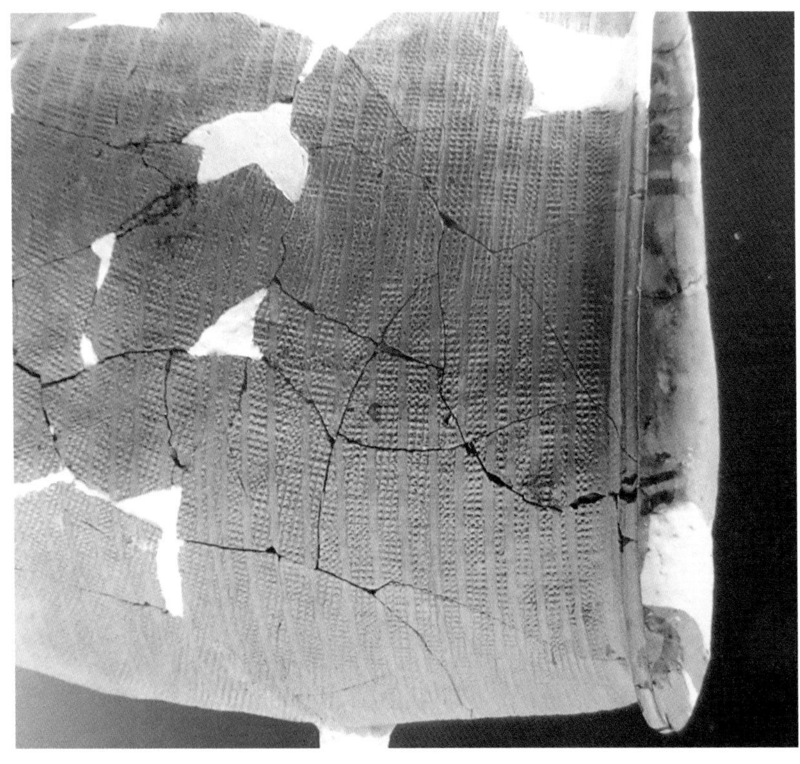

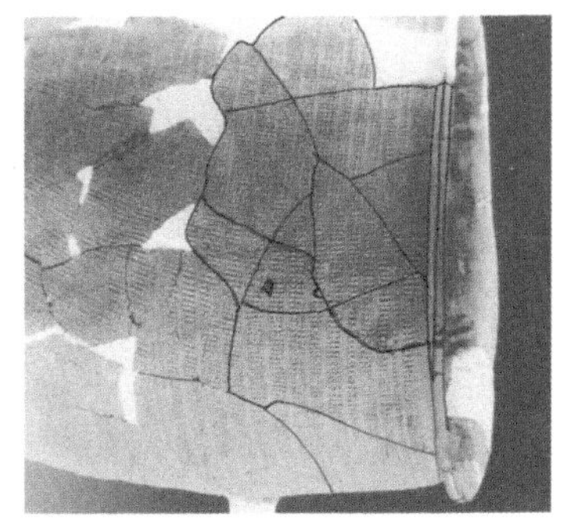

밑동의 균열선과 구멍이 양방향을 향한 두 인물상을 나타낸다.

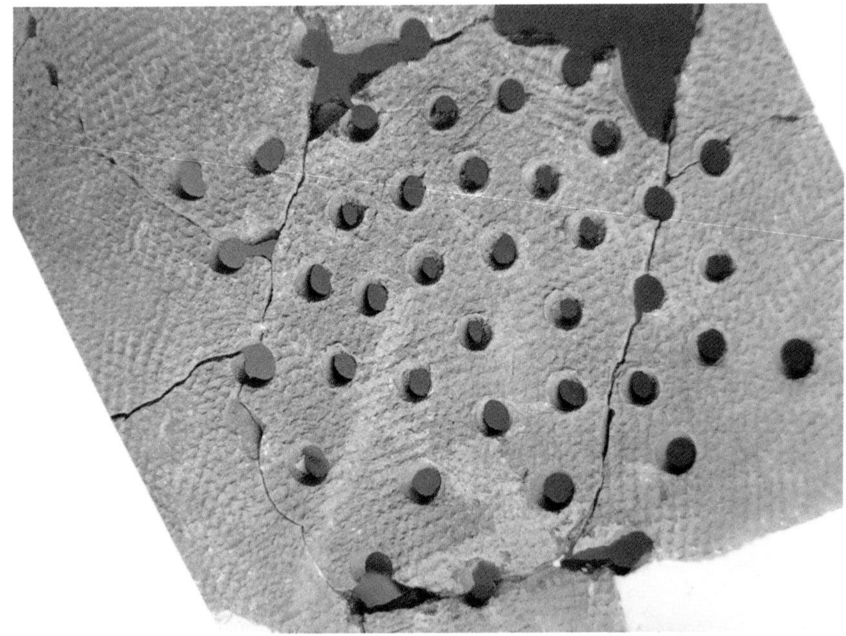

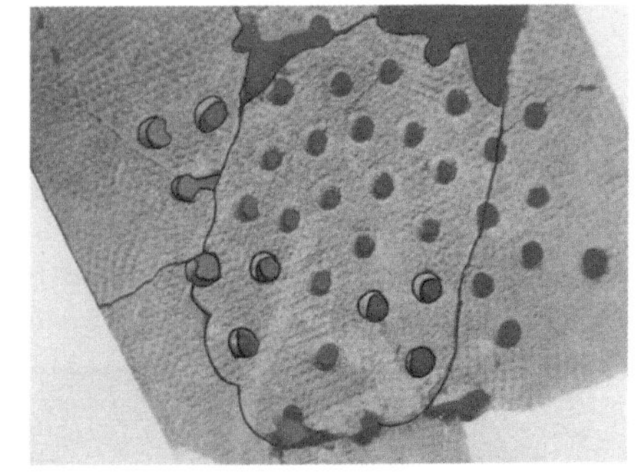

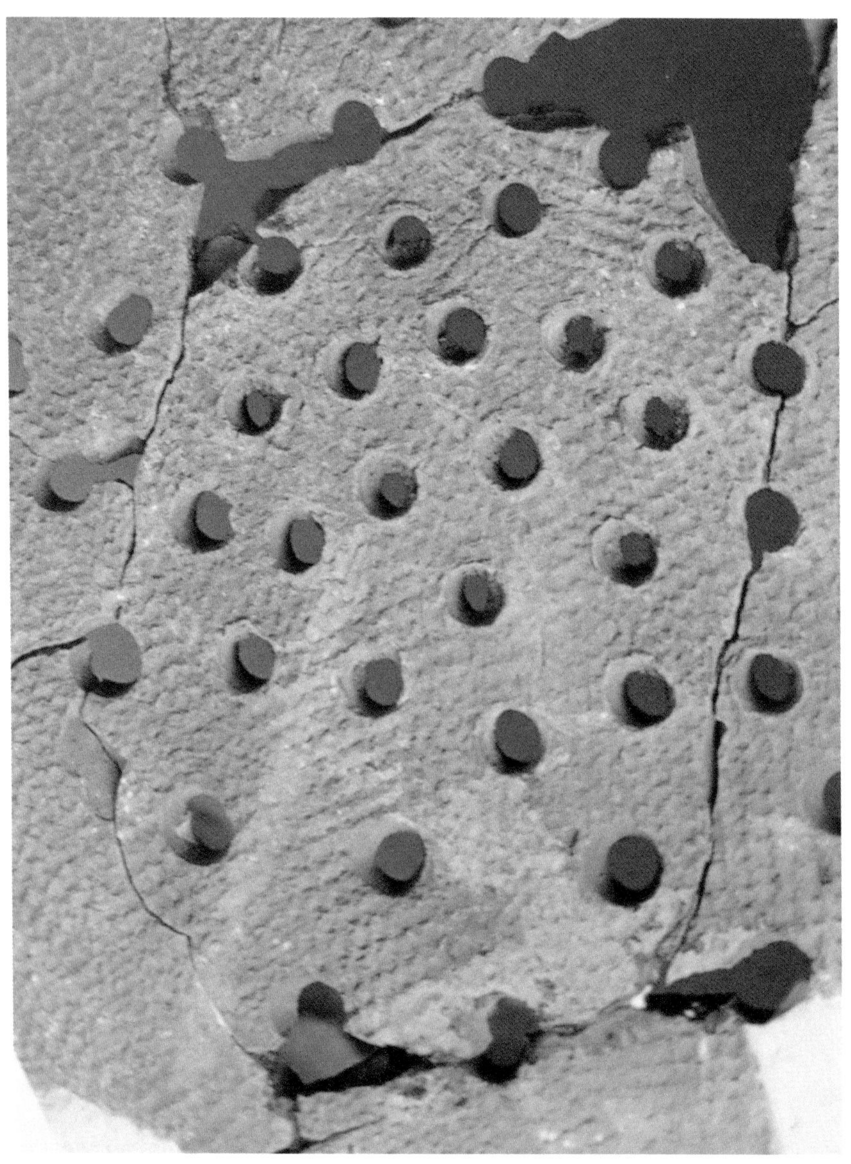

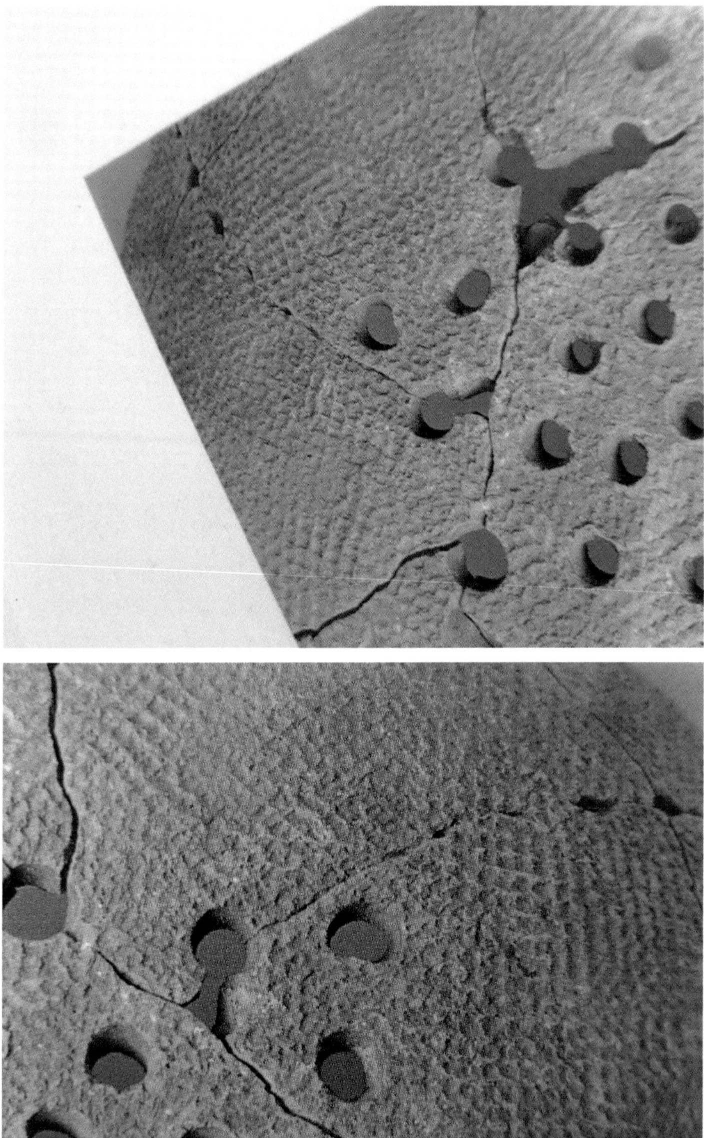

20장 다양한 방식의 토기의 사람형상

1. 토기 조각의 형상

전국의 유적지에서 많은 고대의 토기 조각이 출토된다. 토기 조각은 유적지임을 증명하는 중요한 기능을 하는 유물이다.

그런데 토기 조각 중에는 너무 평평해서 완형의 토기가 조각난 것인지 의심이 드는 경우가 있다. 그 각도대로라면 완형의 토기가 너무 커지기 때문이다. 토기의 조각들이 모두 완형의 토기가 조각난 것은 아닌 듯하며, 일부는 그 자체대로 제작된 것일 수 있다.

다음 빗살무늬토기 조각의 구멍은 완형의 빗살무늬토기에 나타난 어떤 구멍보다 크기가 크다.(공주박물관)

구멍토기라 해서 아예 구멍이 크게 뚫린 경우는 있으나, 빗살무늬토기나 무문토기에서는 이처럼 큰 구멍은 보지 못했다. 이는 이 토기 조각이 완형에서 분리된 조각이 아니라 처음부터 이 형태로 제작되었음을 의미한다. 구멍이 인물상의 눈을 나타내는 것이 분명해서 더욱 그렇다.

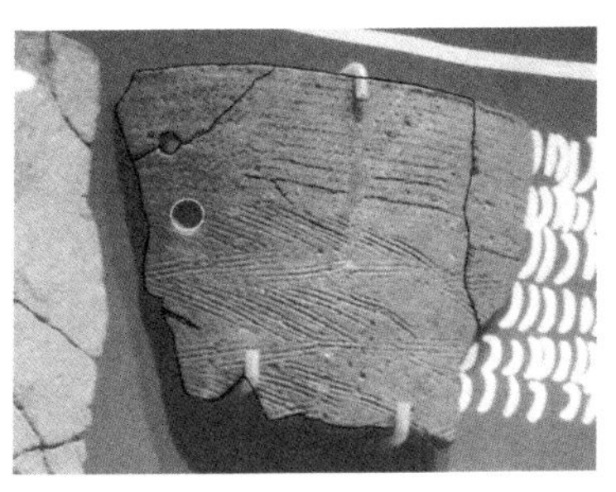

다음 서울 암사동 빗살무늬토기 조각의 구멍도 위와 유사하다.(한양대박물관)

이렇게 큰 구멍이 나타난 빗살무늬토기나 무문토기는 없는 듯하므로, 처음부터 이 상태로 제작되었을 것이다.

구멍은 테두리가 지듯 2중으로 파였다. 유사한 구멍을 토기에서는 보지 못했지만, 반월형돌칼에는 나타나 있어서, 토기와 반월형돌칼의 밀접한 관련성을 알 수 있다.

구멍이 눈을 나타내는 인물상이 뚜렷하다.

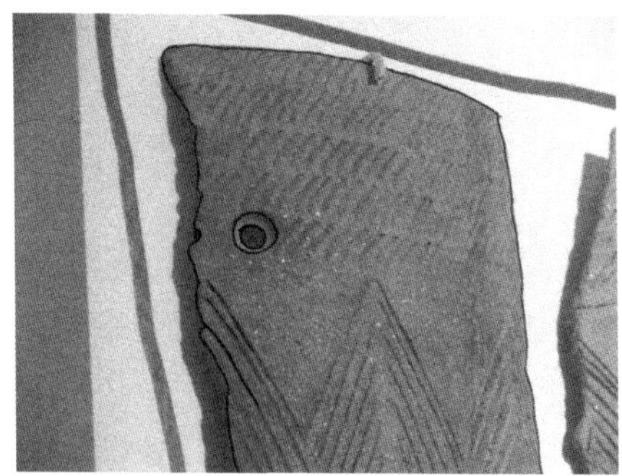

제주 고산리식 토기에 대한 설명을 보자.

(『한국미의 태동 구석기·신석기』, 82~38쪽)

"우리나라 최초의 토기는 제주도 고산리유적에서 확인된 무늬가 없는 갈색토기이다. 이 토기는 한결같이 조각으로 출토되어 구체적인 내용은 알 수 없으나, 토기를 빚을 때 바탕흙에 풀 같은 유기물을 첨가하였던 흔적이 남아 있다.

바탕흙에 넣은 식물 줄기 등 유기물은 굽는 과정에서 모두 타버리고, 그 자국만이 뚜렷하게 남아 있는 것이 특징이다."

그런데 책에 실린 사진을 보면, 점으로 이루어진 무늬가 새겨진 토기도 있다. 무늬가 없는 갈색토기라는 설명과 모순된다.

풀 같은 유기물이 불에 굽는 과정에서 탔다면 표면에 다수의 작은 구멍이 보여야 할 것이다. 풀 같은 유기물은 토기를 관통하는 형태로 존재하기도 할 것이므로, 불에 타 없어졌다면 그 지점에 구멍이 보이게 될 것이기 때문이다.

그런 흔적이 전혀 없으므로 풀 같은 유기물이 불에 타 없어졌다는 설명은 맞지 않는 듯하다. 일부에는 선이 그어진 것이 뚜렷하므로 이와 같은 방식으로 제작된 것으로 더욱 보기 어렵다.

다음은 선이 그어져 윤곽선을 이루고 짧은 선들이 눈과 입을 표시하는 인물상이 중첩해 있는 것으로 보인다. 아래 형상의 우측 눈이 위 형상의 입을 이룬다.

위 형상을 옆에서 보면 균열선이 눈을 이루는 인물상으로 보인다.

고산리식 토기는 완형의 토기가 부서진 조각이 아니라 처음부터 이 형태로 제작된 듯하다.

표면에 다양한 홈의 선을 그어 형상을 묘사한 작품으로 해석된다.

중앙박물관에 전시된 고산리식 토기다.
다른 방향에서 보면 인물상이 나타난다.

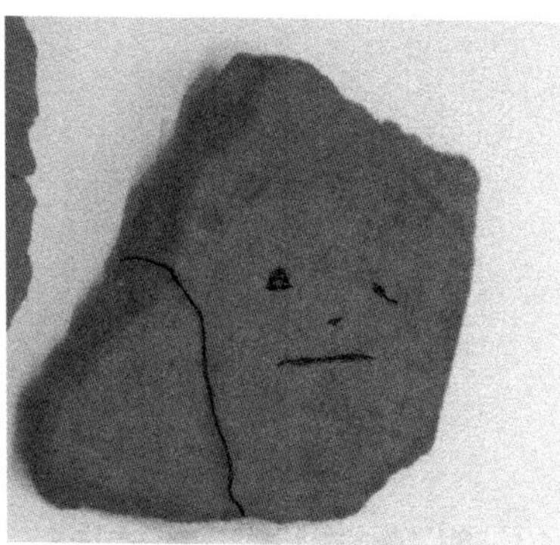

통영 욕지도유적 출토 토기 밑면이다.(『통영』)

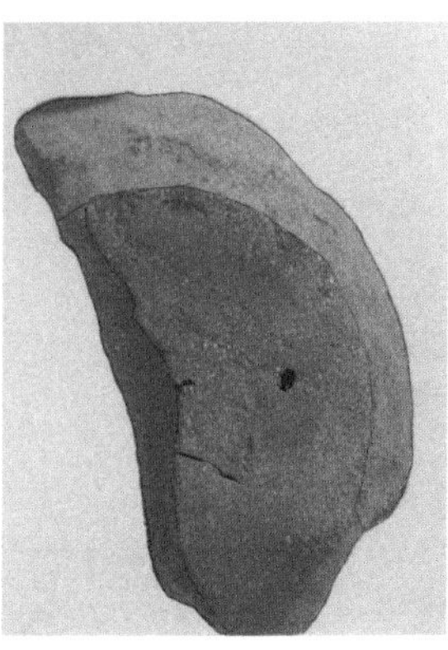

서울 암사동유적 출토 빗살무늬 토기 밑면이다.(한양대박물관)

완형의 빗살무늬토기 밑면에는 나타나지 않는 선이 조각에만 나타날 리 없다. 처음부터 이 형태로 제작되었음이 분명하다.

선이 인물상을 그린다.

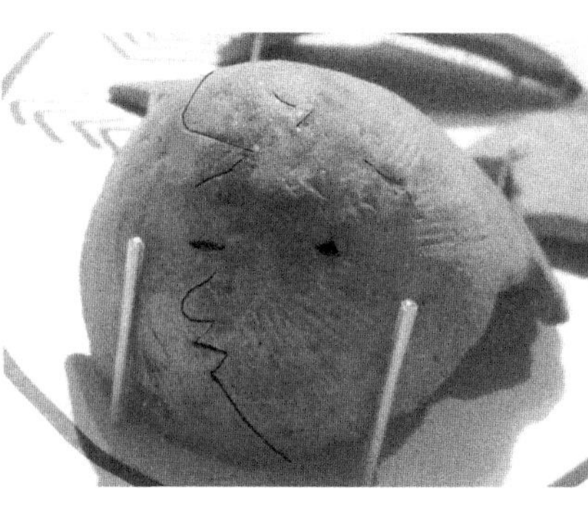

인천 동양동유적 출토 토기다.(인천검단선사박물관)

독무덤의 한쪽 토기라 한다. 그런데 인물상이 뚜렷하다.

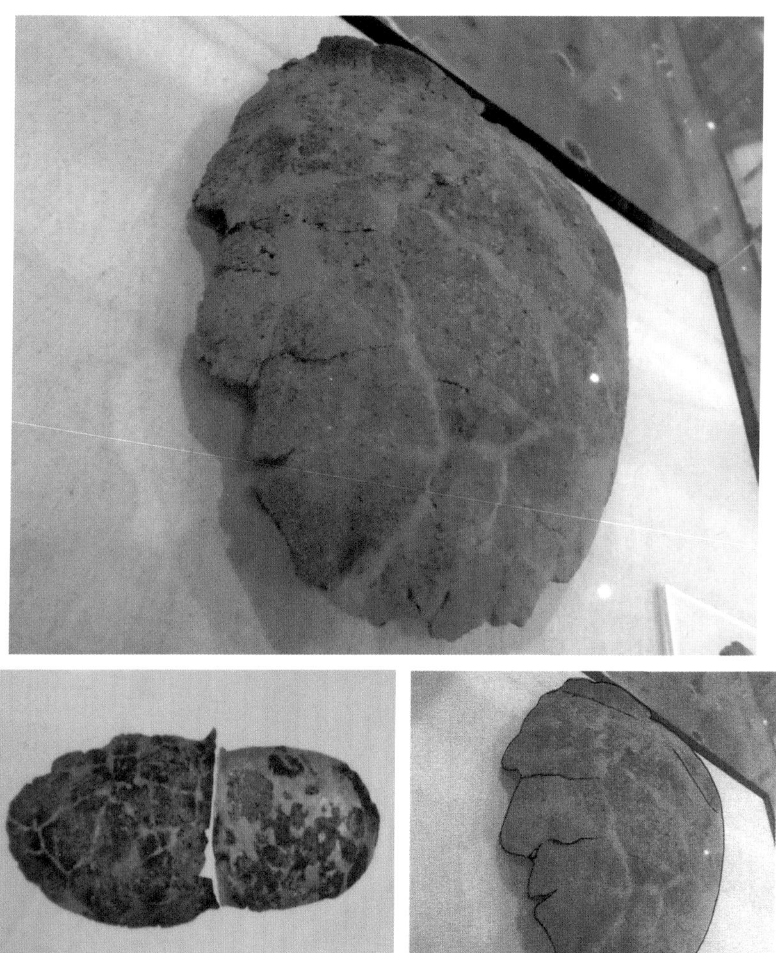

독무덤의 형태인데, 조각이 인물상을 나타내는 것은 어떤 의미일까?

조각이 완형에서 분리된 것이 아니라, 처음부터 이 상태로 제작되었음을 의미해서, 완형의 독이 존재하지 않았음을 나타낸다.

이는 이 독무덤이 무덤이 아님을 의미한다.

2. 문자, 기호, 그림이 새겨진 토기

문자나 기호, 그림이 그려진 토기에 이를 이용해 생명형상이 나타난 경우가 있다.

대가야 토기 바닥에 "X" 기호가 쓰여 있다 한다.(『대가야와 여섯 가야』)
그런데 "X"와 분명 다르다.

다른 유물에서도 "X" 표시가 나타난 경우가 있기 때문에, 유사한 형태를 "X"라 하는 듯하다. 그러나 이는 분명 문제가 있다.
다른 유물에 나타났다는 "X"도 맞는지 재검토할 필요가 있다.

얕게 새겨진 홈이 눈과 입을 표시하는 형상으로 보인다.

부여 능산리사지 출토 항아리다.(부여박물관)

「係文作ㅁ」(계문작ㅁ)이 새겨져 있다. 옆쪽에도 깨진 부분에 한자가 새겨져 있다. 이 한자가 균열선이 나타내는 인물상의 턱부위를 이룬다.

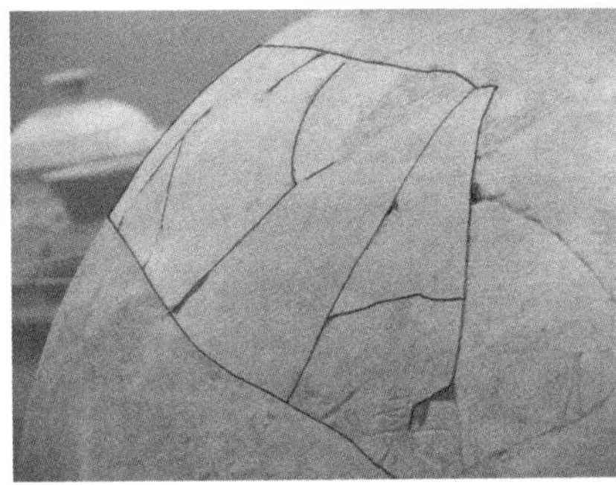

서울 몽촌토성유적 출토 토기다.(『고분미술』)

"井"자형 기호가 새겨져 있다.

"井"자 기호가 인물상의 머리카락을 나타내는 듯하다.

경주 안압지 출토 토기다.(경주박물관)

벌린 팔과 손가락의 인물상은 울산 반구대 암각화에도 작은 규모로 나타나 있다.

토기 유물들이 울산 반구대 암각화와 관련이 있는 것으로 추정된다.

벌린 팔 아래 두 원이 눈을 나타내고, 팔이 머리카락을 이루는 인물상으로 보이나 뚜렷하지 않다.

서산 여미유적 출토 토기다.(『백제』)

기마인물 그림이 새겨져 있다. 팔을 벌리고, 손가락도 벌린 모습이 앞의 안압지 출토 토기의 인물상과 유사하다. 우연일 리 없다. 양자가 밀접한 관련이 있음이 분명해 보인다.

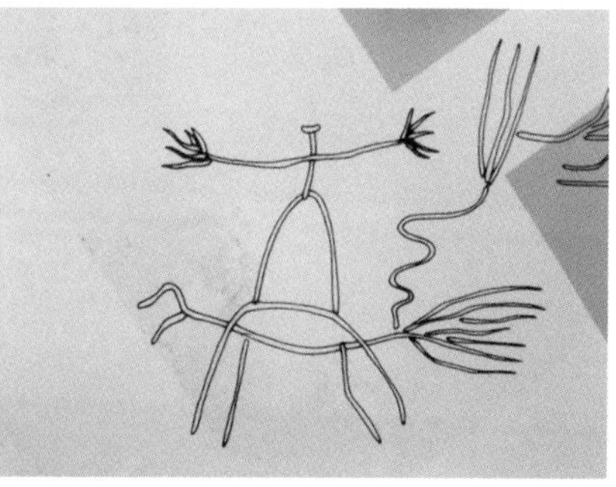

공주박물관의 실물 사진이다.

인물상을 나타내는 것이 뚜렷하다. 벌린 손가락이 눈을 표시한다.

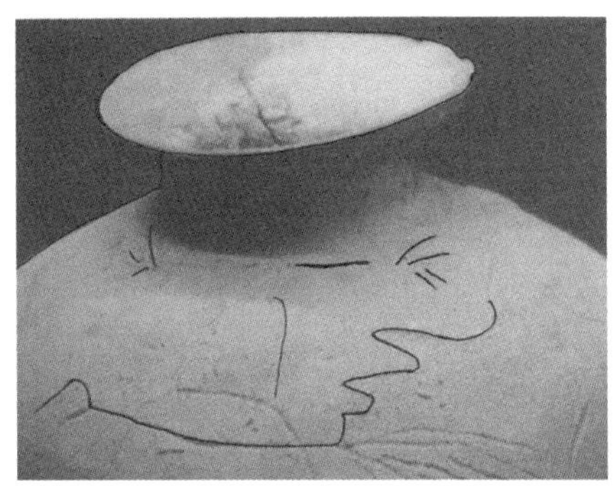

3. 나뭇잎 자국

청주 장대리유적 출토 민무늬토기 바닥에 나뭇잎 모양이 찍혀 있다.(청주박물관)

제천 황석리유적의 나뭇잎 모양이 찍힌 토기다.(『충북대박 도록』)

울산박물관에 게시된 나뭇잎 모양이 찍힌 토기 바닥에 대한 설명글을 보자.

"토기를 만들 때, 받침대와 토기가 붙지 않도록 나뭇잎을 깔았던 흔적이 남은 것이다."

울산 신암리유적의 나뭇잎 모양이 찍힌 토기 바닥이다.(울산박물관)
그러나 골이 너무 넓어서 나뭇잎이 찍힌 자국이라 하기 어려워 보인다.

창녕 비봉리패총의 신석기시대 무문토기 밑면이다.(비봉리패총전시관)
깊게 새겨진 자국의 굵기가 처음부터 끝부분까지 같아서 나뭇잎 자국인지 의문이다.

신석기시대 양양 지경리유적 출토 토기다.(『강릉대박 도록』)

토기에 다음의 그림이 그려져 있다 한다. 토기를 살펴봐도 그림을 찾을 수 없으므로, 뒤쪽에 그려진 것으로 생각된다.

나뭇잎이 찍힌 것과는 다르지만, 선으로 유사한 모양을 그렸다. 이는 토기 바닥에 나타난 나뭇잎 모양이 나뭇잎이 찍힌 자국이 아니라, 나뭇잎 모양을 그린 것일 수 있음을 시사한다.

신석기시대 토기에 그려진 질서 정연한 그림은 신석기시대가 원시시대라는 이론에 의문을 제기한다.

고령 진산리유적의 토기 뚜껑 안쪽에 나뭇잎 찍힌 흔적이 나타나 있다 한다.(『대가야박 도록』)

뚜껑 안쪽이므로 나뭇잎을 깐 것과 관련 없는데, 어떻게 나뭇잎 찍힌 흔적이 나타날 수 있을까?

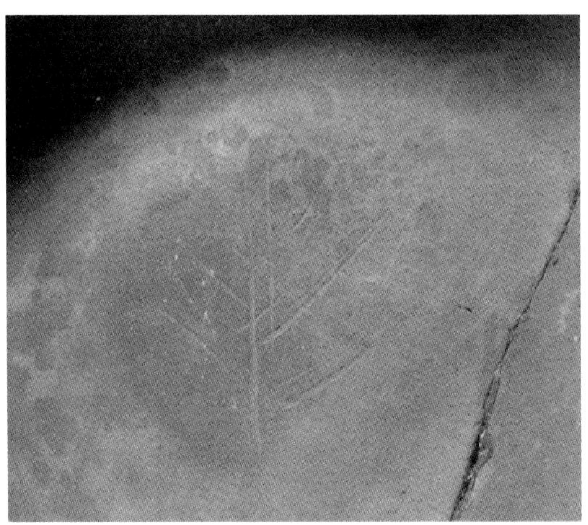

나뭇잎을 찍었다고 해석하는 것은 토기 밑면에 나타난 나뭇잎 형태와 유사하기 때문일 것이다. 그러나 형태적으로도 토기 바닥에 나타난 것과 크게 다르다. 나뭇잎을 찍은 것이 아니라, 그렸음이 분명하다.

나뭇잎이라기보다 숲의 나무를 묘사한 것처럼 보인다.

대가야 토기의 나뭇잎 무늬에 대한 설명을 보자.(『대가야와 여섯가야』)

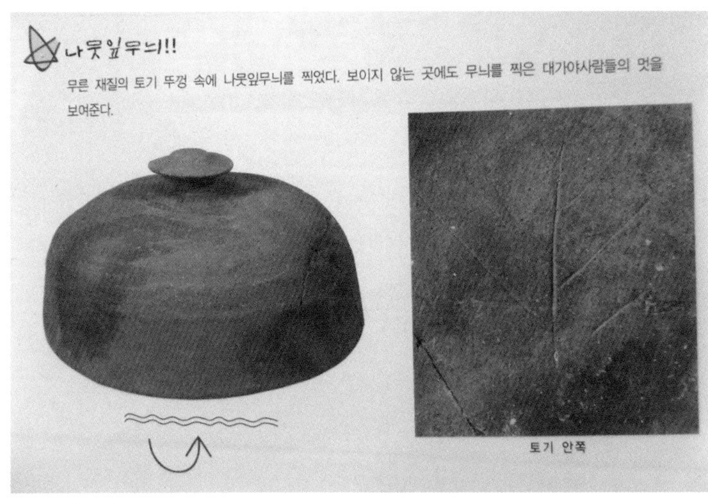

나뭇잎 무늬를 찍었다는 설명은 타당하지 않아 보인다.

토기 밑면의 나뭇잎 자국이 '토기를 만들 때 받침대와 토기가 붙지 않도록 나뭇잎을 깔았던 흔적'이라면, 이런 무늬를 찍어서 새길 이유가 없다.

뚜껑 안쪽은 보이지 않으므로 더욱 그렇다. 나뭇잎 무늬를 그렸음이 분명하다. 이는 앞에서 살펴본 토기들의 밑면 나뭇잎 모양도 모두 그린 것임을 증언한다.

나뭇잎을 그렸음이 분명한데, 다르게 해석하는 것은 도자기 이전의 토기 문명에서 이런 추상적인 그림을 그릴 수 있다고 인정하지 않기 때문인 듯하다.

토기 밑면에 선 무늬가 새겨진 토기 조각이다.(춘천박물관)

선이 인물상을 새기고 있다. 토기의 몸체뿐만 아니라 밑면에도 다양한 방식으로 형상을 표현하고 있음을 증명한다.

나뭇잎 자국도 그 형상 중 하나로 해석된다.

앞에서, 토기에 다양한 선들이 그어져 있는데, 이에 대한 학계의 언급이 없어서 자연적으로 나타난 것으로 여기는 듯하다고 설명했다.

인위적으로 그어진 나뭇잎 자국은 이런 선들이 인위적임을 증명한다.

4. 격자문토기

흔히 타날토기라 부른다. 표면에 무늬가 새겨진 막대를 두들겨 성형하는 과정에서 무늬가 새겨진 것으로 해석하기 때문이다. 그러나 새겨진 무늬들이 조금도 겹치지 않은 토기가 많으므로 이 설명은 타당하지 않다.

격자문토기의 특징 중 하나는 대다수가 밑이 둥글다는 점이다. 밑이 평평하지 않으므로 실생활에 사용되지 않았음을 증언한다.

격자문토기뿐 아니라 다량의 밑이 둥근 토기들이 출토되는데, 모두 세울 수 없다는 점에서 밑이 뾰족한 빗살무늬토기의 맥을 잇고 있는 것으로 해석된다.

빗살무늬토기의 밑이 뾰족한 것에 대해서는 강가의 모래에 세워 사용했다는 궁색해 보이는 설명이라도 하지만, 밑이 둥근 토기가 부지기수인데도 불구하고 설명하려는 시도가 없는 이유는 무엇일까?

제례용이라는 설명이 있기는 하다.

그러나 이런 토기들이 무덤 유적지에서만 출토되는 것이 아니며, 다른 유적지에서도 출토되므로 제례용이란 설명은 맞지 않는다.

빗살무늬토기가 강가에서만 출토되는 것이 아님에도 불구하고, 여전히 모래에 세워 사용했다는 이론이 유지되는 것은 이외 다른 설명이 불가하기 때문일 것이다.

밑이 둥근 토기에 대해 설명하려는 시도가 없는 것은 그만큼 이유를 알 수 없기 때문으로 보인다.

토기를 비롯한 고대의 유물은 실용품이 남겨진 것이 아니라, 모두 의도적으로 조성해 놓은 것이라는 분석을 강력히 뒷받침한다.

인천검단선사박물관에서는 "둥근 밑 항아리"라는 이름으로 밑이 둥근 것을 토기의 중요한 특징으로 제시하고 있다.

인천 동양동유적의 격자문토기를 보자.(인천검단선사박물관)

모두 "둥근 밑 항아리"라 이름 붙여졌는데, '아랫부분에만 격자문이 타날되어 있다'고 설명한다.

그러나 이처럼 아랫부분만 타날판으로 두들겨 성형하고, 윗부분은 타날판을 사용하지 않는다는 것은, 밑이 둥근 것만큼이나 합리적인 이유를 찾기 어렵다.

모두 하나의 작품으로 의도적으로 제작해 놓았음을 시사한다.

울산 하삼정고분군유적의 격자문토기를 보자.(울산박물관)

길게 이어지는 정갈한 무늬의 선들은 성형과정에서 타날판으로 두들겨 나타난 것이 아님을 나타낸다.

격자문이 새겨진 나무판으로 찍어서 제작한 것도 아님을 알 수 있다.

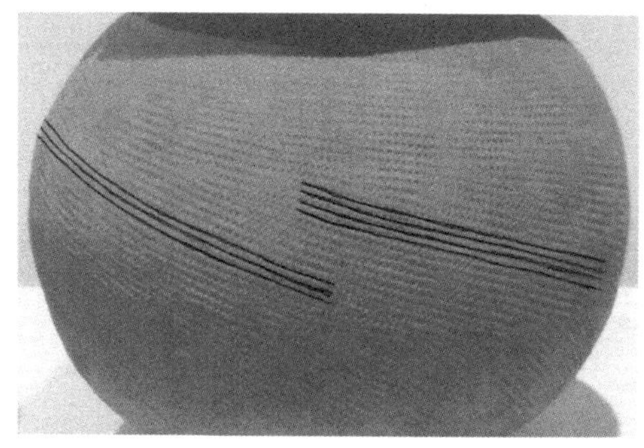

둥근 원형의 토기 표면에, 격자무늬 형태로 돌출된 직선의 나무판을 두들겨 격자무늬가 나타나거나, 찍어서 격자무늬를 새기기 않았음이 명확하다.

그런데도 학계의 정설인 것은 납득하기 어렵다.

울산 중산동유적 격자문 토기다(울산박물관).

무늬가 꺽이며 길게 이어져 있다.

타날 판으로 두드리거나 찍어서 무늬가 나타나지 않았음이 명백하다.

울산 하삼정고분군 출토 토기다.(울산박물관)

전체적으로 조각나지 않았는데, 몸체 일부에만 균열선이 나타나 있다. 균열선을 따라 선을 그어보면 뚜렷하지는 않으나 인물상이 나타난다.

창녕 일리유적 출토 토기다.(창녕박물관)

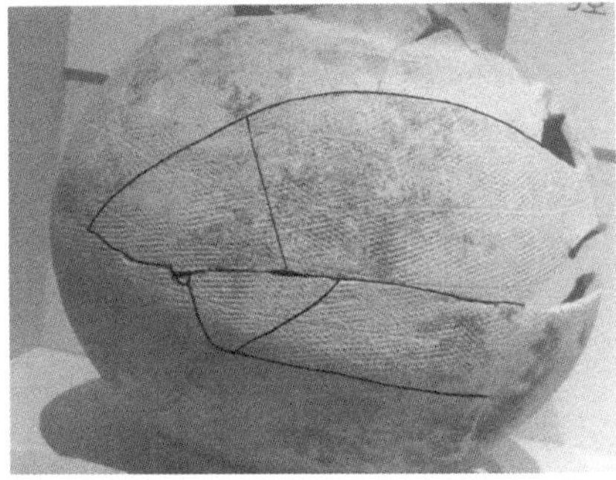

동해 송정동유적 출토 토기다.(『관동대박 도록』)

격자문이 세밀하다.

거꾸로 하면 균열선이 특색있는 인물상을 나타낸다.

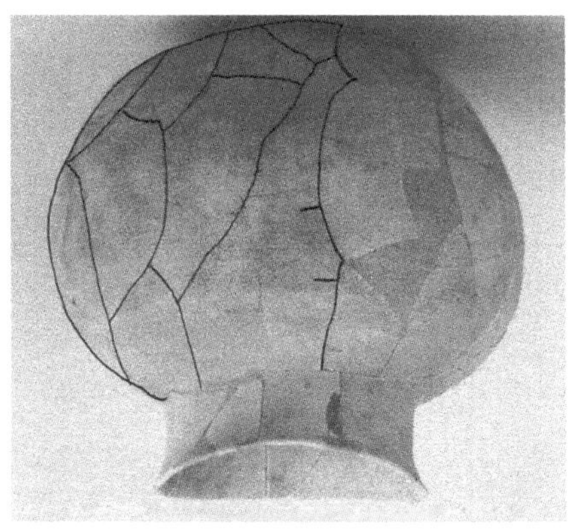

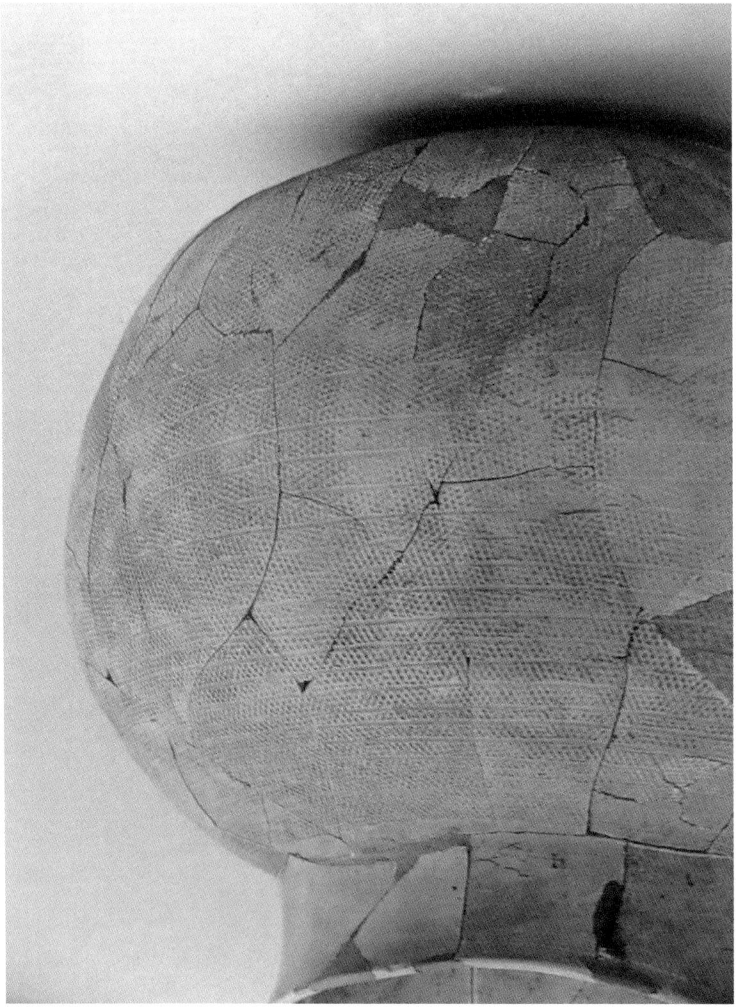

군포 부곡동 옹관묘유적 출토 토기다.(『한성백제박 도록』)

서울 풍납토성 주거지유적 출토 토기다.(『한성백제박 도록』)

광양 목성리유적 출토 토기다.(『나주박 도록』)

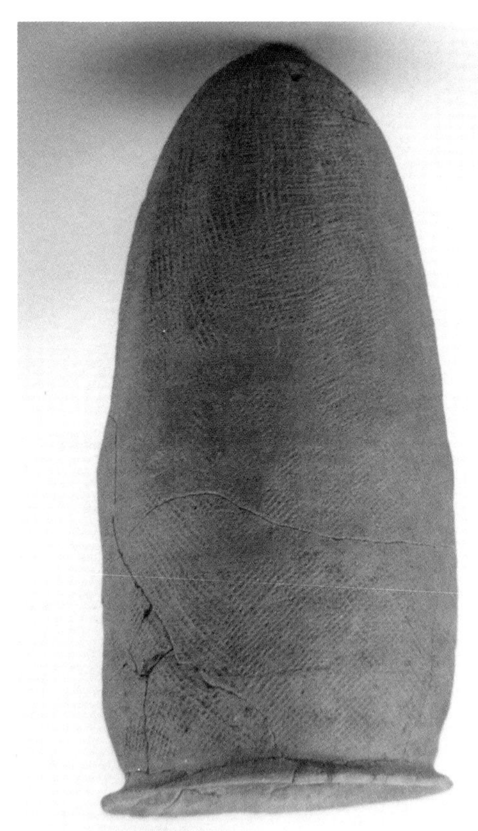

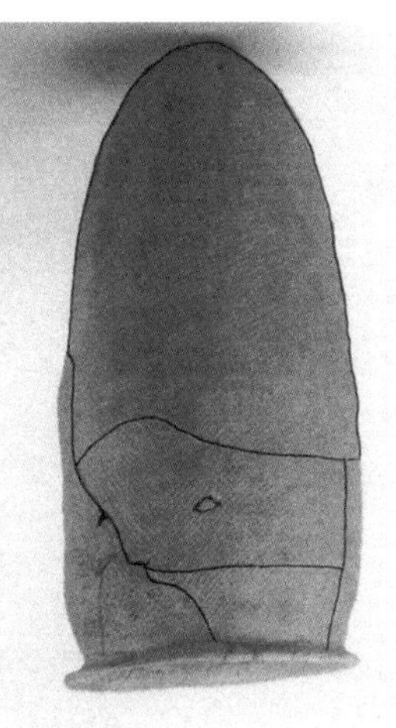

21장 서울 지역의 토기

『발굴유물도록』(서울대박물관 간행)에는 서울 지역 유적을 위주로 토기 사진이 실려 있다.

도록에는 한정된 시기의 몇몇 유적지의 토기 유물을 위주로 수록해서 많은 토기 사진이 실려 있다.

앞에서 다양한 방식으로 사람형상이 표현된 토기를 몇 가지 유형별로 살펴보았으므로, 여기에서는 『발굴유물도록』(서울대박물관 간행)에 실린 토기들을 유형에 상관없이 살펴보기로 하자.

서울 지역 토기에는 중요한 특징이 있는데 고구려 토기로 분류되는 토기가 다수 발견된다는 점이다. 북쪽의 고구려 토기가 한강 유역에서 발견되는 이유는 고구려가 진출해 요새를 세웠기 때문이라 한다.

그러나 많은 양을 좁은 요새로 옮겨 다니기에 토기는 거추장스럽다.

고구려 토기로 분류하는 가장 중요한 이유는 주변 지역의 토기와 다르기 때문이다. 그러나 이는 의도적인 배치일 수 있다.

고구려 토기여서가 아니라 의도적으로 주변 지역과 다른 토기를 배치해 놓았을 수 있다는 것이다.

서울 지역의 백제 토기와 고구려 토기로 분류되는 유물들은 신석기시대나 청동기시대보다 시기가 늦어서 관심을 덜 받는데, 조성해 놓은 분명한 이유가 있는 듯하다.

토기들에 생명형상이 새겨져 있다면, 기존의 설명과는 완전히 다른 유적과 유물이 된다.

이에 기반한 새로운 연구가 시작되어야 할 시점인 듯하다.

1. 여러 지역의 유물

먼저 『발굴유물도록』에 실린 다른 지역의 토기를 살펴보자.

1) 양양 오산리유적

균열선이 나타내는 인물상이 뚜렷하다. 두꺼운 선을 그어 입을 표시했다.

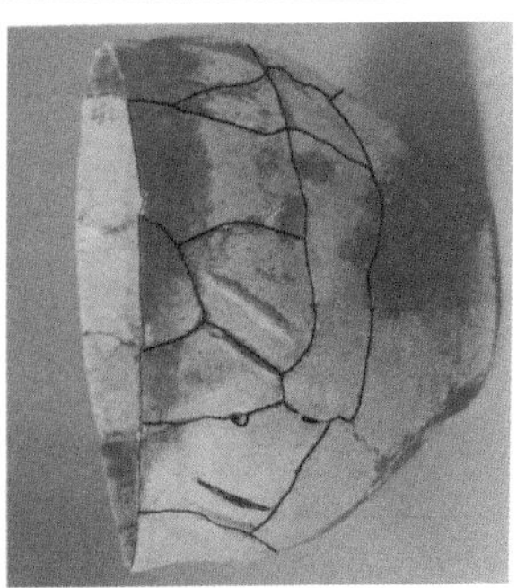

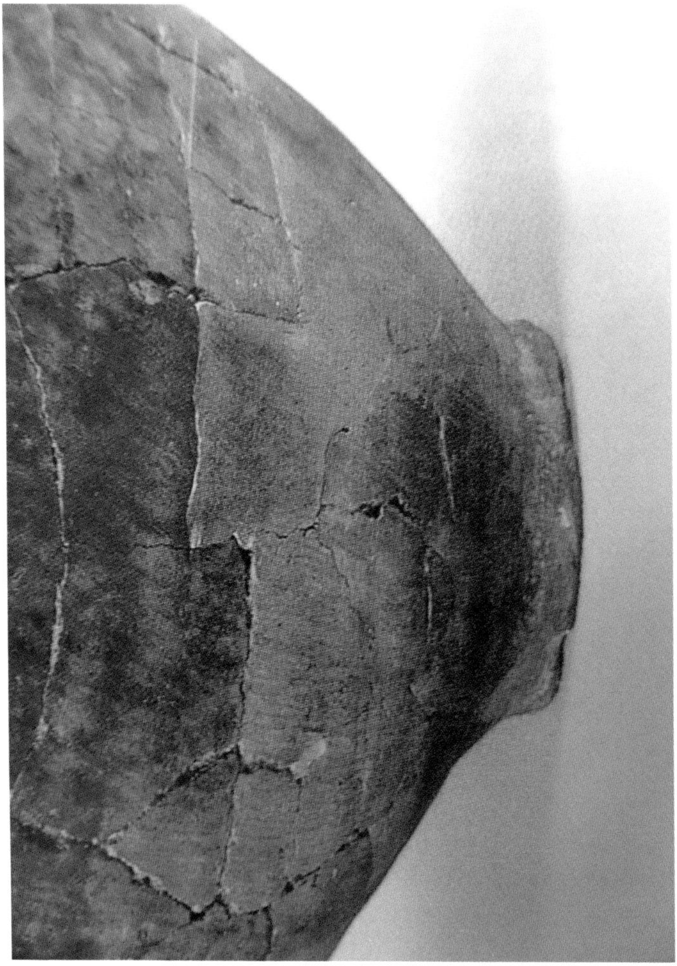

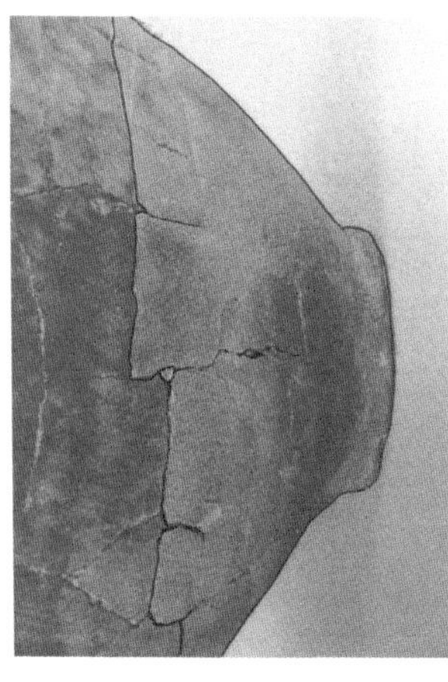

2) 여주 흔암리유적

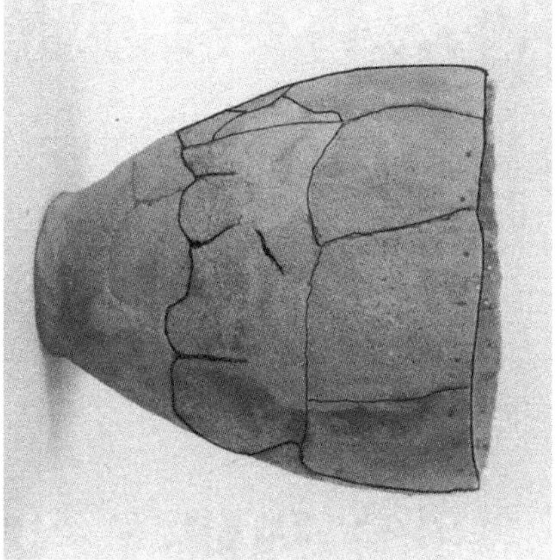

3) 승주 대곡리유적

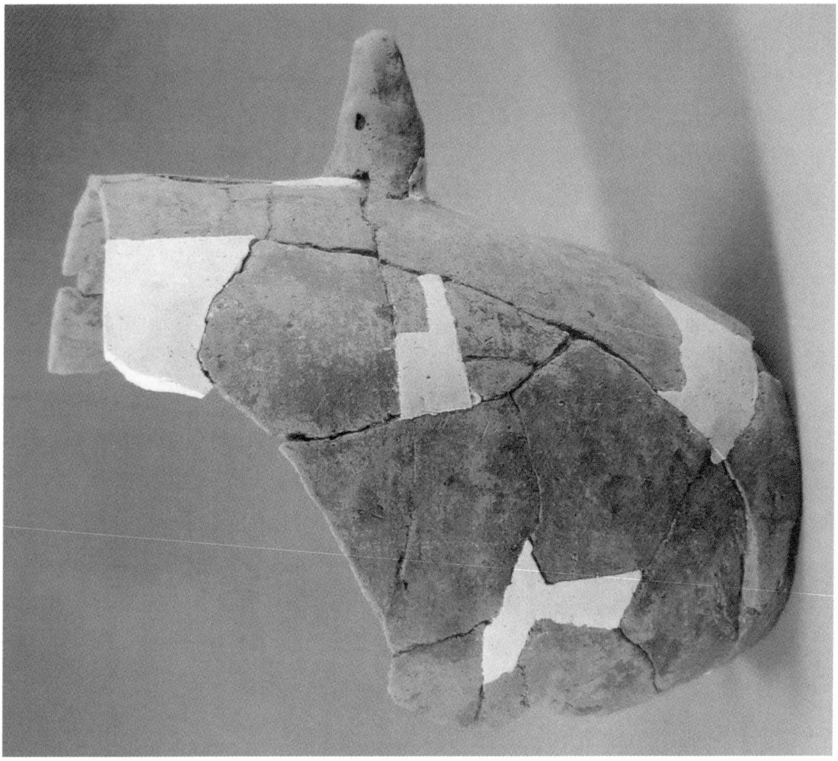

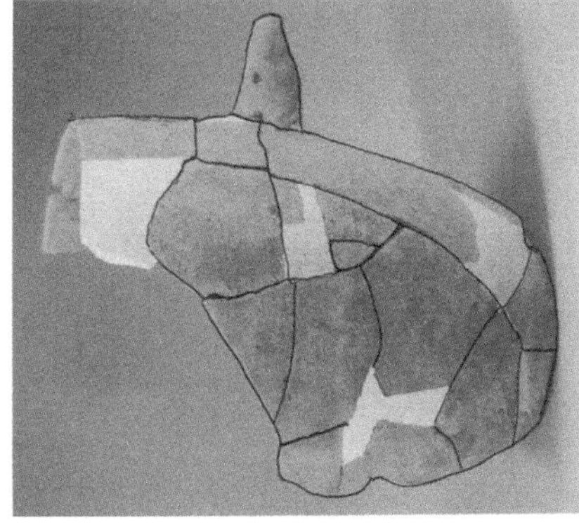

4) 하남 미사리유적

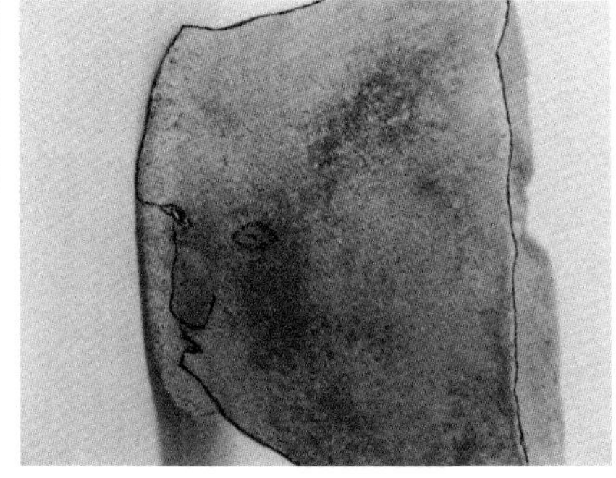

불규칙한 구멍이 눈을 나타낸다. 미세한 선을 그어 입을 표시했다.

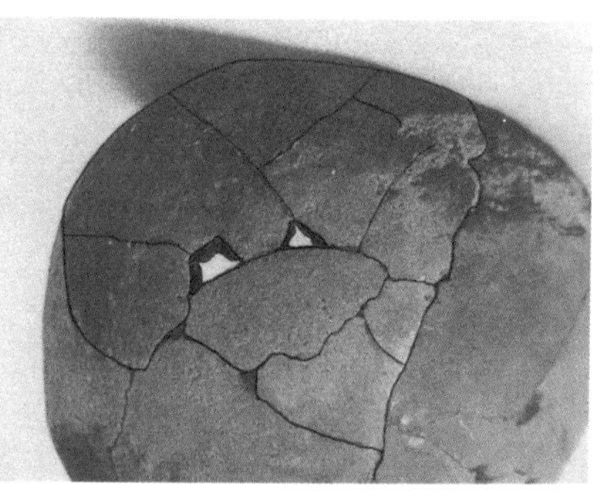

두꺼운 문양 선이 입을 표시한다.

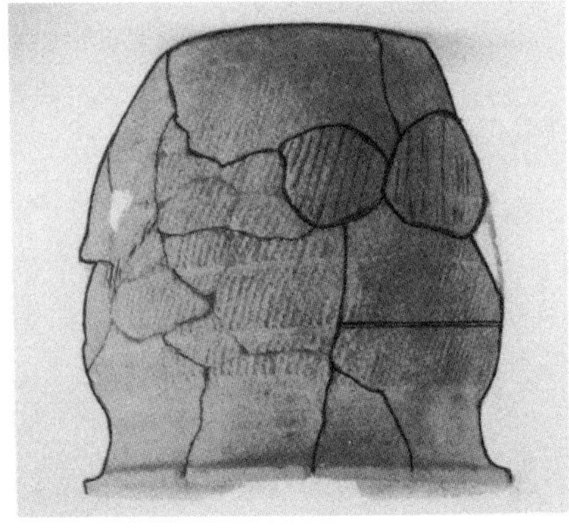

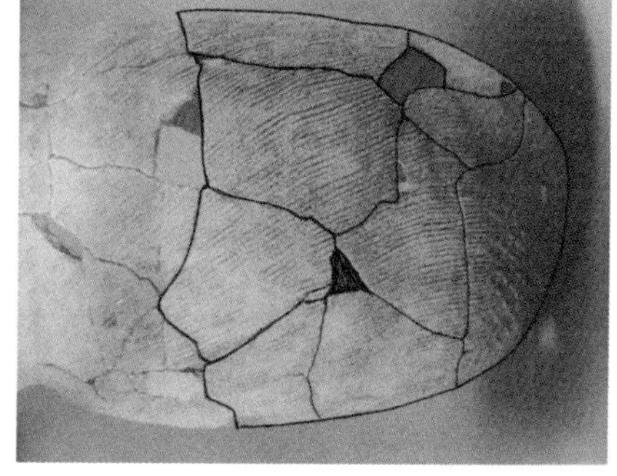

위 형상의 눈이 입을 이루는 형상이다.

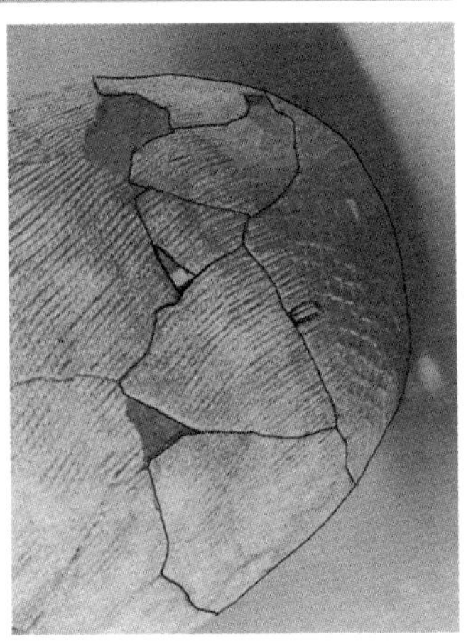

5) 의정부 민락동유적

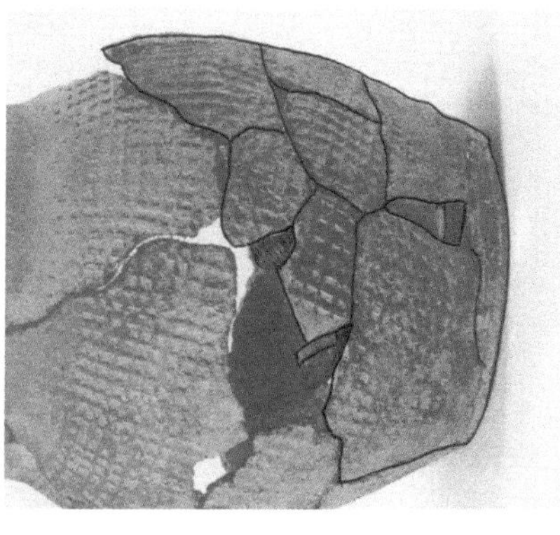

2. 서울 석촌동고분

앞에서 석촌동고분에 대해 살펴보았다. 여기에서 출토된 토기를 분석해 보자.

다음 토기들은 노란 색감과 검은 색감이 입혀졌음이 뚜렷하다.

선을 따라 잘라낸 부분이 눈을 이룬다.

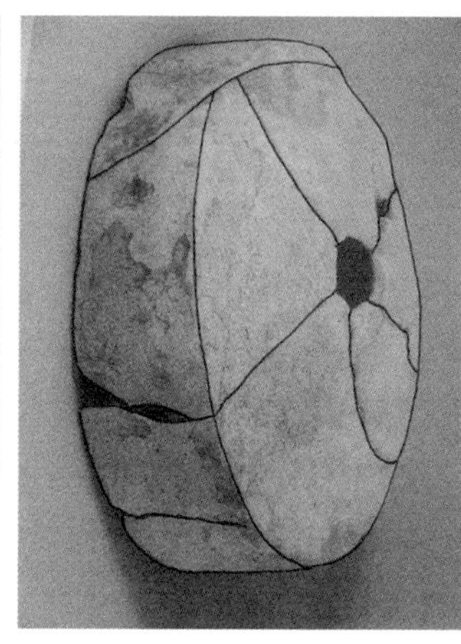

균열선이 윤곽을 이루고 홈이 눈과 입을 표시한다.

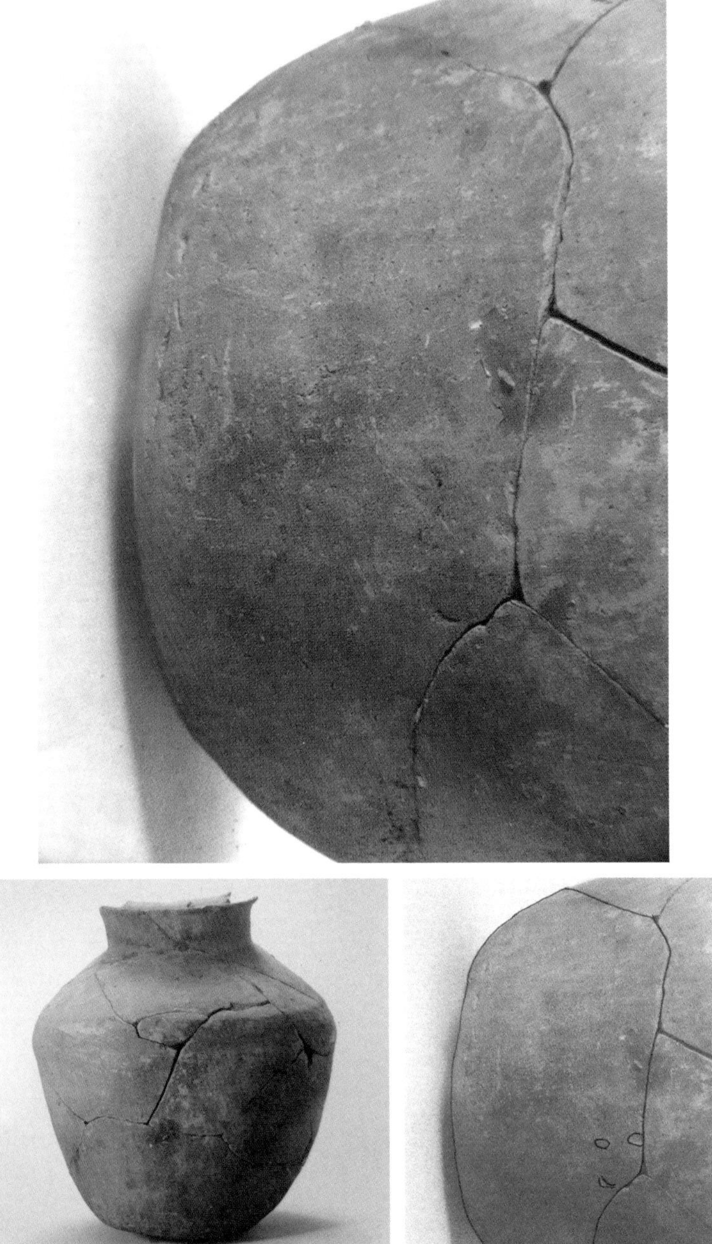

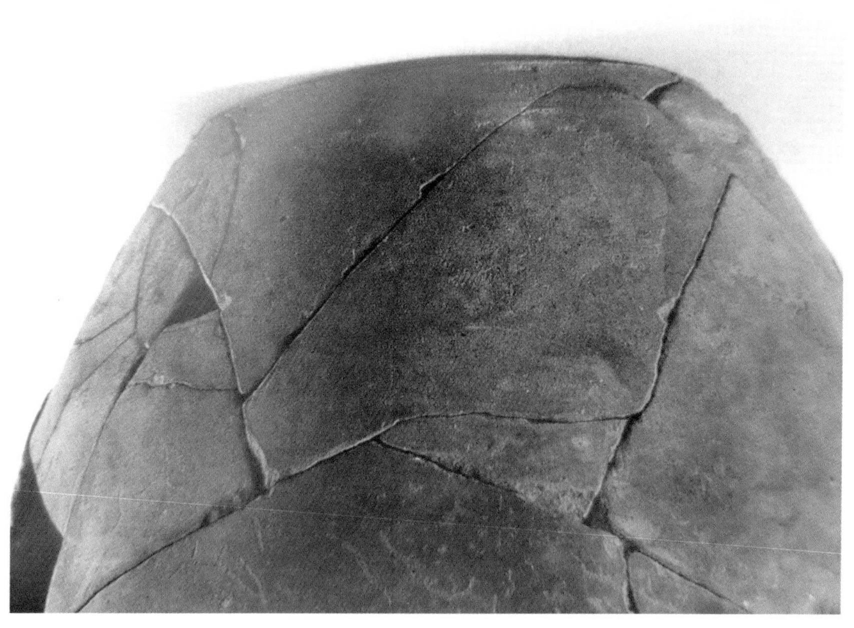

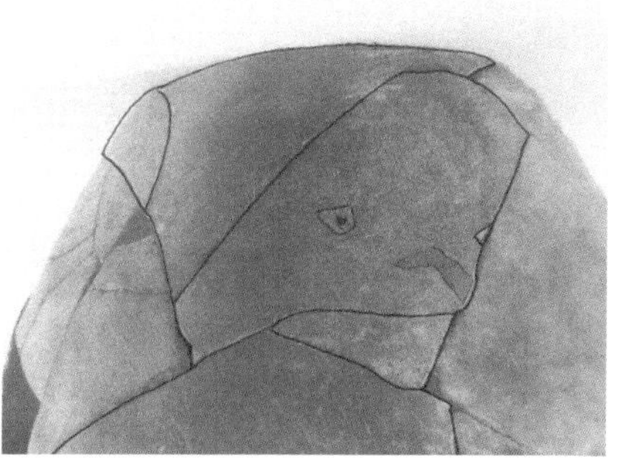

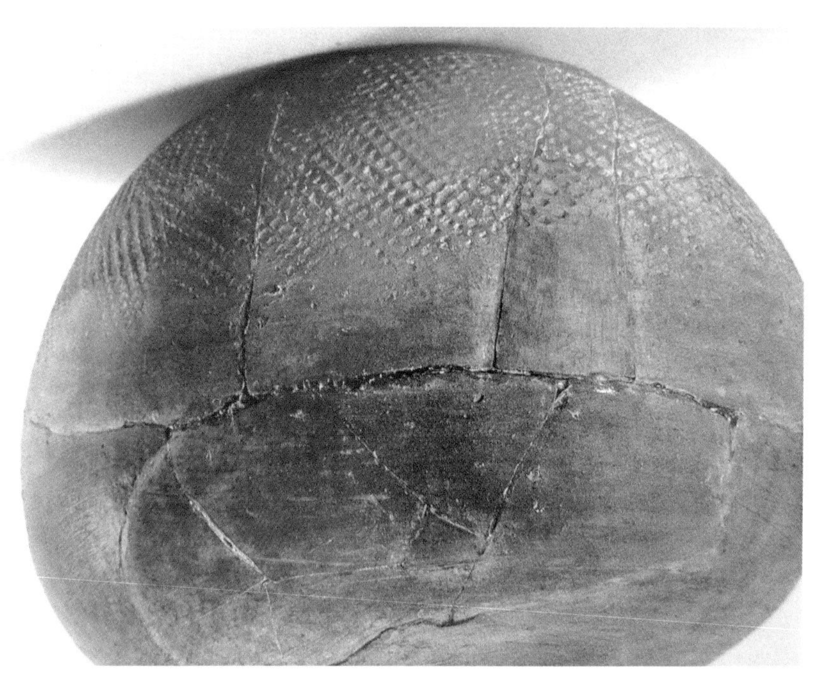

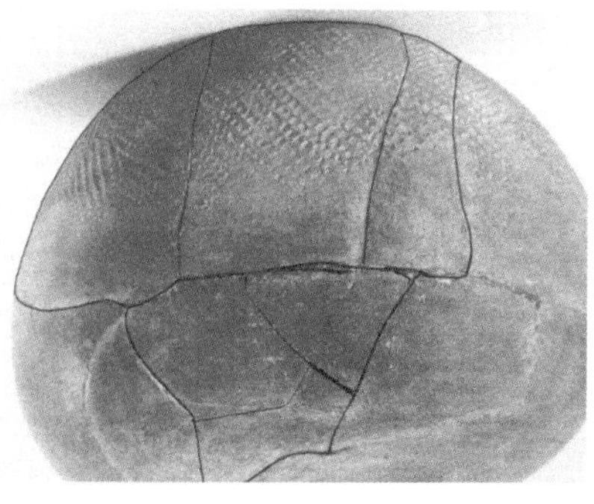

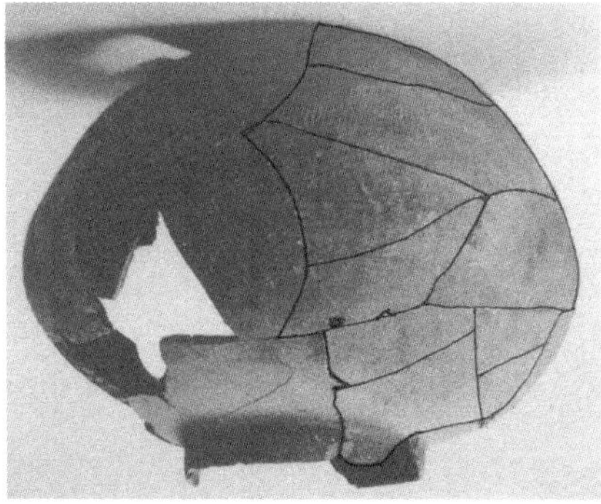

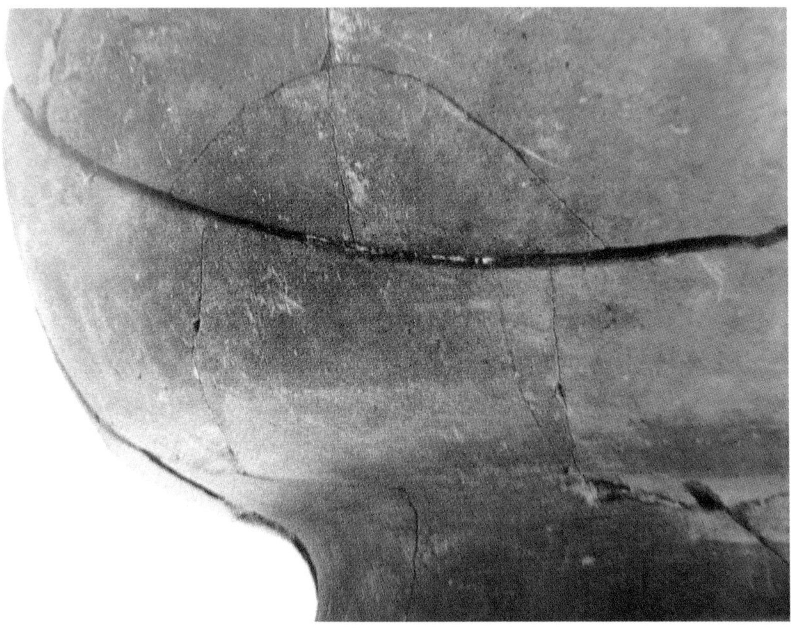

균열선이 윤곽을 이루고 검은 색감이 눈을 나타내는 인물상이 뚜렷하다.

정면에 나타나는 균열이 이루는 인물상이다.

위 토기를 옆에서 보면 나타나는 균열이 이루는 인물상이다.

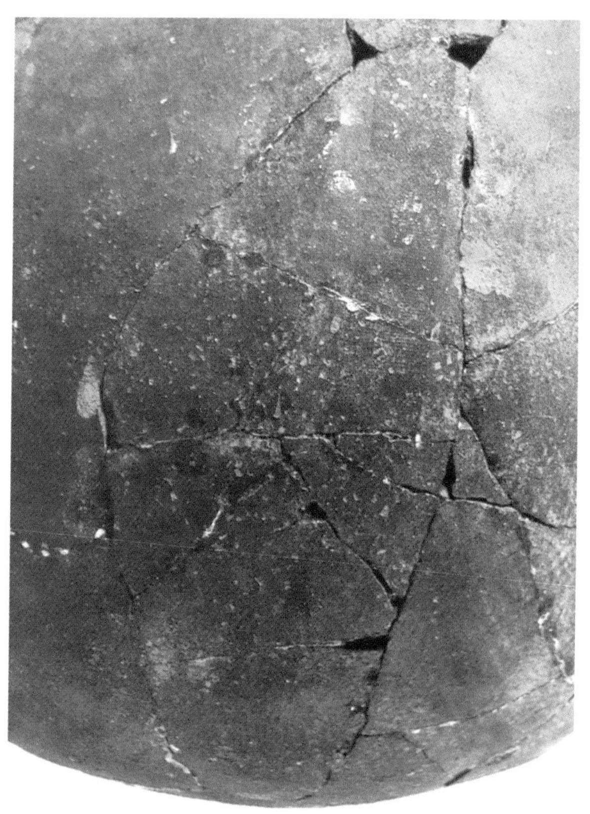

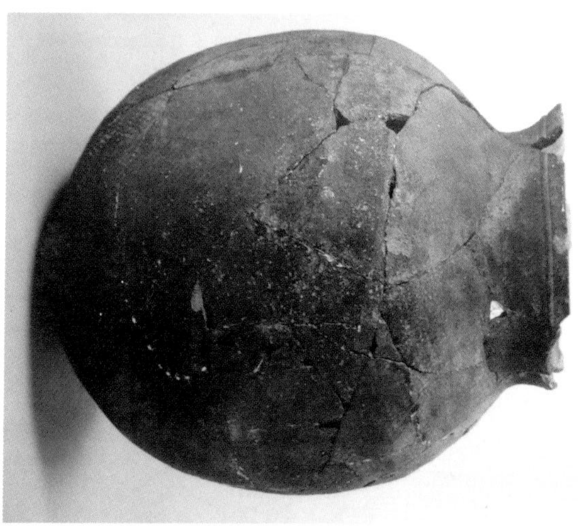

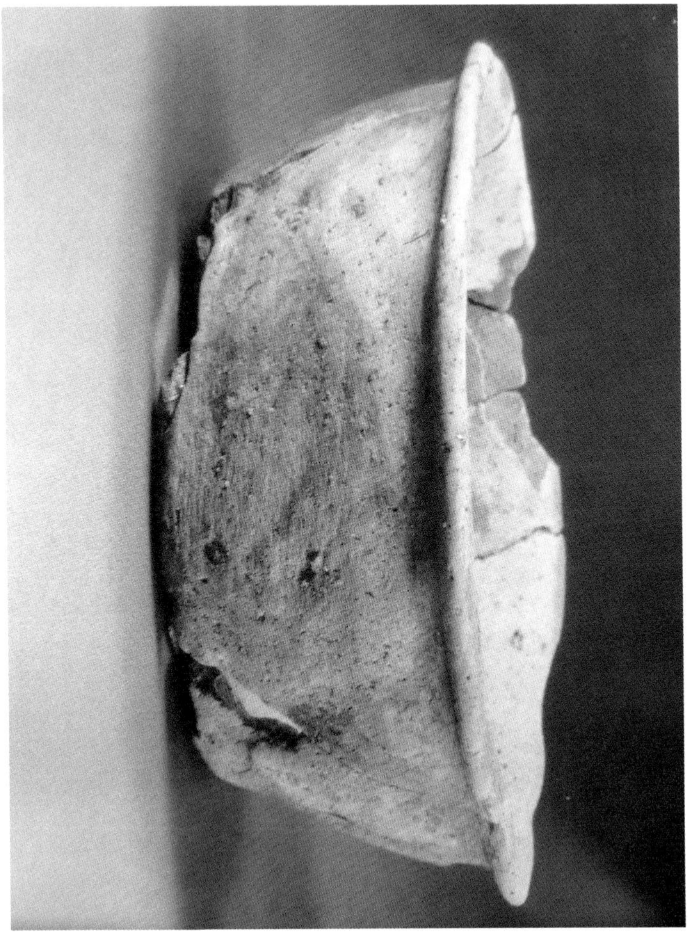

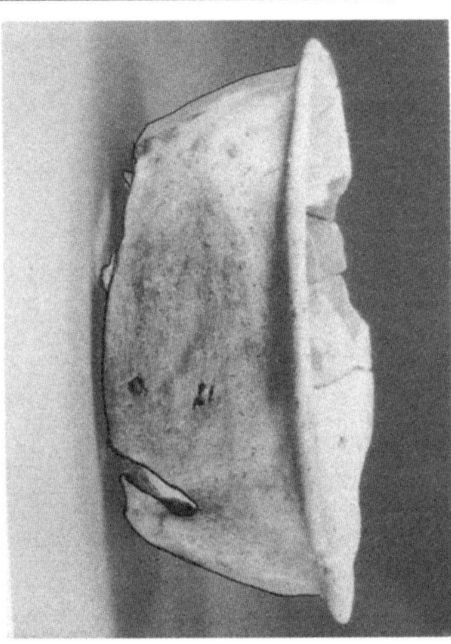

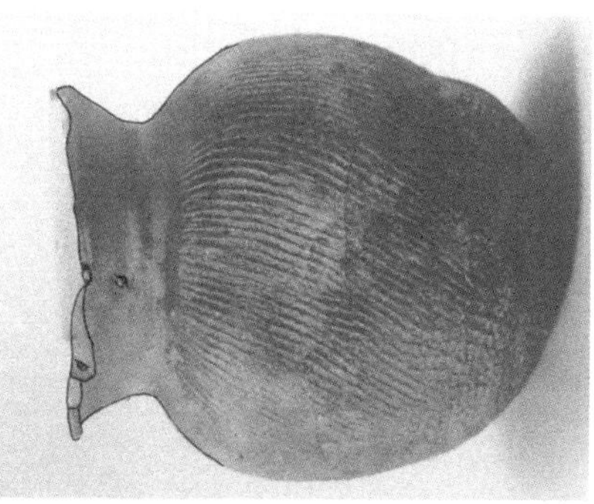

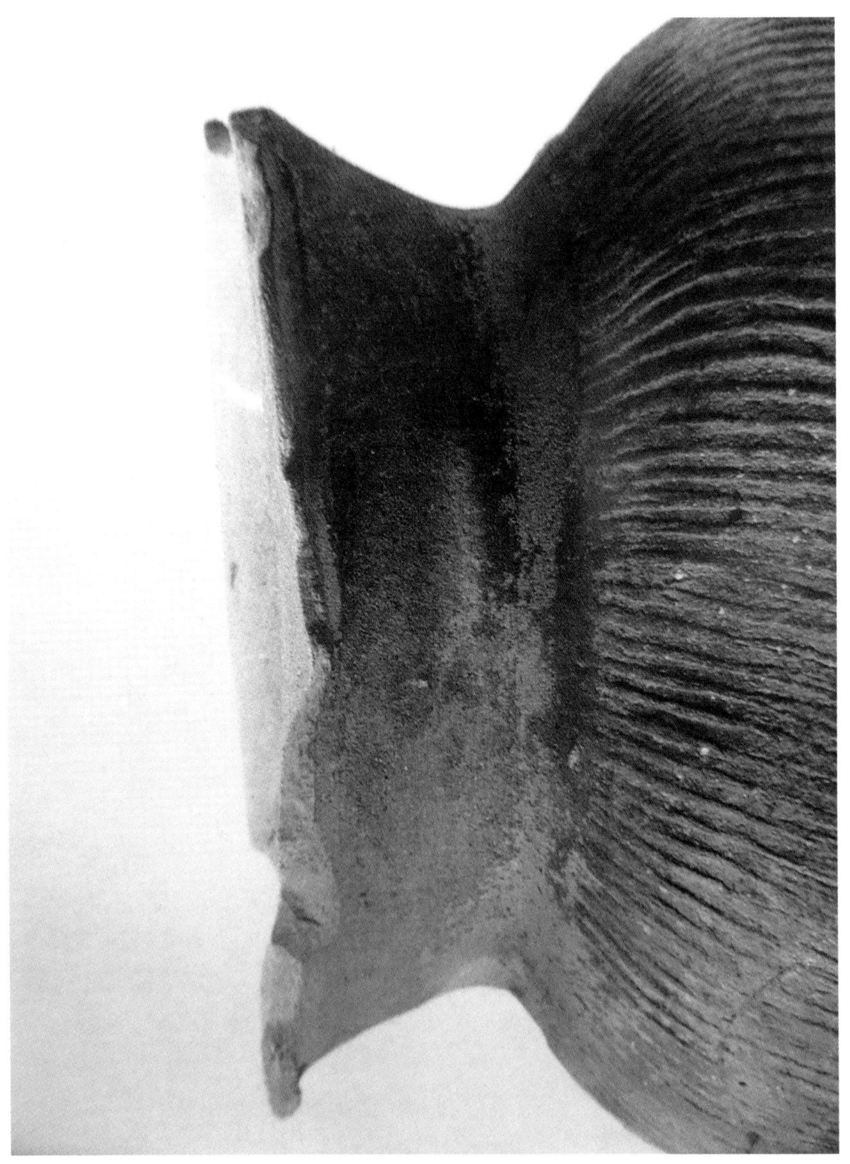

균형이 맞지 않은 토기다.

확정할 수는 없지만, 옆에서 보면 인물상의 형태를 이룬다.

몸체의 반쯤이 떨어져 나갔다. 우연일까?

거꾸로 하면 나타나는 인물상은 의도적 현상임을 증언한다.

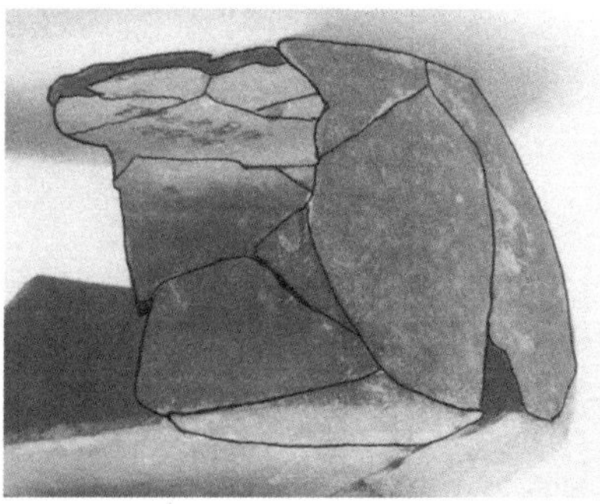

앞에서 살펴봤던 청자다. 인물상이 나타나 있다.

거꾸로 보면 균열된 형태가 윤곽을 이루고, 고리가 입을 표시하는 인물상이 나타난다.

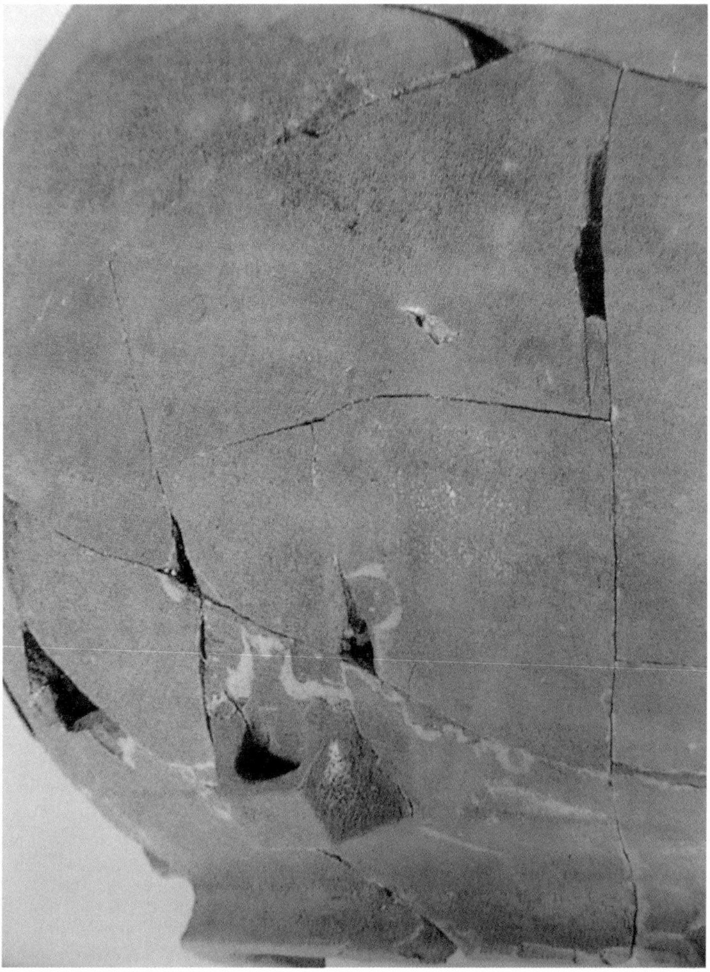

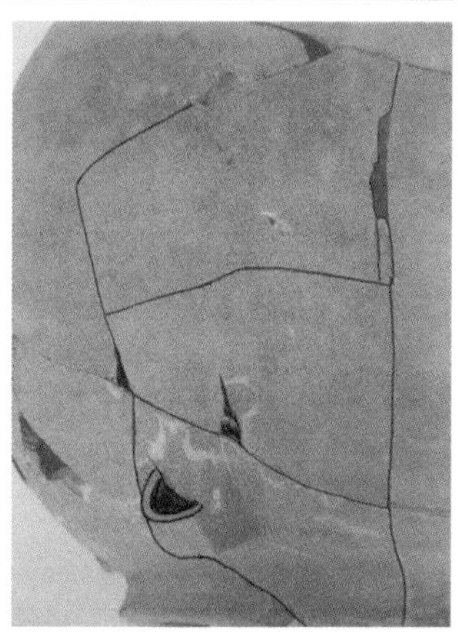

3. 서울 몽촌토성

다량의 토기가 저장공에서 발견되었다. 그런데 토기들이 눕혀져 있다. 입구가 같은 방향이어서 세워 놓은 것이 넘어진 것은 아닌 듯하다.

토기 안에 흙이 가득 찬 상태인 것도 있는데, 의도적으로 흙을 채운 듯하다. 눕혀 놓으면 깨지기 쉬울 것이며, 흙을 채워 놓을 이유도 없어서, 생활용품을 저장한 것으로 볼 수 없다.

의도적으로 장기간 저장을 위해 흙을 가득 채워 눕혀서 매장해 놓았음이 분명하다.

다음 토기 바닥에 나타난 인위적인 현상이 분명한 구멍은 토기들이 실용적 용도가 아님을 시사한다.

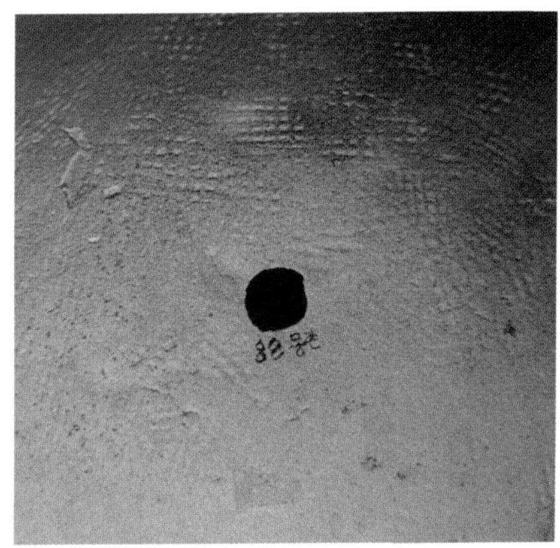

검은 색감 사이에 드러난 황토 색감은 황토색의 토기에 검은 색감이 입혀졌음을 나타낸다.

균열선이 인물상의 윤곽선과 눈, 입을 표시한다.

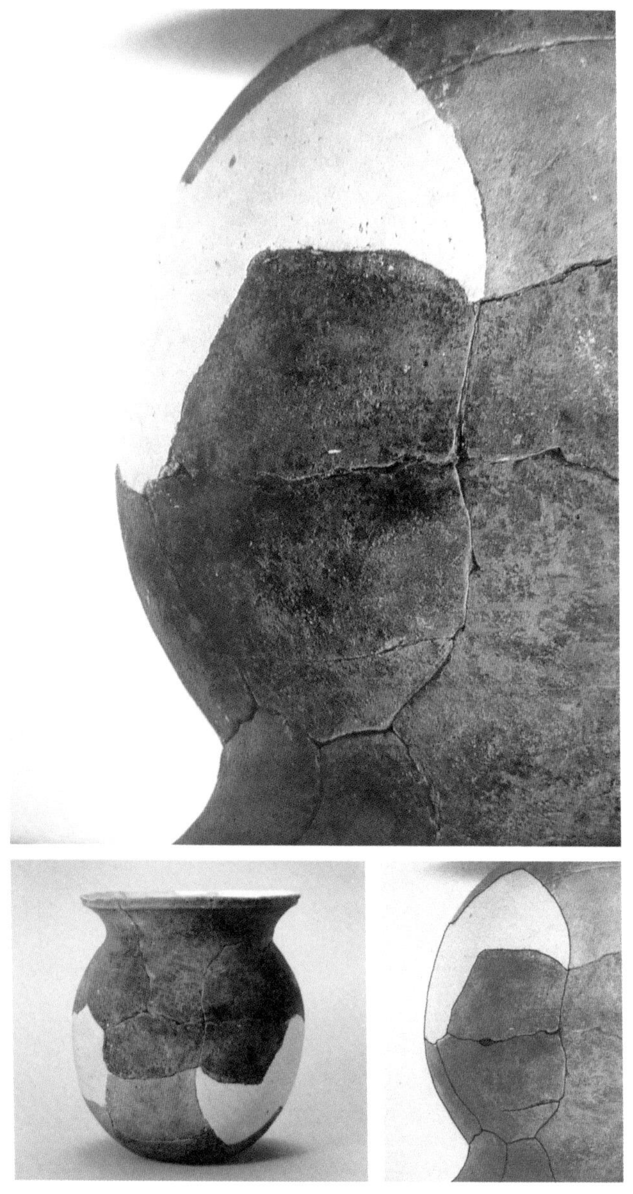

계란형토기와 유사한 토기다. 길고 밑이 둥글어서 세울 수 없다.
실제 사용한 토기가 아닌 것이 분명하다.
몽촌토성은 성이므로 제사 유적과도 직접 관련이 없다.
의도적으로 제작해 놓았다는 추정 외 다른 이유를 찾기 어렵다.

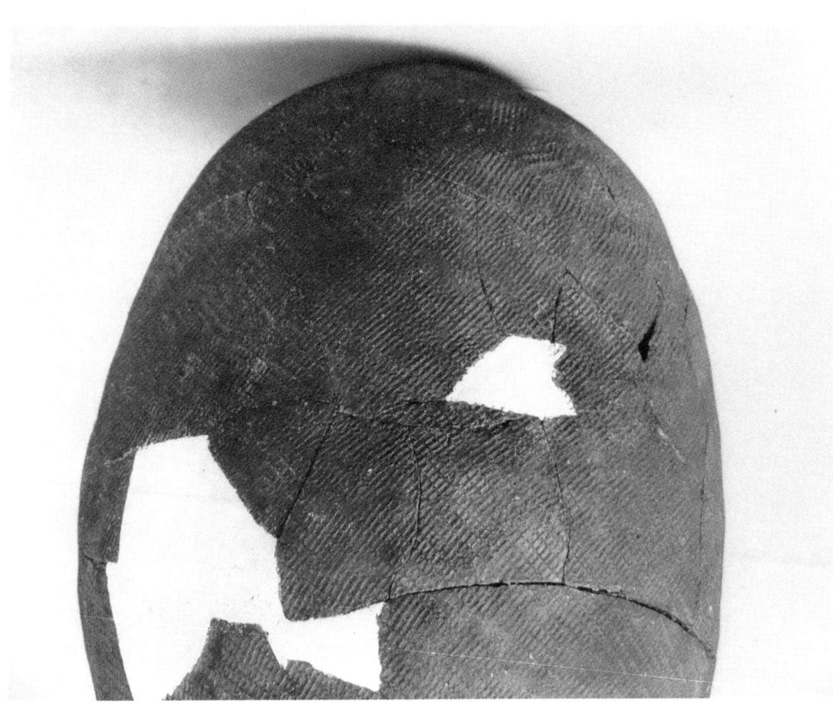

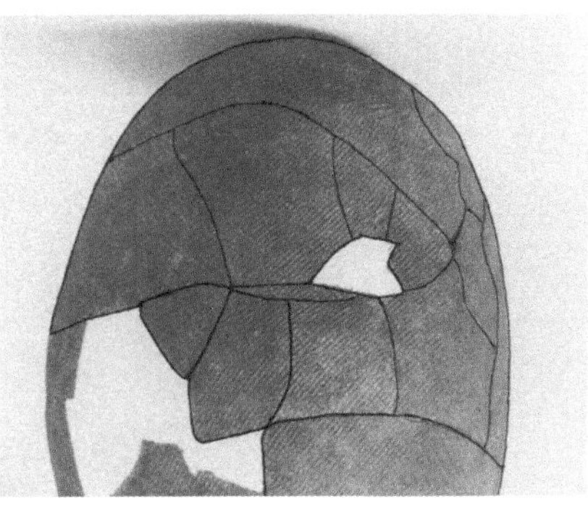

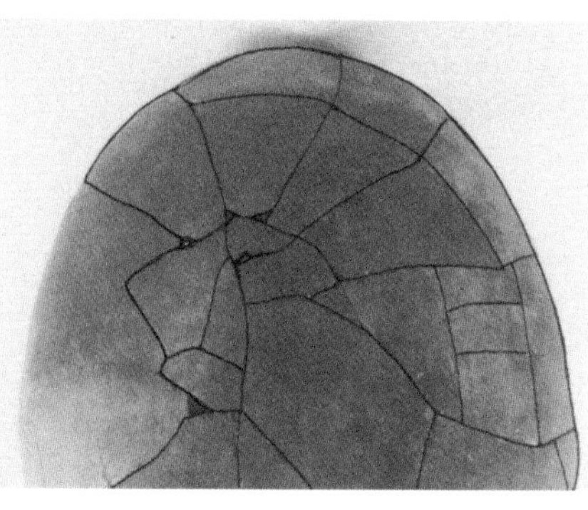

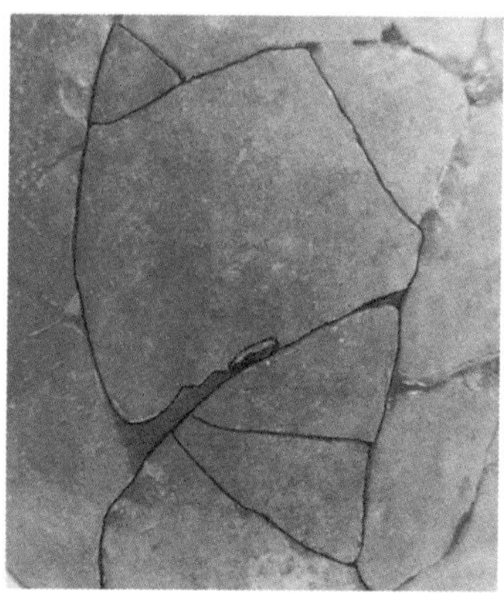

언뜻 보면 잘 보이지 않는 두 선이 사선으로 그어졌다.
옆으로 하면 그어진 선이 인물상의 윤곽선을 이룬다.
우연히 긁힌 선이 아니라 인위적으로 그었음을 알 수 있다.

세로로 평행한 선이 그어졌다.

선이 윤곽선을 이루고 색감이 눈을 나타낸다.

몸체 중간 부분 검은 색감 위로, 더 진한 검은 색감이 더해졌다.
윗부분 테두리에서부터 더 진한 검은색 물질이 흘러내렸다.
토기에 검은 색감의 물질을 입힌 것이 증명된다.

거꾸로 하면 테두리 부분의 진한 검은 색감이 인물상임을 알 수 있다.
검은 색감을 인위적으로 입히고, 형상을 새기고 있음이 확인된다.

돌절구다.

옆에서 보면 인물상이 나타난다.

4. 서울 구의동유적

구의동유적에 대한 설명을 보자.

"유적은 직경 14.8m의 축석부와, 그 내부의 직경 7.6m의 소토부로 이루어져 있다. 축석부의 높이는 100㎝ 내외이고, 가장 높은 곳은 185㎝에 달한다.

구의동유적에서는 많은 양의 토기류와 철기류가 출토되었다. 출토된 토기류의 최소개체 수는 369점에 달한다.

1,300여 점에 달하는 철촉을 제외하고도 50여 점, 15종에 철기가 출토되었다.

한 유적에서 이처럼 많은 종류와 양의 철기가 출토된 것은 흔치 않은 일이다. 고구려의 군사 요새로 성격이 밝혀지고 있다."

구릉 정상부에 위치한 좁은 군사 요새이므로 거주 인원이 적었을 것인데, 369점에 달하는 많은 토기가 출토되는 것은 자연스럽지 않다.

한 유적지에서 이처럼 많은 종류와 양의 철기가 출토된 것은 흔치 않은 일이라는데, 구릉 정상의 작은 유적임을 감안하면, 더욱 자연스럽지 않다.

앞에서 산성유적지에 대해 의도적으로 조성해 놓았다고 설명했는데, 구의동유적도 군사 요새가 아니며, 군사 요새 형식을 빌려 조성해 놓은 유적일 가능성이 커 보인다.

유물에 생명형상이 새겨져 있다면 의도적으로 조성했음이 증명될 것이다.

구의동유적에 대한 설명을 더 보자.

"이 유적과 연결 선상에 있는 아차산 일대의 보루성유적도 구의동유적과 같은 성격의 유적임이 밝혀지고 있다."

구의동 유적과 유사한 성격의 아차산 보루유적의 모습이다.(『국보를 캐는 사람들』)

서울 석촌동고분의 연접부와 유사한 돌들이 보이는데, 일정한 형태를 이루고 있다. 전체적으로 인물상의 형태이며, 돌들이 선이나 사각형을 이루어 윤곽선과 눈, 입을 표현하는 듯하다.

이는 같은 성격의 구의동유적도 사람형상과 관련 있음을 암시한다.

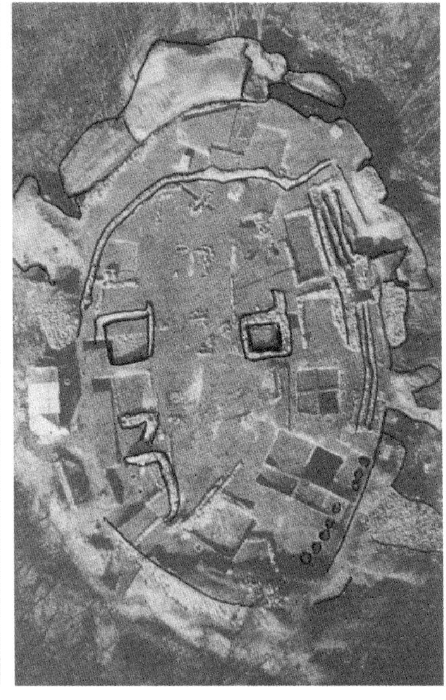

균열선과 미세한 선이 이어지며 형상을 나타낸다.

미세한 선이 인위적인 선임은 분명하며, 균열선 또한 인위적으로 조성했음을 증명한다.

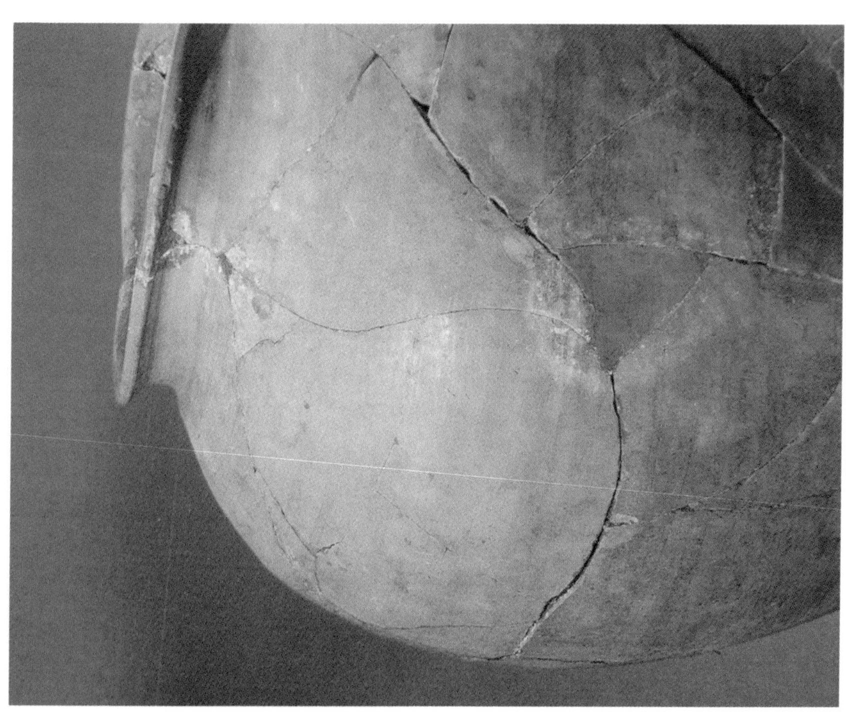

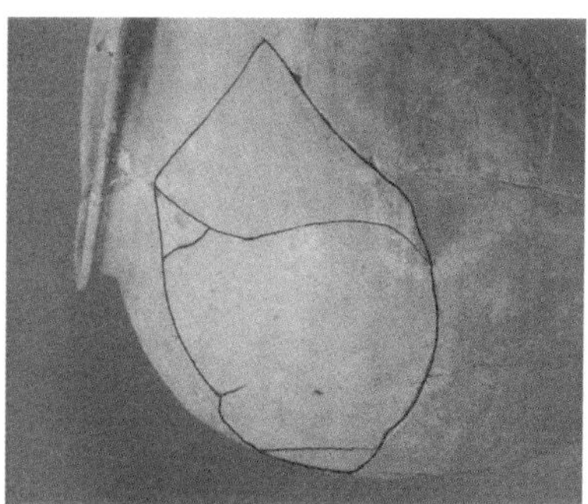

위 형상 아랫부분으로, 잘 보이지도 않는 미세한 선이 인물상의 윤곽선을 이룬다.

색감으로 눈을 표시했다.

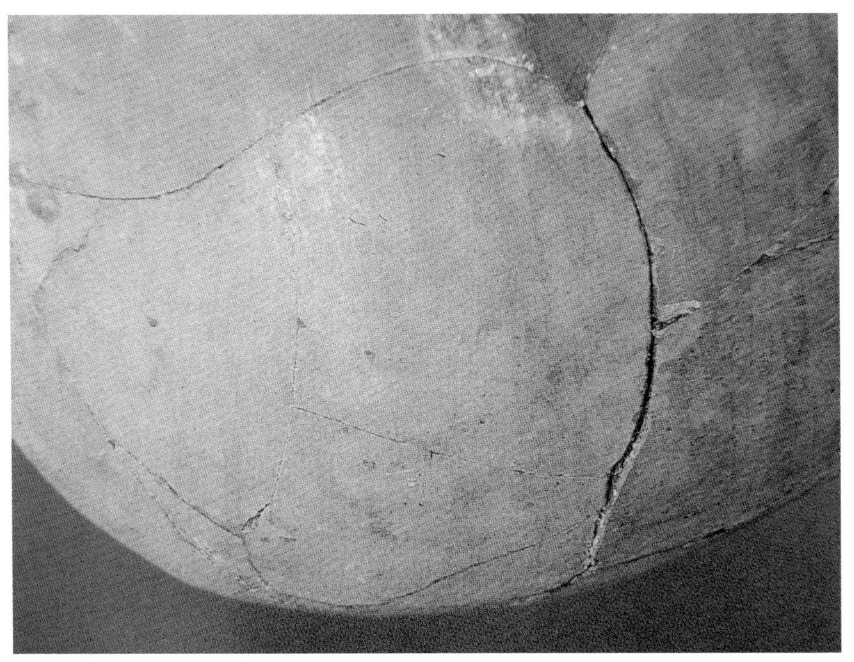

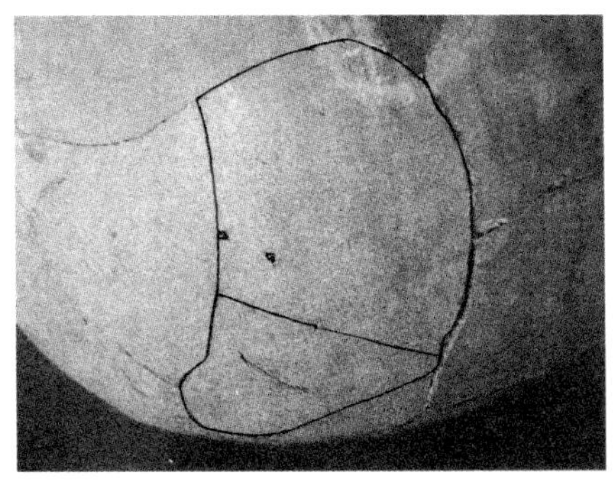

위 형상을 다른 방향에서 보면, 미세한 선이 윤곽선을 이루는 인물상이 나타난다.

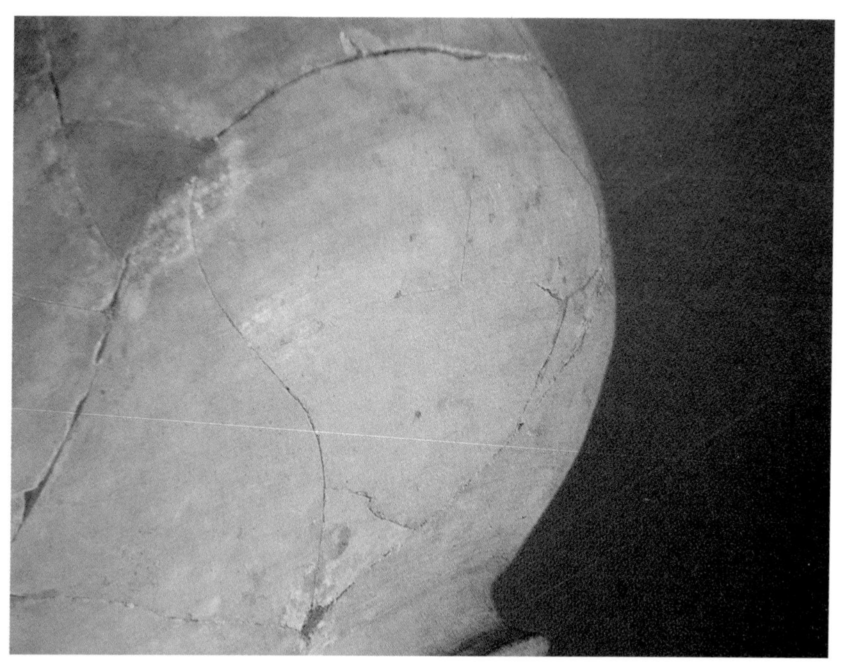

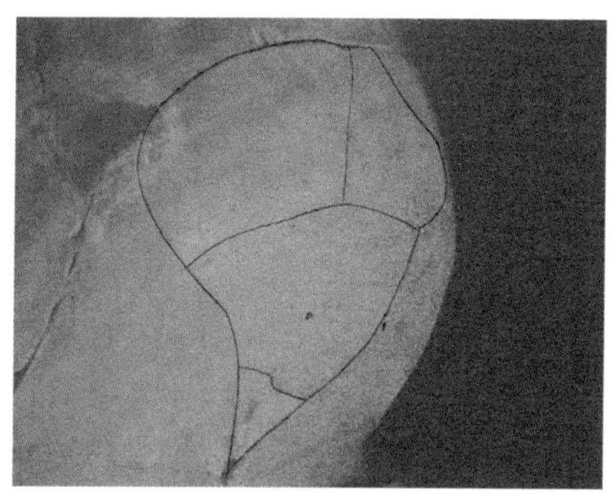

균열선이 윤곽과 입을 이루며, 둥그런 원 형태가 눈을 표시한다.

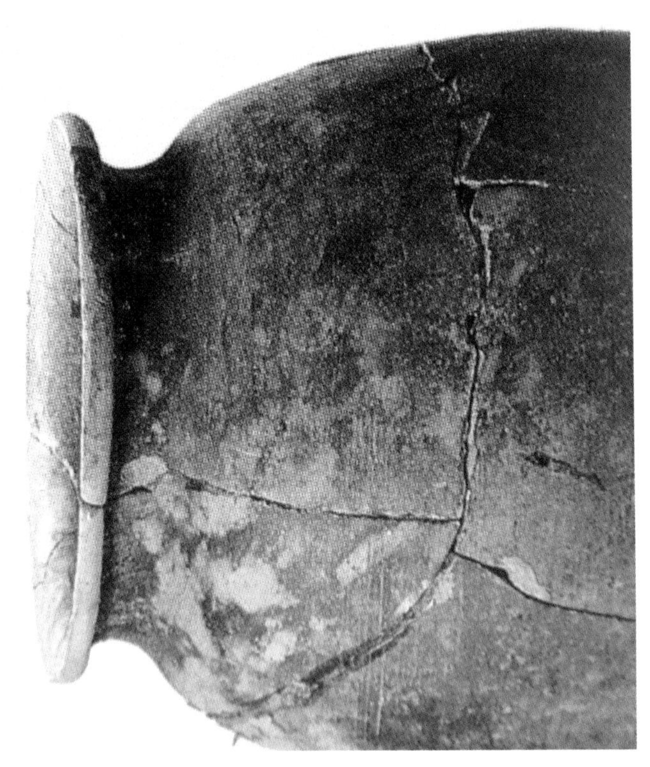

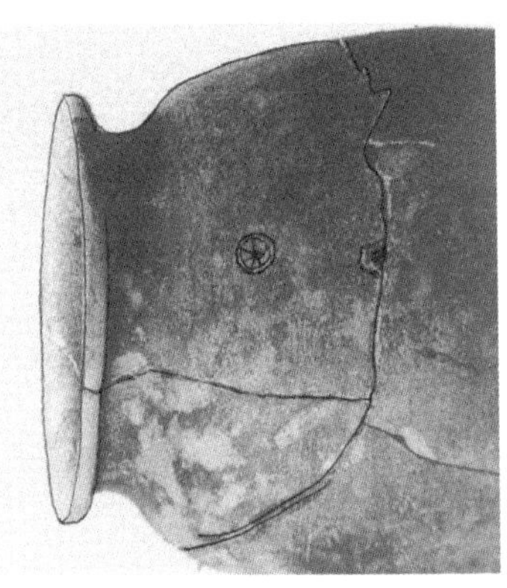

바닥에 문양이 새겨진 사발들이 있다.

그중에서 다음 사발 바닥에 새겨진 문양을 살펴보자.

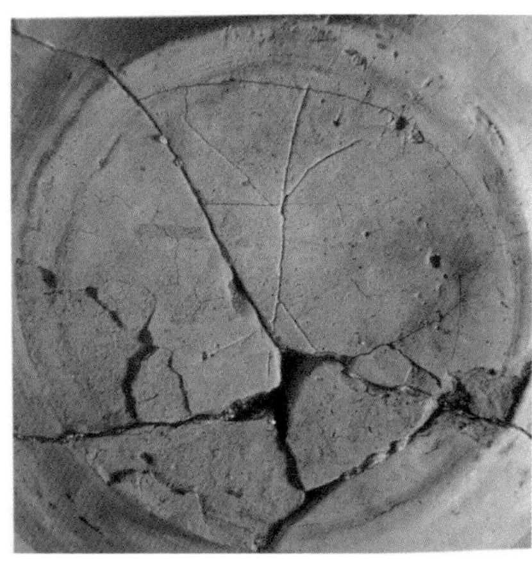

거꾸로 보면 문양의 선이 인물상의 윤곽선을 이룬다.

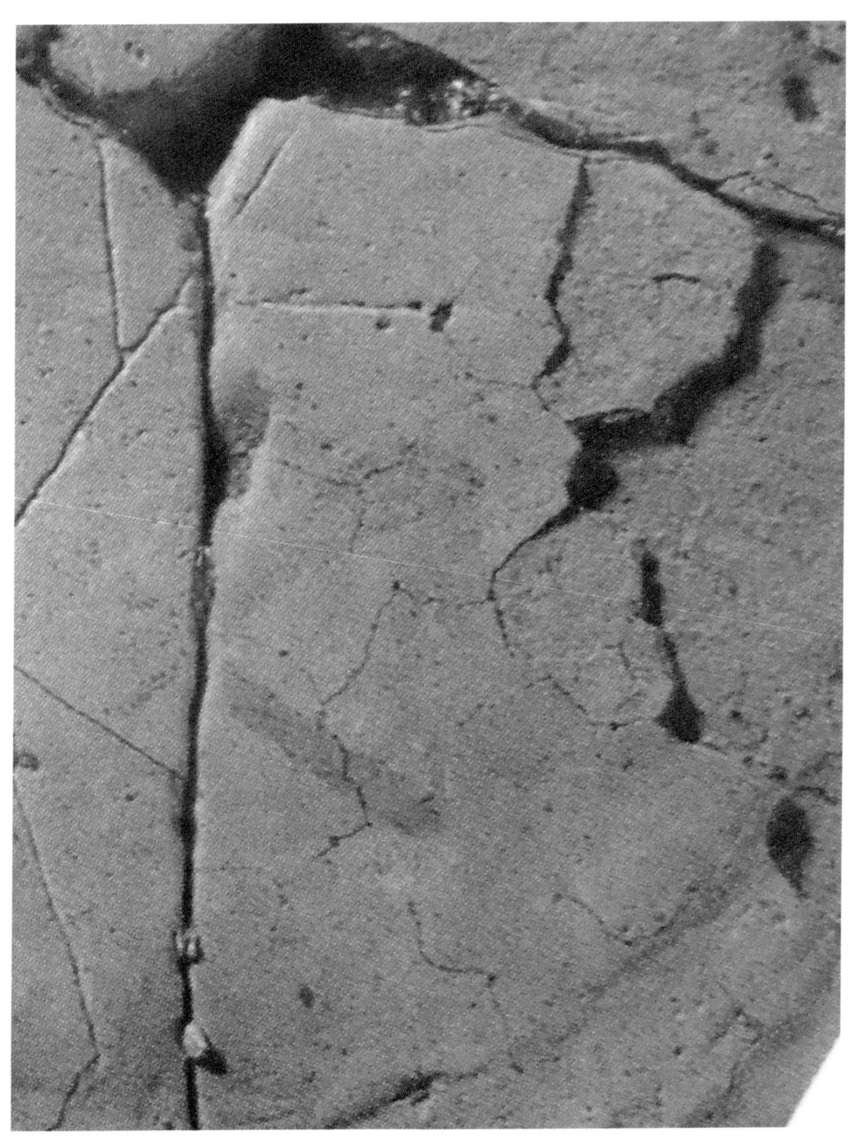

입구 부위에 선이 나타나 있다.

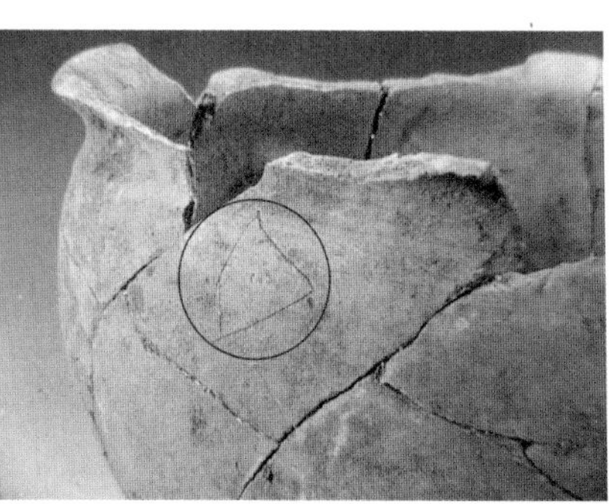

거꾸로 하면 선이 인물상의 윤곽선임을 알 수 있다.

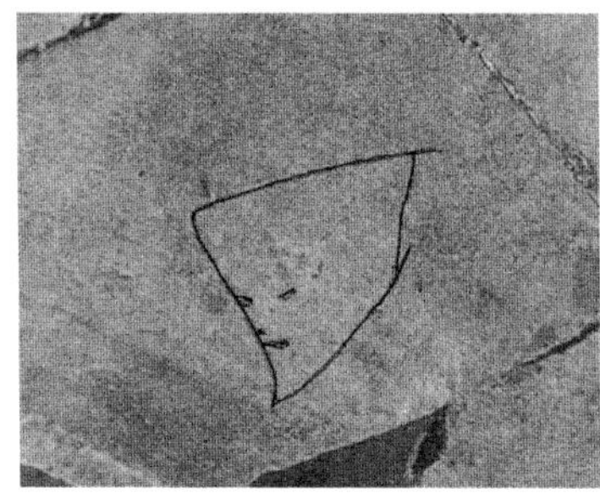

가운데 부분에 검은색의 짧은 선들이 그어져 있다.

검은색 선이 인물상을 그리는 듯하다.

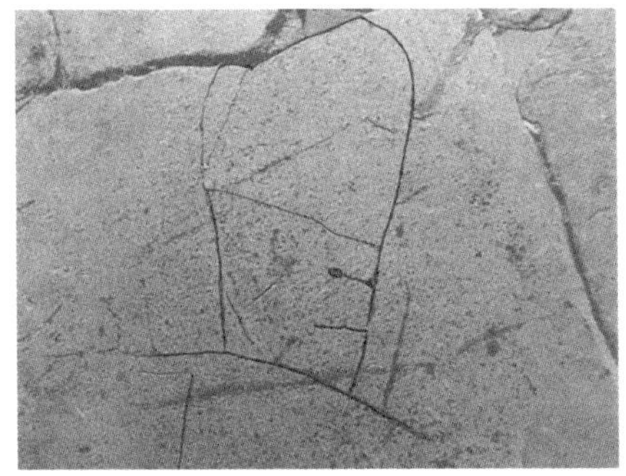

검은색 선이 인물상을 그리는 것이 뚜렷하다.

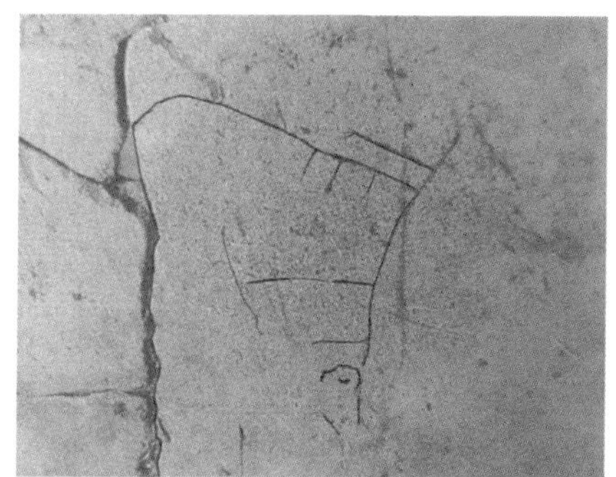

다음 토기에 유사하게 검은 색감의 선들이 보인다.

선이 중첩된 형상을 새기고 있는 듯하다.

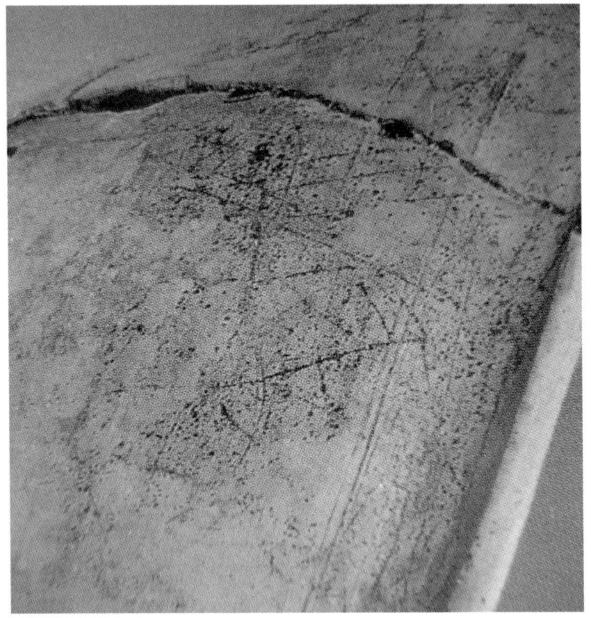

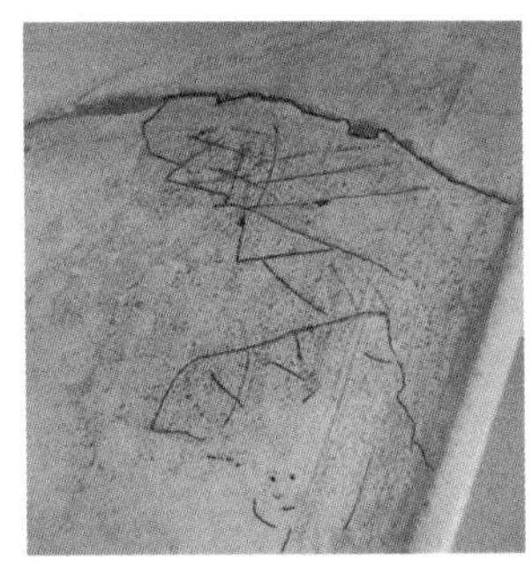

검은 선이 코와 입을 그린 인물상을 나타내는 듯하다.

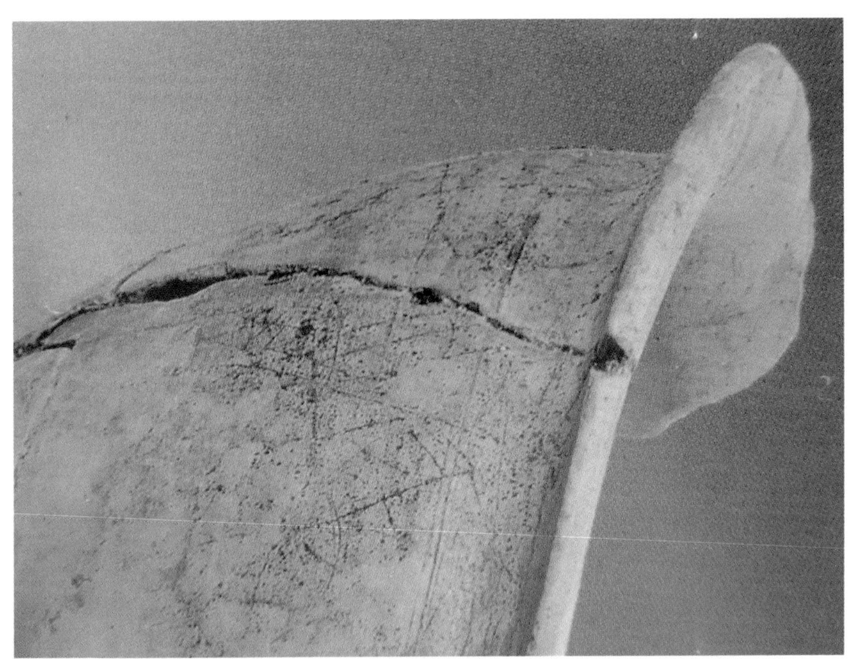

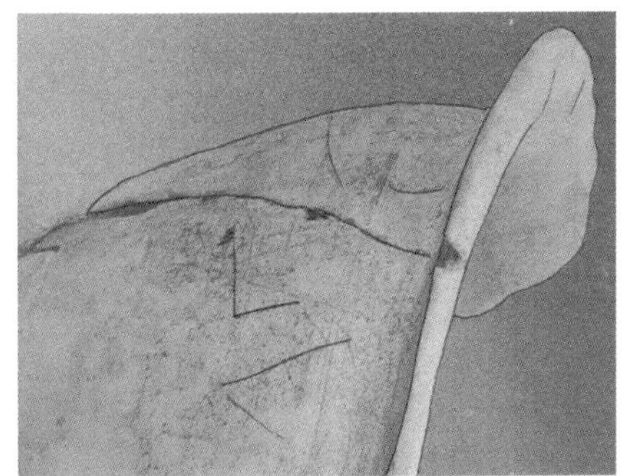

사발을 옆으로 돌리면 검은 선이 그리는 인물상이 나타난다.

다음 접시도 검은 색감의 선이 인물상을 나타내는 것으로 보인다.

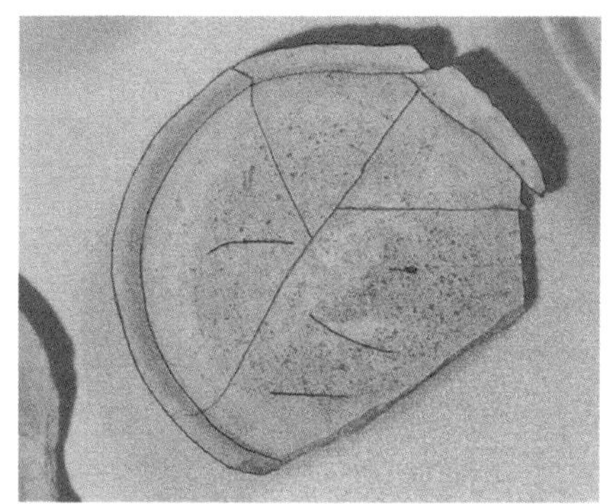

같은 서울 지역의 토기에서도 볼 수 없으며, 오직 구의동유적의 토기에서만 발견되는 검은 선 무늬다.

의도적으로 조성했음이 자명하다.

토기에 물감으로 그린 검은 선들이 그어져 있다.
토기에 검은 색감을 어떤 방식으로 입혔는지 잘 나타난다.

검은 선 사이에 숨기듯 인물상이 새겨져 있다.

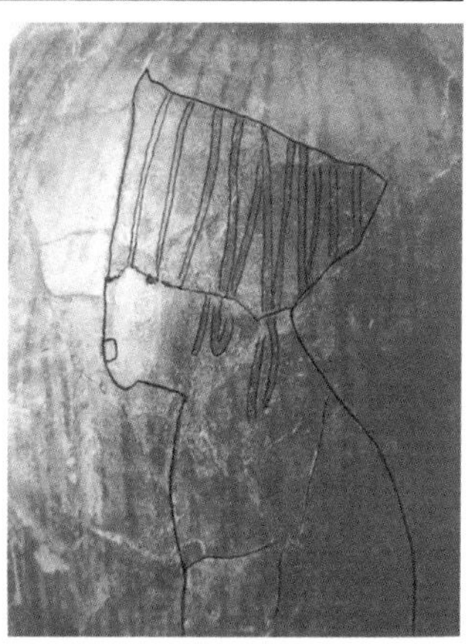

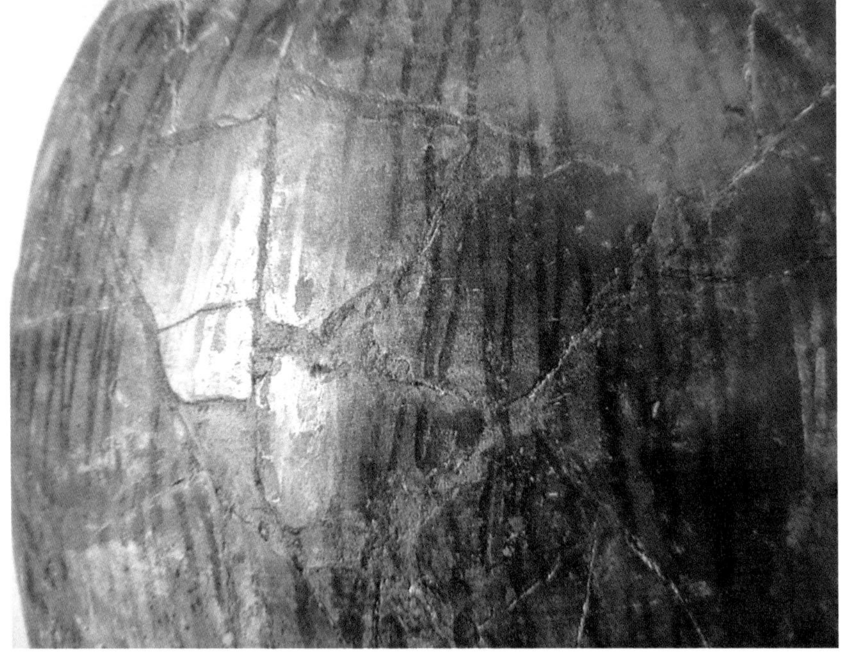

5. 서울 잠실지구유적

몸체 부분이 좌우대칭으로 균열돼 있어서 인위적인 균열로 보인다. 옆으로 하면 인물상의 형태로 균열되었음을 알 수 있다.

균열선이 인물상을 나타낸다.

6. 서울 한우물 및 호암산성

산성이라 하지만 성벽이 극히 일부에만 존재한다.

산성유적지에서 살펴봤듯이 산성의 형식을 빌려 유물을 전하는 목적으로 조성해 놓은 것으로 판단된다.

그어진 선과 균열선이 이어지며 인물상을 그린다.

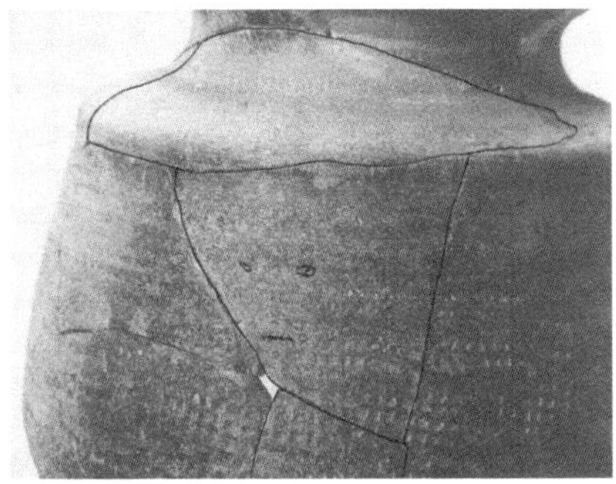

균열선이 초승달 형태의 윤곽선을 이룬 인물상이다.

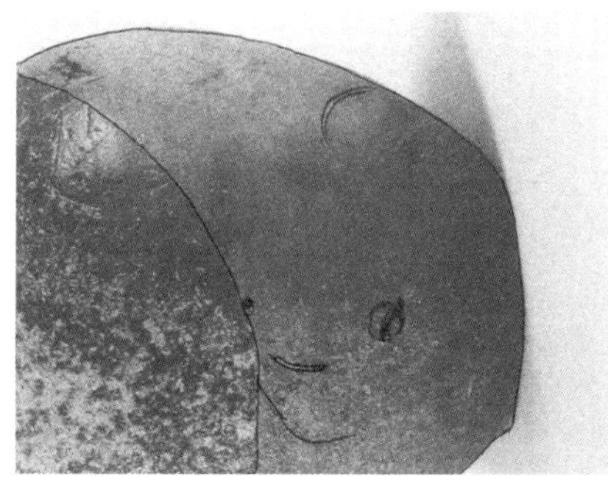

심하게 깨져 나간 부분이 인위적 현상이라 상상하기 어렵다.

뒤집힌 토기의 균열된 모습이 인물상을 나타낸다.

균열이 인위적 현상임을 의미한다.

불에 굽는 과정에서 부풀어 오른 것처럼 보이는 곳이 형상의 눈을 나타낸다. 유사한 토기를 다른 지역에서도 볼 수 있는데, 모두 의도적으로 조성했음을 증언한다.

둥글게 파인 구멍이 입을 나타내고, 부풀어 오른 듯한 곳이 눈을 표시하는 형상이다. 이 형상의 좌측 눈이 입을 이루는 형상이 중첩해 있다.

정면에서 보면 눈과 입이 바뀌며 형상을 나타낸다.

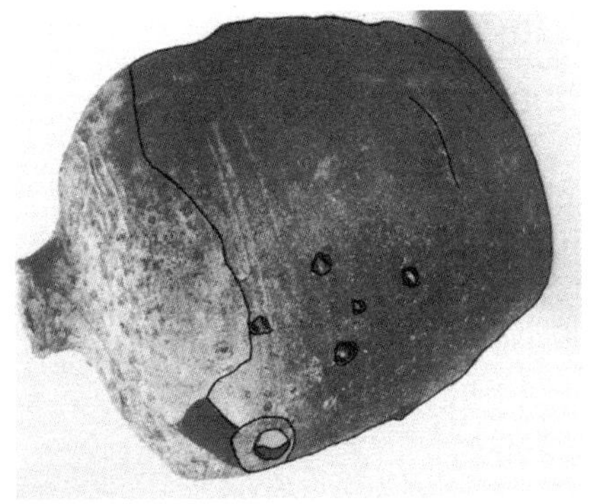

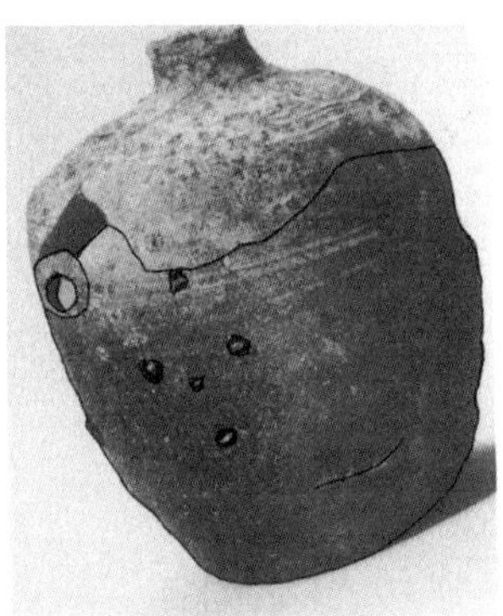

7. 서울 사당동 가마터

명문 토기편이 발견되었다.

한자가 생명형상과 관련 있다는 증거가 될 수 있어 중요하다.

옆에서 보면 형상이 나타난다.

균열이 뚜렷한 인물상을 나타낸다.

가마터 또한 유물을 전하는 하나의 방식으로 조성되고 있음을 알 수 있다.

22장 대형토기의 사람형상

앞에서 살펴본 토기들보다 규모가 큰 토기들도 발견되는데, 규모가 큰 경우 성형과정에서 무게 때문에 무너져 제작이 어렵다 한다.

그런데 대부분의 대형토기들의 밑이 둥글어서 세울 수 없어 의문이다. 실용적인 목적으로 제작되지 않은 듯한데, 집자리 유적에서도 발견되므로 제례의 목적만으로 설명할 수 없다.

1. 대형 항아리

대형항아리 유물이 발견되는데 밑이 둥근 형태가 대부분이다.
규모가 큰 데다 세울 수 없어서 제작방법뿐 아니라 만든 이유가 궁금하다.

대구박물관에 게시된 큰항아리에 대한 설명을 보자.

"큰항아리는 청동기시대 전기부터 사용되었다. 청동기시대는 대부분 주거지에서 출토되고 있어 처음에는 음식물을 저장하는 실용적인 용도로만 사용된 것으로 보인다.

그러나, 원삼국시대부터 유아의 독무덤으로 사용되면서 무덤에서 발견되는 예가 많다. 삼국시대 큰항아리는 높이가 1m, 무게는 50kg 정도로 대형화된다.

큰항아리는 크기가 워낙 커서 온전한 상태로 발굴되는 경우는 거의 없고, 고분의 부곽에서 대부분 출토된다. 분묘의 규모에 따라 적게는 2점, 많게는 8~9점 정도가 한 부곽 내에서 발견된다."

큰항아리가 무덤의 부곽에서 대부분 출토된다고 한다.

이 경우 실용품이 아니므로 밑이 둥글어도 문제가 되지 않을 것이다.

반면, 경기도박물관에 게시된 설명은 이와 다르다.

"대형의 집터 안에서 발견된 토기로 많은 양의 곡식이나 물을 보관하는 용도로 사용되었다.

삼국시대 토기 가운데 가장 큰 기종으로 전라 지역에서는 무덤으로 사용되는 데 반해, 경기 지역에서는 백제의 지방 세력가가 살았던 큰 집터에서 발견된다.

제일 큰 항아리는 바닥이 둥글고 입이 커서, 마치 포탄을 엎어 놓은 것처럼 생겼다. 겉면이 얼룩덜룩한 이유는 당시 집이 화재로 무너지면서 독이 부서지고 조각이 불에 타면서 이러한 모습으로 복원되었기 때문이다."

큰항아리가 경기 지역에서는 집터에서 발견되므로 생활에 사용된 것으로 설명하고 있다.

대구지역의 대부분 고분의 부곽에서 출토되는 것과 다르다.

한 가지 분명한 점은 큰항아리가 무덤용만이 아니라 생활유적에서도 발견된다는 것이다.

부장품으로만 제작되었다면 제작방법의 의문만이 남는다.

그러나 실용품이라면 밑부분을 둥글게 해서 제작도 어려울 뿐 아니라, 세울 수 없는 큰항아리를 만든 이유가 궁금해진다.

앞에서 밑이 둥근 토기들이 생명형상과 관련이 있으며, 의도적으로 조성해 놓았다고 설명하였다.

유사하게 큰항아리도 의도적으로 조성해 놓았을 가능성이 있으므로 이를 살펴보기로 하자.

1) 여러 지역의 큰항아리

파주 와동리유적의 큰항아리다.(한성백제박물관)
표면에 격자문이 새겨져 있다.
앞에서 격자문토기가 생명형상과 관련 있음을 살펴보았다.

경기문화재연구원의 설명에 의하면 와동리유적에서는 구석기, 원삼국, 백제, 조선시대 유적이 발견되었다 한다.

전국에서 발견되는 상당수의 유적지가 이처럼 다양한 시대의 유적이 섞여 있어서, 이들은 동시에 조성되었을 가능성도 있다고 생각된다.

춘천박물관에 전시된 큰항아리다. 모두 밑이 둥글거나 뾰족해서 세울 수 없어 거치대에 올려져 있다.

청주박물관의 큰항아리의 밑부분은 돌기처럼 솟아있다.

공주박물관 수장고의 아산 갈매리유적의 큰항아리다.

대구박물관의 큰항아리다.

다음 큰항아리에는 균열선이 윤곽선을 이루는 인물상이 나타나 있다.(대구박물관)

눈을 나타내는 지점에 검은 색감의 물질이 입혀져 있다.

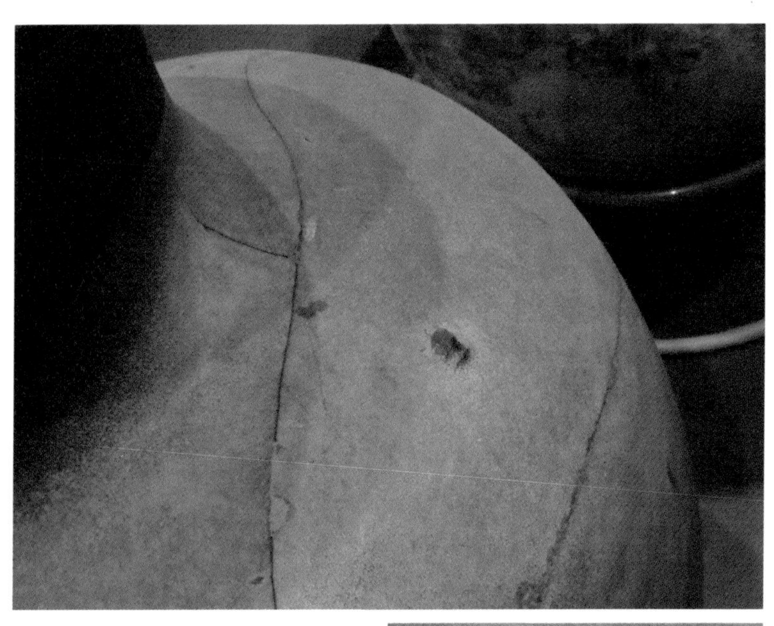

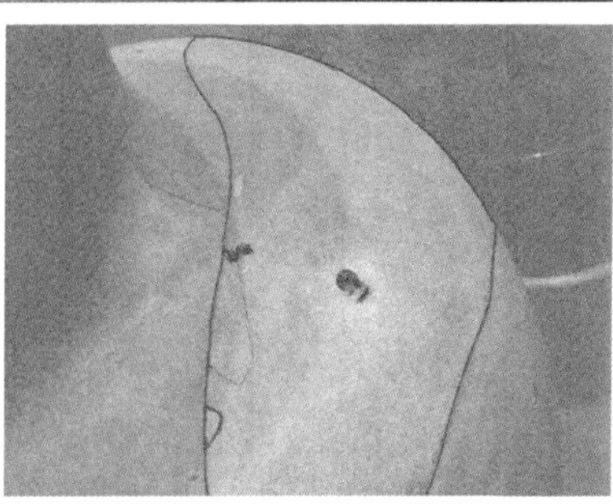

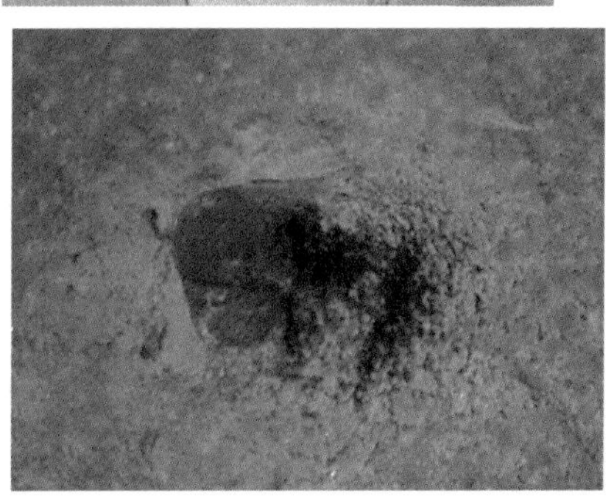

2) 경기도박물관

경기도박물관의 큰항아리다. 4기의 항아리가 전시돼 있다.

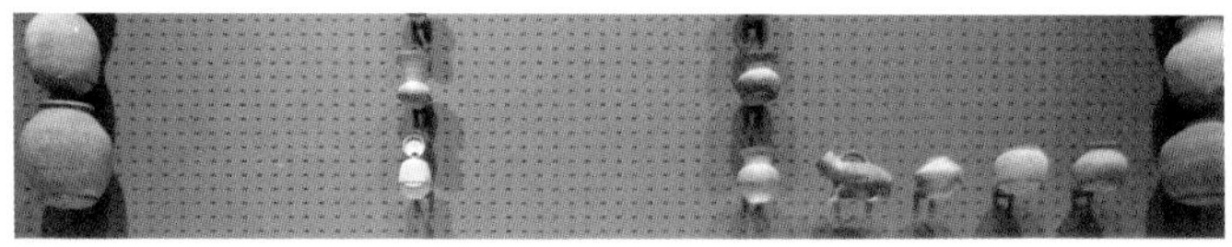

먼저 다음 항아리를 보자.

균열선을 따라 검은 색감과 황토 색감이 나뉘어 있다. 원래 황토 색감의 항아리가 조각난 이후, 일부 조각이 불에 그을려 검게 변한 것을 다시 재조합해 놓은 것으로 추정할 수 있는 모습이다.

그러나 세밀하게 살펴보면 자연적으로 불에 그을려 다음과 같은 모습이 나타나기 어려워 보인다.

항아리의 원래 색감은 황토색과 흰색이 뒤섞여 있었으며, 여기에 얕게 검은 색감이 입혀진 것으로 해석된다.

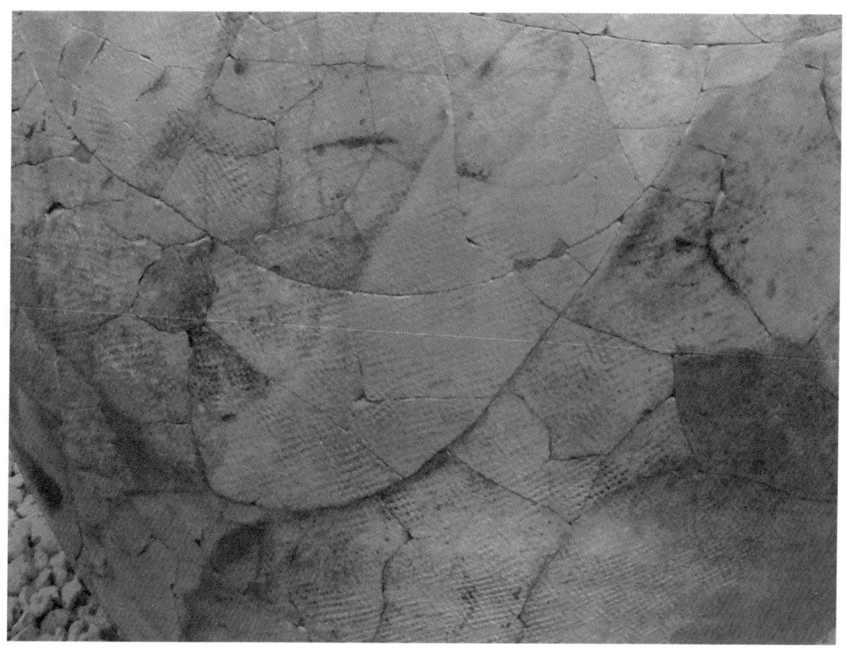

항아리의 안쪽 모습이다.

자연적으로 이처럼 가늘게 여러 갈래로, 길게 갈라질 수 없을 것으로 판단된다.

자세하게 살펴보지 못했지만 같은 부위의 바깥쪽과 균열선이 일치하지 않는 듯하다.

실제로 양자가 다른 것으로 확인된다면, 이는 자연적인 균열에 의한 것이 아니라 인위적으로 균열선을 그은 것임이 증명될 것이다.

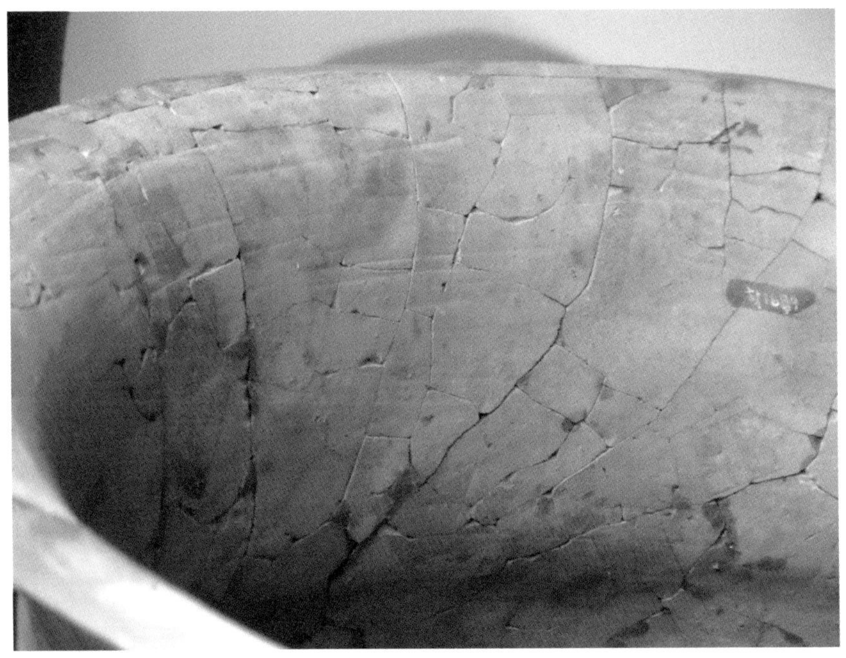

입구 테두리 부위를 옆에서 보면 다음 형태가 나타난다.

인물상이 뚜렷하다.

안쪽에 나타난 균열이 인위적 현상임을 증언한다.

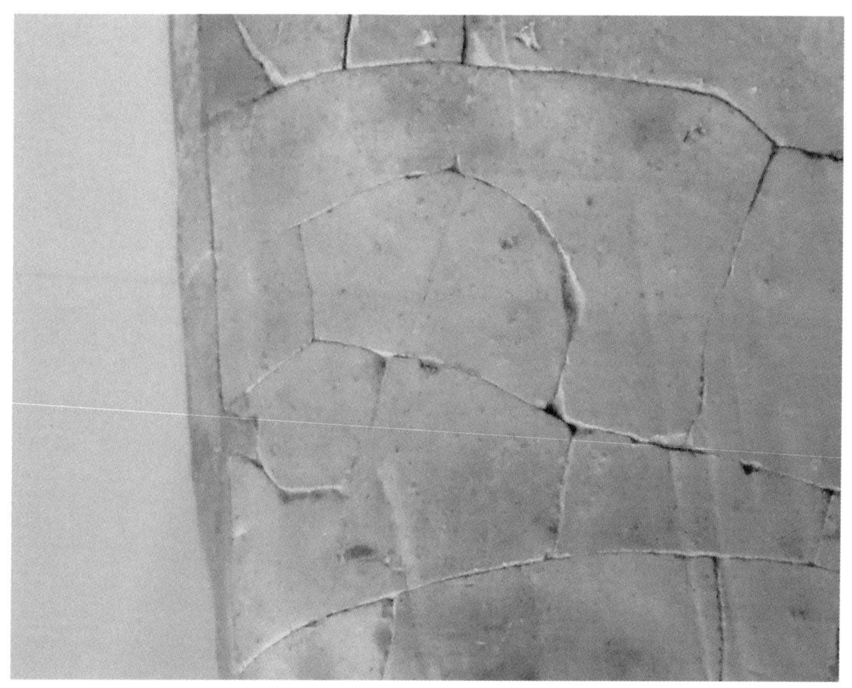

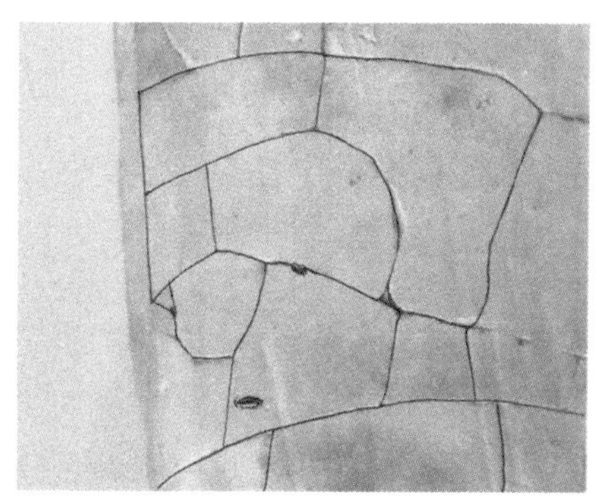

바깥쪽에 나타난 형상을 살펴보자.

황토 색감에 나타난 검은 색감이 균열선과 함께 인물상을 나타낸다.

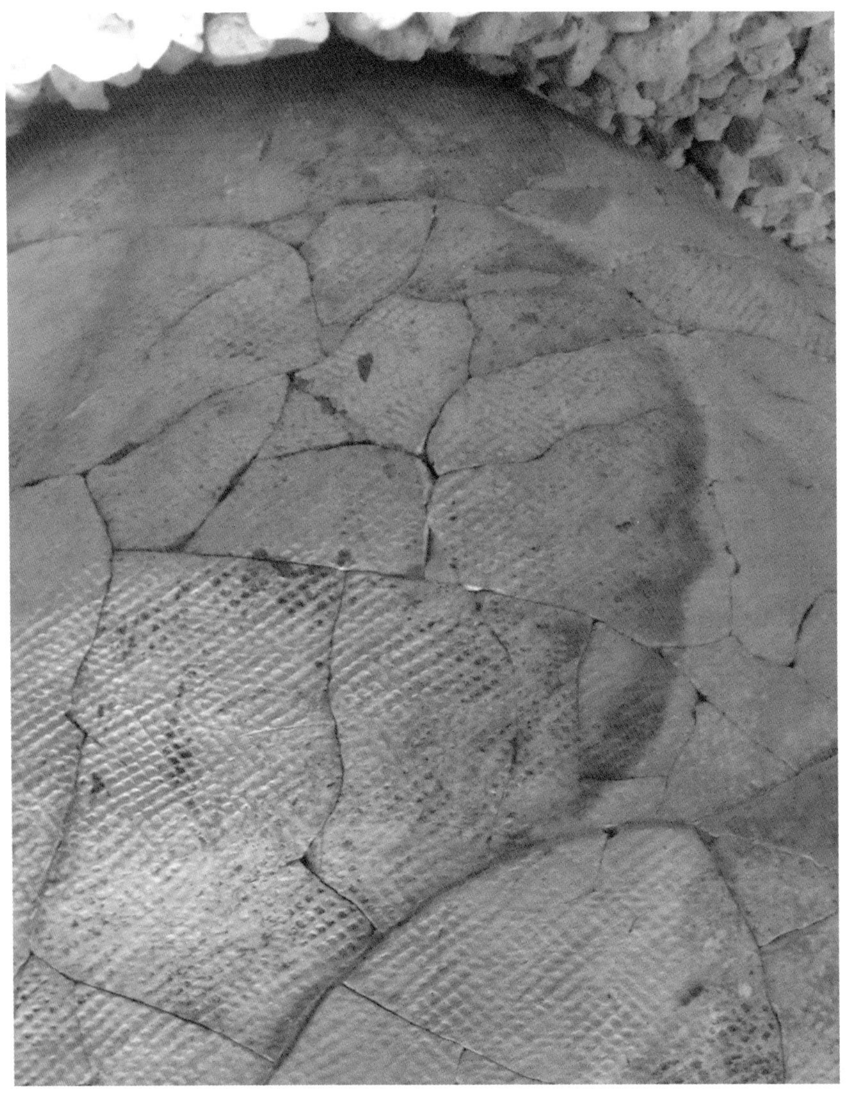

선이 장식 모자를 쓴 듯한 인물상을 그린다.

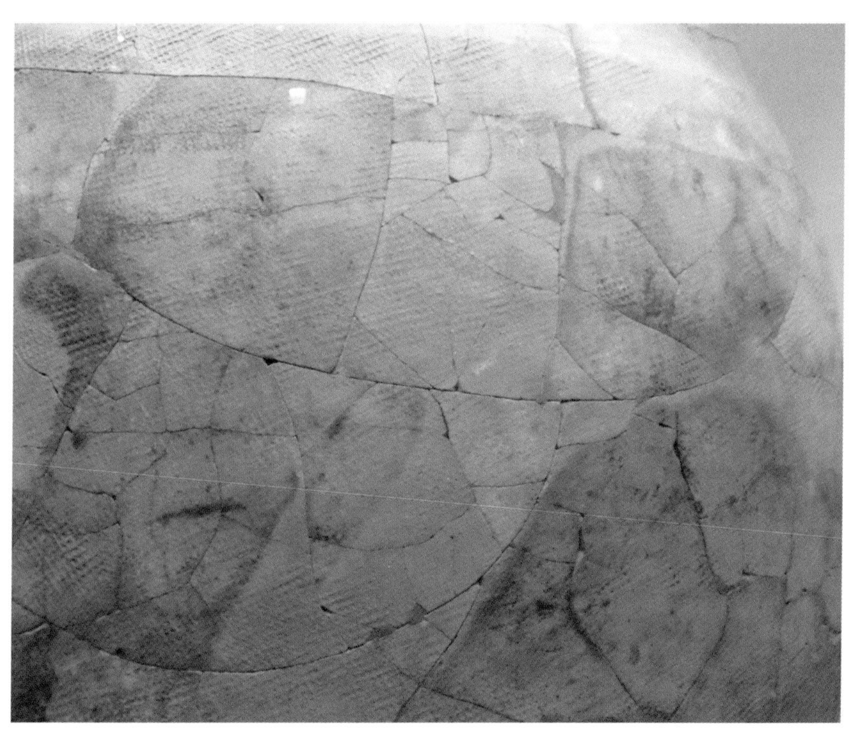

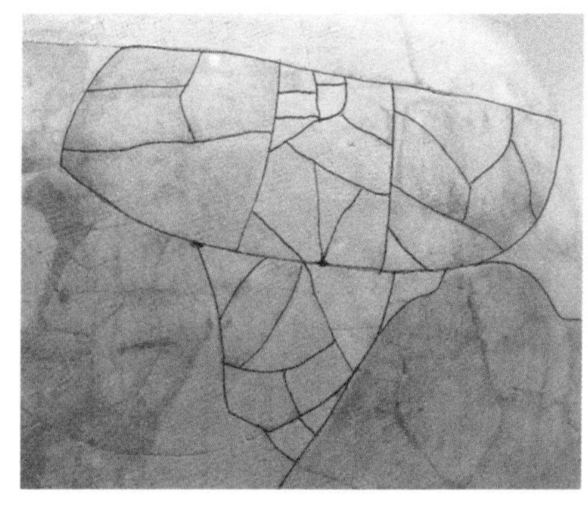

옆에서 바라보면 입구 부위에 나타난 인물상이다.

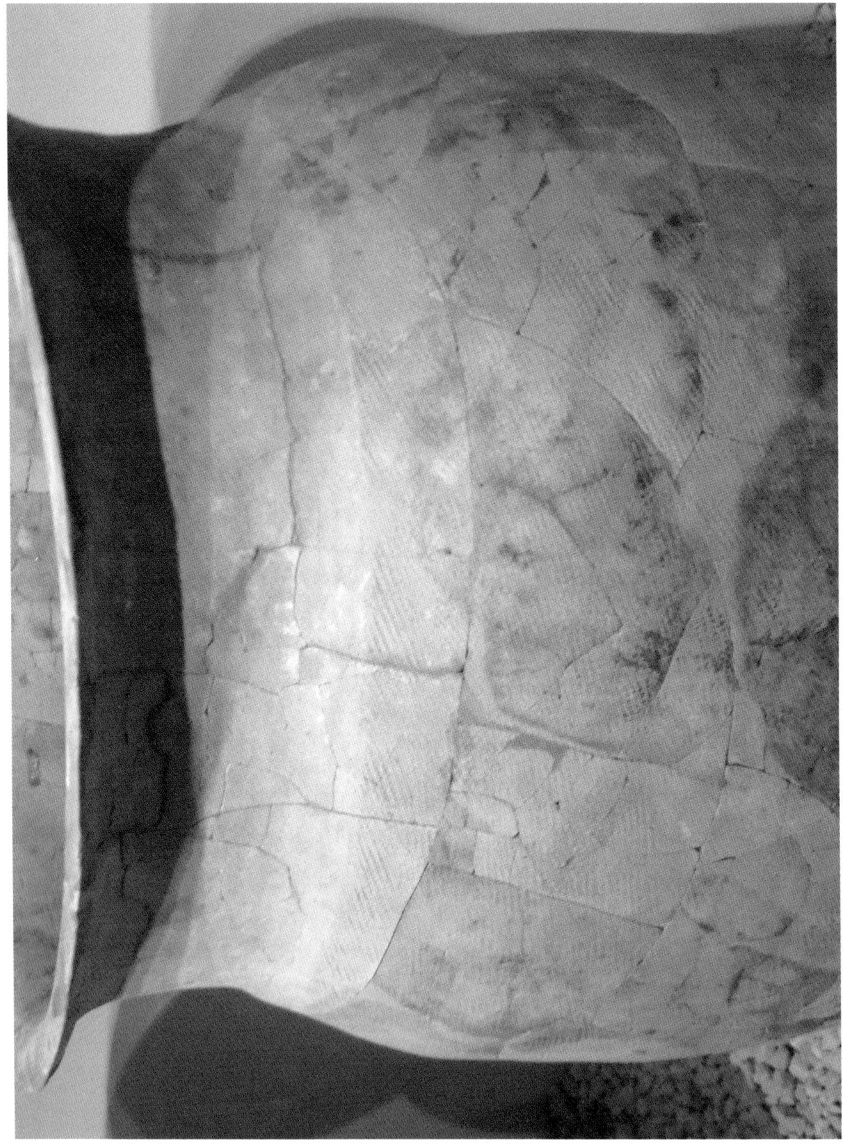

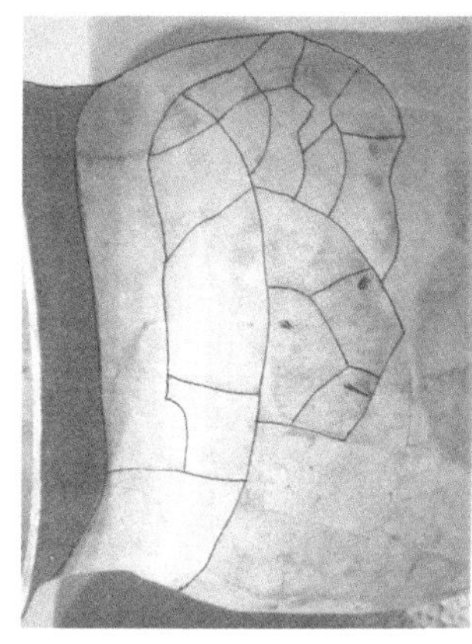

두 번째 항아리를 보자.

긴 선은 자연적으로 나타나기 어려우며, 그은 것이 분명하다.

옆에서 보면 선이 인물상을 그린다.

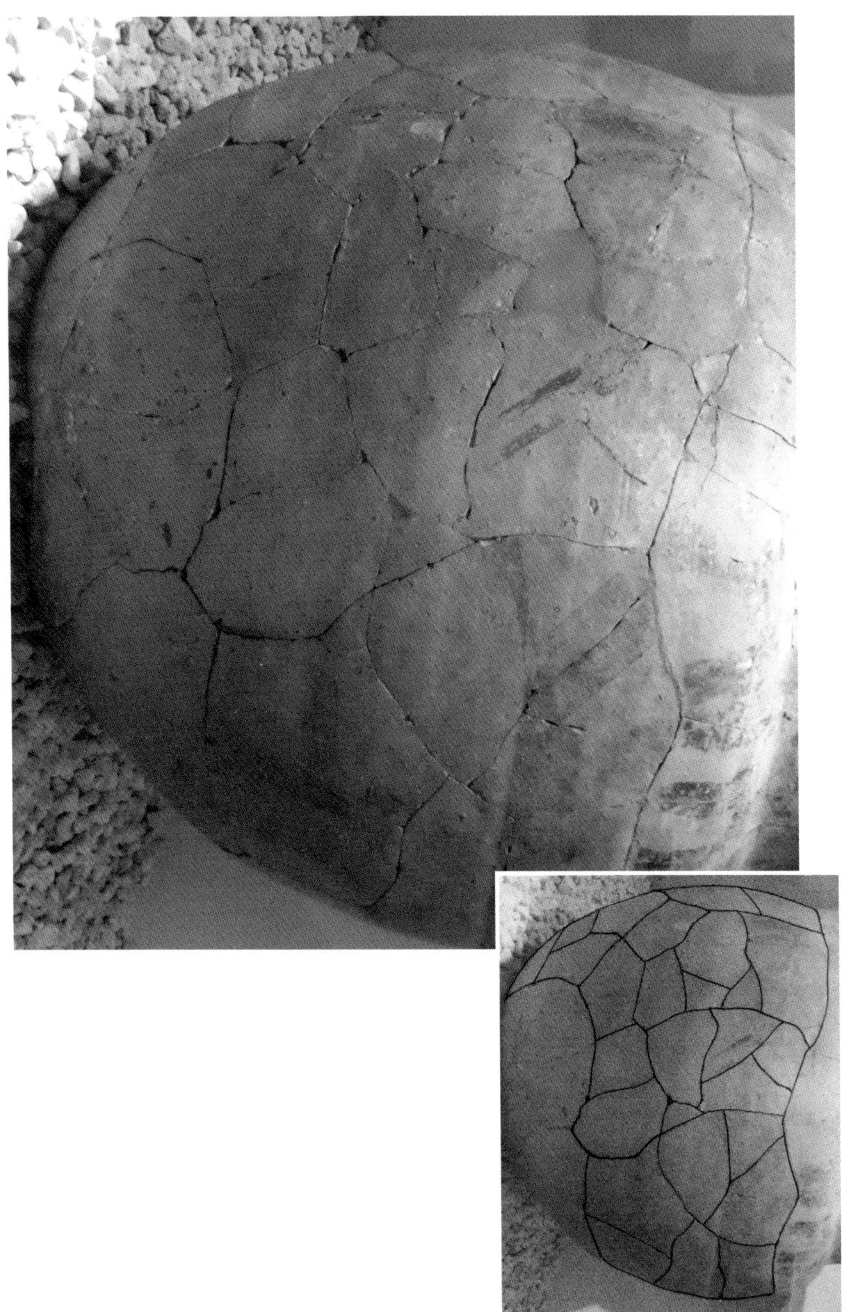

세 번째 항아리다.

거꾸로 하면 균열선과 검은 색감이 나타내는 인물상이 뚜렷하다.

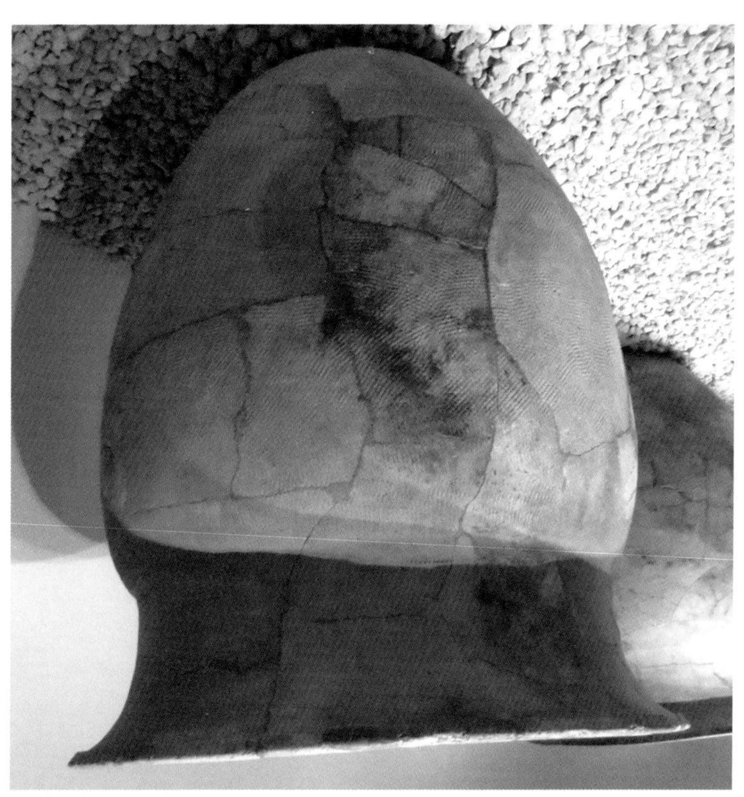

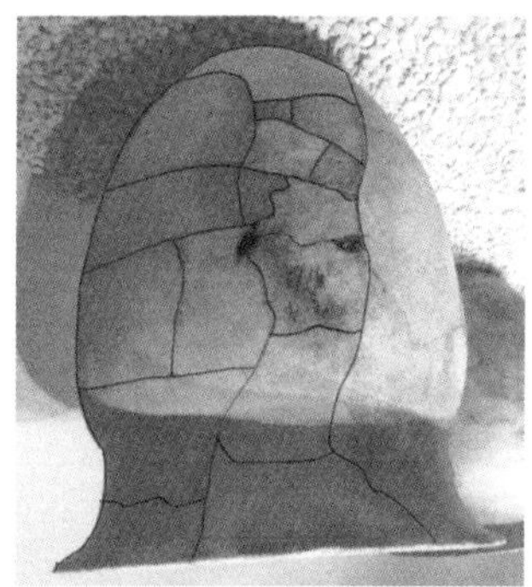

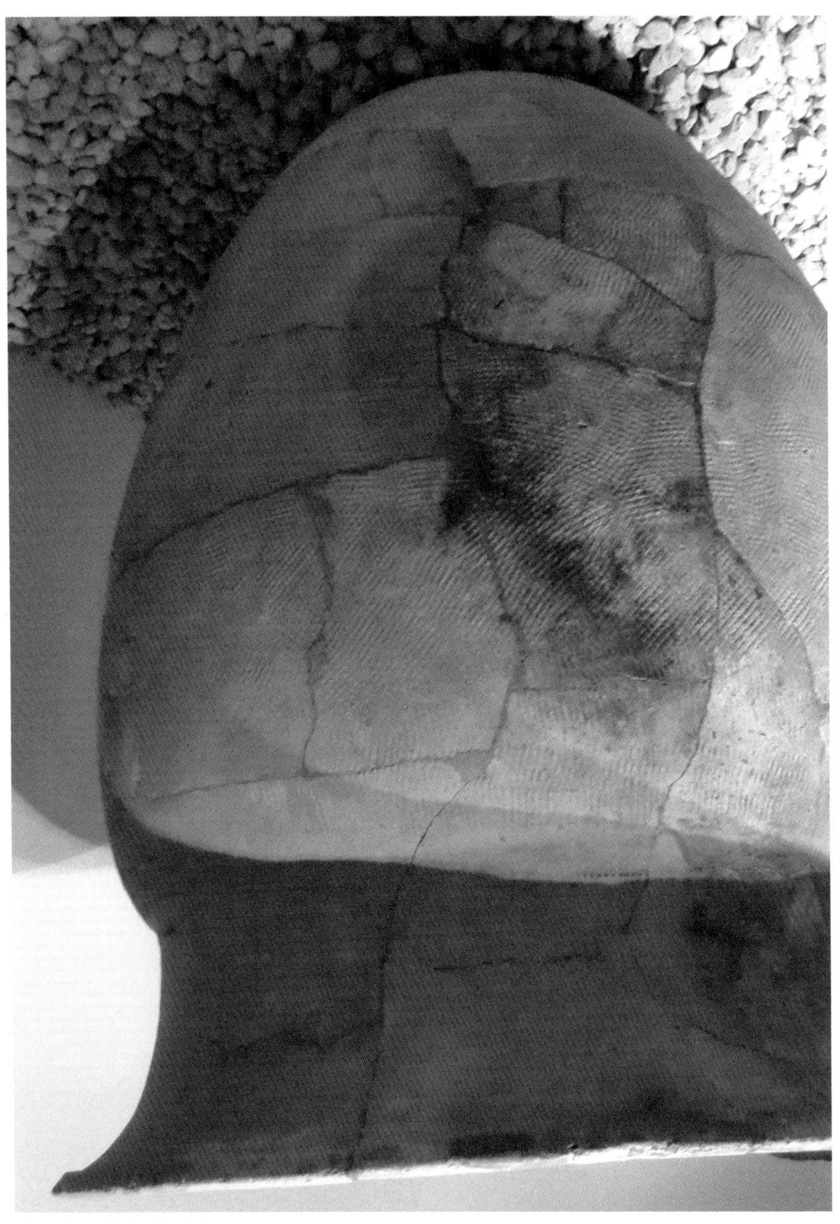

네 번째 항아리다.

반듯한 직각 형태의 색감이 자연적으로 나타날 리 없다.

거꾸로 하면 인물상이 나타난다.

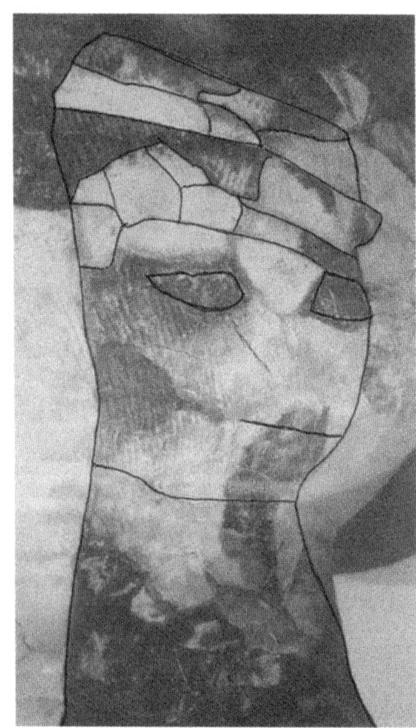

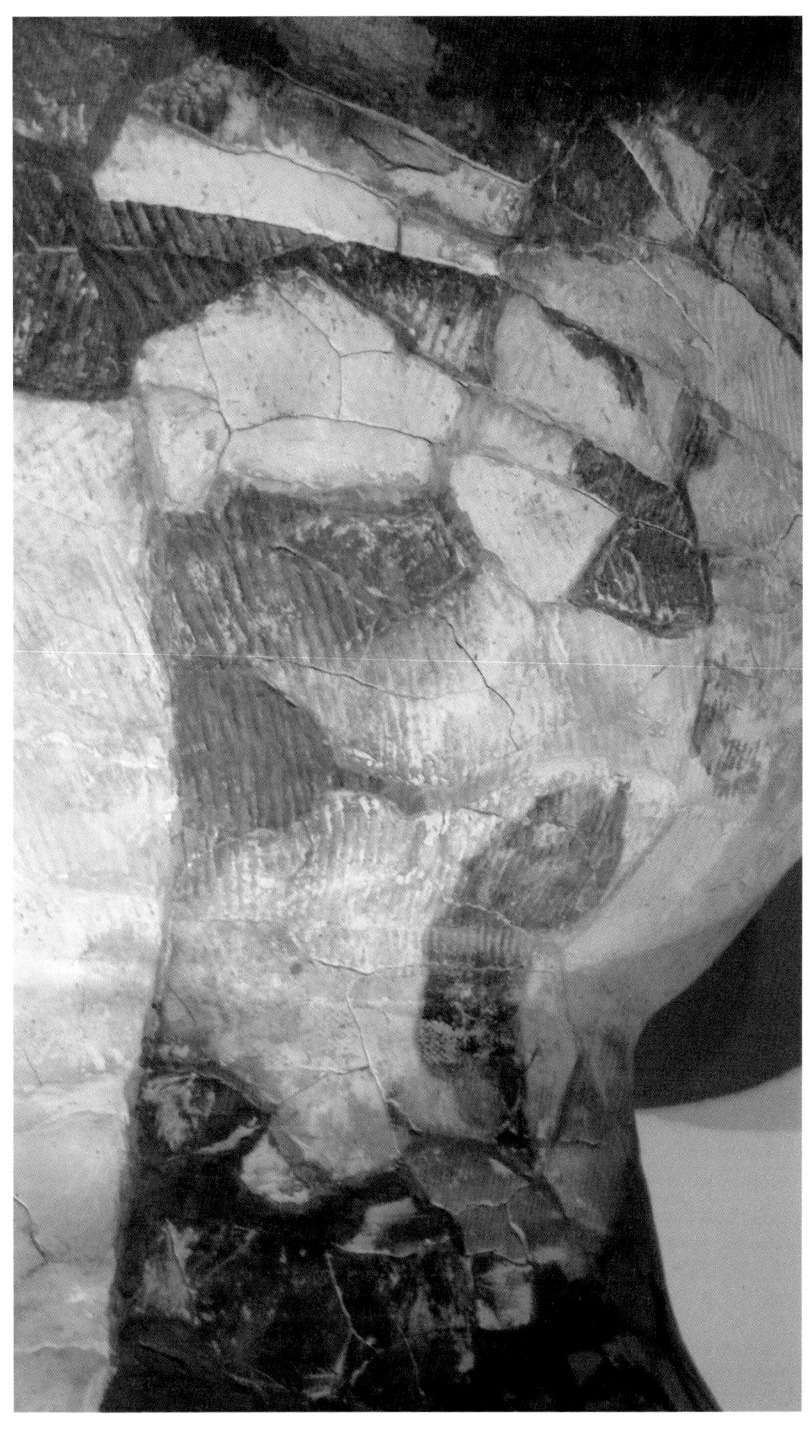

파인 선들이 다수 새겨져 있다.

파인 선이 새겨진 이후 검은 색감이 입혀졌다면 파인 선은 검은 색감에 덮여 보이지 않게 되었을 것이다.

파인 선은 검은 색감을 지우며 새겨진 곳도 있다.

이는 검은 색감이 파인 선이 새겨지기 전에 이미 존재했음을 나타낸다.

박물관 안내판에는 “집이 화재로 무너지면서 독이 부서지고, 조각이 불에 탔다”고 설명한다.

항아리가 조각난 이후에는 선이 그어질 수 없다. 따라서 화재로 집이 무너지며, 독이 부서지기 전에 이미 파인 선은 새겨졌을 것이다.

그런데 검은 색감은 파인 선보다 먼저 존재했으므로, 검은 색감도 화재 전에 이미 나타나 있었다는 것이 된다.

검은 색감이 화재로 불에 타서 나타난 것이 아니라는 의미다.

자연적으로 나타날 요인도 없으므로, 인위적으로 입힌 것으로 추정된다.

파인 선들은 이를 증명하는 용도로 의도적으로 새긴 것으로 판단된다.

거꾸로 하면 인물상이 보이는 듯한데, 서로 겹쳐 있어 구별이 쉽지 않다.

피카소의 그림과 닮았다. 피카소가 고대 동굴 벽화에서 영감을 얻었다는 것은 널리 알려진 이야기다. 다른 사람들이 구석기시대 벽화가 그런 수준일 리 없다고 애써 외면할 때, 나타나 있는 그대로를 수용한 결과로 보인다.

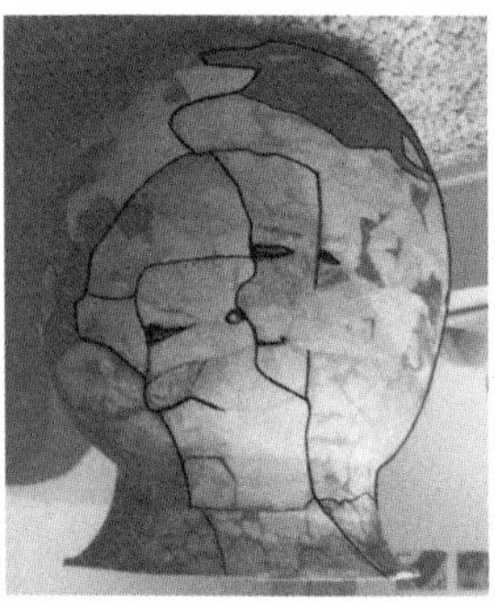

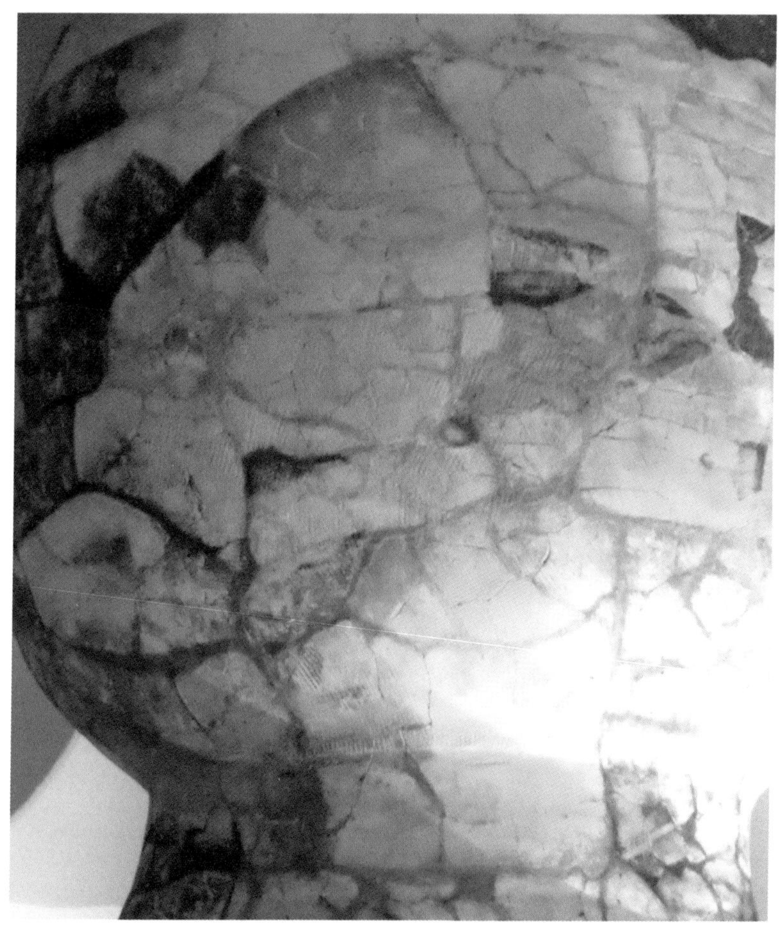

거꾸로 나타난 형상은 정면에서는 알아보기 어렵다. 특히 색감이 복잡하게 얽혀 있으면 더욱 그렇다. 그렇다면 이런 형상을 왜 새겨 놓았을까?

간단한 형상은 정면에서 보아도 거꾸로의 형상을 알아볼 수 있다.

추측이지만 보는 눈이 크게 발달하면, 복잡한 형상도 알아볼 수 있기 때문일 수 있다.

가장 큰 이유는 일정 시점까지 알아보지 못하게 하기 위해서인 듯하다.

많은 사람이 봤는데도, 지금까지 드러나지 않은 이유일 것이다.

생명형상과 관련 있음을 알리려는 근본 목적은 같지만, 표현은 다채로운 듯하다.

3) 부산박물관

부산 지역 출토 큰항아리들의 모습이다.

먼저 맨 우측의 해운대구 좌동유적 항아리를 살펴보자. 항아리에 나타난 검은 색감은 불에 그을린 것은 아닐 것이다. 색이 아주 검고, 편중돼 있어서 검은 색감을 입혔음이 분명하다. 안쪽 부분에 나타난 검은 색감은 불에 그을린 것과 관련이 없어서, 검은 색감을 입혔음을 증명한다.

균열선들이 다수 나타나 있는데, 이 중에서 우하 쪽으로 검은 색감의 지점까지 길게 이어진 균열선을 살펴보자.

검은 색감의 지점에 나타난 이 선은 균열선이 아니다. 흰색을 띠고 있는데, 이 흰색 선은 그은 선이다. 균열선이 그은 선과 이어져 있는 것이다.

이처럼 하나의 선이 균열선에서 그은 선으로 바뀐 것은, 균열선 또한 인위적으로 조성한 선임을 입증한다.

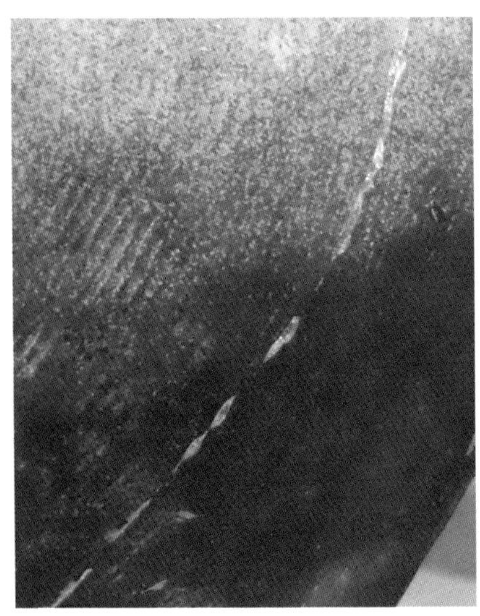

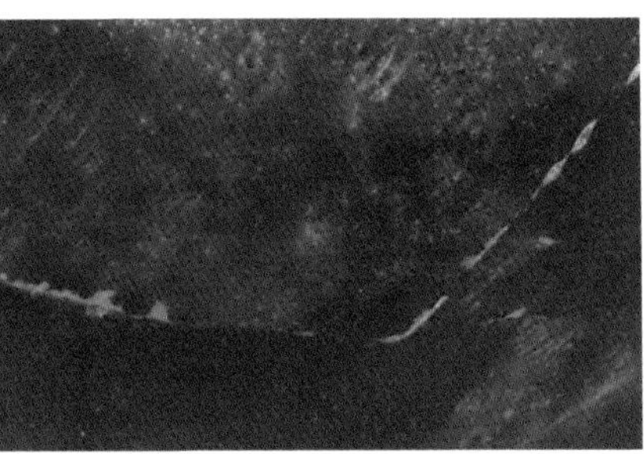

동래구 복천동유적의 다음 항아리를 살펴보자.

마찬가지로 균열선과 그은 선인 흰 선이 이어져 있으며, 흰 선이 중간중간 끊겨 있거나 균열선과 이어져 있다. 균열선 또한 인위적인 선임을 증명한다.

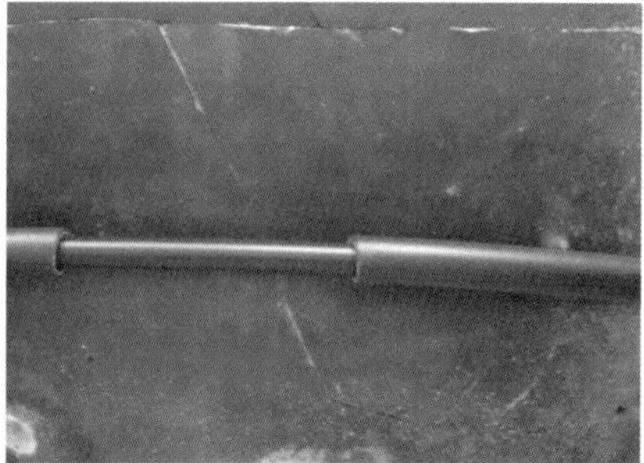

출토지 미상의 가장 큰 항아리를 보자.

이처럼 규모가 큰 항아리를 밑이 둥글게 제작하는 것, 자체가 어려워 보인다. 세울 수 없으므로, 나주 지역의 대형옹관 재현 과정을 참고하면, 입구 부위가 아래로 간 상태로 성형해야 할 것이다. 불에 굽기 전의 성형 단계의 흙으로 빚은 토기는 강도가 매우 약해서 무너지기 쉽다. 거꾸로 하면 상대적으로 가는 입구의 목 부위가 무거운 아랫부분을 감당하지 못하고 무너져내릴 것이 분명해 보인다.

제작이 쉽지 않아 보이는데, 어떤 방식으로 제작했는지는 의문이다.

이렇게 큰 항아리의 출토지가 미상이라는 것도 의문이다.

뚜렷하지는 않으나, 표면에 나타난 짧은 선들이 눈과 코, 입을 표시하는 듯하다.

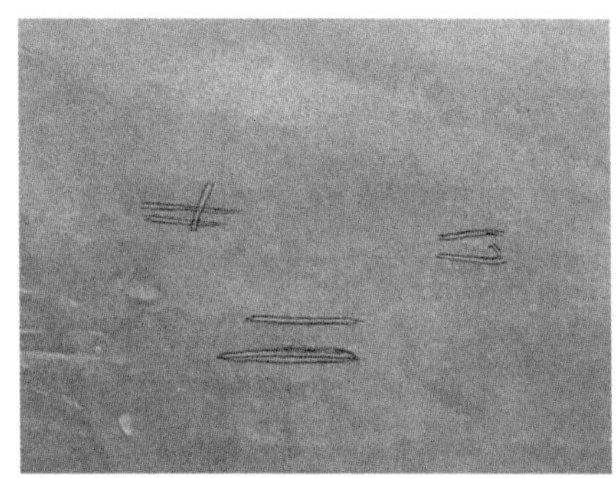

다음 복천동 항아리는 표면 벗겨진 부분에 드러난 색이 표면과 완전히 다른 밝은 황토색이다.

얇게 표면에 현재의 색감을 입힌 듯하다.

토기 표면에 다양한 색감을 입힌 분명한 물증이다.

금정구 선동유적 항아리다.
표면에 토기 조각이 부착돼 있다.

연제구 연산동유적 항아리다.
두 겹의 토기 조각이 붙어 있다.

하나의 조각이 불에 굽는 과정에서 등 어떤 요인으로 부착될 수 있다고 추정할 수도 있으나, 두 겹으로 붙기는 어려울 것이다.

더구나 두 겹으로 붙어 나란히 나타난 형상이 우연일 리 없다.

인위적으로 조성했음이 명백하다.

토기 조각을 어떻게 붙였을까?

전작에서 언양고인돌에 돌이 붙여져 있는 것을 살펴보았다. 오랜 시간이 지나는 동안에도 유지되고 있어서, 강력한 접착제가 존재했을 것으로 추정하였다.

토기 조각이 오랜 시간 동안 붙어 있는 것도 이런 접착제의 존재를 추정케 한다. 이런 접착제는 자연 상태의 물질에서 얻기 어려우므로, 이를 제조할 만한 과학기술문명이 존재했음을 시사한다.

강력한 접착제가 존재한다고 하더라도 토기 조각이 붙어 있으려면, 토기 조각 차체의 변함이 없어야 한다. 토기 조각 자체가 부식된다면 접착제가 아무리 강해도 부착 면이 부스러지며 분리되게 될 것이다.

토기 조각이 풍화 등으로 부식되지 않았음은 접착제를 이용해 큰 토기의 원형을 복원해놓을 수 있음에서도 알 수 있다. 토기 조각 자체가 부식되어 단단하지 않다면 이런 복원이 불가할 것이다.

돌검의 표면 색감이 변한 것을 풍화로 설명하는데, 비슷한 시기의 토기 조각이 풍화되어 변형되지 않은 것을 감안하면, 고인돌 바위나 석재유물 또한 풍화로 표면이 변형되지 않았을 것으로 판단할 수 있다.

흙을 불에 구운 토기가 돌보다 강도가 강할 수는 없을 것이다.

이런 토기가 변형되지 않았다면, 동시대에 조성된 고인돌이나 석재유물 또한 변형되지 않았을 것이다.

따라서 조성 당시의 모습을 그대로 유지하고 있을 것으로 추정함이 타당하다.

고대 유물에 나타난 여러 현상을 대부분 관행처럼 풍화로 설명하는데, 오류가 발생할 수 있다고 생각된다.

4) 경주박물관

(1) 황남대총의 큰 항아리

경주 지역 고분 중 가장 큰 규모에 들어가는 황남대총 출토 항아리들을 살펴보자.

다음 항아리에는 사선으로 길게 이어지며 균열선들이 나타나 있다.

자연적인 균열이 아닌 것이 분명하다.

맨 우측 두 선은 균열된 것이 아니며, 그은 선으로 보인다.

이 선이 균열선과 연결돼 있다.

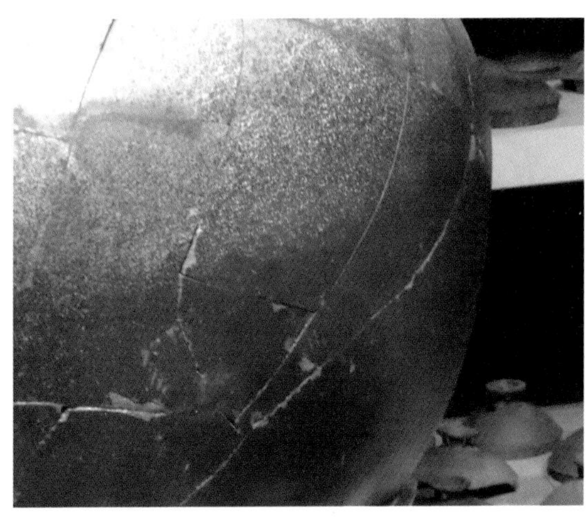

다음 항아리의 선들도 그었음이 분명하다. 그런데 그은 선보다 약간 깊게 그어서, 언뜻 보면 균열선처럼 보인다.

자세히 보면 균열선이 아니며 얕게 파인 선이다. 균열되어 조각나는 것과 그은 선의 중간 정도로 선을 새긴 듯하다. 이를 더 깊게 하면 균열돼 조각으로 나뉘게 될 것이다.

토기를 의도한 대로 균열시킬 수 있었음을 증언한다.

다음 항아리를 보자.

균열선이 인물상의 윤곽선을 이룬다.

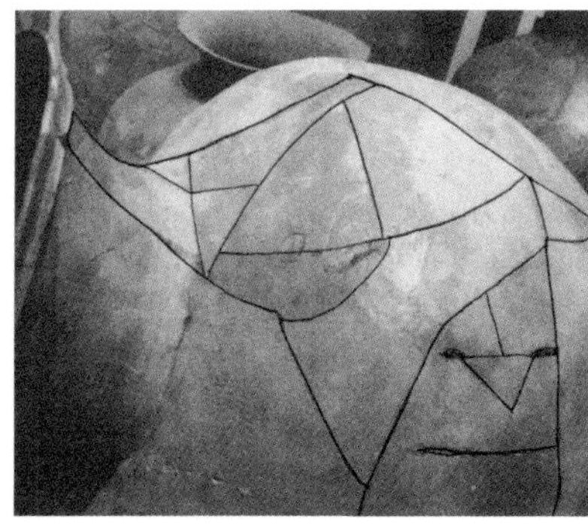

다음 항아리를 보자.

균열선이 특징적인 형상을 나타낸다.

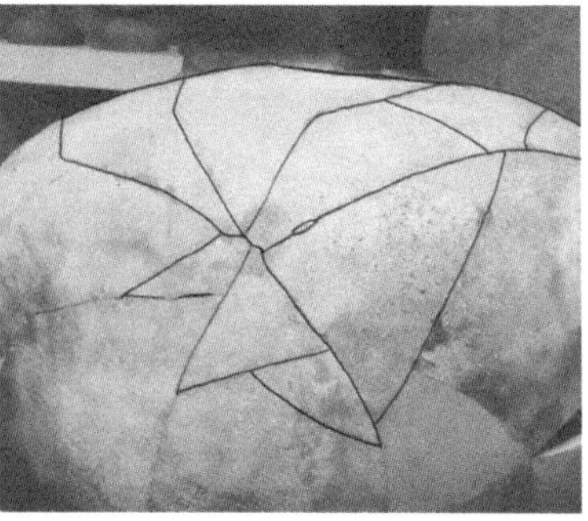

다음 항아리에는 유약이 흘러내렸다.

신라시대에 유약을 바른 도자기가 생산되지 않았으므로 이를 자연유약으로 간주한다. 그러나 당시에 유약이 존재했음을 전작에서 설명했고, 뒤에서도 다시 살펴보기로 한다.

실패작으로 볼 수밖에 없는 이런 거친 토기를 왕의 무덤으로 추정되는 곳에 매장한 이유가 있을 것이다.

대형항아리들은 앞에서 보았듯이 대체로 표면에 무늬가 없어서 밋밋하다. 색감도 화려하지 않으며 단조롭다. 이런 토기들을 큰 규모로 힘들여 제작해 놓은 이유가 불분명했는데, 이제 그 이유가 어느 정도 밝혀진 듯하다.

그은 선과 균열선이 연결돼 있는 사례가 다수 나타나 있고, 그은 선을 깊게 하면 균열선이 되는 것을 알 수 있었다. 그 결과 균열선 또한 인위적으로 조성되었음이 입증된 듯하다.

규모가 커서 제작방법이 여전히 의문이지만, 제작의 어려움에도 이처럼 큰 항아리들을 제작해 놓은 이유로 보인다.

황남대총의 큰항아리와 다른 지역의 큰항아리에 나타난 현상이 비슷하다.
이는 경주 지역의 고분이 다른 고대 유적지와 마찬가지로 의도적으로 조성해 놓은 것임을 의미한다.

(2) 경주 월지 큰항아리

경주 월지(안압지)에서 발견된 토기는 1,600여 점에 이른다.(안내판)

다음의 큰 항아리도 발견되었다.

크게 조각나지도 않은 이렇게 큰 항아리가 우연히 연못에 들어갈 리 없다. 의도적인 매몰일 것인데, 무슨 이유일까?

1,600여 점이나 되는 토기 역시 우연히 들어갈 수 없는 양이다. 앞에서 살펴봤듯이 산성유적지의 집수지에서 다량의 유물이 발견되는 것과 동일한 현상으로 보인다.

안내판의 설명이다.

"명문 있는 큰항아리

곡식이나 물을 저장했던 항아리로 보인다. 목 부분에 가는 침선으로 「십석입옹 十石入瓮」으로 보이는 글자를 새겼다.

十石入瓮이란 '10석에 해당하는(주로 곡식의) 양이 들어갈 수 있는 항아리'라는 뜻이다.

1석(52리터)은 15두, 1두(3.5리터)는 10승이었다. 이 명문은 신라시대 도량형 이해에 결정적인 단서를 제공하고 있다."

항아리에 十石入瓮이라 쓰여 있다 하는데, 항아리에 쓰인 글을 보면 이와 다른 듯하다.

십(十)자는 일(一)자임이 분명하다.

그런데도 이를 일(一)자가 아닌 십(十)자로 본 이유는 무엇일까?

혹시 실험 결과 이 항아리에 실제로 십석(十石)인 520리터가 들어가서 인지도 모르겠다. 도량형과 일치한다면 이처럼 해석할 수도 있겠다.

그러나 석(石)자도 불분명하다. 석(石)보다 구(口)자로 보인다.

글이 쓰인 목 부위를 보자. 일(一)자가 눈을 나타내는 인물상을 나타내는 것으로 보인다.

그어진 선이 윤곽선을 이룬다.

한자가 생명형상과 관련 있음이 증명된다.

관련해서 조금 더 검토해 보자.

일(一)자를 눈으로 본다면, 나머지 글자를 구입옹(口入瓮)으로 볼 수 있을 것이다.

이는 글자 뜻 그대로 '항아리로 들어가는 입구'로 해석할 수 있다.

그런데 실제로 이 글자가 쓰인 위치가 입구의 목 부위이므로, 이 해석과 일치한다.

추측일 뿐이지만 항아리가 제작될 당시 항아리의 입구 부분을 구입옹(口入瓮)이라 불렀을 수도 있을 것이다.

2. 나주 대형옹관

영산강 유역에서 수백 기가 발견된 대형옹관은 지역적으로 한정되어 있다는 자체로 특성이 있다.

대형옹관을 원하는 형태로 조각낼 수 있었음은 대형옹관이 나타내는 형상을 통해서도 확인할 수 있다.

조각낸 이유가 바로 형상을 새기기 위함일 것이기 때문이다.

나주 화정리유적 대형옹관이다.(나주복암리고분전시관)

길게 이어진 선들이 나타나는데, 가로선들이 세로선과 만나고 있어서 자연적으로 선이 나타난 것은 아닌 듯하다.

많이 조각나지 않은 듯, 복원한 흔적인 균열선이 적다.

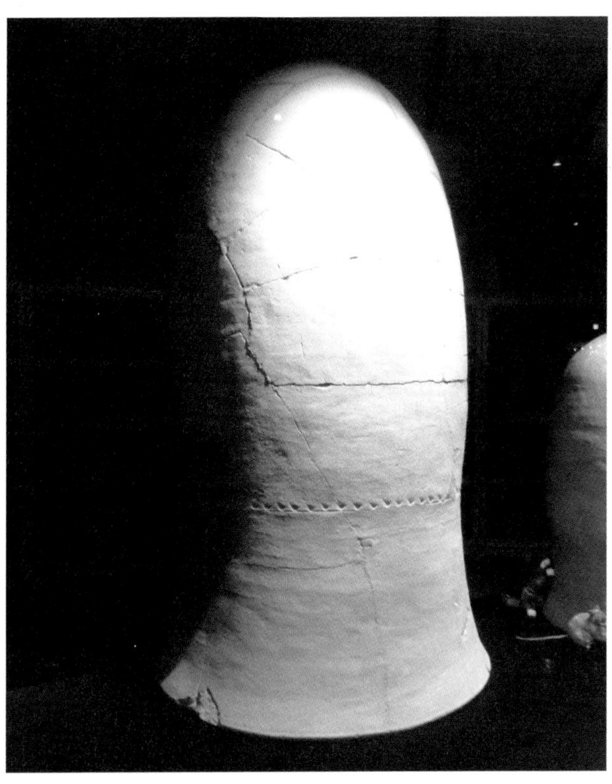

선이 인물상의 윤곽선을 이룬다.

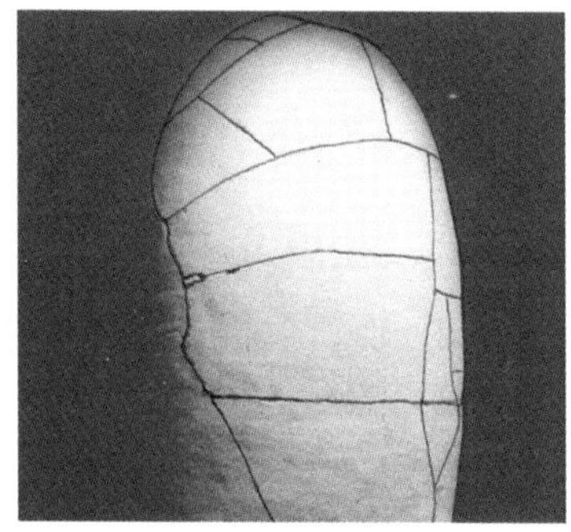

아랫부분에 나타난 인물상이다.

격자문의 경계선을 나타내는 문양의 홈이 눈을 이루고, 얕게 홈을 파 입을 표시했다.

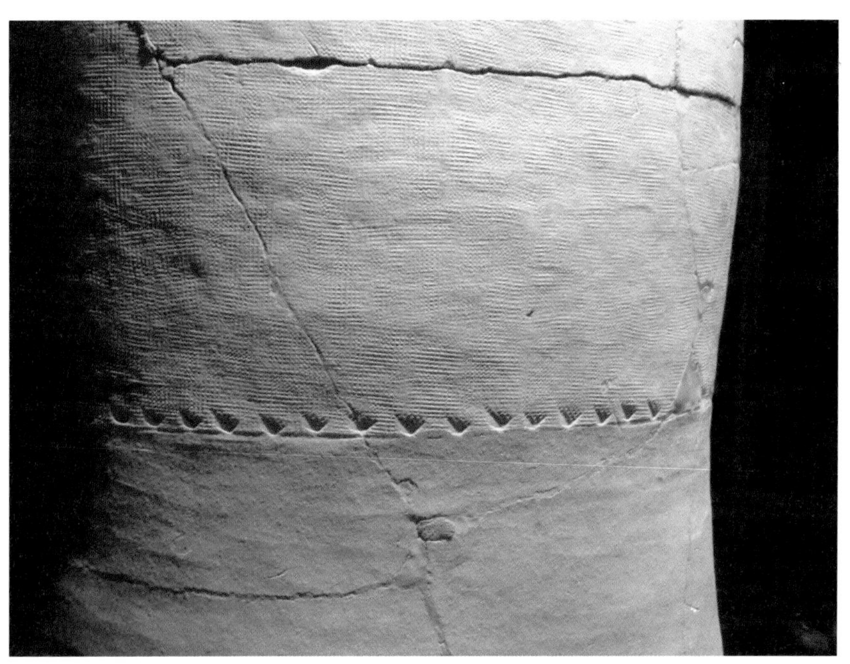

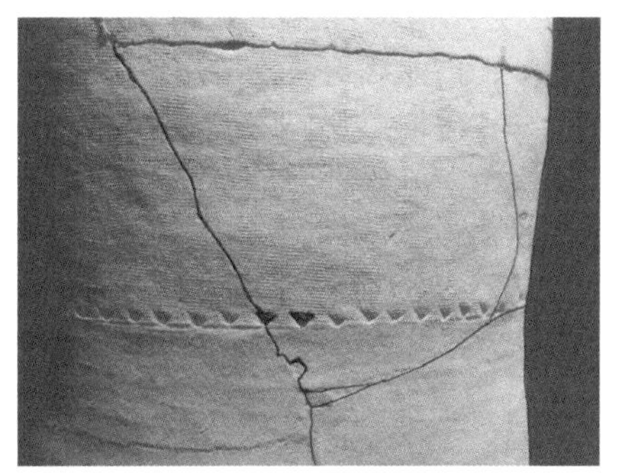

나주 청송리유적 대형옹관이다.(나주복암리고분전시관)

검은 색감이 입혀진 듯하다.

균열선이 윤곽선을 이루고 흰 돌이 눈을 나타내는 인물상이다.

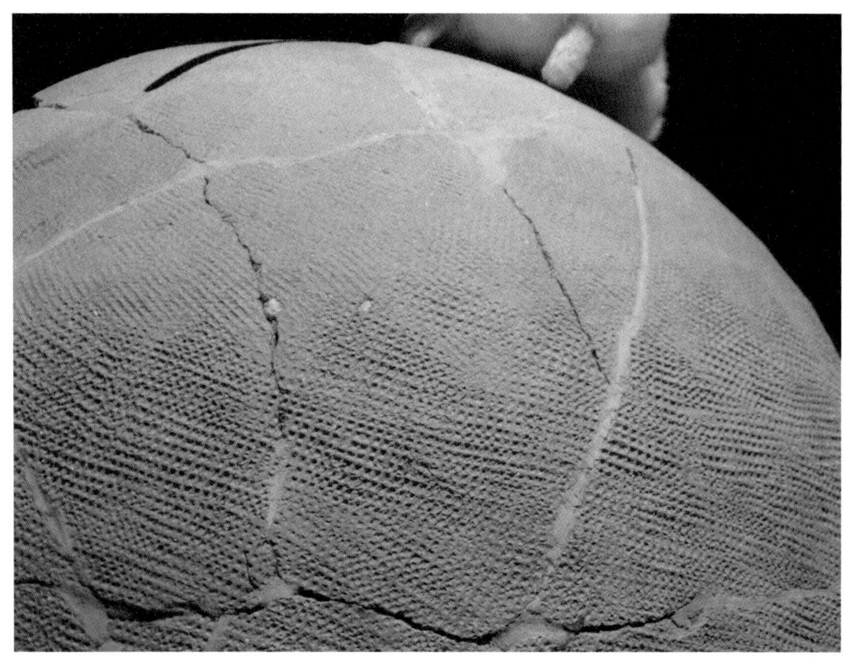

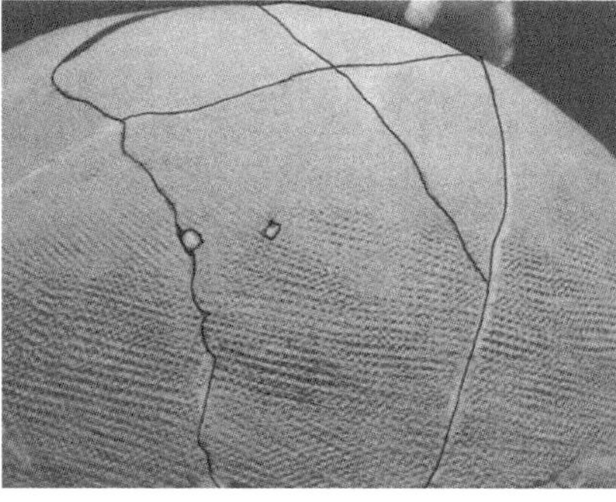

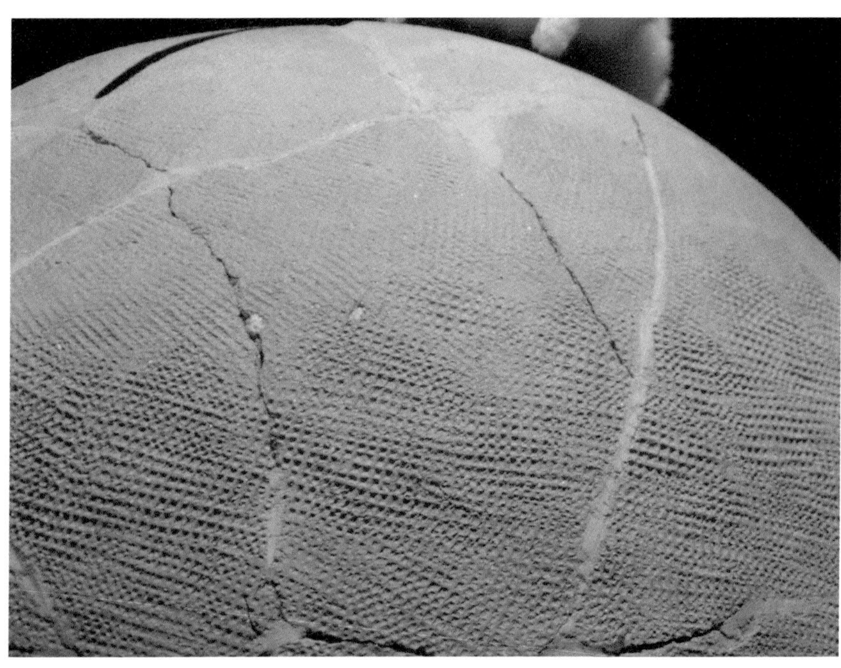

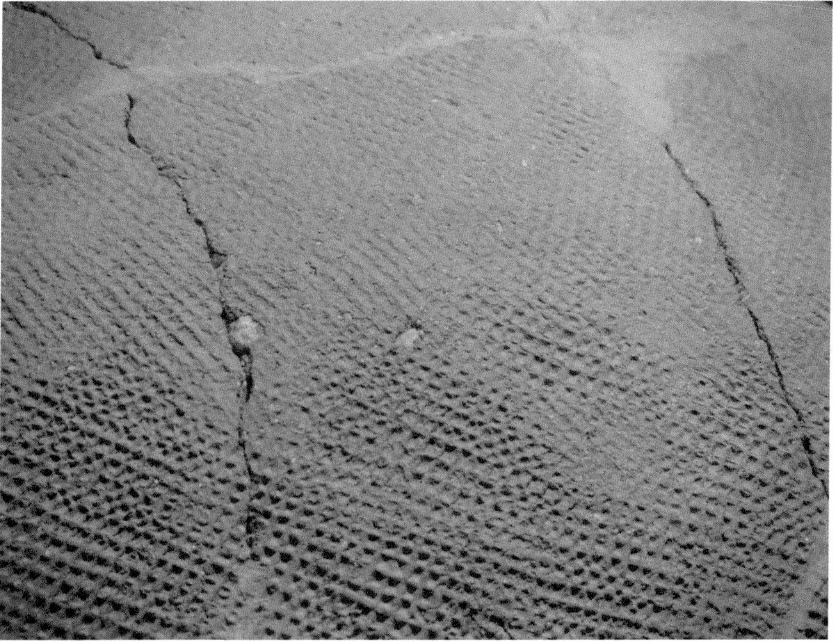

대형옹관과 유사한 특징을 보이는 토기가 타 지역에서도 발견된다.

인천 불로동유적 대옹을 보자.(인천검단선사박물관)

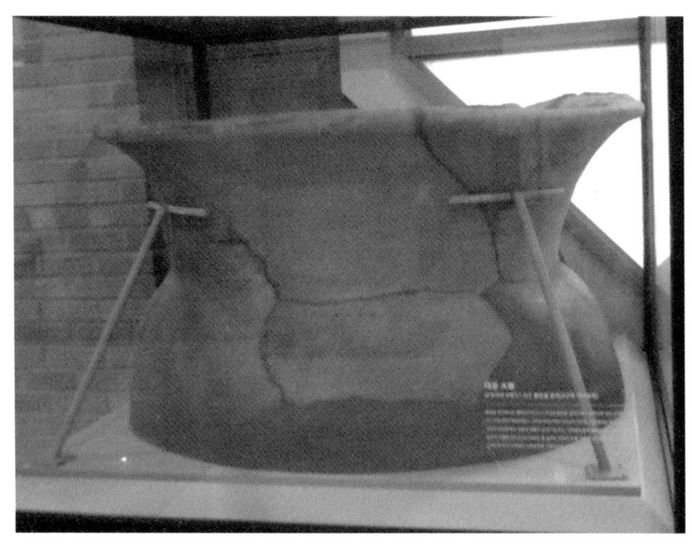

입구 부분 아래에 격자무늬가 선명하다.
경계를 나타내는 문양까지 대형옹관과 동일해서 서로 다른 토기로 보기 어렵다.

격자무늬의 경계를 나타내는 무늬가 형상의 눈과 코, 입의 윤곽선을 이룬다. 대형옹관과 유사해서 대형옹관이 영산강 유역만의 문화가 아님을 증언한다.

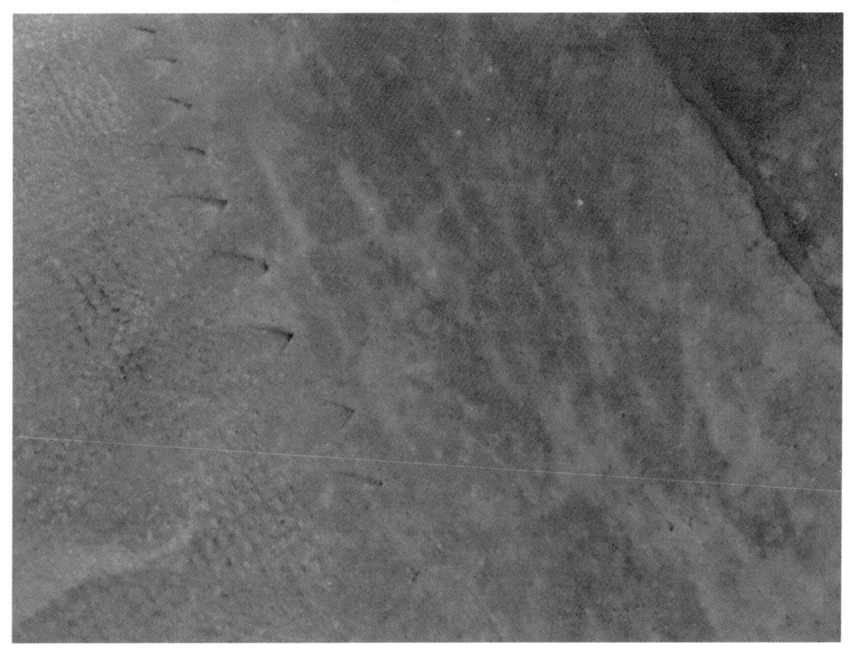

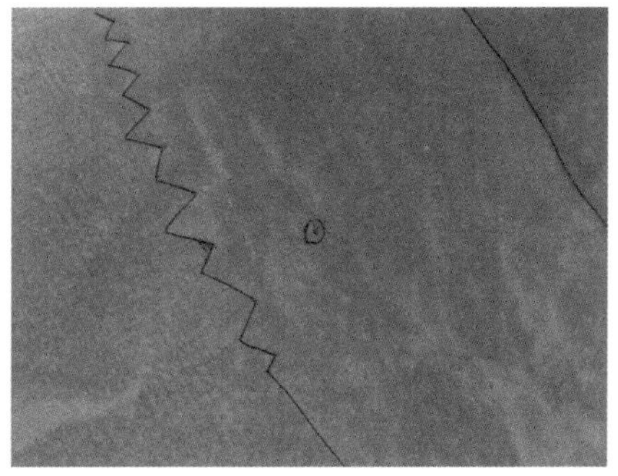

하남 미사리유적 토기다.(한양대박물관)

크기는 작지만 아랫부분에만 격자문이 새겨져 있고, 무늬의 경계를 나타내는 문양도 유사해서 대형옹관과 같은 성격으로 보인다.

춘천박물관에 전시된 큰항아리다.

아랫부분에만 격자문이 새겨져 있다. 격자문의 경계를 나타내는 문양은 없지만, 대형옹관과 유사하다고 할 수 있다.

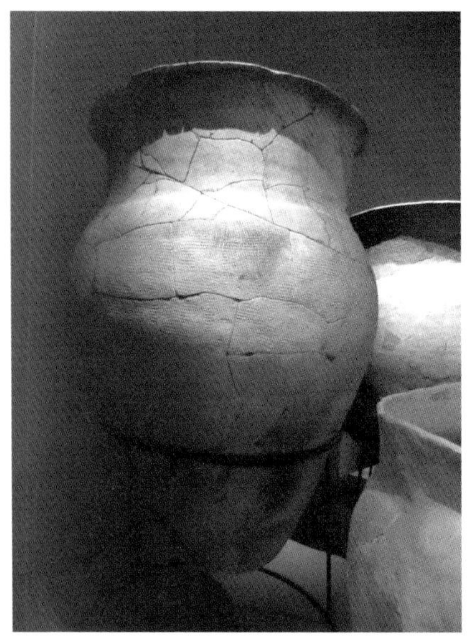
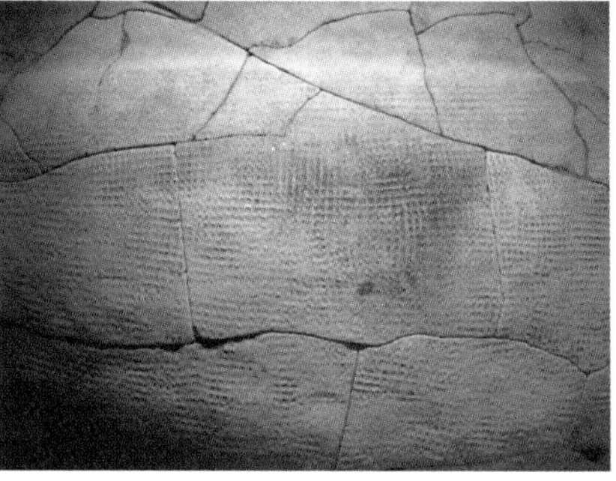

해남 황산리유적의 독널이다.(『나주박 도록』)

대형옹관과 형태는 약간 다르지만, 미세한 격자문에 덮였으며, 경계선 문양도 나타나 있다. 대형옹관과 유사하다. 인물상이 뚜렷하다.

23장 이형토기의 사람형상

일반적인 형태의 토기와 다른 토기를 이형토기로 분류한다.

이형토기들은 용기의 의미보다 하나의 작품으로 볼 수 있을 듯하다.

여기에서는 흙으로 빚은 작품들도 편의상 이형토기로 분류해 함께 살펴보기로 하자.

1. 토기 형태

부안 죽막동유적의 "접시 달린 병"이다.(『한성백제박 도록』)

용기로서의 기능을 하기 어려운 모습이다.

홈이 파여 눈을 나타내고, 구멍이 입을 표시하는 상반신의 인물상으로 보인다.

청원 주성리유적 출토 "이형병"이다.(『백제』)

죽막동유적과 같은 형태이나 이름이 다른 것은 그만큼 용도를 알 수 없기 때문일 것이다.

마찬가지로 인물상이 표현된 듯하다.

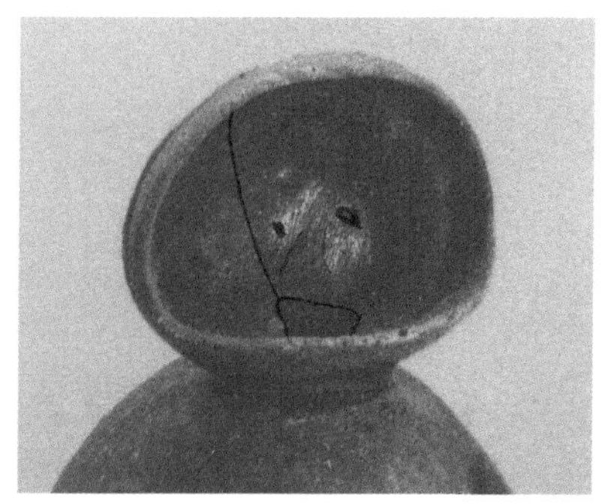

죽막동유적의 이형토기와 색감이 다른데, 접시 부분의 검은 색감은 인위적으로 입혔음이 분명하다. 이는 몸체에 나타난 같은 검은 색감도 입혔음을 의미한다. 토기에 검은 색감이 입혀졌음을 증명하는 중요한 의미가 있는 것으로 해석된다.

성주 예산동유적 출토 토기다.(『대구박 도록』)

격자문이 얕게 새겨져 있다.

돌기 부분이 마치 두 손을 모아 합장한 듯한 모습이다.

완도 여서도패총의 이형토기다.(『2008 특별전 완도 여서도패총』)

얼굴 한쪽 면에 두 구멍이 나타나 있는데, 이 중 어느 구멍을 선택해도 눈으로서 기능에 부족함이 없어 보인다.

이처럼 눈을 여러 곳 표시하는 것은 생명형상 표현법의 특징 중 하나다.

위쪽 하늘에서 보면, 위 두 구멍이 눈을 나타내는 형상이 뚜렷하다.

경주 미추왕릉지구 출토 이형토기다.(『경주박 도록』)

머리 부분이다. 얼굴의 형태가 나타나지 않는다.
온전한 몸 형태와 비교하면 왜 그런지 궁금하다.

하늘에서 보면 인물상이 뚜렷하다.

하늘에서 봤을 때 형상이 나타나는 것도 생명형상 표현법의 특징 중 하나다.

2. 토제품

고령 지산동 고분군 탐방로의 발굴조사 결과, 다양한 유물과 함께 발견된 토제 방울을 보자.(대가야박물관) 원형의 방울에 선으로 다양한 문양을 새겼다. 옆에서 보면 인물상이 나타나는 듯하다.

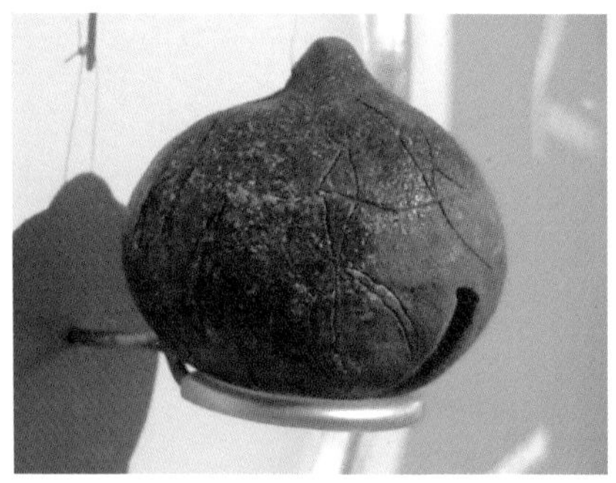

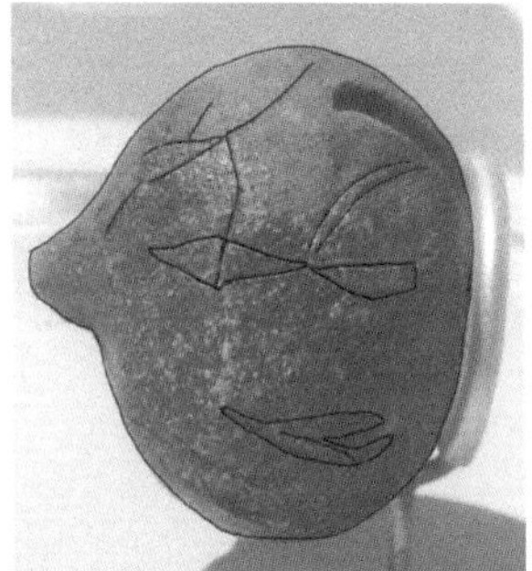

언론 기사에 실린 다른 방향에서 바라본 모습이다.

아래 형상의 우측 눈이 위 형상의 입을 이루는 인물상이 중첩해 있다.

인물상이 나타나지 않는 것으로 규명된 토제품에 그어진 선이 인물상을 나타내서, 생명형상과 관련 있음을 나타낸다.

직접 그린 선이므로 유물에 생명형상이 새겨졌음을 명확히 증명한다.

토제 방울은 거대한 봉분 사이의 길에서, 봉분이 없는 상태로 발견된 5-1호 석곽묘에서 발견되었다. 이처럼 봉분이 없이 조성된 석곽묘는 공주 무령왕릉처럼 숨겨진 무덤이라 할 수 있다.

이는 지산동 고분군 전체가 의도적으로 조성되었을 가능성이 크다는 것을 의미한다.

앞에서 고분은 무덤이 아니며, 의도적으로 조성해 놓은 유적지라 결론 지었는데, 이의 타당함이 다시 한번 확인된다.

경주 사라리유적 출토 집모양 토기다.(경주박물관)

두 구멍이 눈을 이루고, 아래쪽의 긴 홈이 입을 나타내는 인물상이 뚜렷하다.

천안 위례산성 출토 "흙으로 빚은 말"이다.(『서울대박 도록』)
몸체에 두 형상이 중첩해 있는 듯하다.

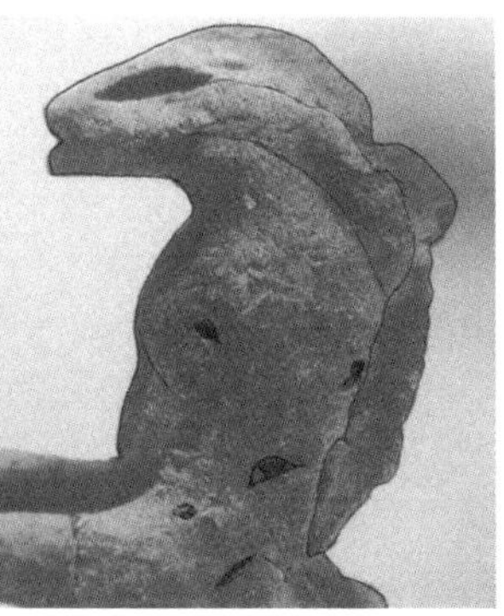

익산 왕궁리유적의 이형토기다.(익산박물관)
세워서 보면 뚜렷한 인물상이 나타난다.
둥근 구멍과 사각형 구멍이 눈을 나타내고, 선으로 입을 그렸다.

『익산박 도록』에 실린 사진이다.

앞에서 고분의 출토유물을 통해 고분이 생명형상과 관련 있음을 살펴보았다.

공주 마암리유적 출토 도관을 보자.(『공주박 도록』)
사람형상이 나타나 있어서, 고분이 생명형상과 관련 있음을 증명한다.

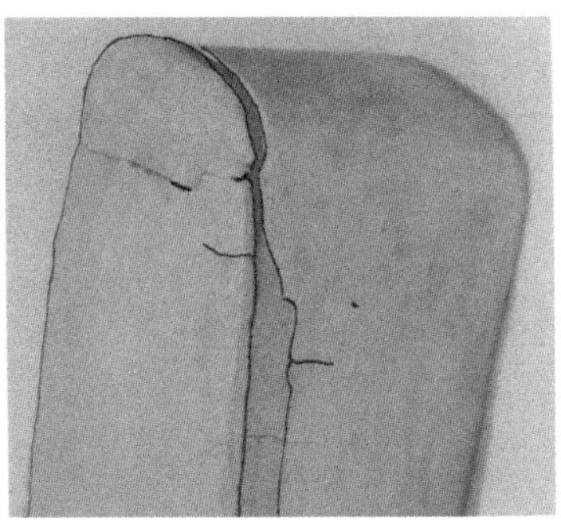

몸통 부분의 형상을 더 자세히 살펴보자.
형태를 다듬고 작게 홈을 파 눈을 나타냈다.
짧게 선을 그어 입을 표시했다.

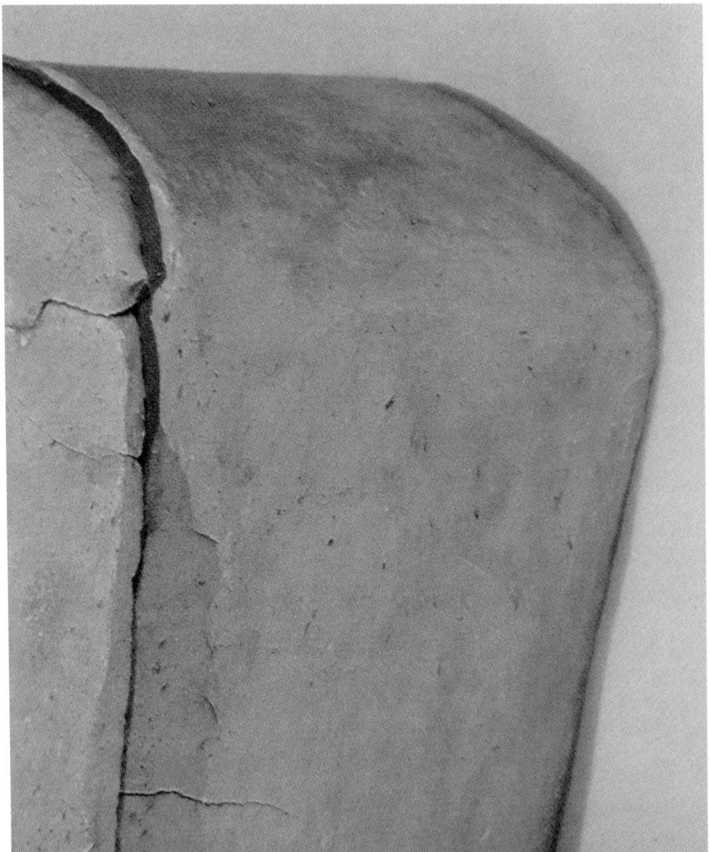

(『백제』)

3. 북한의 유물

낙랑의 화덕(길이 21.5㎝)이라 한다.(『경희대박 도록』)

화덕 형태이나 크기가 작다. 솥을 올리는 구멍 또한 작고, 수만 많다.

일반적 화덕의 구조와 다르다.

반대 방향에서 보면 인물상이 뚜렷하다.

전작에서 살펴봤듯이 중앙박물관에 전시된 낙랑의 석암리고분 유물에도 생명형상이 새겨진 유물이 있다.

고구려에 멸망한 낙랑공주의 설화가 있는 낙랑국의 유물인지, 다른 고분처럼 더 고대문명의 의도적 매장인지에 대해서는 현재로서는 알기 어렵다.

앞에서도 언급했듯이 낙랑 관련 도록에 실린 유물에도 생명형상이 나타나는 듯한데, 유적지를 직접 답사할 수 없고, 여기에서 모두 살펴볼 수도 없으므로 넘어가기로 한다.

관련해서 고조선의 토기(복제품)를 보자.(중앙박물관)

안내글이다.

"고조선의 대표적인 토기(미송리식 토기)이다. 평안북도 의주 미송리의 동굴 유적에서 처음 발견되어 '미송리식'이라 부른다. 이 토기는 납작한 바닥에 아가리가 점차 벌어지는 형태로 통통한 몸체에 띠 모양 손잡이가 마주보게 달려있다. 주로 돌널무덤에서 출토되며 청천강 이북으로부터 랴오닝, 지린 지역에 걸쳐 분포하고 있다."

아래쪽에 위쪽의 문양 선과 유사한 네 선이 그어져 있다. 선은 균열선을 넘지 않고, 균열선에 맞추어 있다.

이는 균열선이 나타난 이후 선을 그었다는 의미가 된다. 그렇다면 균열선에 맞추어 이런 선을 그은 이유가 있을 것이다.

균열선을 의도적으로 그렸음을 나타내려는 듯하다.

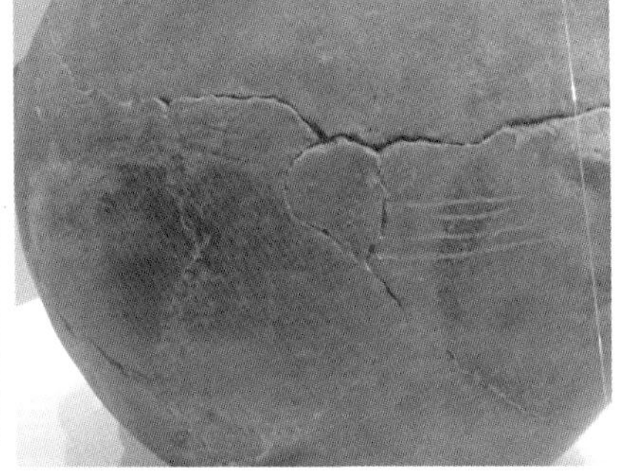

균열선이 인물상을 나타낸다.

검은 색감이 눈과 입을 나타내는 인물상이 중첩해 있다.

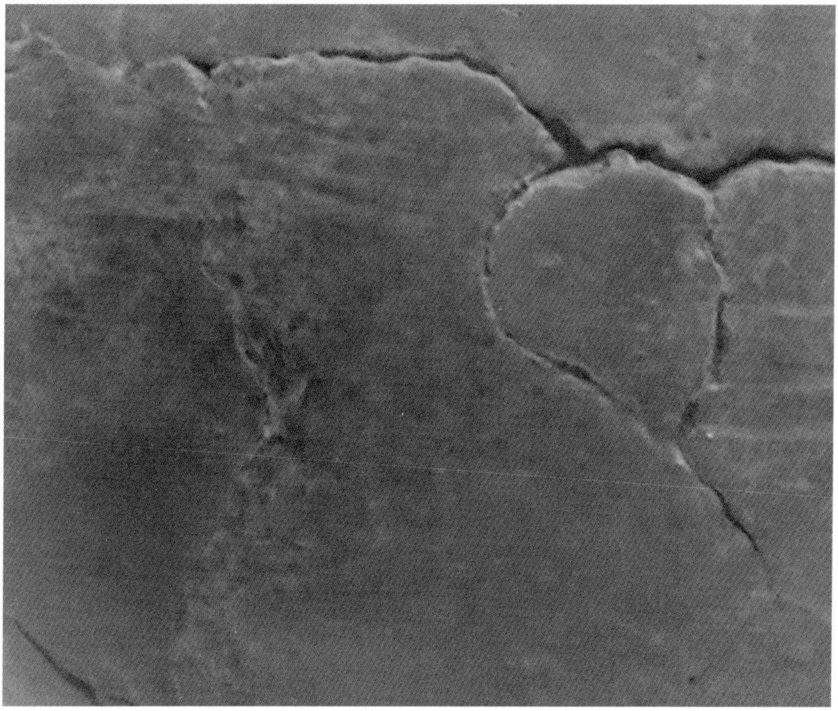

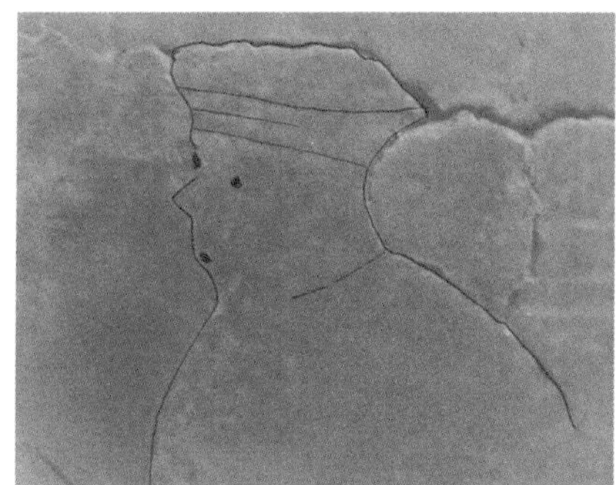

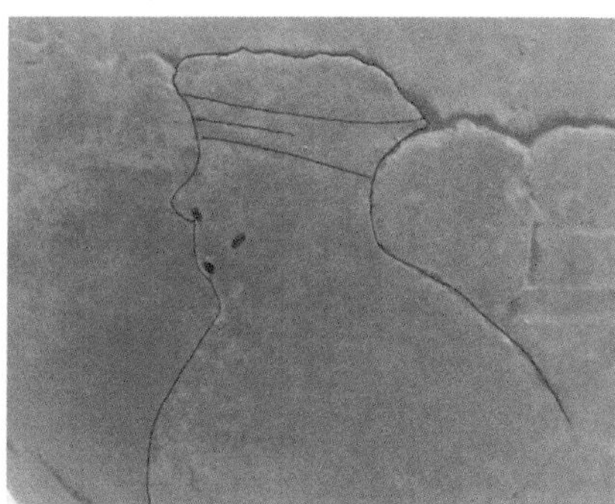

24장 도자기의 사람형상

1. 유약과 도자기의 출현 시기

청자와 백자 등 도자기를 제작하려면 유약이 필요하다. 그런데 청자가 제작되기 이전 시기의 토기에도 유약이 나타난 경우가 있다.

이때의 유약에 대해 자연유약이라고 설명한다.

김해박물관에 게시된 자연유약에 대한 설명을 보자.

"토기의 겉면에 반짝이는 것은 무엇일까요?

토기는 유약을 바르지 않고 굽습니다. 하지만, 어떤 토기에는 유리질 막이 있어 마치 유약을 바른 것처럼 보이기도 합니다. 이것은 토기를 굽는 과정에서 점토 속에 들어 있는 유리질 성분이 녹거나, 재가 토기 표면에 붙어서 생긴 현상입니다. 청자나 백자처럼 일부러 반짝이는 유약을 바른 것이 아니고 자연적으로 생긴 것이라 하여 자연유약이라고 합니다."

그런데 이 설명이 맞지 않는 것으로 보이는, 유약이 나타난 토기들이 있다. 군산 산월리 고분군 출토 다음 토기는 많은 양의 유약이 흘러내려 맺혀 있다.(『금강』)

이처럼 많은 양의 유약이 흘러내리려면 윗부분의 유리질 성분이 녹아내린 지점이 함몰되어야 하는데, 그런 곳이 없다.

인위적으로 도포하지 않고서는 이처럼 나타날 수 없을 것이다.

다음 가야토기도 유사하다.(대가야박물관) 목 부위에 안쪽으로 흘러내린 유약이 보이는데, 맨 위쪽이어서 이런 정도의 양이 위에서 흘러내릴 수 없다.

다음 가야토기는 맺혀 있는 유약이 자연적으로 생성되기에는 양이 너무 많다.(대가야박물관)

다량으로 흘러내린 유약 사이에도 유약이 도포돼 있다.

이미 유약으로 도포된 표면 위에 유약이 다시 다량 흘러내린 것이다.

자연유약이 아님이 명백하다.

부산 복천동유적 출토 큰항아리다.(부산박물관)

몸체 위쪽에서 많은 양의 유약이 흘러내렸다. 그런데 같은 성분으로 이루어진 토기의 아랫부분에는 미량의 유약조차 없다. 자연유약이라면 같은 성분에는 어느 정도 같은 현상이 나타나야 할 것이다.

함평 석계고분 출토 토기에 반짝이는 검은색 유약이 넓게 도포돼 있다.(『백제』)

불에 굽는 과정에서 유리질 성분이 녹아서 나타난 자연유약일까?

그런데 두 줄로 그어진 물결무늬 선은 검은색 유약이 제거된 밝은색이다.

불에 굽는 과정에서 검은색의 자연유약이 입혀졌다면, 물결무늬 선에도 유약이 입혀져야 하므로 의문이다.

불에 구운 이후 단단해진 상태에서는 이처럼 유연하게 물결무늬 선을 그을 수 없다. 성형 단계에서 그었을 것이다.

물결무늬 선에만 검은색 유약이 입혀지지 않은 것은 불에 굽는 과정에서 자연적으로 유약이 나타난 것이 아니라, 성형 단계에서 이미 유약이 입혀졌음을 의미한다.

성형 단계에서 검은색 유약을 입힌 후 물결무늬 선을 그은 것이다.

도자기 제작 전의 고대 토기에 이미 유약이 사용되었음이 증명된다.

유약의 존재는 도자기가 지금의 이론보다 더 이전에 이미 존재했음을 의미한다.

전국의 유적지에는 청동기시대와 삼국시대, 조선시대의 유적이 함께 발견된 곳이 많다. 발굴 과정에서 발견된 유물에 따라 시대를 분류했을 것이다.

문제는 기계적으로 유물에 따라 시대를 규정한 것으로 보인다는 점이다.

청자가 나오면 무조건 고려시대, 백자는 조선시대로 분류하는 것이다.

고인돌에서 도자기가 발견되는 경우 이를 무조건 후대에 삽입된 유물로 분류하는 것도 같은 예다.

안성 만정리고인돌에서 분청사기가 발견되었는데, 이에 대해 다음과 같이 설명한다.(『고인돌』)

> "안성 만정리고인돌에서는 덮개돌 북쪽 아래 부근에서 분청사기인화문접시를 덮은 항아리, 도기 저부를 덮은 분청사기대접 등이 확인되었다. 이와 같은 예들은 고인돌의 신비로운 모습을 빌어 후대에도 종종 무덤으로 재사용하였음을 보여준다."

고인돌이나, 같은 시기의 집자리 유적 등에서 도자기가 보편적으로 출토되지 않으므로, 고인돌 시대에 도자기가 없었다고 해석하는 것은 타당한 측면이 있다.

그러나 도자기가 출토되는 고인돌이 여러 곳 있는데, 이를 무조건 후대의 유물로 분류하고 있지는 않은지 검토가 필요하다.

유사한 현상은 고인돌에서 삼국시대의 유물이나 철기 등이 출토되는 경우에도 적용된다. 이에 대한 설명을 보자.(『고인돌』)

"그동안 고인돌 발굴 조사과정에서 삼국시대의 토기나 철기 등이 출토되는 경우가 종종 있었으나, 이는 교란이나 훼손에 의해 후대의 유물이 섞인 것으로 해석되었다.

하지만 덮개돌 아래에서 삼국시대의 무덤방이 확인되면서, 고인돌이 삼국시대에 재사용되었다는 사실이 분명해졌다.

대표적인 유적으로는 곡성 연화리, 춘천 천전리, 부안 월암리 회인동, 고창 상갑리, 순창 내동리 고인돌 등을 들 수 있다."

현재 고인돌 주변에 무덤이 자리해 섞여 있는 경우를 여러 곳에서 볼 수 있는데, 하나의 무덤이 차지하는 범위는 고인돌이 차지하는 면적보다 훨씬 넓다.

고인돌의 의미를 정확하게 알지 못했던 시기에, 좁은 바위 아래에 무덤방을 조성할 이유가 없어 보인다.

더구나 고인돌 아래는 파내면 바위가 무너질 위험도 있다.

이런 현상들은 궁극적으로 이처럼 유물을 배치해놓았기 때문으로 보인다. 석기시대, 청동기시대, 철기시대로 구분되도록 유적과 유물을 배치해놓은 것이다.

이는 세계적인 현상으로, 이에 따라 여기에 맞춘 시대 구분이 대세가 되었다.

한편으로 그 구분이 의도적인 현상임을 알 수 있도록, 조치를 취해 놓은 것으로 판단된다.

고인돌에 도자기나, 삼국시대 유물이나 철기를 매장해 서로 다른 시기의 유물이 아님을 암시하는 것이다.

이제 차츰 그 실체가 드러나고 있는 듯하다.

2. 도자기의 사람형상

고대의 유적에서 발견되는 도자기는 고려, 조선시대로 분류해서 제외하므로, 고대의 도자기 유물로 분류된 경우는 매우 적은 듯하다. 약간 후대의 중국제로 분류한 경우만 도자기는 고대의 유물로 분류된다.

태안 고남패총박물관에 옮겨진 태안 시목리고인돌 안내판에 "시목리고인돌은 주변에서 사기그릇 파편 등이 발견되어 고인돌 여부가 불분명하지만…"라는 내용이 적혀 있다.

이 때문에 이 사기는 박물관에 전시되거나 하지 않으며, 자료를 찾기로 어렵다. 후대에 삽입된 것으로 간주해 제외해 버리기 때문이다.

중국제로 분류된 경우에만 고대 유물로 분류해 전시하거나 자료가 있다.

풍남토성 출토 유약 바른 도기를 보자.(한성백제박물관)

안내글에 모두 중국제로 표기되어 있다. 그런데 규모가 너무 크다. 이렇게 큰 도기를 당시로서는 대단히 먼 거리를 운반해 왔을지 의문이다. 두께에 비해 크기가 커 깨지기 쉬울 것이다. 유약도 바르다 만듯해서 매우 어지럽다. 이런 도기를 먼 중국에서 들여올 리 없다.

다음 도기는 균열이 형상을 나타낸다.

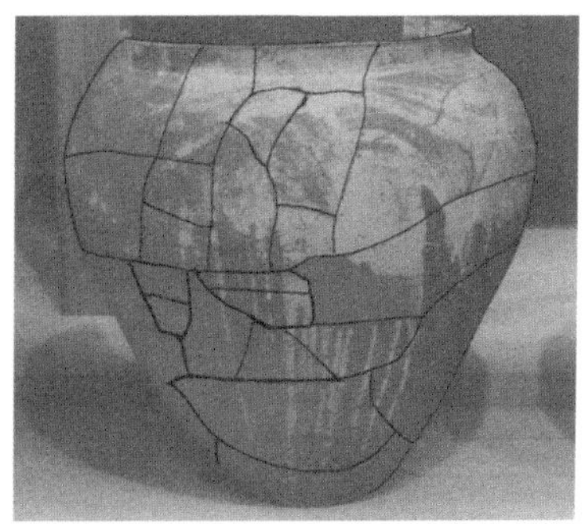

다음 도기에는 유약이 입혀진 부분에 가늘게 뜬 듯한 눈과 둥근 입이 표현된 인물상이 나타나 있다. 유약을 물감처럼 활용해 인물상을 표현하고 있다. 유약이 생명형상과 관련 있음이 잘 드러난다.

위 형상 윗부분 유약이 입혀진 부분이 인물상을 나타낸다.
균열이 눈과 입을 표시한다.

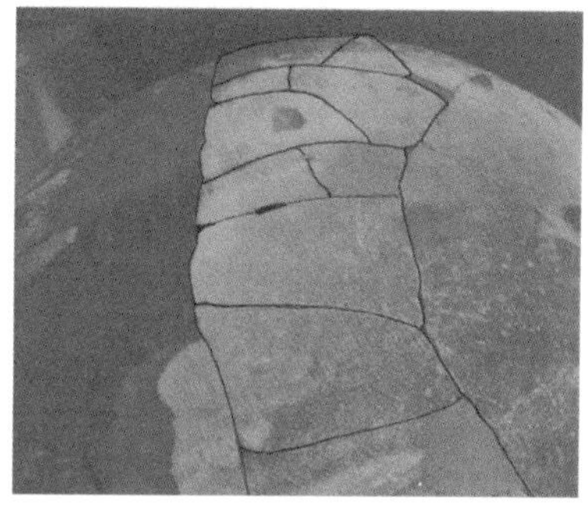

앞에서 토기 표면에 다른 색감의 물질이 입혀졌음을 살펴보았다. 그런데 도자기 표면에도 유사하게 다른 색감이 입혀져 있다.

공주 무령왕릉 출토 "흑갈유사이병"을 보자.(『백제』)

검은색 유약의 도자기 표면에 밝은 색감의 물질이 입혀져 있다. 토기의 표면에 다른 색감의 물질을 입히는 현상이 도자기에도 그대로 이어지고 있음을 알 수 있다. 도자기가 고대 유물과 관련 있음을 증명한다.

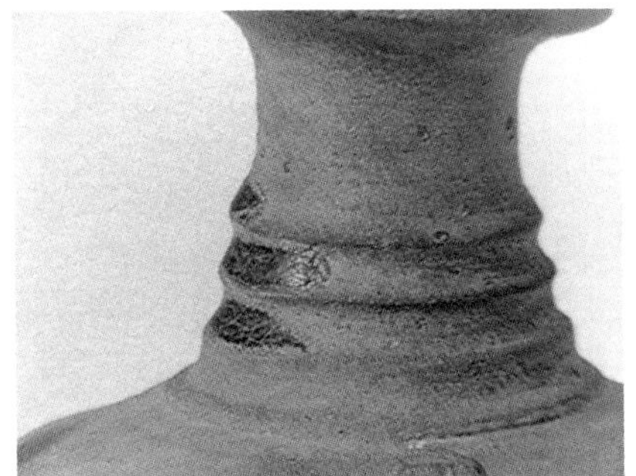

울산 연자도유적을 살펴보자.(울산박물관)

고려시대 유적이라 하는데, 몇 가지 의문점이 있다.
박물관에 게시된 설명글을 보자.

"울산 앞바다에 사람이 살지 않는 작은 섬 연자도가 있다. 이 섬에서 고려시대 온돌 집자리와 건물지가 조사되었으며, 금동불상, 철기와 같은 금속 제품과 함께 많은 수의 청자와 동기, 기와편이 출토 되었다.
이 유적은 고려 후기 몽골의 침략을 받았을 때, 울산 지배층이 항거한 유적으로 추정된다. 온돌 집자리 중 1기는 울산박물관 야외에 이전하여 전시하고 있다."

연자도가 섬이어서인지 몽골항쟁과 관련 짓고 있다. 그런데 이에 대한 기록이나 유물로 증명된 것은 아닌 듯하다.

사람이 살지 않는 작은 섬에서 청자병과 청자베개 등 고려의 귀족이 사용했을 것으로 추정되는 많은 수의 유물이 출토된 현상을 설명할 수 없기 때문에 나온 추리일 것이다.

앞에서 고대 유적지가 의도적으로 조성된 것임을 살펴보았는데, 설명이 어려운 연자도유적도 의도적으로 조성해 놓은 유적지일 수 있다.

이에 대해 살펴보자.

먼저 벼루를 보자.

깨진 부분에 드러난 원석의 색은 밝은 황토색이다. 그런데 다른 부분은 더 어두운색으로 덮여 있다. 먹을 가는 부분에도 원래의 밝은색이 약간 드러나 있는데, 먹을 실제로 갈았다면 표면이 벗겨지며 밝은 원석이 크게 드러났을 것이다. 실제로 사용하지는 않았음을 나타낸다.

벼루는 어떻게 제작되었을까?

밝은 황토색 원석의 돌을 다듬어 벼루를 제작한 후, 표면에 어두운 색감의 물질을 입힌 것으로 추정된다. 앞에서 돌검을 위시한 석재유물 원석 표면에 다른 물질이 입혀져 있음을 살펴보았다. 그와 같아서 연자도유적이 단순한 고려시대의 유적이 아님을 나타낸다.

"청자구름학무늬매병"으로 이름 붙여진 청자를 보자.

우측 아랫부분에 나타난 선은 직각으로 꺾여 있다. 인위적으로 긋지 않고서는 나타날 수 없는 선이어서, 청자에 인위적으로 선을 그었음이 증명된다.

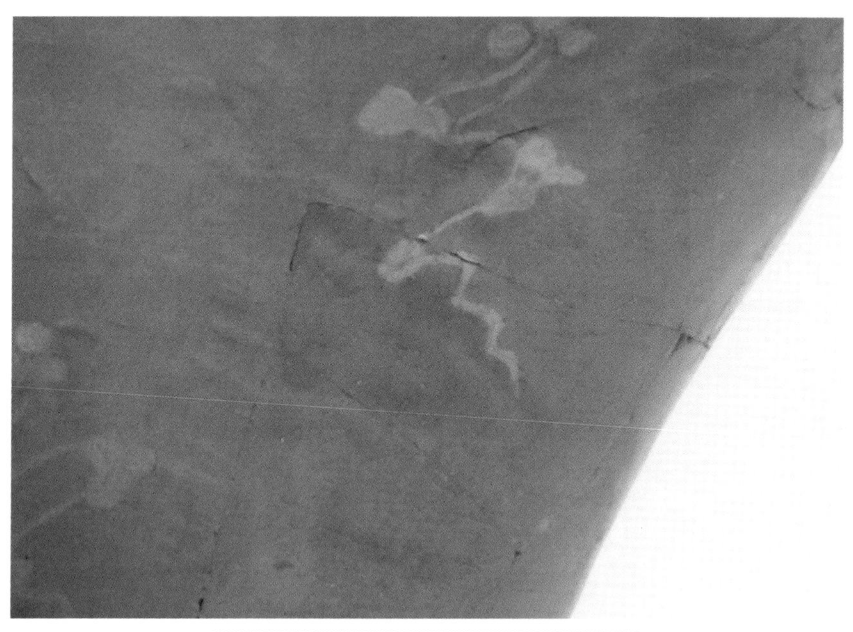

위아래로 길게 이어지는 선들도 인위적으로 그은 듯하다. 유리처럼 도자기를 못이나 송곳으로 긁어도 전혀 선이 그어지지 않는다. 이처럼 뚜렷하게 선을 그으려면 그만한 금속 도구가 있어야 할 것이다.

그러나 고려시대에는 이렇게 강한 금속이 없었으므로 의문이다.

일부 선은 단순히 선을 그은 것만이 아니라 깎아낸 모습이다.

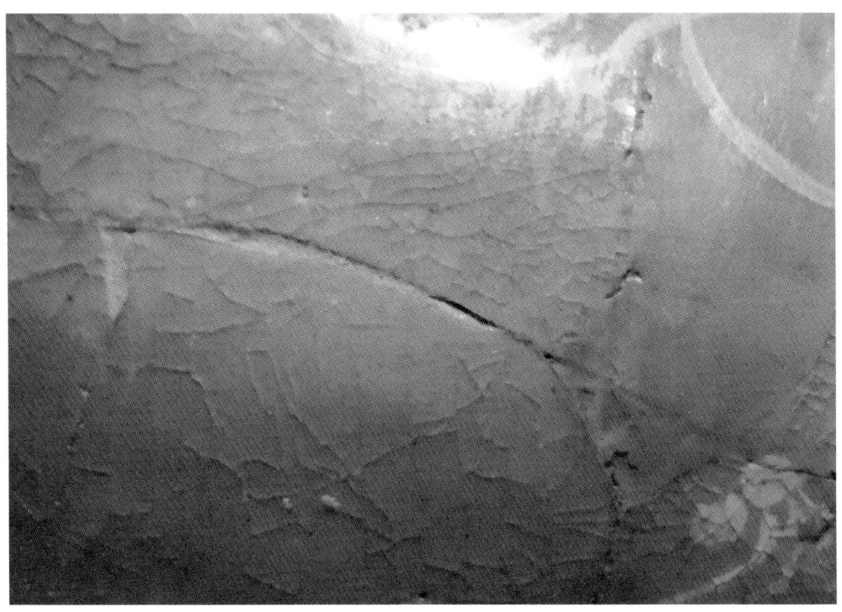

도자기는 유리와 마찬가지로 충격에는 약하나, 강도는 매우 강해서 표면에 선을 새기려면, 금강석 같은 강한 금속이 필수적이다. 고려시대에는 이런 특수 금속이 없었으므로 고려시대의 유적이 아닐 가능성이 크다. 이전에 조성되었거나 고려시대에 조성되었다면, 이때까지 고대의 맥이 이어지고 있음을 의미한다.

선이 인물상을 새기는 듯하다.

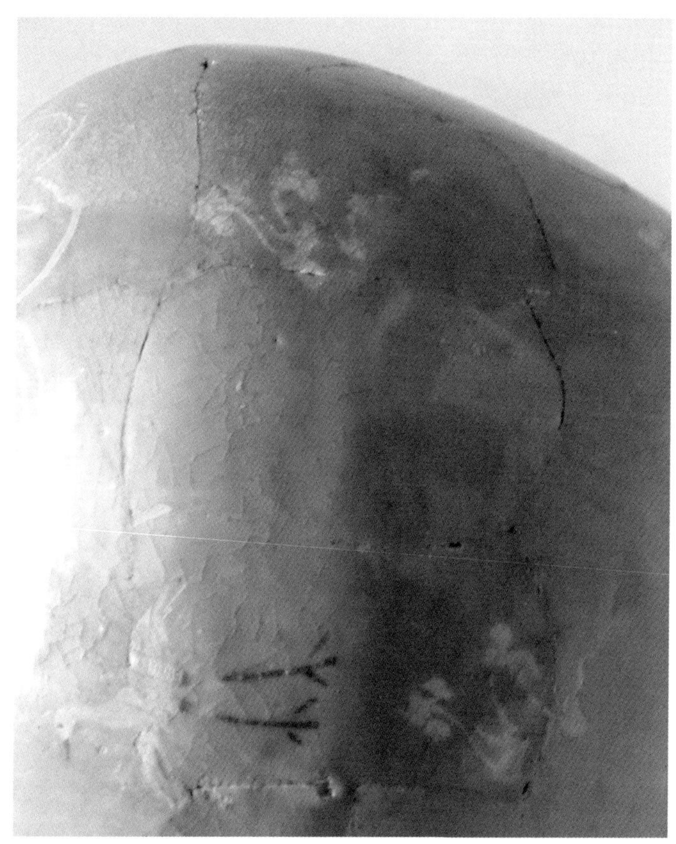

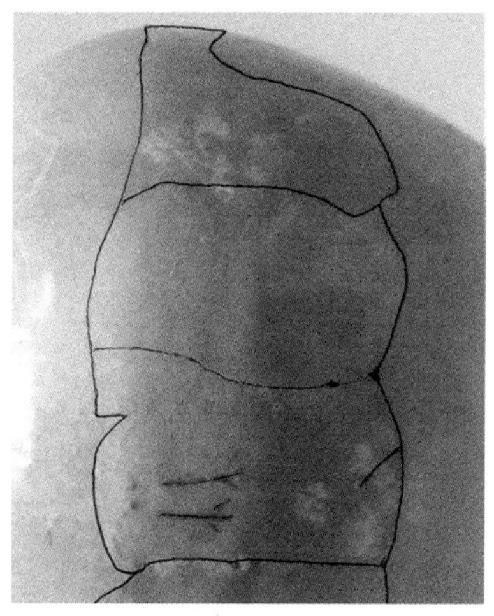

함께 출토된 토기다. 균열선이 인물상을 나타낸다.

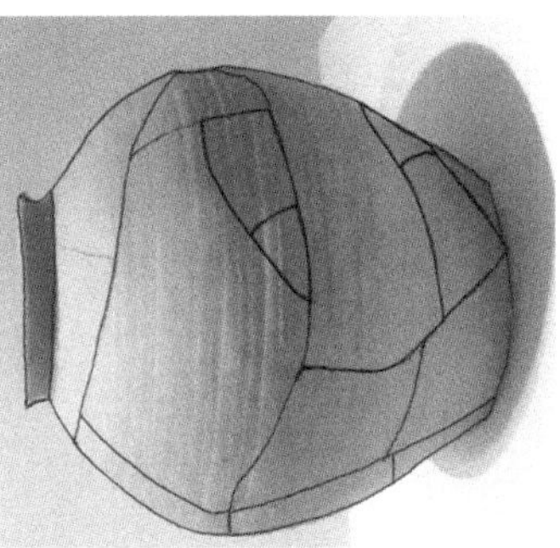

연자도 온돌시설이라 한다.

그러나 돌의 높이가 너무 낮아서 온돌의 기능을 하기 어려워 보인다.

온돌이 아니라면 왜 이렇게 돌을 배열해 놓았을까?

옆에서 보면 뚜렷하다고 할 수 없으나, 형상을 나타내는 것으로 해석된다. 맞붙은 두 개의 둥근 돌이 눈을 나타낸다.

온돌 형식을 빌어 형상을 조성해 놓은 작품으로 볼 수 있다.

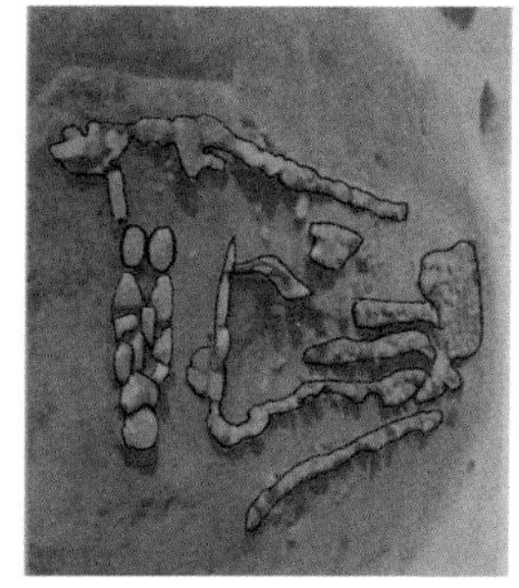

여러 유물과 온돌처럼 보이는 돌의 배치가 나타내는 형상은, 연자도유적을 의도적으로 조성해 놓았음을 증명한다.

충주 호암동유적 출토 청자다.(충주박물관)

청자에 나타난 둥근 구멍은 도굴침 흔적이라 한다.

그러나 이는 상식에 어긋난 것으로 도굴침으로 찔러 청자에 구멍이 날 리 없다. 도굴침으로 본 이유는 인위적 현상 외에 설명이 불가한데, 구멍이 뚫린 다른 이유를 찾기 어려웠기 때문일 것이다.

돌처럼 단단하게 변하고, 한편으로는 충격에는 약해서 깨지기 쉬운 청자에 이런 구멍을 뚫으려면, 드릴 같은 강력한 회전력을 지닌 기계장치 없이는 불가능할 것이다.

청자에 기계장치 없이 이런 구멍을 뚫는 것이 가능한지 다양한 방법으로 시현해 볼 필요가 있다. 현대에 불가능하다면 과거에도 방법이 없었다고 판단하는 것이 타당하다.

현대는 드릴 같은 기계장치가 존재하므로 구멍을 뚫을 수 있음을 알 수 있지만, 현대에도 기계장치를 배제한다면 여전히 알 수 없는 일로 남을 사안이다.

표면에 나타난 선은 인위적으로 그었음이 분명하다.

구멍 옆에 위치한 다른 청자에서 볼 수 없는, 구멍과 유사한 크기의 돌출된 부분 또한 우연으로 보기 어렵다.

선이 윤곽선과 입을 이루고, 돌출된 부분과 구멍이 눈을 이룬 인물상을 나타내는 것으로 보인다.

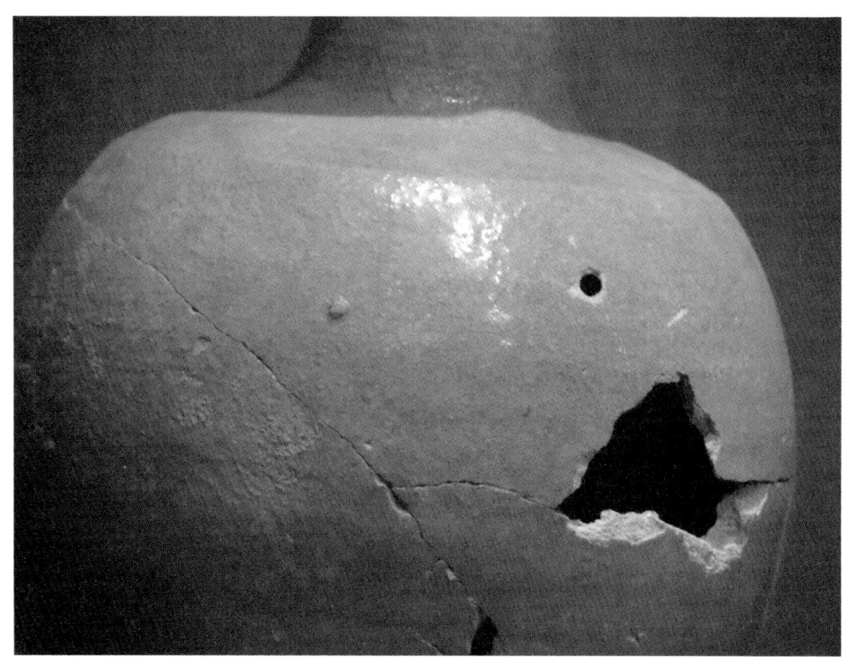

태안 고남패총박물관에 옮겨진 태안 장산리고인돌에서도 유사한 현상을 볼 수 있다.

바위구멍이 새겨져 있고, 옆에 비슷한 모양과 크기로 바위가 둥글게 돌출돼 있다.

바위구멍과 돌출된 둥근 부분이 인물상의 눈을 나타낸다.

고인돌에 새겨진 바위구멍이 생명형상을 새기는 기능을 하는 것이 잘 나타난다.

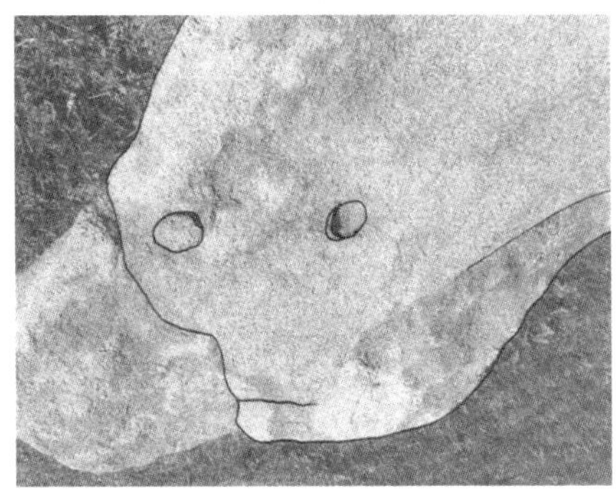

고인돌과 청자라는 차이가 있을 뿐, 충주 호암동유적 청자와 유사하다.

청자가 생명형상과 관련 있음을 알 수 있다.

충주 단월동 고려시대 무덤유적 출토 청자를 보자.(충주박물관)

불완전하지만 미세하게 그어진 선이 윤곽선과 입을 이루고, 문양이 눈을 이루는 인물상을 나타내는 것으로 보인다. 눈을 나타내는 말린 잎이 꽃처럼 보이는 것도 의도적인 표현으로 해석된다.

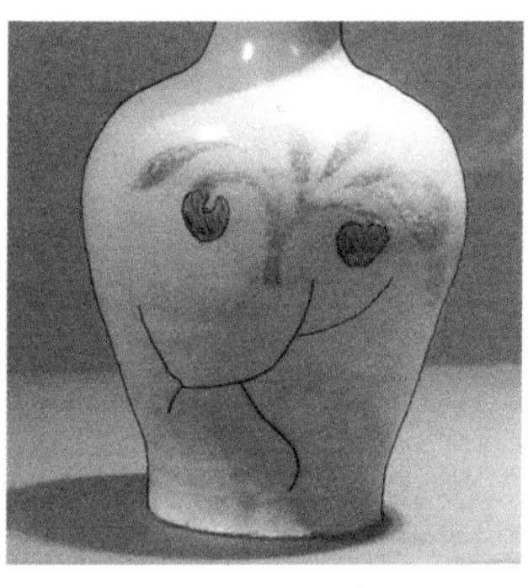

익산 입점리고분 출토 청자다.(『전북의 고대문화』)

언뜻 보면 눈에 잘 띄지 않는 흰 점들이 나타나 있다.

세 점이 눈과 입을 나타내서, 우측을 돌아보는 듯한 형상으로 보인다.

앞에서 살펴봤지만, 사진의 색감이 다르므로 다시 보기로 한다.

천안 용원리유적의 흑갈유병이다.(『백제』)

밑부분은 검게 보이는 반면, 윗부분은 가늘게 긁힌 자국이 많다.

거꾸로 보면 긁힌 자국이 아니라 가는 흰 선들이다. 균열된 것과 다르다. 균열된 것보다 정형적이고 길게 이어져 있다.

이 선들이 인물상을 나타낸다.

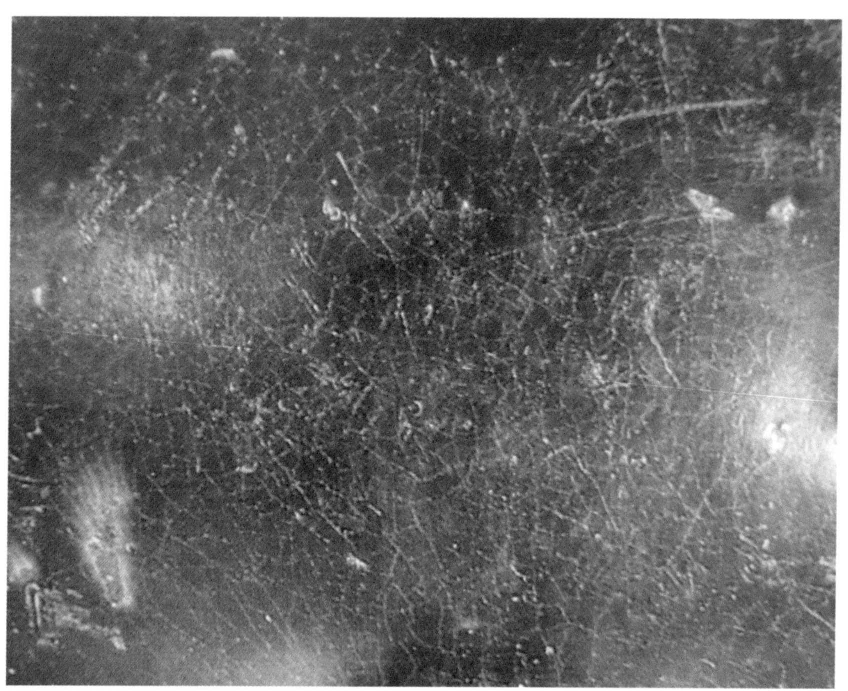

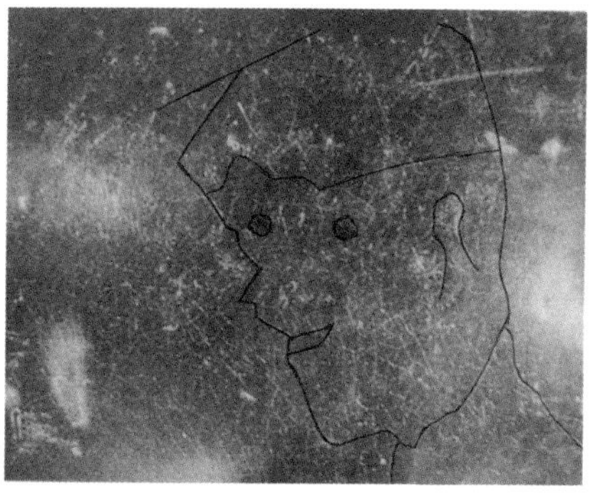

25장 유물에 나타난 검은 사각 표시

1. 검은 사각 표시의 의미

임실 금성리 석곽묘유적 토기에 검은색의 사각형 무늬가 나타나 있다.(『임실』) 사각무늬의 의미는 무엇일까?

이 토기는 대가야 토기와 같은 계통이라 한다. 대가야 지역에서 전해진 것일까?

부안 죽막동유적에서도 대가야 토기가 발견되었듯이, 가야토기 자체가 의도적으로 제작해 놓은 것일 수 있다.

전북 지역의 반월형돌칼이다.(『전북의 고대문화』)

마찬가지로 검은 사각 무늬의 특별한 용도를 찾기 어렵다.

유물에 나타난 구멍의 용도를 알기 어려울 때, 특별한 용도보다 고대의 생명 형상과 관련 있는 유물임을 나타내는 하나의 표시일 수 있다고 추정했다.

뒤에서 차츰 살펴보겠지만 검은 사각 무늬도 이와 같을 수 있다고 추정된다. 고대 유물과 관련 있음을 표시하는 기능을 하는 것이다.

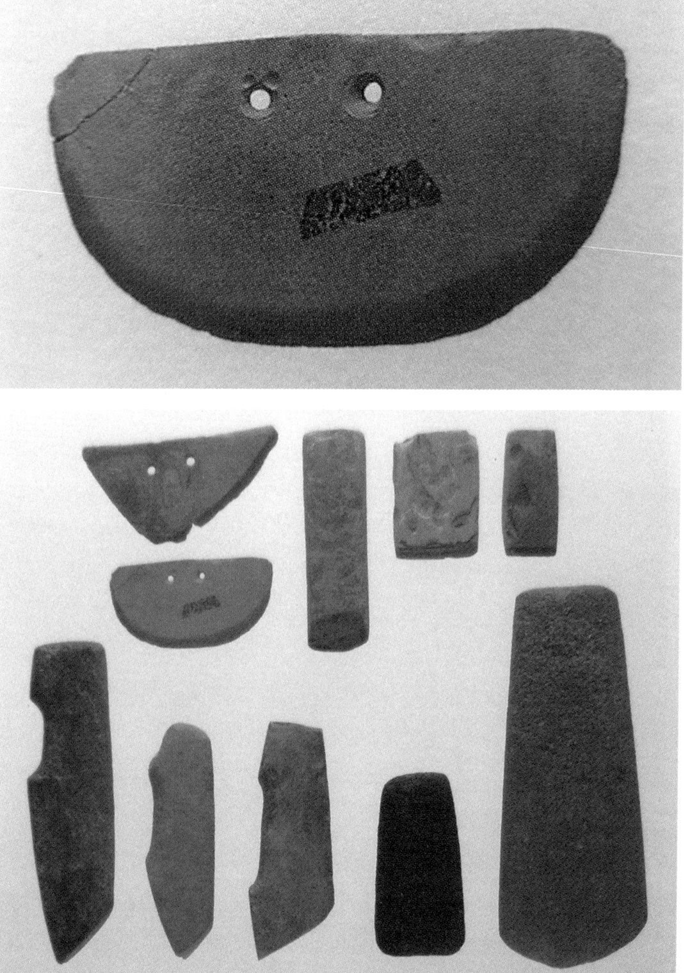

울산박물관에 전시된 반월형돌칼에 사각형 무늬가 보인다.

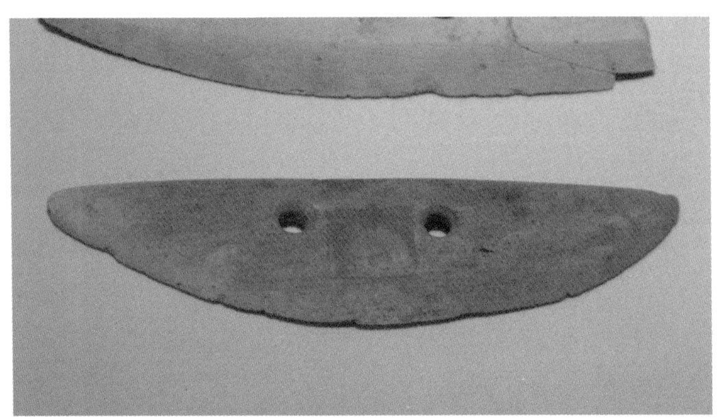

경주 월지 출토 석재유물이다.(경주박물관)

가락바퀴 두 점에 사각형 무늬가 나타나 있다.

사각형 무늬가 고대의 생명형상과 관련 있는 표시라면, 함께 출토된 유물들도 모두 관련 있음을 의미할 것이다.

서산 휴암리유적 출토 석재유물이다.(『부여박 도록』)

여러 석기에 사각 무늬가 나타나 있다.

앞에서 본 석기들에 검은색의 사각 무늬가 새겨진 반면, 반월형돌칼의 제작 과정에 있는 이 돌에는 표면과 거의 유사하나, 약간 진한 색감의 사각 무늬가 새겨져 있다. 희미해서 유심히 보지 않으면 구분이 어렵다.

반월형돌칼을 갈아서 제작한다고 가정하면, 가는 과정에서 사각 무늬는 사라지게 된다. 이런 상황이므로 무늬를 새겼다면, 완제품임을 의미한다.

반월형돌칼의 용도와 제작과정이 여전히 의문이다.

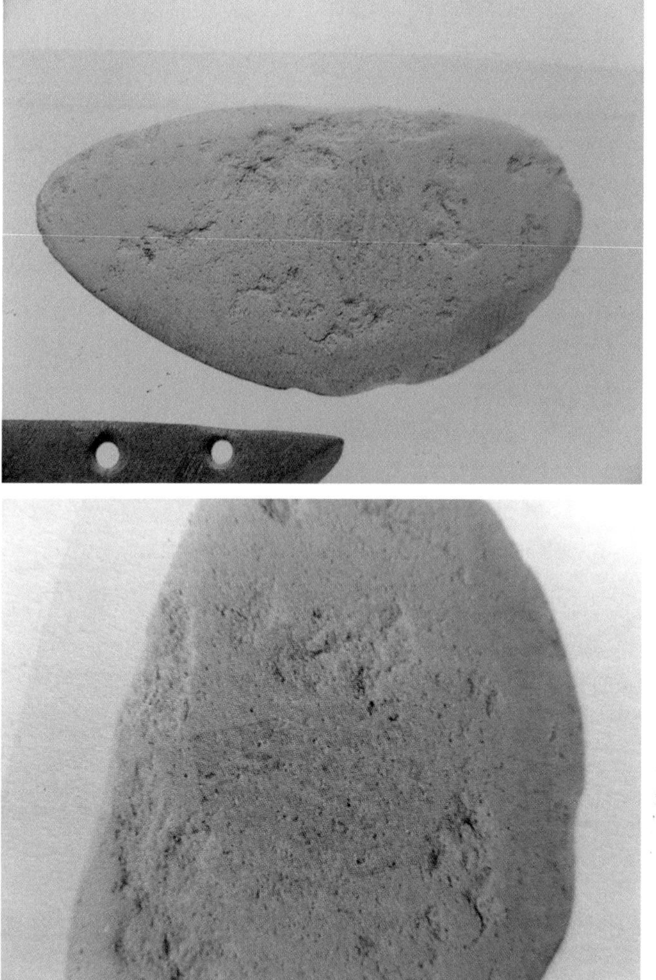

태안 고남리패총 석재유물이다.(『부여박 도록』)

패총의 유물에 나타난 사각 무늬는, 패총의 유물도 다른 고대 유물들과 성격이 다르지 않음을 나타내는 표시가 될 수 있다.

완도 여서도패총의 신석기시대 이음낚시허리다.(『나주박 도록』)

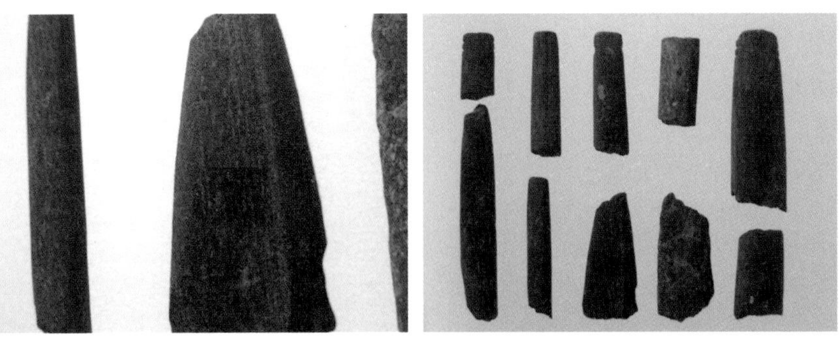

함안 동촌리 지역의 돌검이다.(『고인돌』)

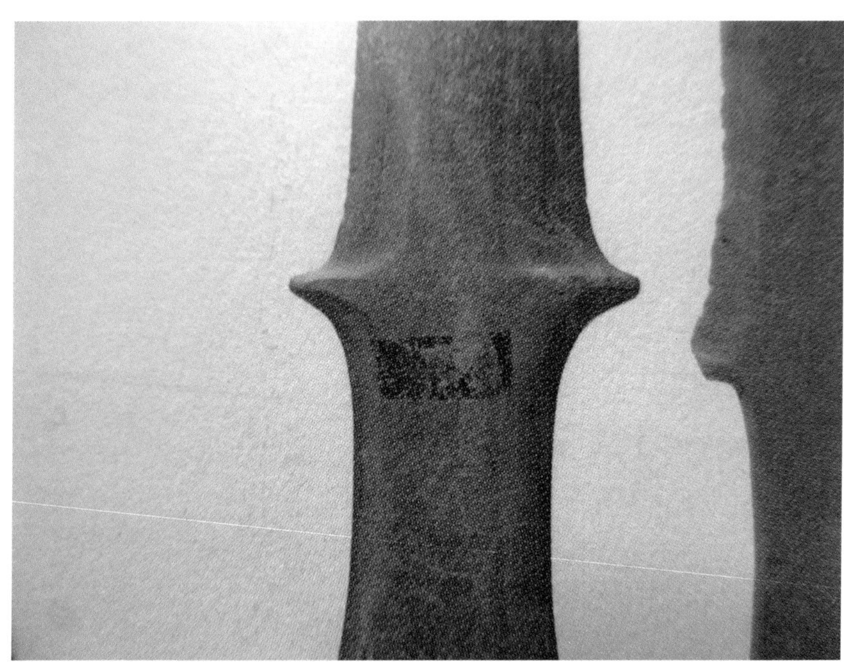

곡성 연화리 지역의 돌검이다.(『고인돌』)

진안 여의곡유적의 돌검이다.(『금강』)

서산 휴암리유적의 반월형돌칼을 제작하던 돌에 새겨진 것과 유사한 색감의 사각무늬가 새겨져 있다.

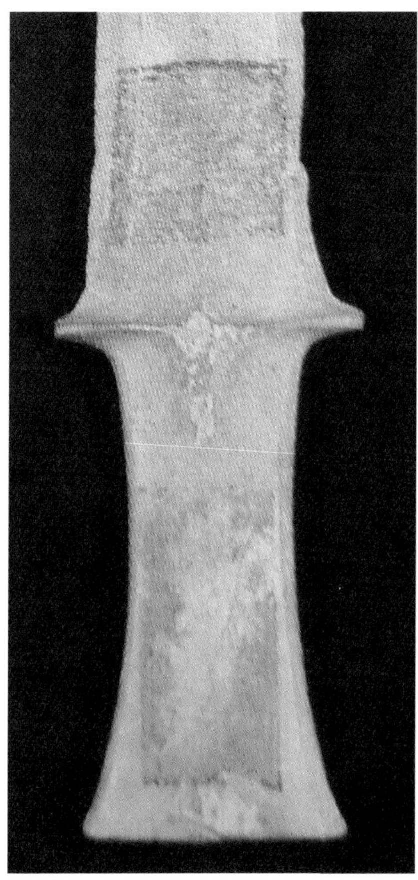

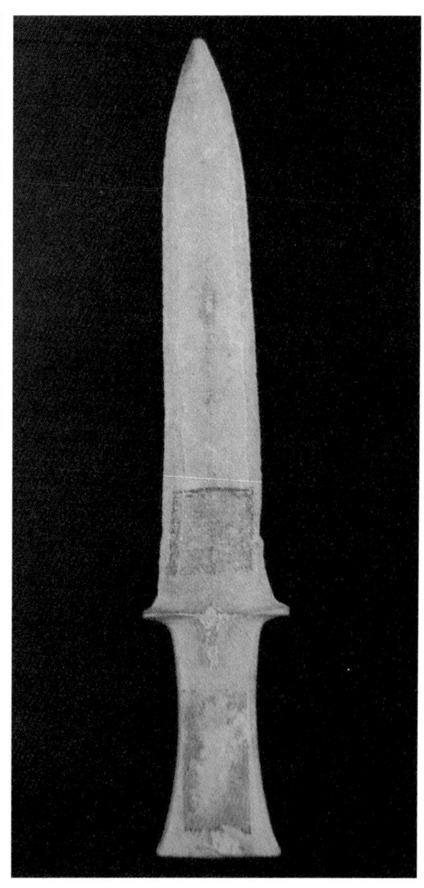

이상의 분석에서 알 수 있듯이 다양한 석재유물에 새겨진 사각 무늬에 특별한 다른 기능이 있지는 않은 듯하다.

다양한 종류의 석재유물이 대부분 포함돼 있어서, 고대의 생명형상과 관련 있는 유물임을 나타내는 표시의 기능을 하는 것으로 추정함이 타당해 보인다.

따라서 지금부터는 사각 무늬를 사각 표시로 표기하기로 한다.

2. 익산 미륵사지 유물의 사각 표시

사각 표시가 나타난 유물은 지금까지 살펴본 바로는 그리 많지 않은 듯하다. 그런데 유난히 한 유적지에서 다수의 유물에 사각 표시가 나타난 것을 발견하였다. 익산 미륵사지다.

이유가 있을 듯한데, 1997년 발간된『미륵사지 유물전시관』에 실린 유물을 분석해 보자.

1) 다양한 유물

가락바퀴에 사각 표시가 나타나 있다. 앞에서 살펴봤듯이 석재유물에 나타난 검은 사각 표시는 고대의 유물임을 표시하는 기능을 한다.

이는 미륵사지의 석재유물 또한 고대의 유물과 관련 있음을 나타낸다.

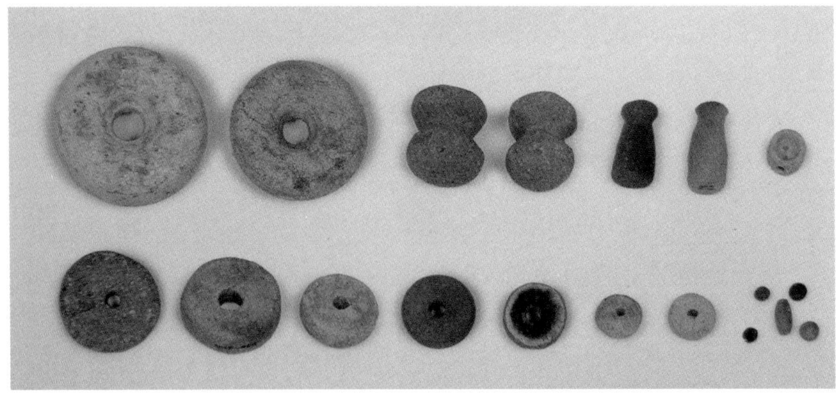

가락바퀴에 검은 색감이 입혀져 있다.
토기에 입혀진 검은 색감과 유사해 보인다.

함께 발견된 가락바퀴에 나타난 검은 사각 표시는, 가락바퀴에 검은 색감을 입힌 현상이 고대 유물과 관련 있음을 또 한 번 입증한다.

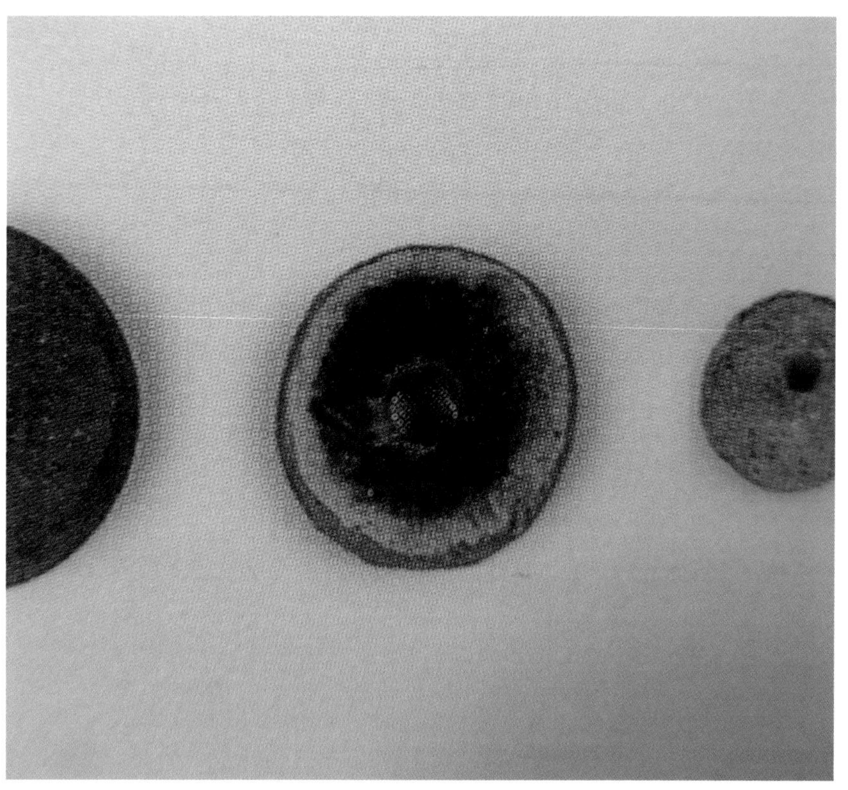

석재벼루에 검은 사각 표시가 나타나 있다.

사용하지 않은 유물이 분명하다. 사용했다면 검은 사각 표시가 지워졌을 것이다.

사각 표시를 지나는 두 선이 평행을 이뤄 인위적으로 그은 선임을 나타낸다. 선이 검은 색감 부위에서도 이어져 있어서 검은 색감보다 나중에 그어졌음을 알 수 있다.

이런 선이 발굴 후 그어지지는 않았을 것이다. 이는 검은 색감도 발굴 전에 이미 입혀져 있었음을 의미한다.

석재유물에 나타난 검은 사각 무늬가 생명형상과 관련 있는 고대유물임을 나타내는 표시라면, 이들 유물과 결이 다른 유물인 벼루에 나타난 검은 사각 표시는 어떻게 이해해야 할까?

이 벼루 또한 고대유물과 관련 있음을 증명한다고 추정할 수 있다.

벼루를 구체적으로 살펴보자.

우측 먹물이 고이는 부분에 더 밝은색이 드러나 있다. 제작된 이후 좌측 부분만 자연적으로 색이 검어진 것으로 볼 수 없다. 좌측 부분에 검은 색감을 입힌 듯하다.

석재유물 표면에 다른 색감의 물질을 입히는 현상은 고대유물과 관련이 있다. 이는 이 벼루가 고대유물과 관련 있음을 의미한다.

검은 사각 표시가 고대유물과 관련 있음을 나타내는 기능을 하는 것이 사실임이 입증된다.

납석제 유물이다.

주전자 뚜껑에 검은 사각 표시가 두 군데 새겨져 있다.

앞 벼루처럼 검은 사각 표시는, 이 납석제 유물 또한 고대유물과 관련 있음을 나타낸다.

기와의 일종인 착고에 검은 사각 표시가 새겨져 있다.

불확실하지만 검은 사각 표시가 형상의 한쪽 눈을 나타내는 듯하다.

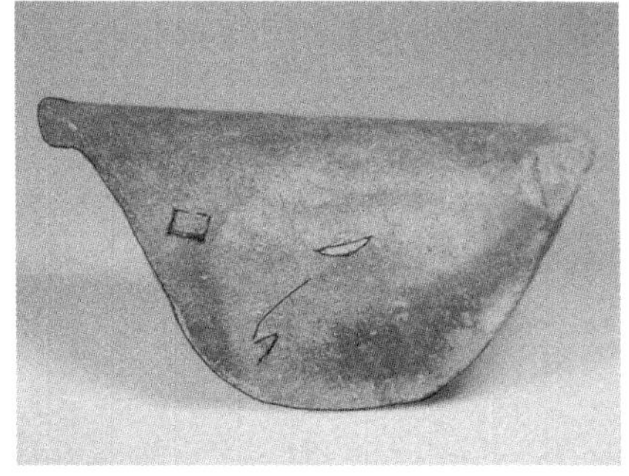

착고에 나타난 검은 사각 표시를 통해 미륵사지의 기와가 고대 유물과 관련 있음을 알 수 있다.

생명형상은 이를 입증한다.

미륵사지의 기와가 고대 유물과 관련 있음이 착고에 나타난 검은 사각 표시로 증명된다면, 미륵사지의 기와에도 생명형상이 나타날 수 있다.

한자 勒(륵)이 새겨진 암기와다.

거꾸로 보면 문양이 뚜렷한 인물상을 나타낸다.

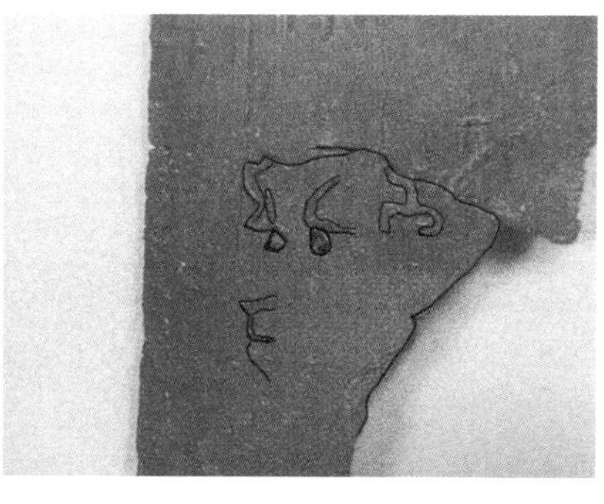

망새의 구멍이 눈처럼 보인다.

이 구멍에 연결되어 있는 그은 선과, 색감이 윤곽선을 이룬 인물상이 새겨진 것으로 보인다.

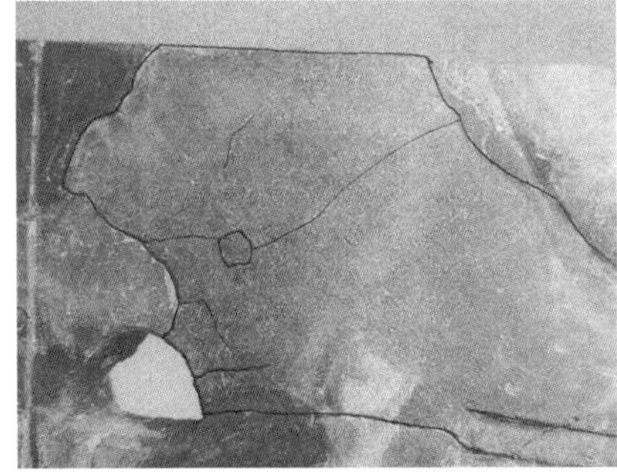

2) 토기

토기에 나타난 검은 사각 표시는 미륵사지의 토기가 고대 유물과 관련 있음을 나타낸다.

바닥에 호(昊)자가 새겨진 명문 토기다.

그런데 호(昊)자의 아랫부분 획을 자세히 보면, 주변의 검은 물질과 같은 물질로 쓴 것을 알 수 있다.

문자 주변 바닥에 나타난 검은 물질이 문자를 이룬 물질과 같다는 것은, 이 검은 물질이 불에 그을린 자국이 아니라, 검은 색감의 물질이 입혀진 것임을 증명한다.

토기에 문자를 새긴 의미가 분명히 드러난 듯하다.

글자 주변 검은 물질의 모습이다.

위 토기의 겉면에도 검은 색감이 나타나 있다. 이 검은 색감을 이룬 물질도 바닥에 새겨진 뭇자를 이룬 검은 물질과 같음이 분명하다.

이는 토기 표면에 검은 색감의 물질이 입혀졌음을 증명한다.

사각 표시가 나타나지 않은 토기에 나타난 형상을 보자.

다음 토기에 얇게 새겨진 흰 선들은 인위적으로 그었음이 분명하다. 이 선이 인물상을 그린다.

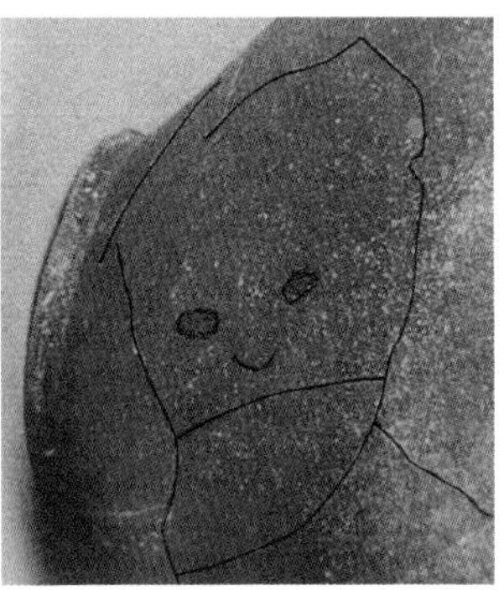

다음 토기에 나타난 선은 균열선은 아니며, 앞 토기의 선보다 약간 깊게 그은 선으로 보인다.

이 선을 더 깊게 하면 조각나며, 이를 복원하면 균열선이 조성될 것이다.

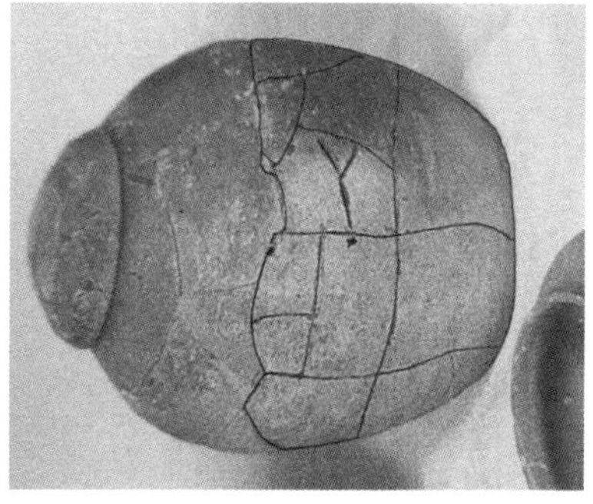

3) 도자기

먼저 청자의 사각 표시에 대해 살펴보자.

청자 밑면에 검은 사각 표시가 위와 아래에 새겨져 있다.
아래쪽 사각 표시의 모습이다. 인물상으로 보인다.

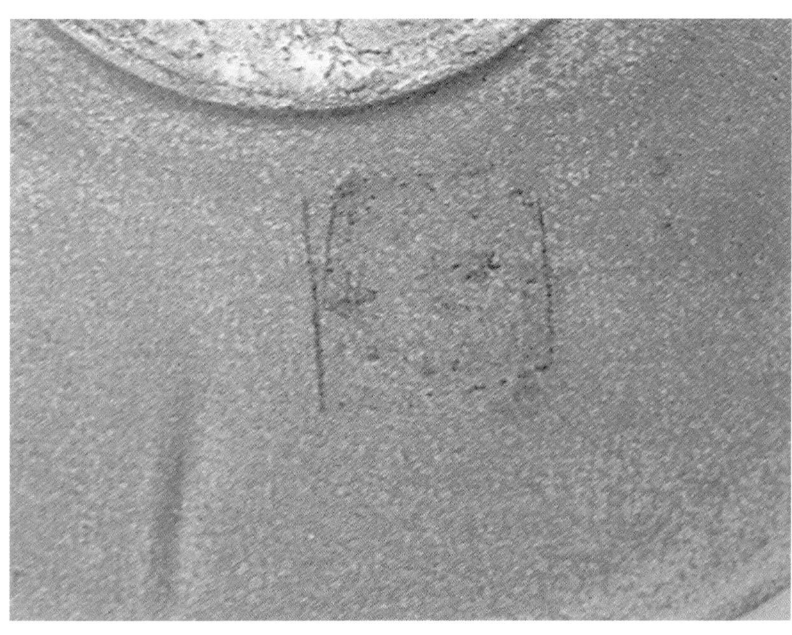

윗부분에도 검은 사각 표시와 가늘게 새겨진 검은색 선이 이룬 사각 표시가 겹쳐 있다.

위와 다르게 다음 청자는 안쪽 면에 검은 사각 표시가 선명하다.

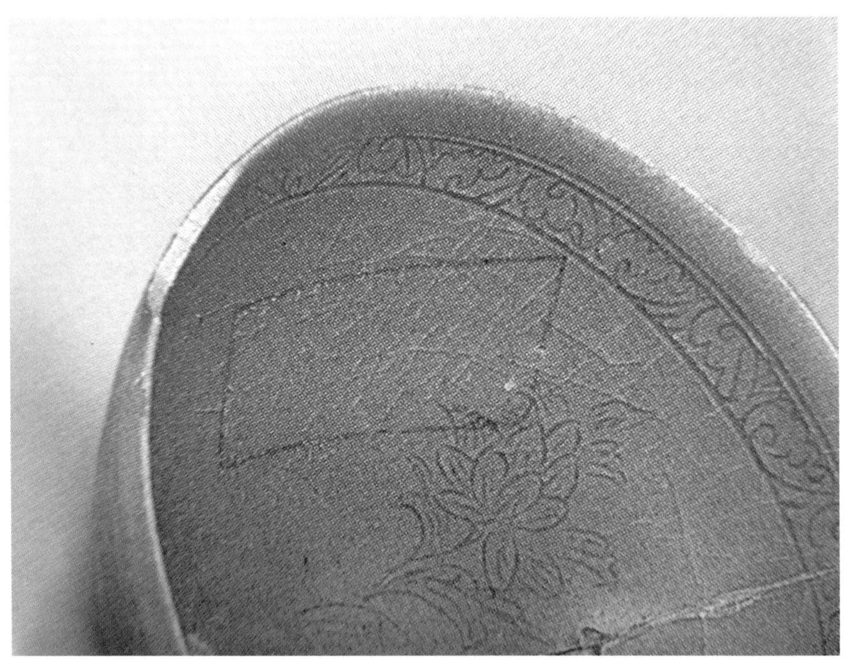

청자에 검은 사각 표시가 새겨져 있어서, 고대 유물과 관련 있음이 증명된다.
이와 관련해 도록에 실린 미륵사지 유물에 대한 해설을 보자.

"미륵사지에서 출토된 유물은 주로 기와와 토기, 자기들이며 시기적으로는 백제시대부터 조선시대에 이르는 것이다.

뿐만 아니라 못에 대한 조사에서는 인골을 비롯하여 간석기, 빗살문토기편 등이 수습되어 가람을 중심으로 한 불교문화만이 아니라 그 이전 단계부터 미륵사지가 입지한 지역의 문화와 역사를 파악할 수 있는 자료가 된다."

신석기시대 유물인 간석기와 빗살무늬토기편이 못에서 발견된 것은 무슨 의미일까?

사찰의 창건설화를 보면, 사찰 터 상당수가 불교가 들어오기 전 우리 민족 고유의 수련법의 수행터일 가능성이 크다.

그러나 간석기와 빗살무늬토기는 시기적으로 너무 앞서 있어서, 이와 관련 짓기는 어렵다. 산성유적지처럼 못을 의도적으로 조성했으며, 고대 유물과 관련 있음을 나타내는 표시로 수장해놓은 것으로 추정된다.

이는 검은 사각 무늬의 역할과 같다.

이후 못 주변으로 사찰 건물이 들어선 것으로 추측된다.

도록의 해설에서는 유물의 시기로 백제시대부터 조선시대까지 상정한다. 이에 맞추어 발견된 청자와 백자의 일부는 중국에서 도입된 것으로 규정하고, 일부는 고려시대, 조선시대에 제작한 것으로 분석하고 있다.

이는 청자와 백자 자체의 분석을 통해 제작 시기를 밝힌 것이 아니라, 청자는 고려, 백자는 조선, 그 이전의 도자기는 중국에서 도입이라는 이론에 공식처럼 맞춘 것일 수 있다.

청자에 나타난 검은 사각 표시는 이런 분석이 맞지 않음을 증언한다.

미륵사지에서는 유약이 흘러내린 토기도 발견된다. 가야를 중심으로 다수의 토기에 나타난 것과 동일하다.

토기 유물에 나타나는 대부분의 현상이 미륵사지 토기 유물에 나타난 것은 철저한 의도하에 유물들이 조성되었음을 의미한다.

가는 선이 나타나 있는데, 균열선은 아니어서, 인위적으로 그는 선으로 보인다.

가늘게 그어진 선이 윤곽선을 이루고, 흘러내리다 맺힌 유약 덩어리가 한쪽 눈을 이룬 인물상으로 보인다.

내부에 이 인물상과 눈, 입을 공유하는 형상이 중첩해 나타나 있다.

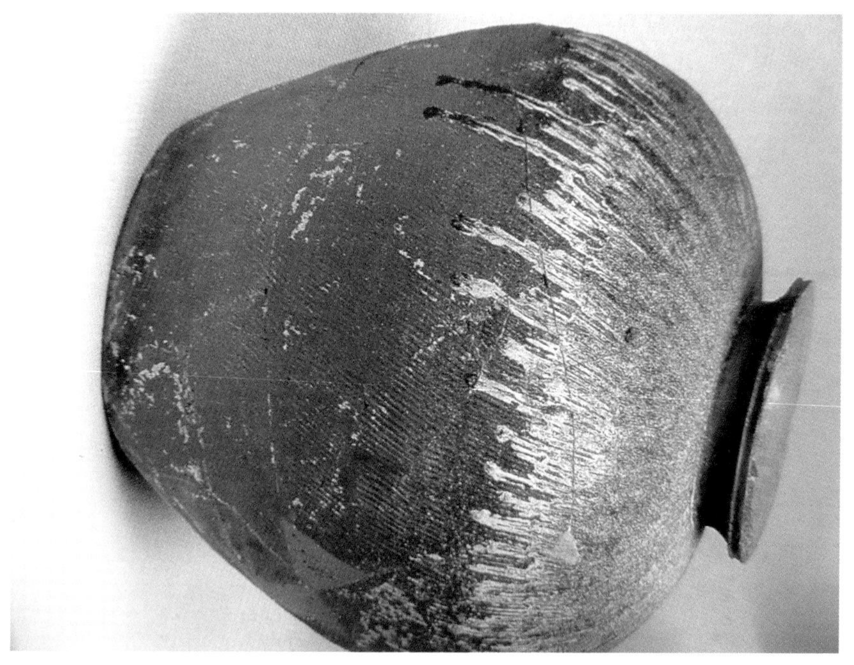

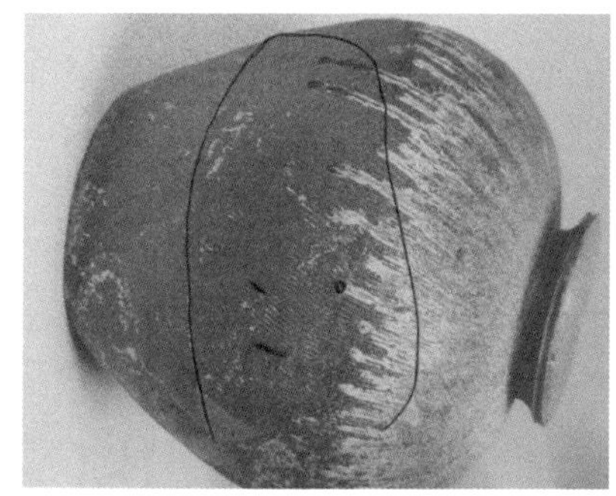

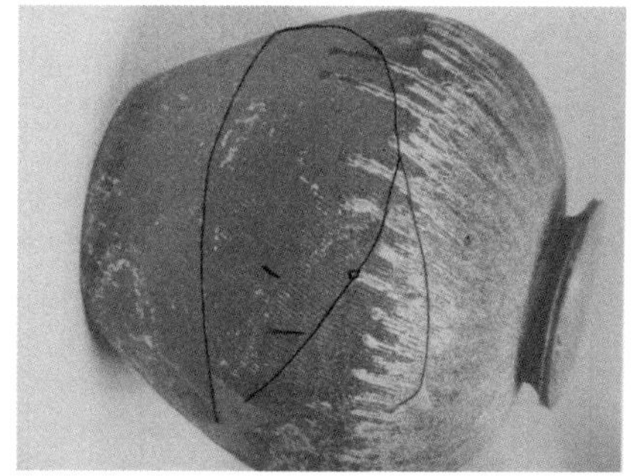

백자의 검은 사각 표시를 살펴보자.

백자는 주변 유물의 분석 등을 통해 조선시대의 백자로 규정하거나, 이전 시기로 판별되는 경우에는 중국제로 분류한다.

그러나 자기 밑면에 새겨진 검은 사각 표시는 백자 유물들이 고대의 유물과 관련 있음을 증언한다.

고려청자, 조선백자로 분류된 도자기들이 고대의 유물일 가능성이 크다. 청자, 백자에 나타난 검은 사각 표시는 이를 증언한다.

청자와 나타난 사람형상을 살펴보자.

다음은 고려시대로 유물로 규정된 청자 조각이다.

청자 조각 위쪽에 길게 이어진 선은 주변의 자연적인 균열과 다르다. 인위적으로 조성하지 않고서는 나타나기 어려워 보인다. 청자가 완성된 이후 긋는 선과도 달라서, 성형 단계에서 그은 선으로 추정된다.

아래쪽에 길게 이어지며 나타난 선들은 청자가 완성된 이후, 그은 선으로 보인다.

약간 옆에서 보면, 성형 단계에서 새긴 선과, 완성된 이후 새긴 선이 윤곽선을 이루는 인물상이 나타난다.

성형 단계에서 새긴 선이 뒤쪽 윤곽선을, 완성된 이후 새긴 선이 앞쪽 윤곽선을 이룬다.

황새의 검은 부리가 한쪽 눈을 나타낸다.

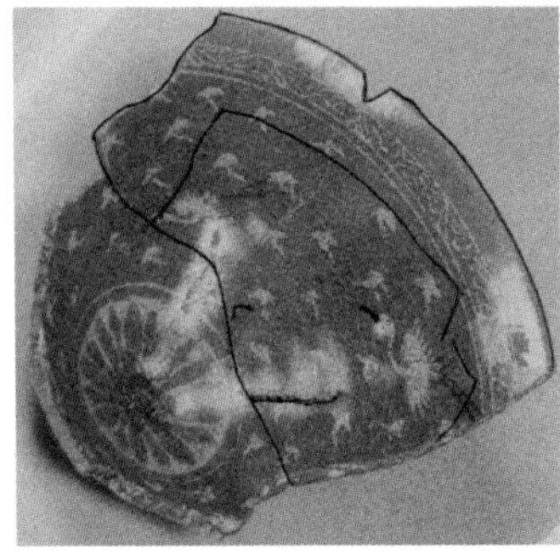

앵무새가 그려진 청자 조각이다.

거꾸로 하면 형태를 다듬어 코를 나타내고, 검은색의 큰 점이 눈을 나타내는 인물상으로 보인다. 작게 홈을 파 입을 표시했다.

앵무새 그림이 머리카락을 이룬다.

앵무새의 머리 부분이 머리카락을 나타내는 인물상으로 보인다.

형상이 다른 형상을 표현하는 기능을 하는데, 이는 울산 반구대암각화를 비롯한 암각화에서도 자주 볼 수 있는 현상이다.

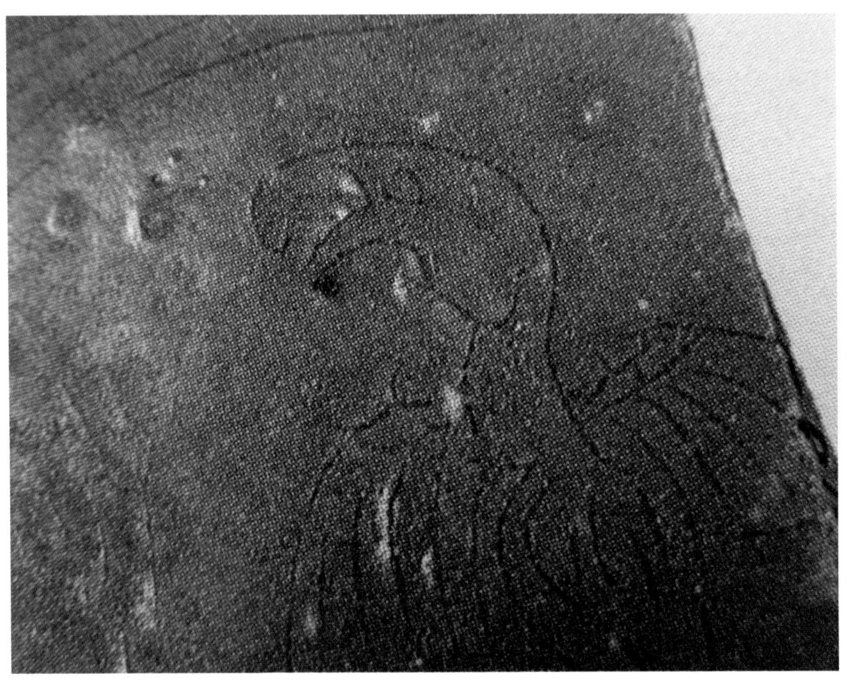

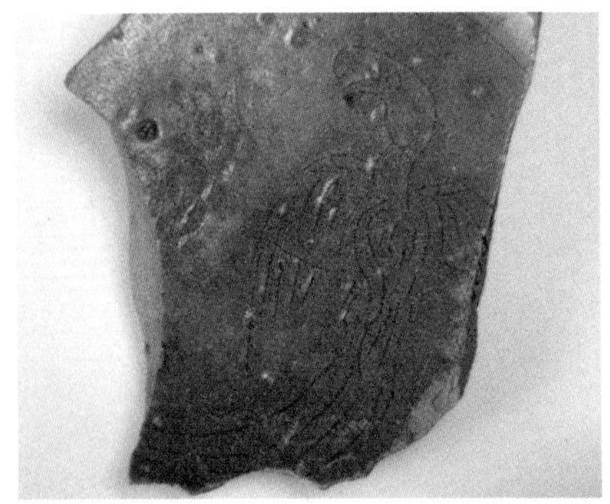

청자 철화당초문 뚜껑이라 한다.

그런데 불필요해 보이는 작은 고리가 달려있어서, 뚜껑의 기능을 할 수 있을지 의문이다.

불확실하지만 고리가 검은 점과 함께 형상의 눈을 나타내는 것으로 보인다. 앞쪽의 작은 홈이 입을 이룬다.

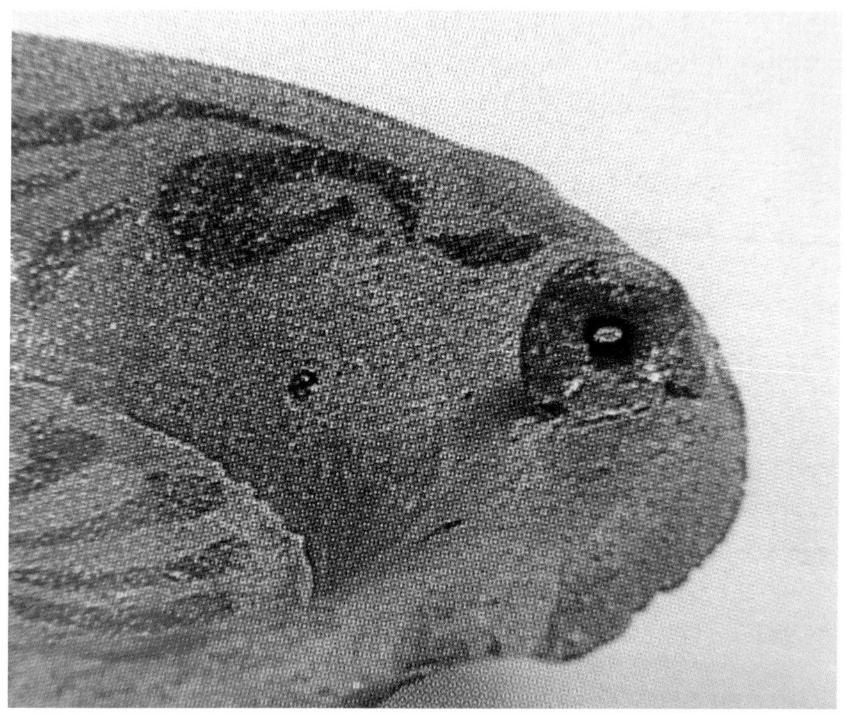

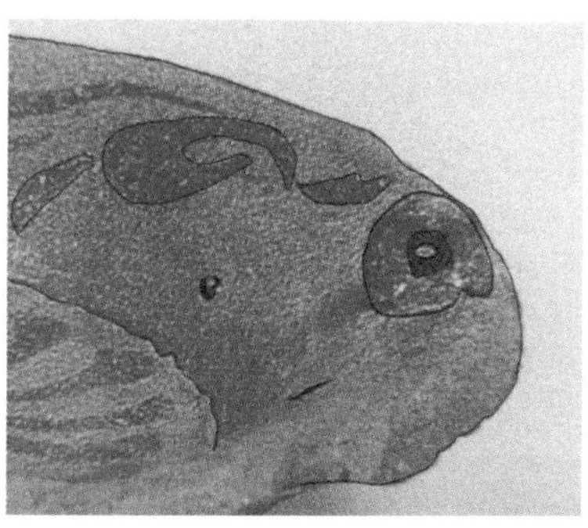

다음 청자 표면의 선들은 인위적으로 그은 선이 분명하다.

옆으로 하면 선이 맞대한 두 형상의 윤곽선을 이루는 듯하다.

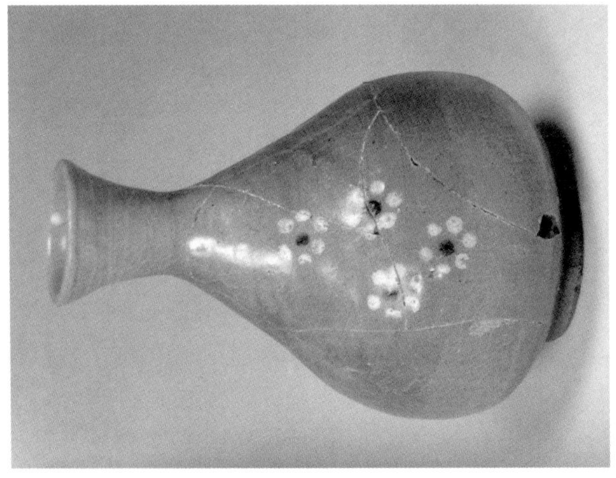

선이 윤곽선을 이루고, 꽃 중앙의 검은 점이 눈을 이루는 형상을 나타내는 것으로 보인다.

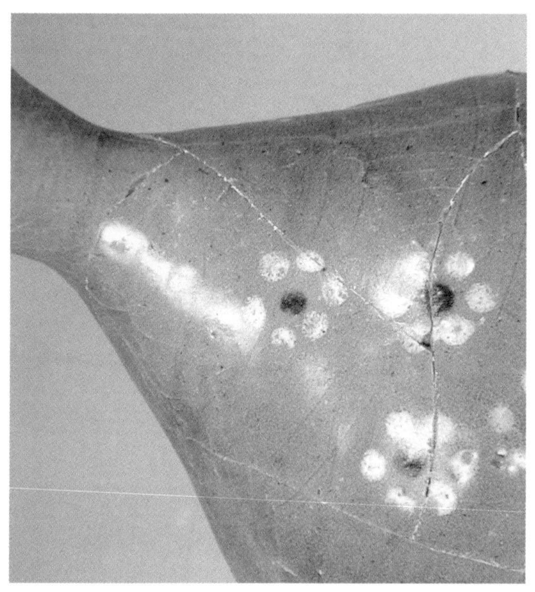

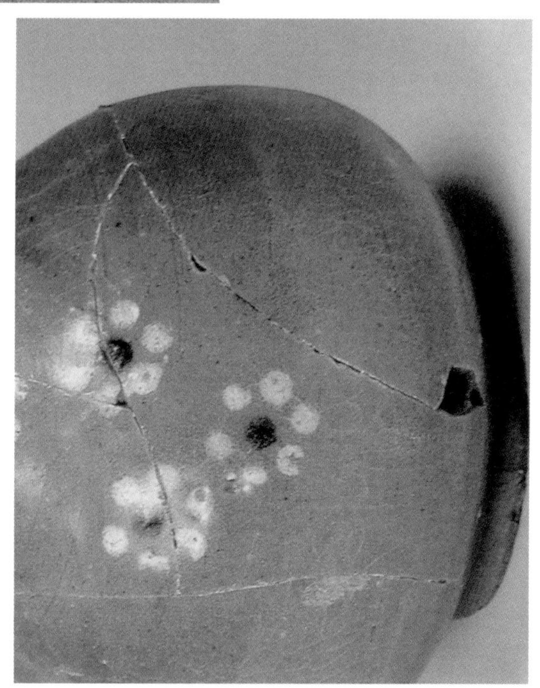

미륵사지는 단순한 폐사지가 아닌 듯하다. 고대의 유물을 전하는 기능을 하는 듯하다.

유사한 현상을 경주 황룡사지에서도 볼 수 있다.

『미륵사지유물전시관』 도록을 우연히 구했지만, 황룡사지 유물 도록은 보지 못해 자세한 설명은 할 수 없다.

1988년 문화예술축전과 관련해서 간행된 팜플렛 「황룡사지 출토유물」(경주박물관 간행)에 실린 내용을 살펴보자.

조선시대 도자기도 발견된다고 한다.

> "자기는 중국계의 청자, 백자, 고려시대의 청자, 흑갈색유, 흑유자기, 조선시대의 분청사기, 백자 등이 출토된다.
>
> 조선시대 자기도 출토되고는 있으나 이것은 황룡사가 고려시대에 몽고란으로 소실되었으므로 그 후에 교란되어 들어간 것을 보이는데, 인화문, 귀얄문, 상감, 철화의 수법으로 새겨진 접시, 잔, 사발, 대접 등의 백자가 있다."

미륵사지와 거의 유사한 논리의 설명인 것을 알 수 있다.

미륵사지는 조선시대 임진왜란쯤 해서 폐사되었다고 추정하므로, 조선시대 유물이 있을 수 있으나, 황룡사는 고려시대에 폐사되었으므로 사찰과 관련해서는 조선시대 자기가 출토될 수 없다.

이처럼 다양한 제조 기법과, 다양한 종류의 백자가 조선시대에 교란으로 우연히 들어간 것으로 보기 어렵다.

출토되는 양상이 미륵사지와 유사해서, 지금까지 살펴본 미륵사지와 같은 성격의 유적지로 판단된다.

미륵사지와 함께 이런 관점에서 새로운 연구가 필요해 보인다.

미륵사지에서 출토된 몇 가지 유물을 더 살펴보자.

석재요대장식 좌측 아래 표면 벗겨진 부분에 드러난 원래의 색감은 밤색이다. 표면의 검은색은 입혀진 것으로 추정된다.

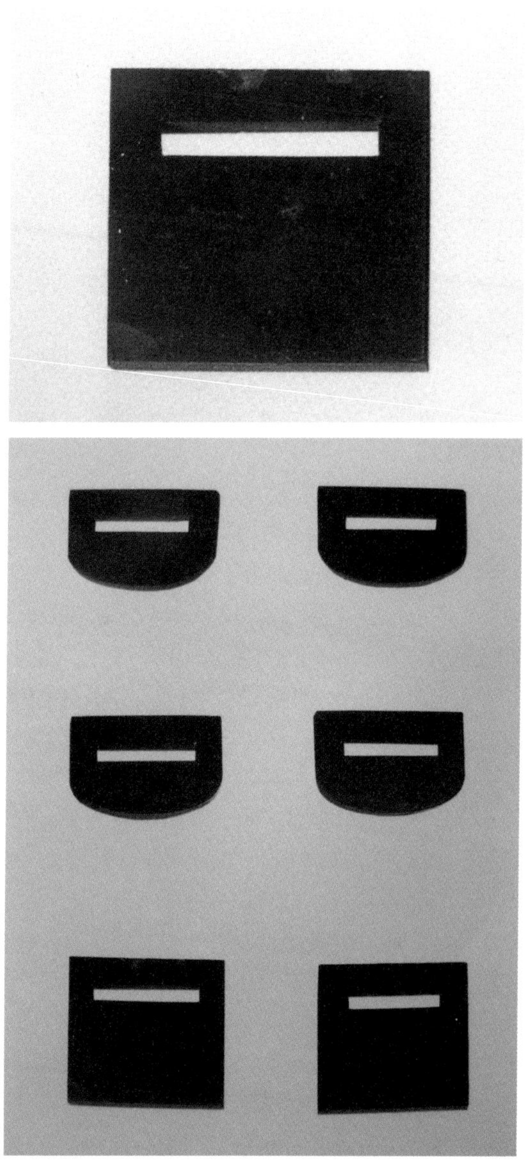

목제 빗이다. 만들다 중단한 것일까?

날 부분이 반듯하지 않아서 일반적인 빗과 다른 듯하다.

표면의 검은 색감은 토기에 입혀진 것과 유사한 느낌이다.

옆에서 보면 인물상을 나타내는 듯하다. 검은 색감이 눈을 표시한다.

만들다 중단한 빗이 아니라 그 형식을 빌려 제작한 하나의 작품으로 해석된다.

석재사람머리다.

검은색의 눈동자는 어떻게 나타나게 되었을까?

원석의 다른 부분에는 검은 색감이 나타나지 않아 검은 색감이 나타나 있는 돌을 선택해서 조각했다고 할 수 없다.

검은 색감을 입혔음이 분명하다.

풍화로 눈동자의 검은 색감이 생성되는 일은 없을 것이다. 풍화는 '비바람, 온도 차이에 의해 돌이 부스러지는 일'로 정의되므로, 오히려 검은 색감이 풍화로 사라지지 않은 점에 주목할 필요가 있다.

석재유물과 관련해서, 지나치게 많은 현상을 풍화에 의존해 설명하는 현재의 접근 방식은 맞지 않다고 생각된다.

풍화가 배제되면, 풍화가 아니면 설명이 불가능할 것 같은 석재유물에 나타난 많은 현상들이, 인위적인 현상임이 드러나게 될 것으로 판단된다.

26장 다른 색감이 조합된 토기, 도자기

앞에서 토기와 도자기에 선을 긋고 균열시켜 형상을 표현하고 있음을 살펴보았다.

현재 박물관에 전시되거나 보관된 다수의 토기는 조각나 있던 것을 복원해 재조합해 놓은 것이다. 토기가 조각나있다면 이를 복원할 것은 예상 가능한 것으로, 실제로 이를 예상하고서, 토기를 균열시키고 조각낸 것으로 추정된다.

가끔은 재조합된 토기에 주변과 다른 색감의 조각이 보이는데, 의도적 현상으로 보인다.

토기를 조각낸 후, 일부 조각에 색감을 입히거나, 새로 제작해 형태와 색감을 변화시켜 놓은 것으로 추정된다.

1. 다른 색감이 조합된 토기

천안 용원리 9호 석실의 발굴 당시 모습이다.(『백제』)
절반쯤 잘린 토기와 청자가 보인다.

여러 조각나지 않고, 이처럼 두 조각난 토기는 보지 못했다. 토기가 매장된 이후 자연적으로 이처럼 균열될 가능성은 거의 없을 것이다. 전체적으로 부식되며 균열될 것임을 감안하면, 가능성은 없다고 해도 무방할 것이다. 인위적으로 잘라놓은 것이 명백하다.

이처럼 자른 것이 명백한 토기가 발굴되었을 때 그 의미를 제대로 파악하지 못한 것은 의문이다. 도록에 사진이 실린 것도 거점 지역의 수장들과 백제 지배층의 관계를 설명하는 위세품으로서의 중국제 청자의 발굴 모습을 보여주기 위함이었다.

이를 보면 청자를 함께 매장한 이유는 반쯤 잘린 토기가 수장되지 않고, 드러나게 하기 위해서가 아닐까 하는 생각이 드는 것도 무리는 아닌 듯싶다.

고령 반운리유적 토기다.(『대가야박 도록』)

사선으로 절반쯤 자르듯 균열선이 나타나 있다. 용원리유적의 반쯤 잘린 토기와 유사하다. 같은 방식으로 균열 가게 했을 것으로 추정된다.

반쯤 잘린 토기는, 이처럼 자연적으로 나타날 가능성이 매우 적어 보이는 균열선들임에도 불구하고, 인위적 현상이라고 추호도 생각하지 않는 것은 타당하지 않음을 증언한다.

옆에서 보면 형상이 나타난다.

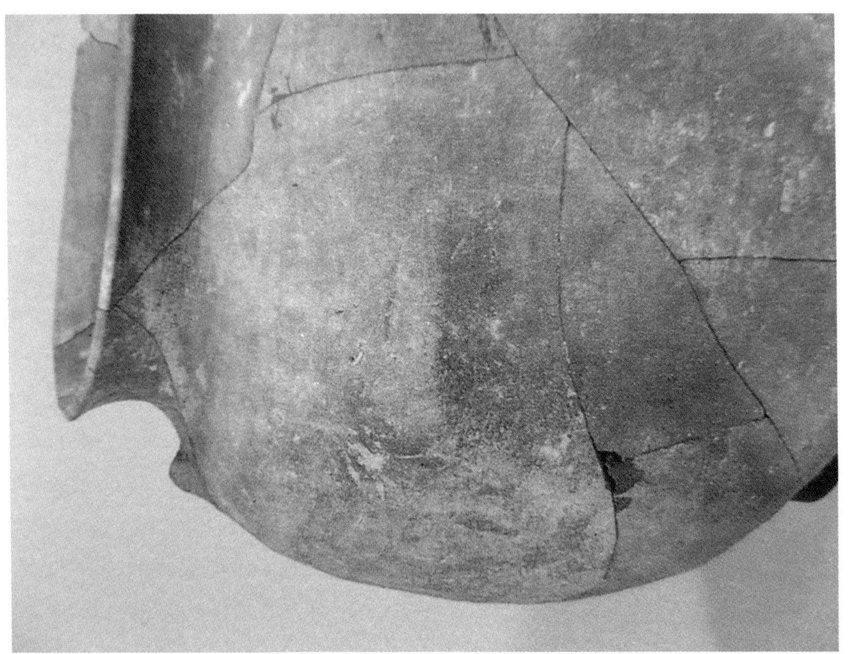

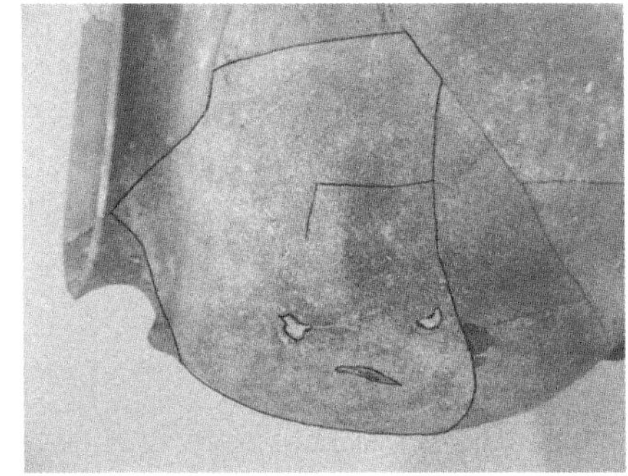

화순 용강리유적 토기다.(『백제』)

절반쯤 자르듯 길게 균열선이 나타나 있다.

용원리 토기와 다르게 선이 불규칙적이지만, 반듯하게 토기를 자를 수 있었다면, 불규칙하게 자를 수 있었을 것도 당연하다.

자연적으로 나타날 가능성이 매우 희박함에도, 지금껏 이를 자연현상으로 이해할 수밖에 없었다.

용원리유적의 반쯤 잘린 토기는 인위적 현상임을 강력히 뒷받침한다.

거꾸로 하면 나타나는 형상이다.

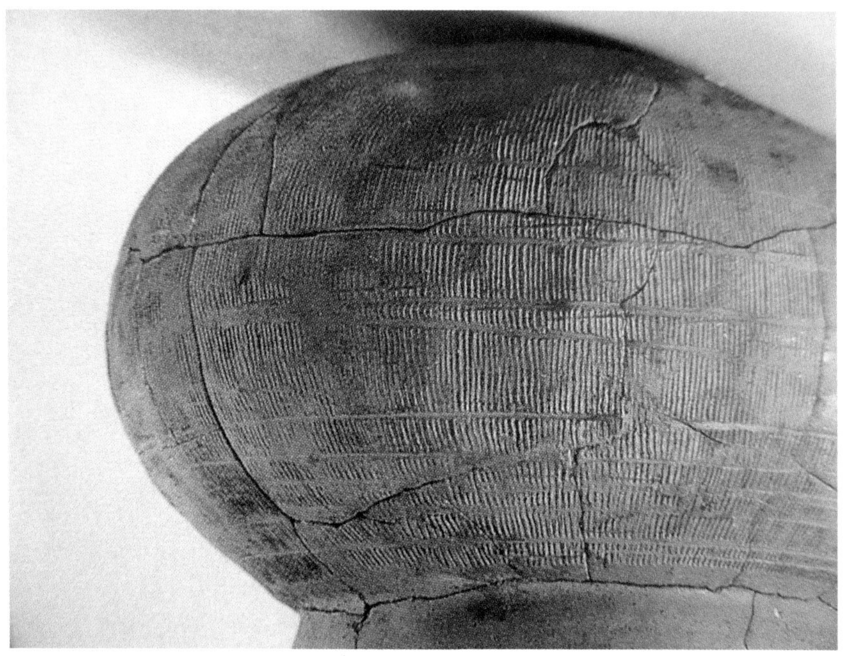

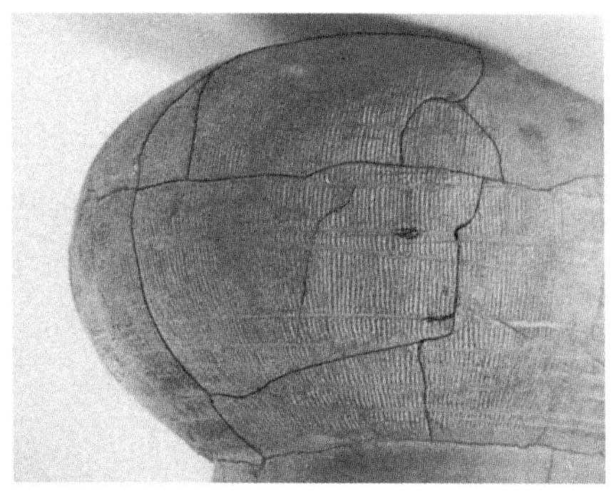

서울 한우물 및 호암산성 출토 토기다.(『서울대박 도록』)

천안 용원리유적의 반쯤 잘린 토기는 이런 모양의 토기가 나타나는 과정을 보여주는 듯하다.

토기를 자른 후, 한쪽 조각의 색감을 변화시키거나, 다른 색감으로 새로 제작한 것으로 해석된다.

이 조각들을 재조합한 것이 현재의 모습이 되는 것이다.

균열선 부위에 사람형상이 나타나 있다.

균열선이 입을 표시한다.

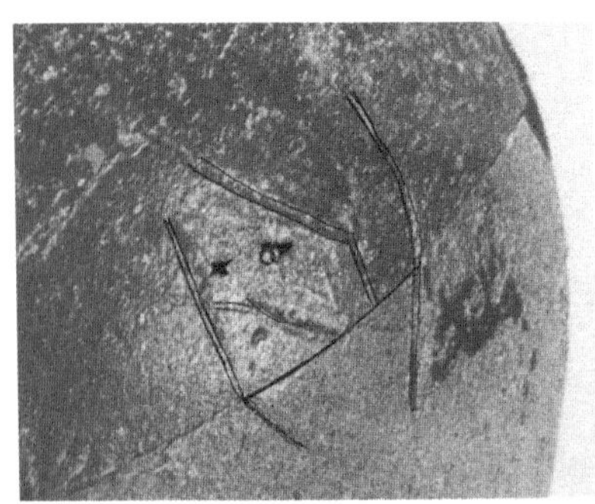

서울 몽촌토성 출토 토기다.(『서울대박 도록』)

평행하게 두 지점이 가로로 반듯하게 잘렸다. 자연적인 균열이 아님은 자명하다.

아랫부분에 새겨진 무늬가 윗부분과 다른데, 무늬는 균열선이 나타나기 전에 새기므로, 이처럼 균열선을 경계로 서로 다른 무늬가 새겨질 수 없다. 별도로 제작해 조립한 것으로 해석된다.

서울 몽촌토성 출토 토기다.(『서울대박 도록』)

불규칙한 균열선을 따라 밑부분에만 격자문이 새겨져 있다.

앞 토기처럼 별도로 제작해 조립한 듯하다.

부여 논치유적 출토 토기다.(부여박물관)

인물상의 형태를 나타내는 재조합된 모습이다.

반듯한 균열선은 자연적인 균열이 아님을 나타낸다. 경계선을 따라 뚜렷하게 구분되는 색감은 다른 조각을 재조합해 놓았음을 나타낸다.

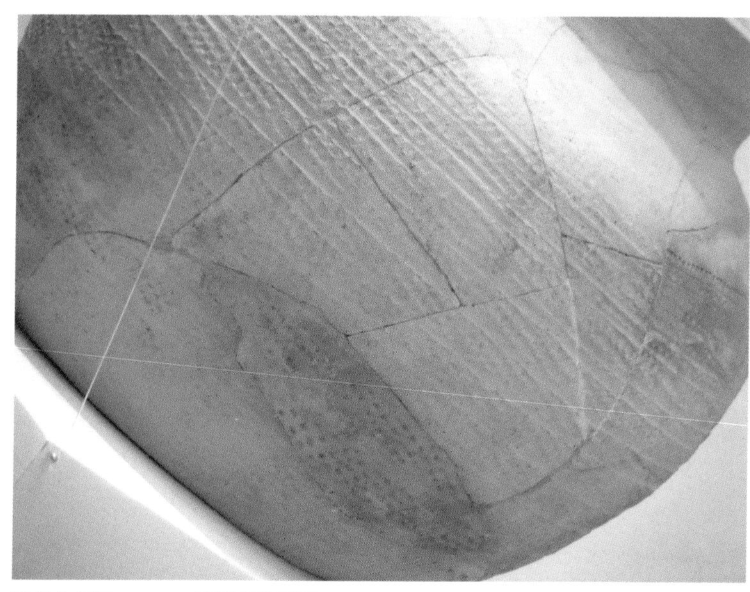

청주 봉명동유적 출토 토기다.(충북대박물관)
균열선을 따라 전혀 다른 두 색감은 분리된 이후 한쪽의 색을 변화시켰거나, 새로 제작해 놓았음을 나타낸다.

봉명동유적에 대한 설명글을 보자.

"1지구에서는 원삼국시대 집터와 더불어 삼국~조선시대 토광묘, 화덕유구 등이 조사되었고, 1지구(구석기)에서는 중기구석기와 후기 구석기시대 2개 문화층을 확인하여 석영과 규질암 강자갈로 만들어진 주먹찌르개, 찍개, 여러면석기, 긁개, 밀개, 홈날석기, 뚜르개 등이 출토되었다. 2지구는 청동기시대 집터와 돌무덤, 고려~조선시대 집터와 기와 가마 등이 조사되었다."

구석기~청동기~원삼국~삼국~고려~조선시대의 유물이 한 지역에서 출토되고 있다. 이처럼 한 지역에서 여러 시대의 유물이 발견되는 유적지가 많다. 이들 유적지의 성격이 서로 같다면 유적지를 의도적으로 조성해 놓은 또 하나의 증거가 될 수 있다. 추후 조사가 필요해 보인다.

화성 석우리유적의 큰독이다.(한성백제박물관)

균열선이 아니며, 선이 그어진 것으로 보인다. 원을 이룬 곳도 있으며, 이처럼 길게 이어지는 선이 자연적으로 나타날 수 없어, 인위적인 선으로 보인다.

제작 당시에 조각을 내서 일부 조각의 색을 변화시키거나, 별도로 제작해놓은 것으로 해석된다.

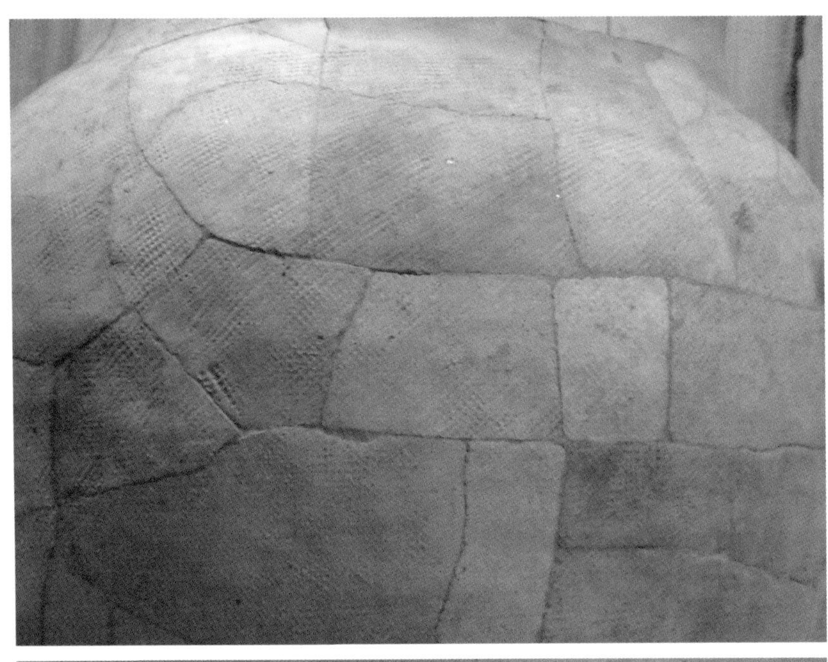

김천 송죽리유적 출토 토기다.(『대구박 도록』)

균열된 부분이 정확하게 일치해 맞추어졌으므로, 균열선상의 무늬도 완전하게 일치해야 할 것이다.

그런데 정확하게 일치하지 않는 무늬가 있으며, 색감 또한 달라서, 원래의 조각이 재조합된 것이 아닌 듯하다.

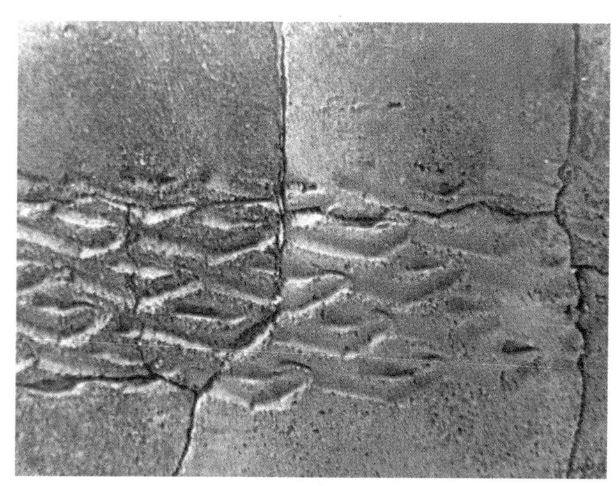

옆에서 보면 인물상이 나타난다.

눈은 두 군데가 표시될 수 있을 듯하다.

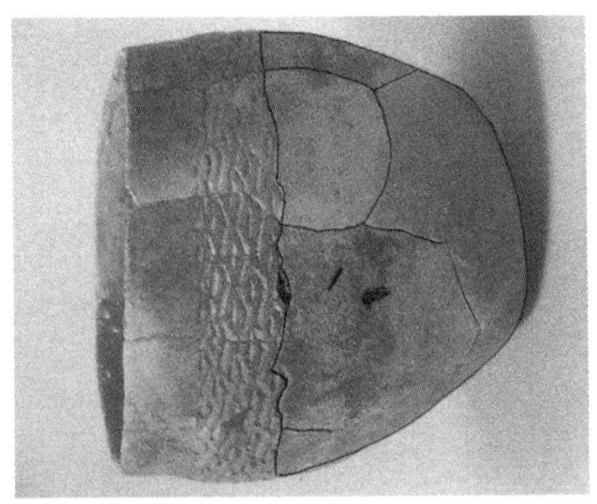

서울 암사동 신석기시대 빗살무늬토기다.(중앙박물관)

윗부분에 새겨진 문양의 무늬가 균열선을 경계로 양쪽이 다르다. 무늬는 균열되기 전에 새기므로 이처럼 균열선을 따라 다를 이유가 없다. 색감도 달라서 한쪽을 별도로 제작해 재조합해 놓았음이 명백하다

양쪽이 두 인물상을 나타낸다.

2. 다른 색감이 조합된 도자기

서울 풍납토성 출토 흑갈유병 저부다.(『백제』)

옆으로 하면 색감이 나타내는 인물상이 뚜렷하다.

의도한 대로 색감을 입히고, 도자기를 자르고 있음이 잘 나타난다.

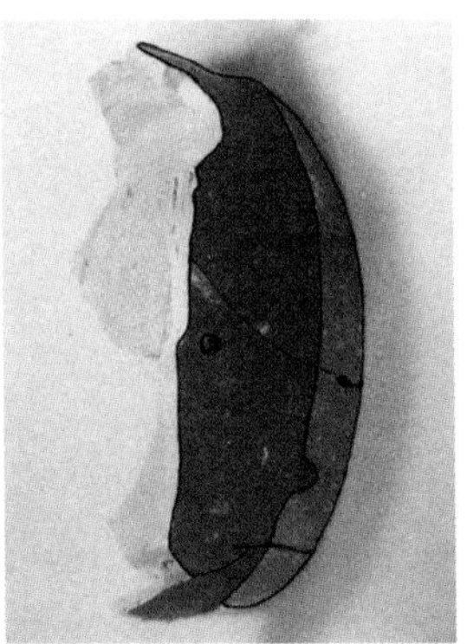

경주 월지 출토 순백색의 백자다.(경주박물관)

백자가 조선시대 유물로 보이지 않는 경우 중국제라 하고 있다. 이는 익산 미륵사지나 경주 황룡사지와 같다.

바닥에 테두리 선처럼 보이는 선이 나타나 있는데, 잘려 나간 부분을 보면, 한쪽은 이 테두리 선과 정확히 이어지며 잘려 있다. 우연히 나타날 수 없는 현상이어서 인위적으로 잘라냈음을 나타낸다.

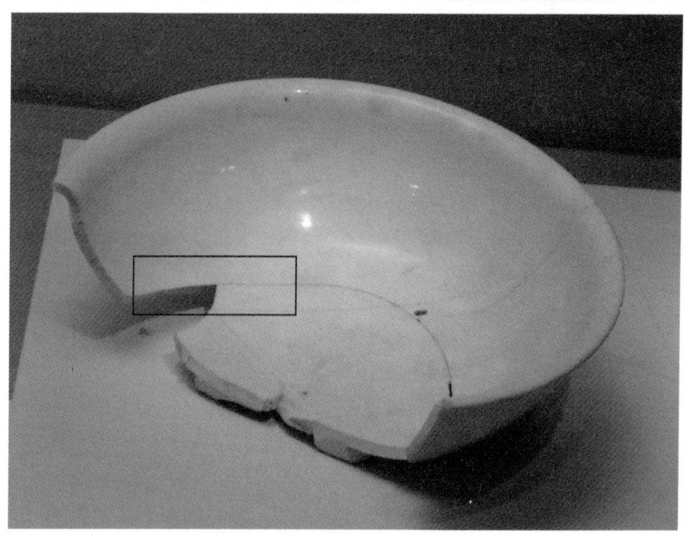

경주 월지 출토 청자다.(경주박물관)

밝은 색감의 조각이 조합돼 있다. 옆에도 유사하게 조각을 나타내는 선이 그어져 있다.

도자기에 다른 조각을 재조합해 놓았음을 증명하는 물증이다.

공주 무령왕릉의 백자 바닥에 나타난 것과 거의 유사하게 세 홈이 새겨져 있다. 세 홈이 형상의 두 눈과 입을 나타냄이 분명하다.

월지와 무령왕릉이 동일 주체에 의해 조성되었을 가능성이 크다.

경주박물관 도록에 실린 위 청자의 밑면이다.

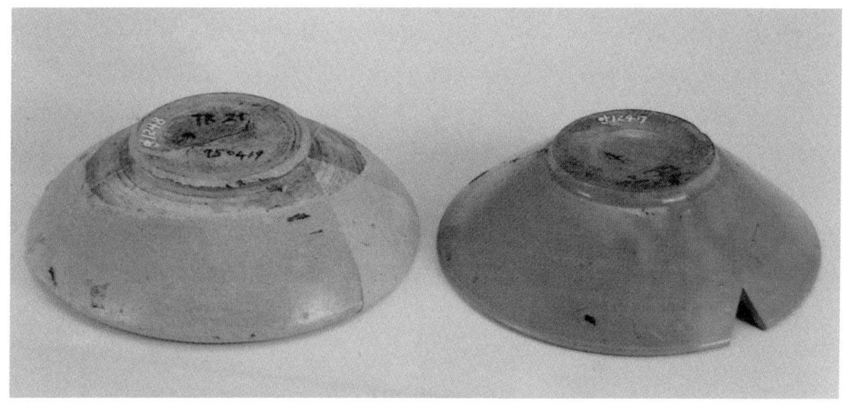

함께 놓인 도자기는 잘려 나간 부분의 한쪽 면이 정확히 선과 이어져 있어서, 우연히 깨진 것이 아니라 자른 것임을 증언한다.

다른 색감의 조각이 재조합된 청자는 이와 같이 조각을 잘라낸 후 다른 색감의 조각을 재조합해 놓은 것이 명백하다.

재조합된 조각 부분이 형상을 나타낸다.

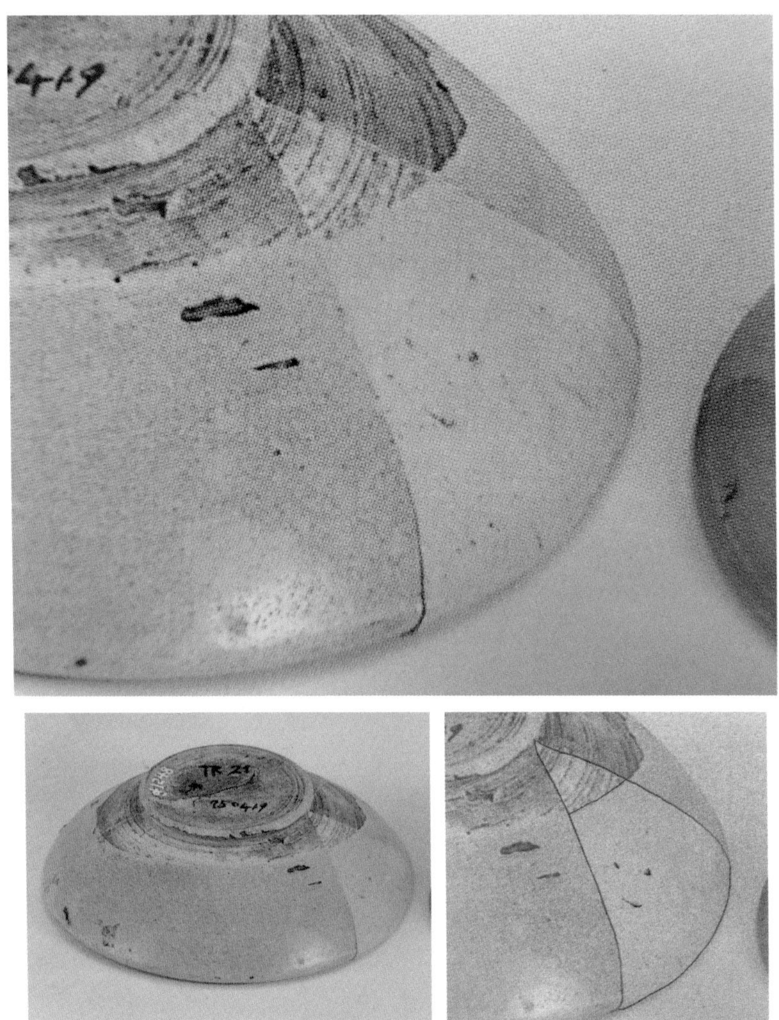

이상으로 토기와 도자기에 원하는 대로 선을 긋고, 균열 내어 조각냈으며, 이를 다시 조합해 놓기도 했음이 증명된 듯하다.

이는 토기와 도자기에 나타난 사람형상을 새기기 위한 기본적인 능력이 갖춰줘 있었음을 증언한다.

4부

회화와 자연에 나타난 사람형상

27장 회화로 표현된 고대유물의 사람형상

고대의 석재유물과 토기에 새겨진 사람형상은 형상이 표현되어 있으리라 상상조차 하지 않으니 그 실체가 드러나지 않았다.

돌이나 토기의 자연스러운 형태나 외곽을 활용하고 있어서, 형상이 새겨져 있을 수 있다는 전제하에 살펴보지 않으면 그 존재를 파악하기 어렵기도 하다.

그런데 안료로 직접 그림을 그리거나 그림을 활용해 형상을 표현한 고대 유물이 있다.

여기에서는 먼저 토기나 목재에 안료로 직접 그림을 그린 사례를 살펴보기로 한다.

다음으로 경주 천마총 출토 천마도에 나타난 그림을 활용해 표현된 형상을 보기로 하자.

인공임이 확실한 그림을 활용해 표현된 형상은 지금까지 살펴본 고대유물에 나타난 형상들이 인위적·의도적 현상임을 증명해줄 것으로 판단된다.

1. 그림으로 표현한 사람형상

1) 토기

서울 몽촌토성 유적에서 출토된 井자형 기호가 새겨진 토기다.(『고분미술 2004』)

토기에 붉은색과 검은색 등의 안료를 사용한 그림이 그려져 있다.

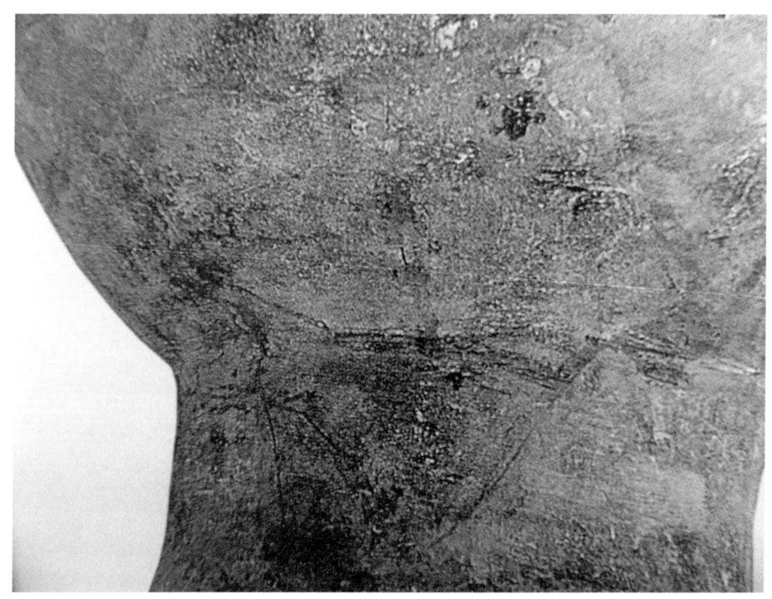

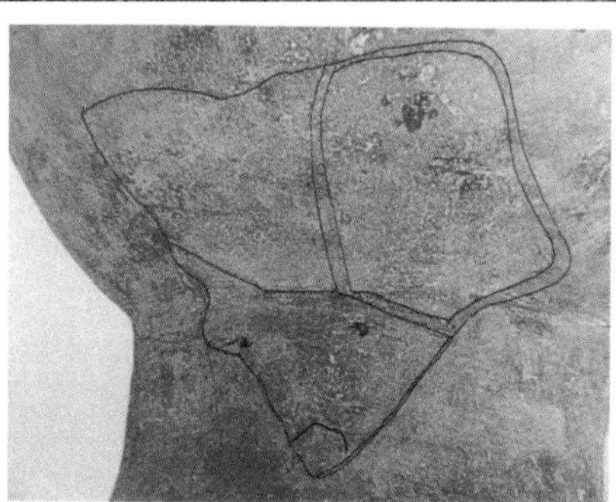

2) 무령왕비 발받침

앞에서 살펴봤듯이 공주 무령왕릉 출토 무령왕비 발받침에 안료로 그린 인물상이 숨겨져 있다.(『고분미술』)

일단 알고 나서 보면, 그렇게 보지 않으려 해도 그렇게 보일 정도로 뚜렷하지만, 현재까지 드러나지 않았다는 점에서 숨겨져 있다고 해도 무방할 것이다.

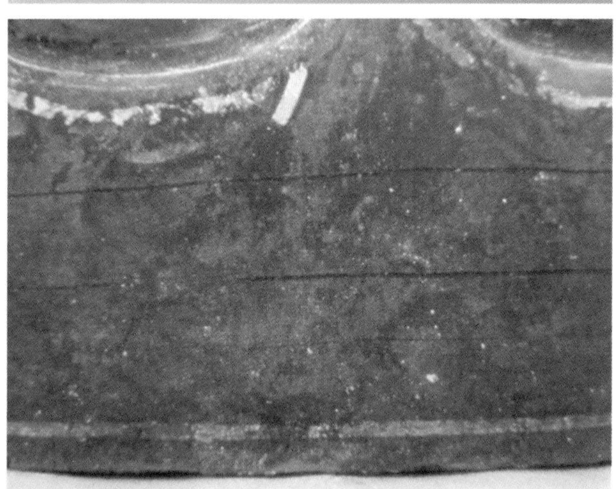

3) 채화판

경주 천마총에서 출토된 문양이 새겨진 채화판 조각을 보자.(「고분미술」)

밤색 바탕에 검은 색상의 무늬와 이를 연결하거나 감싼 밝은색의 선이 보인다. 무슨 의미일까?

물감으로 직접 그림을 그린 것과 다르게, 색감과 명암 대비를 통해 형상을 나타내는 듯하다.

고대유물의 생명형상 표현법의 특징 중 하나는 중첩해서 형상을 표현한다는 것이다. 특히 아래 형상의 한 눈이 위 형상의 입을 이루는 형상을 자주 볼 수 있다.

이 채화판도 같은 방식으로 사람형상을 표현하고 있는 것으로 보인다. 검은 무늬가 눈과 입을 표시하며, 중첩해 인물상을 표현한다. 채화판이 형태를 이루며, 아래 형상의 한 눈이 위 형상의 입을 이룬다.

먼저 좌측면의 형상을 보자.

전체로 좌측 아래쪽의 세 문양이 눈과 입을 표시한 인물상을 나타낸다. 위쪽에 인물상의 좌측 눈이 입을 이루는 형상이 중첩해 있다.

우측면의 형상을 보자.

뚜렷한 인물상들이 중첩해 나타나 있다.

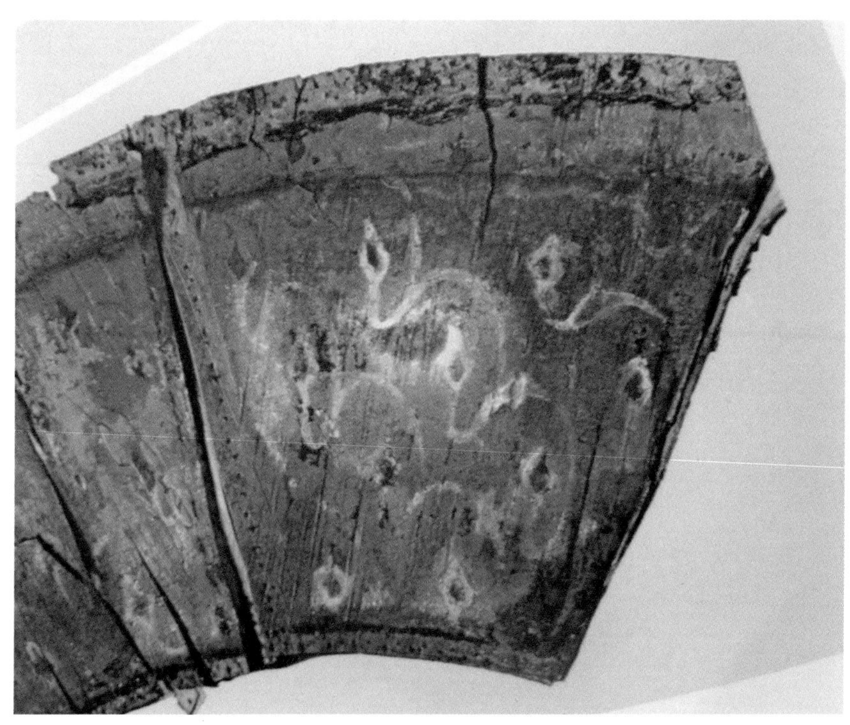

위 형상 좌측 상단에 나타난 형상이다.

다수의 인물상이 중첩해 나타나 있다.

채화판에 나타난 검은 무늬와 밝은색의 선이 단순히 문양으로 새겨진 것이 아니라, 인물상을 표현하고 있음을 알 수 있다.

2. 그림을 활용해 형상을 표현한 천마도

경주 천마총 출토 천마도는 한 마리 말의 나는 듯한 느낌을 잘 살려 표현한 그림으로 외관상 사람형상이 나타나 있지 않다.

그러나 생명형상 표현법을 이해하고서 보면 주변의 문양을 활용해 사람형상이 새겨져 있다. 이를 전작에서 밝혔는데, 고대유물에 적용된 생명형상 표현법이 이해되지 않아서인지 공인되지 않았다.

고대의 생명형상 표현법이 적용되었음을 인정하지 않고서는, 한 마리의 나는 듯한 말이 그려진, 현대의 그림과 다르지 않은 천마도에 사람형상이 새겨져 있다는 것을 여전히 받아들이기 어려운 듯하다.

천마도에 전작에서 제시한 인물상 외 다른 형상이 더 표현돼있는 것을 발견하였다. 외곽의 문양이 아닌 천마도를 직접 활용한 형상들이다.

그리고 천마도의 적외선 사진에도 형상이 나타난 듯하다.

이 형상들에 대해 살펴보기로 하자.

1) 문양을 활용한 사람형상

다음 천마도에 나타난 사람형상을 보자.

상단 우측 부분에 문양을 활용해 나타난 인물상이다.
그윽한 눈으로 천마를 바라보고 있는 듯하다.

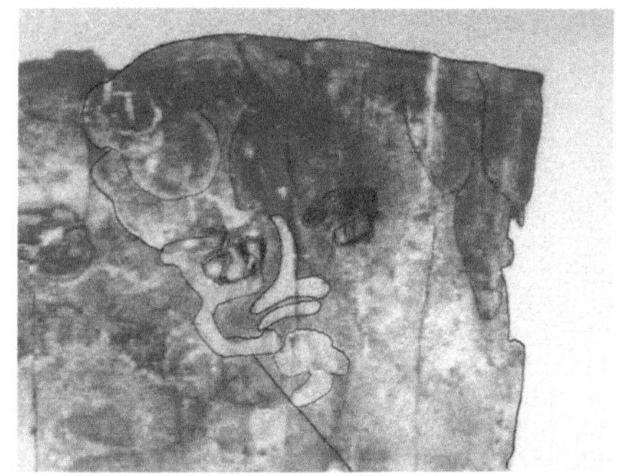

2) 적외선 사진의 사람형상

적외선 사진에는 채색 천마도에는 나타나지 않는, 꼬리와 유사한 형태의 갈기가 머리 위로 솟아 있다. 채색 천마도와 다르게 그려진 부분이 있음을 알 수 있다. 머리 위의 갈기는 채색할 때 가려졌을 것이다.

그런데 채색 천마도의 인물상이 나타난 상단 우측 모서리 부위의 무늬가, 다른 세 모서리 부분의 무늬와 다르다.

한편, 적외선 사진을 그대로 옮겨 그린 실측도에는 네 모서리 부분의 무늬가 같았다.

실측도를 그리려 자세히 살폈을 것인데, 다른 점을 발견하지 못한 이유는 당연히 같을 것이라는 선입견 때문일 것이다.

다른 세 부분과 형태가 다른 이 무늬가 뚜렷한 인물상을 나타낸다. 윤곽선이 생략된 추상화된 인물상이다.

채색 천마도에는 문양으로만 보일 뿐, 적외선으로 촬영해야 나타나는 형상을 왜 그려 놓았을까.

적외선 사진을 염두에 두지 않는다면 시행할 리 없어 보인다.

적외선 사진에만 나타나는 말머리 위로 솟은 갈기는 적외선 사진이 존재했던 증거라 할 수 있다.

우아하면서도 강렬한 머리 위 갈기를 채색하며 가린 이유는 적외선 사진의 존재를 확인할 수 있도록 하기 위한 것으로 추정된다.

그림을 그릴 당시에 적외선 사진이 있었을 가능성을 배제할 수 없다.

적외선 사진의 몸체 뒤쪽 부위에 나타난 인물상이다.
채색 천마도 머리 위의 갈기처럼 채색 시 가린 듯한 흔적이 나타난 지점이다.
채색 천마도에는 나타나지 않는 형상이다.

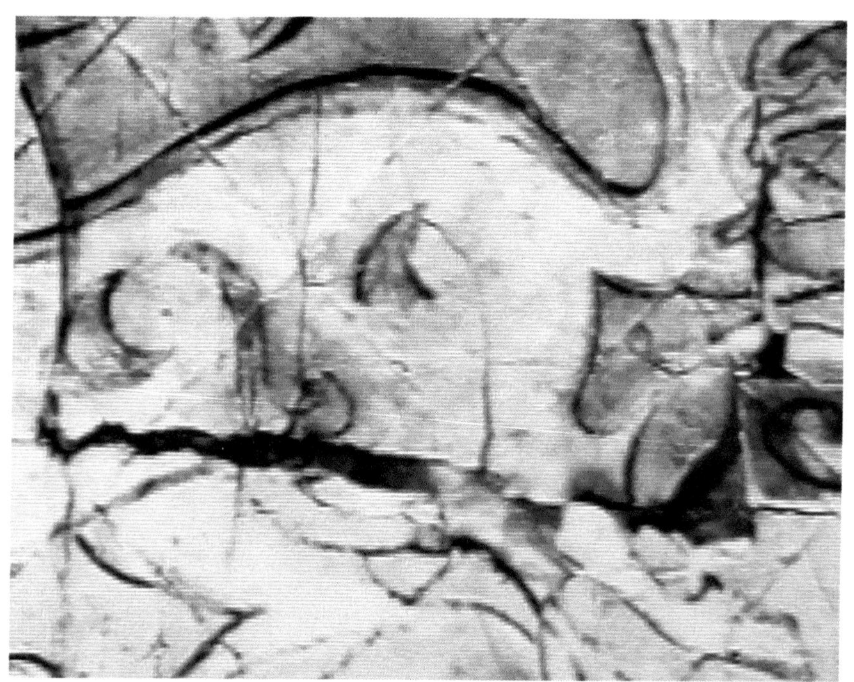

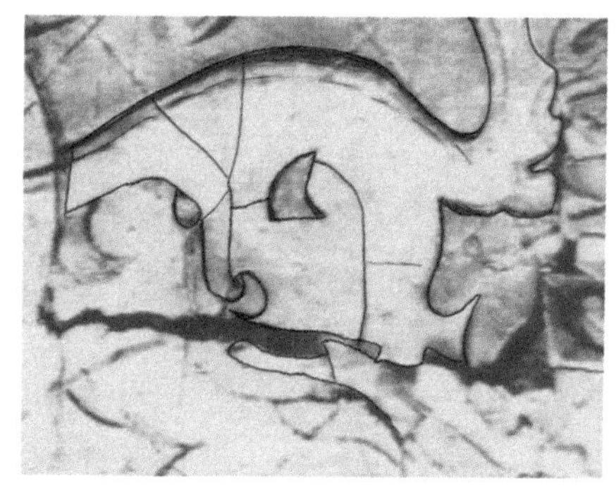

3) 천마가 품은 비밀 그림

앞에서 천마도에 나타난 인물상을 살펴보았는데, 문양을 활용해서 형상을 표현함으로써 인물상인지 다소 명확하지 않은 점이 있다.

그런데 천마도에는 또 다른 인물상이 새겨져 있다. 문양이 아닌 그림을 활용한 형상이다.

천마도를 보자.

천마가 허공을 가르며 나는 듯한 느낌을 준다. 천마가 하늘을 나는 듯한 느낌을 주는 것은 말려있는 구름처럼 보이는 흰색 무늬의 영향이 크다. 이와 함께 천마도의 몸통 부위가 크게 갈라져 있는 것도 큰 역할을 하는 듯하다.

이처럼 나는 듯한 느낌을 살리려는 분명한 목적하에 몸통을 분리되게 그린 것으로 판단되므로 이상하거나 어색하게 느껴지지 않았으며, 더 이상의 의문을 갖지 않았을 것이다. 하지만 몸통이 거의 분리되다시피 해서 자세히 보면 약간 불합리해 보인다.

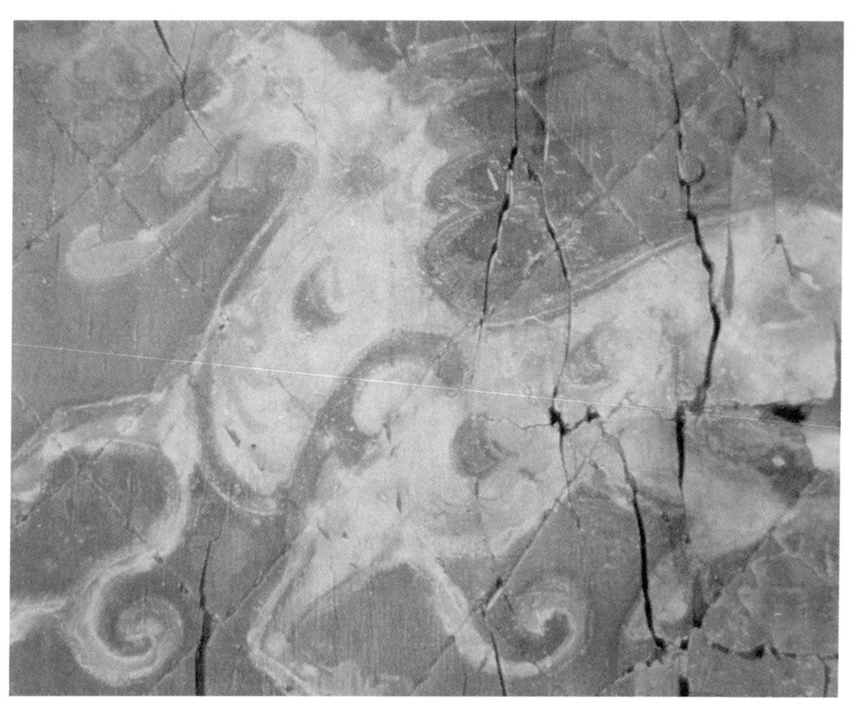

이처럼 몸통을 과하게 분리시킨 이유가 나는 듯한 느낌만을 위해서일까.

맑은 날 하늘의 흰 뭉게구름은 시시때때로 변하며 뚜렷하게 인물상을 나타내기도 한다. 이와 유사하게 흰색의 분리된 몸통과 구름 문양이 형상을 나타내도록 하기 위한 것으로 보인다.

약간 좌측에서 천마를 바라보면, 흰색 사이의 빈 공간이 눈과 입을 표시하는 형상이 나타난다.

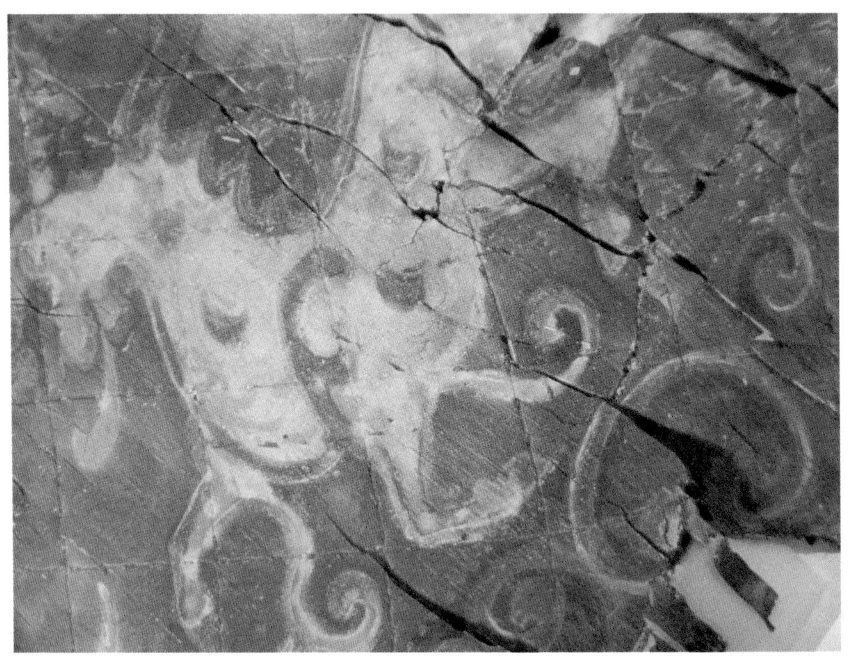

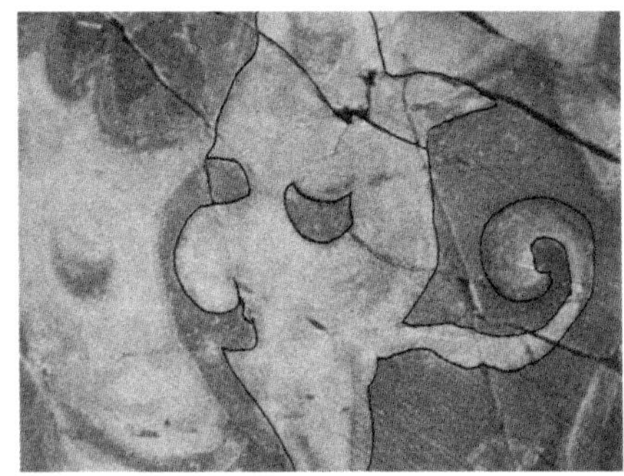

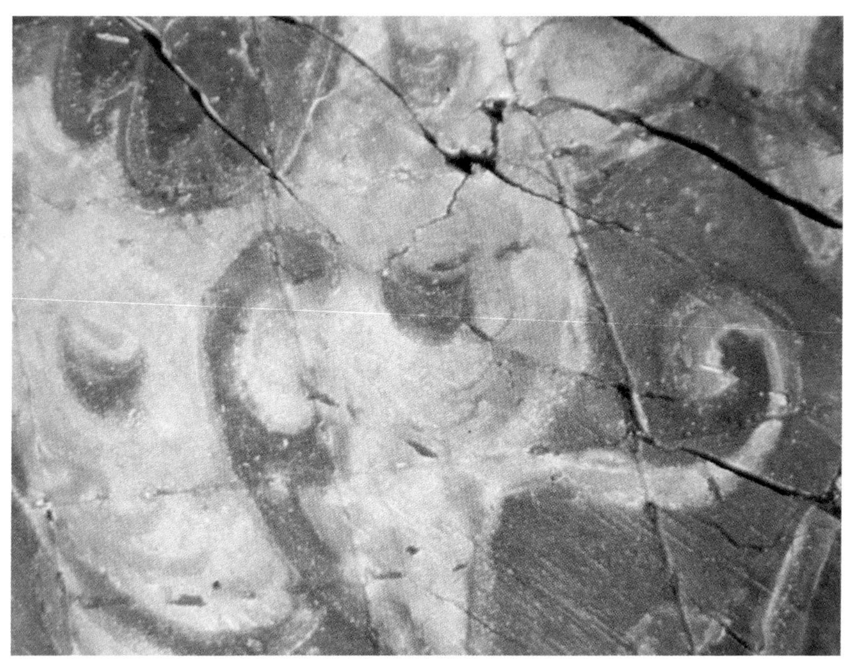

위 형상에 중첩된 아랫부분에 나타난 인물상이다.

우측 윗부분에도 별도의 인물상이 보인다.

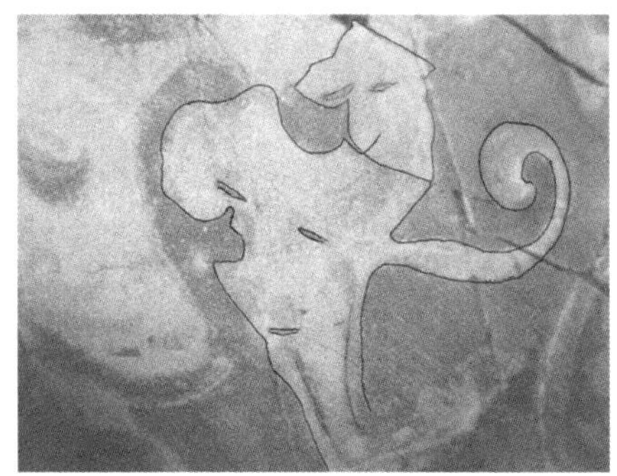

천마도를 거꾸로의 방향에서 보면 마찬가지로 빈 공간이 두 눈과 입을 표시하는 인물상이 뚜렷하다.

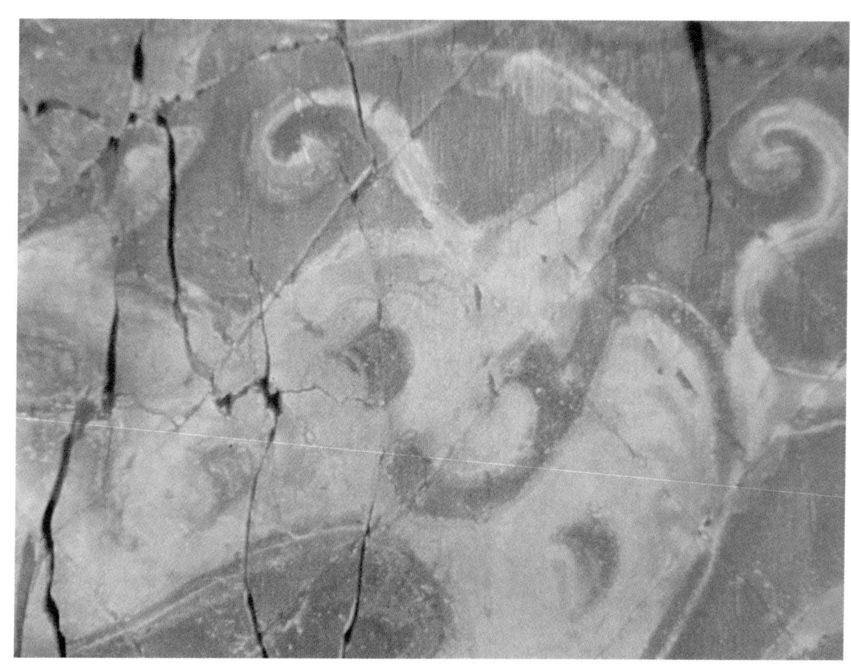

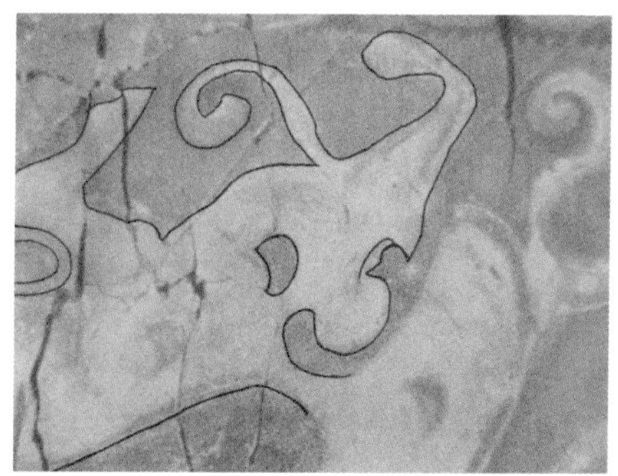

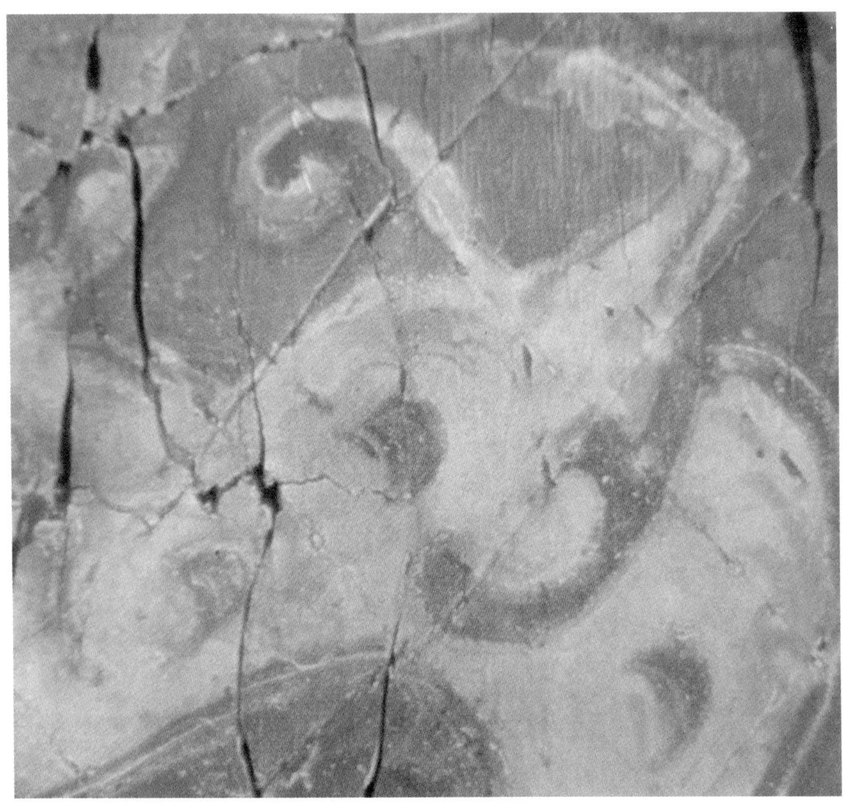

위의 곳을 약간 좌측에서 보면 나타나는 인물상이다.
두 눈과 입이 뚜렷하다.

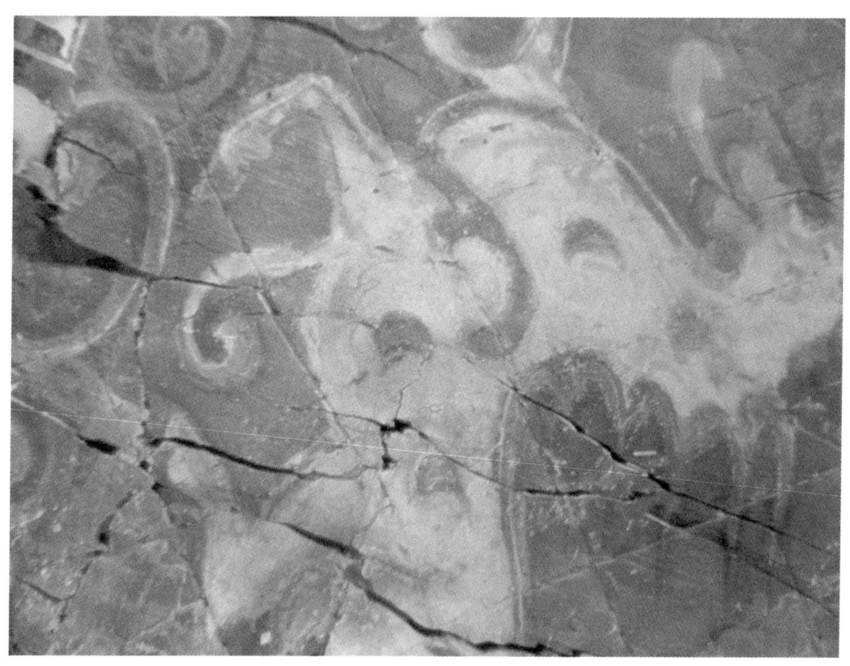

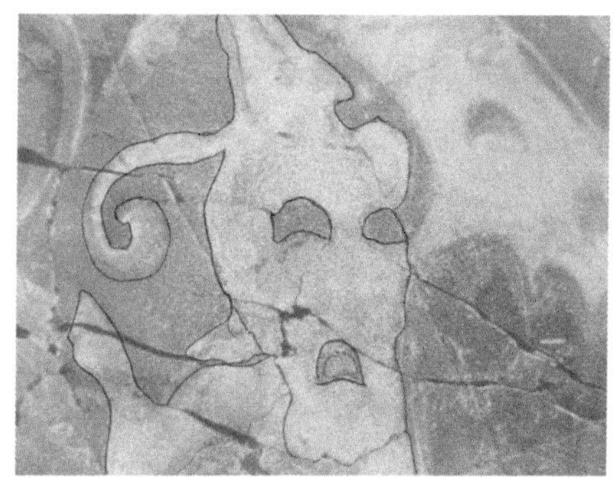

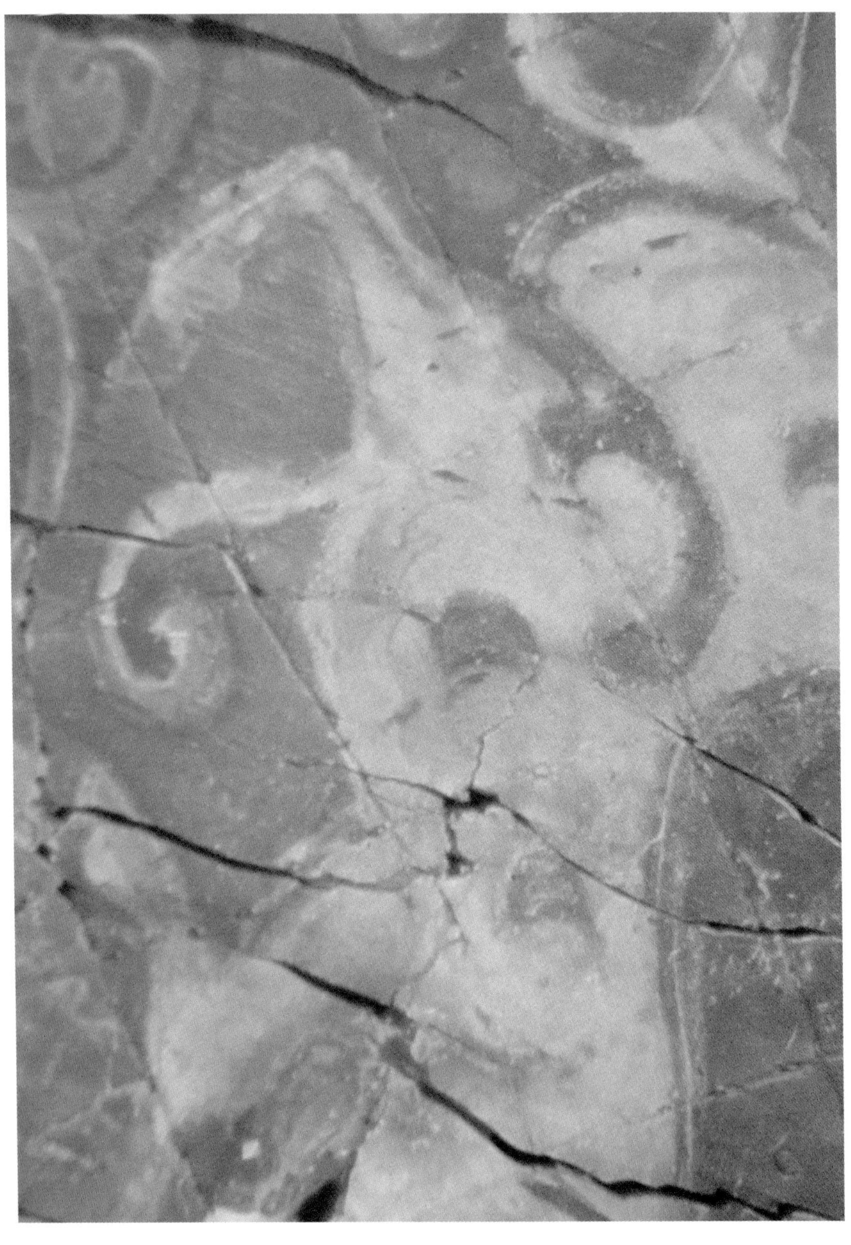

다음 형상은 뚜렷하지는 않지만 살펴보기로 하자.

목 부위 두 공간이 눈을 이루고, 아래쪽 반달 모양의 공간이 입을 나타낸다. 말의 머리가 머리카락처럼 보인다.

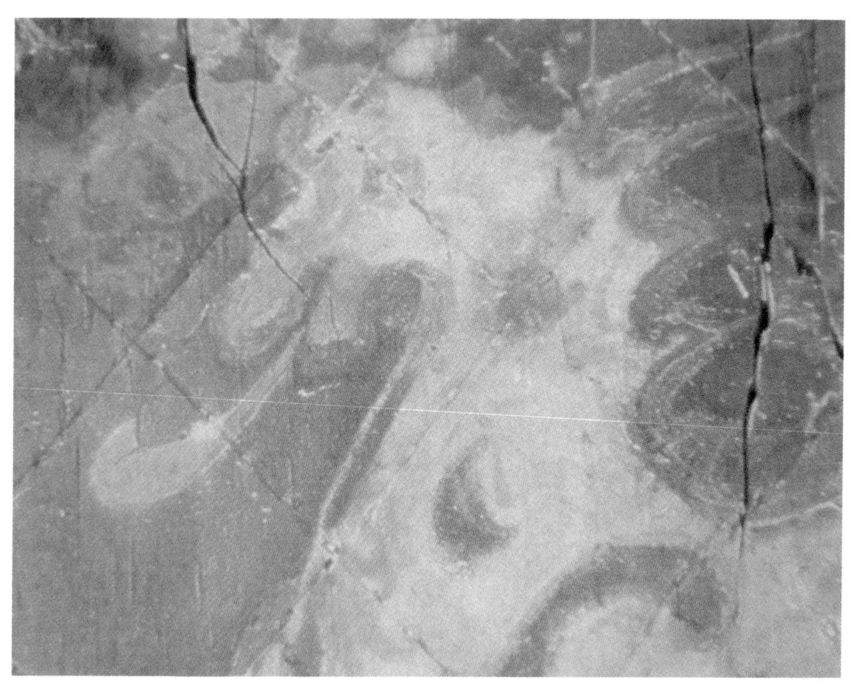

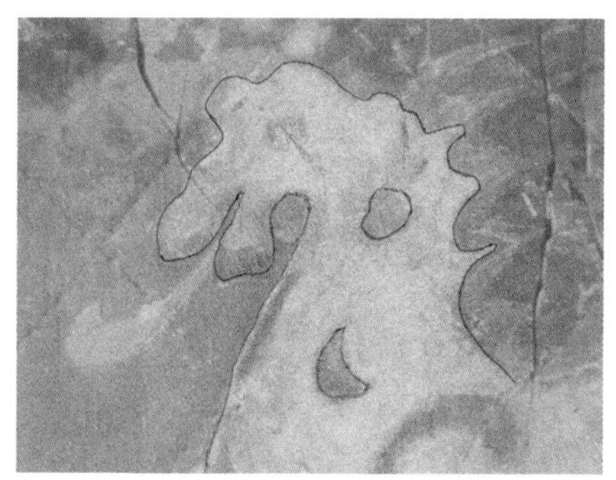

인물상이 표현돼있을 수 있다는 것을 알고서 천마도를 살펴보아도, 형상의 존재를 찾아내기 쉽지 않았다. 지금까지 형상의 존재가 드러나지 않은 이유일 것이다.

천마도에 숨겨진 형상을 보면 우리의 볼 수 있는 능력에는 한계가 있다는 생각이 든다. 신라시대에는 가능하지 않았을 것이며, 고대 어느 때인가의 고도 문명의 작품으로 추정된다.

그림인 천마도에 나타난 인물상은 자체로는 명확함이 부족할 수 있는, 다양한 방법으로 표현된 형상들이 사실임을 확증할 수 있도록, 또 하나의 방편으로 조성해 놓은 것으로 추정된다.

3. 금박화조도

최근에 통일신라시대 금박화조도가 공개되었다. 여기에는 금박에 꽃과 새 두 마리가 새겨져 있다 한다. 사람형상에 대한 언급은 없다.

그런데 여기에도 천마도처럼 문양을 이용해 인물상을 표현하고 있는 듯하다.

금속공예가 회화인 천마도와 표현법이 유사하므로 살펴보기로 하자.

관련 기사다.[1]

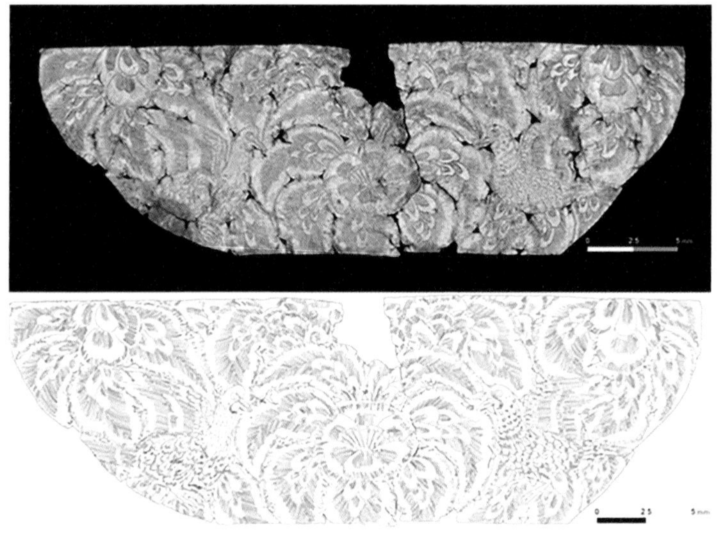

"극한의 정교함이다. 0.04mm 두께 얇디얇은 금박에 머리카락보다 가는 선으로 꽃과 새를 그려넣었다. 현미경을 통해 봐야만 문양이 확인되는 신라시대 금박 유물이 첫 공개됐다."

"문양은 매우 가는 철필(鐵筆)로 새긴 것으로 추정된다.

김경열 연구사는 '국가무형문화재 장인에게 확인한 결과 현대 장인의 기술로는 실물 그대로 재현은 현재로서는 불가능하다는 의견을 받았다.'고 밝혔다."

1 "현미경 써야 보인다... 0.04mm 예술 통일신라시대 금박화조도 공개" 중앙일보, 2022.6.16.

육안으로는 문양이 보이지 않는다면서, 문양을 가는 철필로 새긴 것으로 추정하고 있어 모순이다. 문양이 육안으로 보이지 않게 작으므로 이를 새기려면 철필도 눈에 보이지 않게 가늘어야 하기 때문이다.

장인의 설명처럼 철필로는 불가능한 것이 분명하다.

다른 기사에서 국가무형문화재 김용운 조각장의 이에 대한 설명을 보자.[2]

"컴퓨터로 도안한 그림을 레이저로 쏘면 가능할까요. 한번 시도해봐야 할 것 같네요. 그러나 인간의 힘으로 0.05mm 문양을 새기기는 어려울 것 같네요."

2 "저기 반짝거리는 물체가.. 두 인부가 찾아낸 0.05mm 금박화조도", 이기환의 HI-story, 22022.6.26

유물에는 꽃무늬와 한 쌍의 새가 마주 보게 새겨졌다 한다.

다음은 이한상 대전대교수가 돋보이게 처리한 것이다. 둥근 꽃무늬를 바탕으로 좌우에 멧비둘기 암수를 그려 넣었다.

사람형상은 나타나 있지 않다.

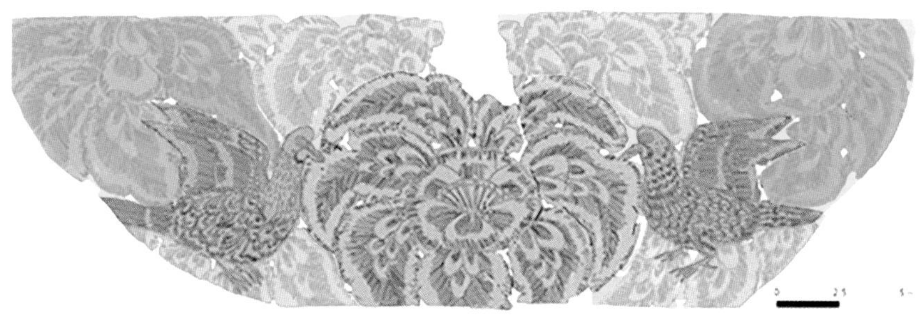

이 금박 유물을 통일신라시대로 추정하나, 그보다 더 이전 고대시대의 것일 가능성이 크다.

이를 알아볼 수 있는 표시가 있는데 사람형상이 그것이다.

기사의 내용을 더 보자.

"20m 떨어진 지점에서 반 정도로 구겨져서 흙속에 묻힌 채 발견되었습니다. 눈썰미가 좋은 두 분의 인부가 찾아냈습니다."

금박이 분리된 채 발견되었음을 알 수 있다.

먼저 주목할 점은 군데군데 나타난 구멍이다. 형상의 경계 지점에 나타나는데 의도적임이 분명하다.

무슨 이유일까?

먼저 한 눈에 들어오는 중앙에 나타난 뚜렷한 인물상이다.

구멍이 눈을 나타낸다. 턱과 목 부위는 의도적으로 잘라 형태를 나타냈음이 잘 나타난다.

우연히 둘로 분리된 것이 아님도 알 수 있다.

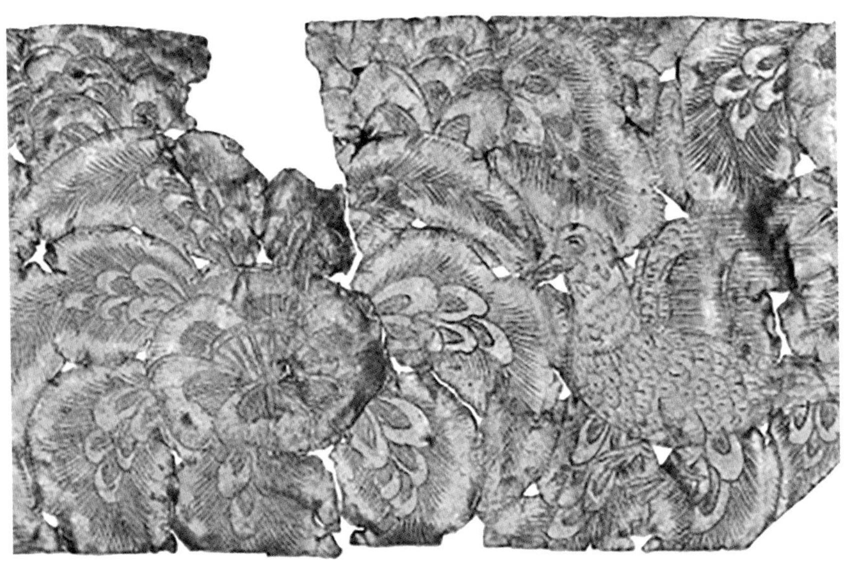

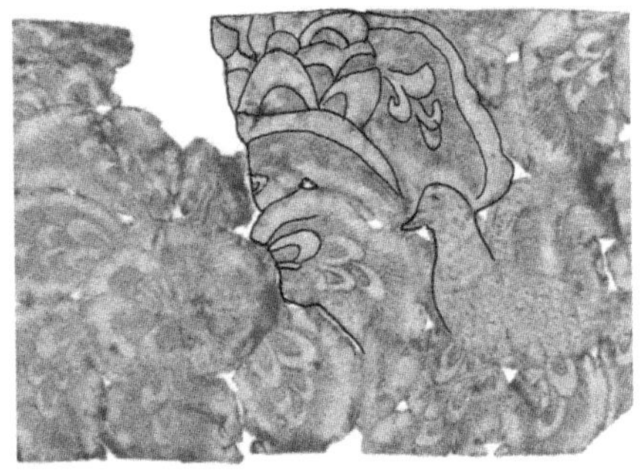

뚜렷한 인물상은 이 금박 유물이 통일신라시대 유물이 아님을 나타낸다.

경주 고분의 유물처럼 생명형상을 새긴 주체에 의해 생성되었음을 증명한다.

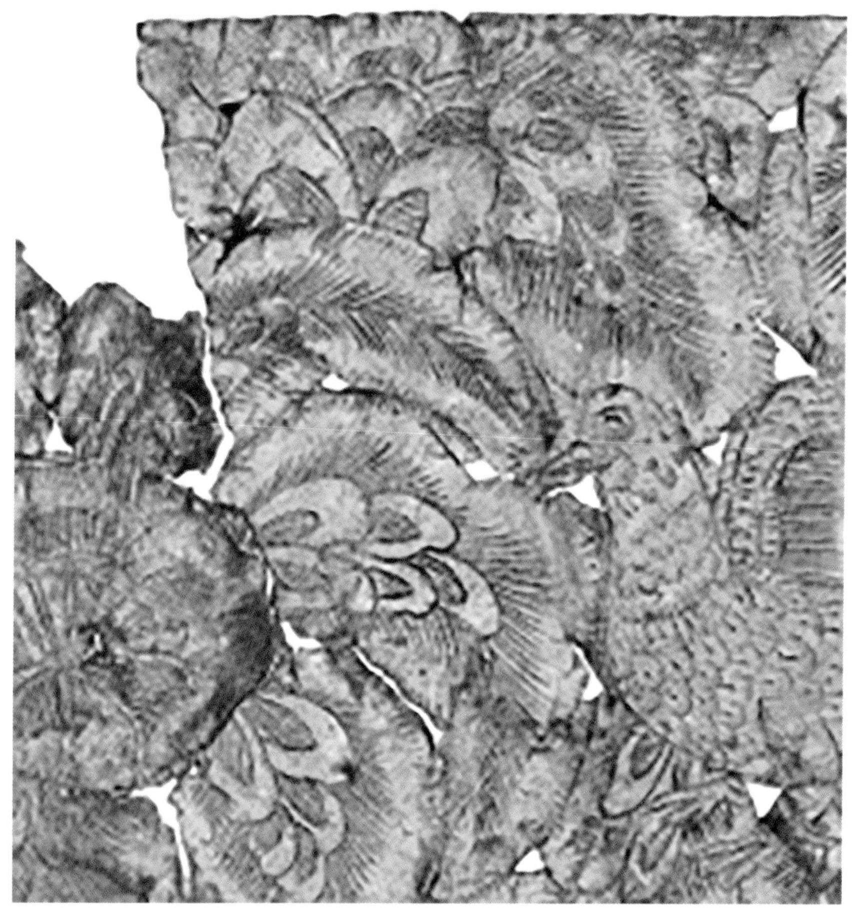

우측의 새를 다른 방향에서 보면, 뚜렷하지는 않지만 인물상이 나타난다.
새의 꼬리 깃과 몸통이 머리카락이나 모자처럼 보인다.

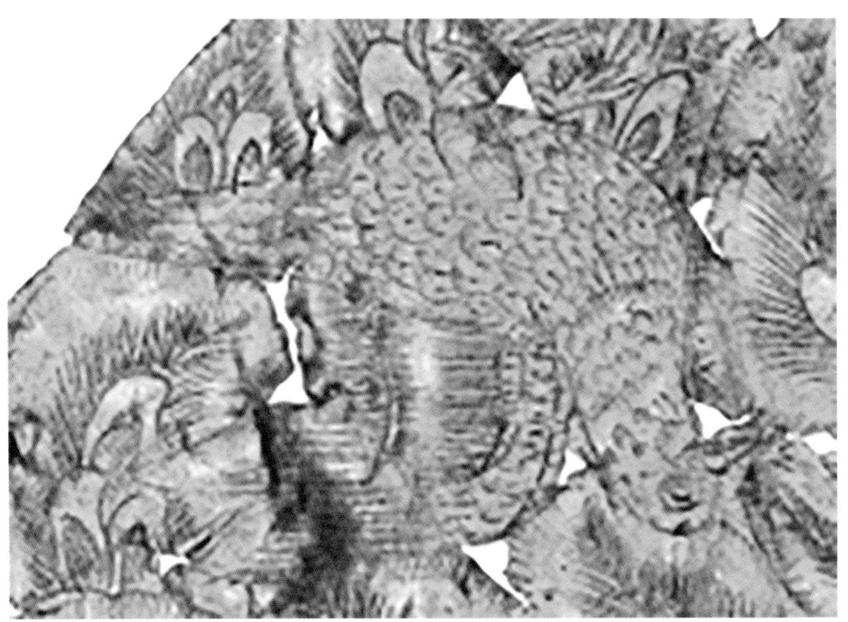

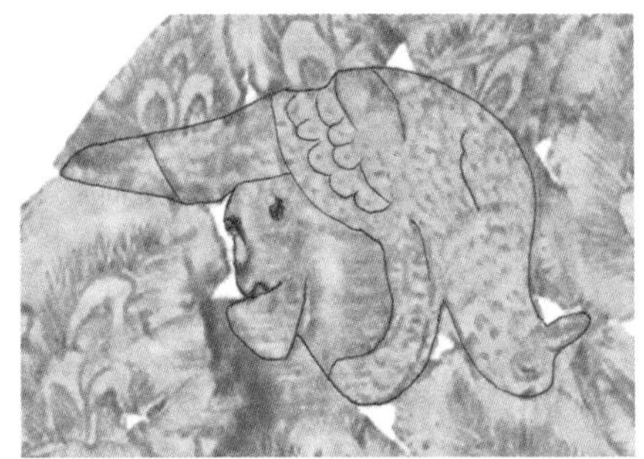

좌측의 새를 다른 방향에서 보면, 두 인물상을 나타내는 듯하다.

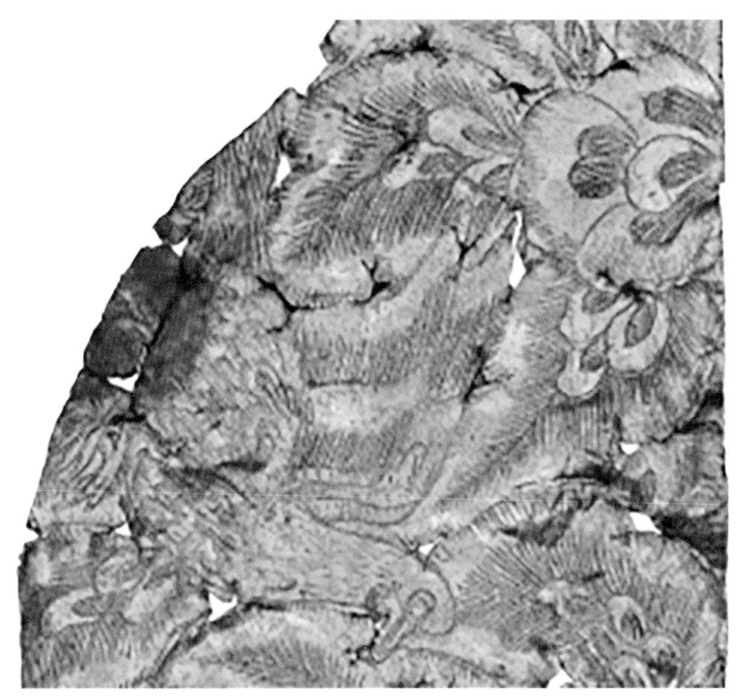

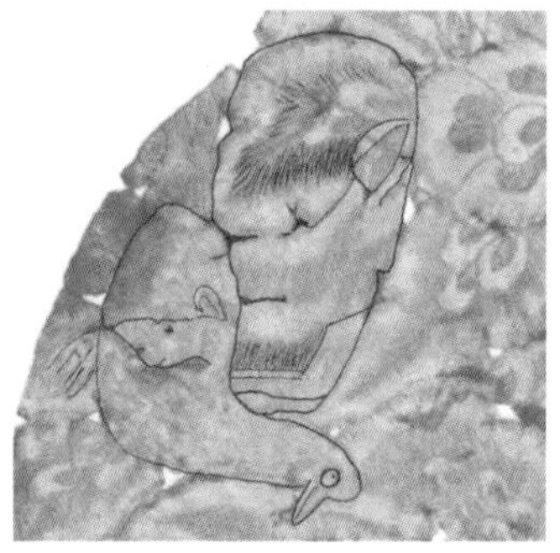

금박의 출토 당시의 모습을 보자.[3]

우연히 이처럼 접힌 것일까?

거꾸로 보면 인물상이 나타난다.

3 "〈3㎝에 담긴, 금빛 화조도〉, 8세기 통일신라시대 금속공예 정수 선 봬", 서울문화투데이, 2022.6.17.

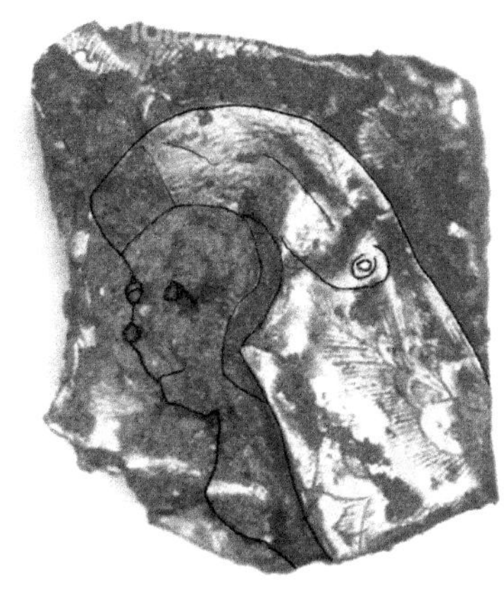

제작 단계부터 의도적으로 팥알만 하게 구겨 20m 떨어진 위치에 배치한 것이 분명하다.

현미경으로 관찰 가능할 뿐, 현대 기술로는 재현이 불가능하다고 한다.
재질은 99.99%의 순금으로 분명하게 밝혀졌는데, 제작 기법을 알 수 없다는 것은 무슨 의미일까?

과학기술이 아니고서는 현미경 없이는 볼 수 없는 세밀한 문양을 새길 수 없을 것이므로, 이 분야에 관한 한 현대를 넘어서는 과학기술이 발달했을 것으로 추정할 수 있다.

한편, 현대에 제작 불가능함을 있는 그대로 인정하는 조각장의 모습이 자연스러워야 하는데, 오히려 어색하게 느껴진다.
이를 접하는 대중은 무감각하게 지나친다.

요즘은 스스로의 한계를 인정하는 모습을 보기 어렵다.

28장 가덕도의 신석기시대 유적과 몽돌

부산 가덕도유적에서 7천 년 전 신석기시대 유골이 발견되었다.

가덕도는 좁은 섬이므로, 7천 년 전 신석기인들의 행적이 섬 안에 남아 있을 수 있다. 이를 추적해보자.

1. 가덕도의 신석기시대 유적

"KBS 파노라마 코리안 이브 1편 가덕도 7천 년의 수수께끼"(KBS. 2014.9.11. 방송)에서 방영된 내용을 중심으로 가덕도의 신석기시대 장항유적지를 분석해 보자. 관련 내용의 요약이다.

> "고인돌 48개체가 발굴되었는데, 이는 지금까지 전국에서 발굴된 전체 신석기시대 유골의 두 배에 해당하는 수다. 우리나라 땅은 산성이어서 오래된 유골이 남기 어렵다."
>
> "발굴된 두개골은 뼈보다 더 단단해진 흙 때문에, 뼈를 제대로 분리하기 어려웠다."

다른 지역의 지형과 크게 다르지 않아 보이는 가덕도 장항유적의 7천 년이나 지난 유골이 남아 있는 이유가 의문이다.

흙이 두개골 내를 가득 채우고, 뼈가 그 흙덩어리에 부착돼 있는 상태여서 일반적인 두개골 발굴 상태와 다르며, 흙이 뼈보다 단단하게 굳은 이유도 설명이 어렵다.

유골을 둘러싼 외부의 흙은 보통의 흙처럼 쉽게 분리되는데, 유골 내부의 흙만 차별적으로 뼈보다 단단하게 굳은 이유를 찾기 어렵다.

짐작건대 보존을 위한 어떤 조치가 있었을 것으로 보인다.

가덕도 발굴 유골의 모습이다. 뼈를 흙에서 분리하지 못할 정도로 흙이 뼈보다 단단하게 굳었다 한다.

가덕도 유골의 발굴 모습이다. 주변을 덮은 흙은 쉽게 분리돼 발굴에 어려움이 없는 듯하다.

앞에서 고대의 유물과 인골은 의도적으로 매장해 놓았다고 결론 내렸다. 유골 내부의 흙이 뼈보다 단단하게 굳은 이 유골들도 의도적으로 매장해 놓은 정황이 역력하다.

그런데 유골에서 서양인에서 발견되는 H형 유전자가 발견되어 의문이라 한다. 현재의 한국인에게는 없는 유전자라 한다. 따라서 이들의 누구이며 어디로 갔는지에 대해 의문을 제기한다. 당시 한반도에 신석기인이 살고 있었고, 현재의 한국인에게서 H형 유전자가 발견되지 않으므로, 이들은 외부에서 유입된 것은 아닐까?

그러나 유골과 함께 발견된 토기는 한반도의 전형적인 토기와 같아서 이들이 외부에서 유입되었다는 것과 모순된다.

혹시 H형 유전자를 가진 유골을 의도적으로 배치해 놓은 것은 아닐까.

이 가설이 맞으려면 먼저 매장 당시에 유전자에 대한 개념을 알고 있었음이 전제되어야 한다.

적외선 사진에서만 볼 수 있는 그림을 천마도에 그려놓거나, 홍산문화의 치아 수술을 감안하면, 유전자에 대해서도 알고 있었다고 추정된다.

그렇다면 왜 한국인과 관련 없는 인골들을 매장해 놓았을까?

이와 관련해서 유물과 매장 방식이 유사해서, 독일의 신석기시대 유적과 가덕도유적이 관련 있을 것으로 추정하는 방송 내용을 주목할 필요가 있다.

독일 북부 하르츠에서 독일에 농경문화를 처음으로 전파한 신석기시대 사람들을 줄무늬토기인이라고 부른다 한다. 토기에 줄무늬가 그려져 있기 때문에 붙여진 이름이다.

이 줄무늬토기인들도 가덕도 인골처럼 H형 유전자를 가지고 있어 양자의 관련성이 더욱 주목받는 듯하다.

독일의 신석기시대 줄무늬토기인들은 외부에서 유입된 것이 유물로 증명된다 하므로, 이들이 가덕도로 온 것이 아님은 분명하다.

이와 관련해 독일 하랄트 멜러 할레박물관장의 설명을 보자.

"한국에서 신석기시대 모계유전자 H형 집단을 발견한 것은 아주 놀라운 일로 현재는 설명이 불가능합니다. 하지만 이런 의문이 연구를 더 자극하죠."

양 지역의 유물을 분석해 보자.

먼저 가덕도유적 출토 유물을 살펴보자.

다른 지역의 토기와 마찬가지로 토기에 사람형상이 새겨진 듯하다.

토기의 선이 인물상을 나타낸다.(부산박물관)

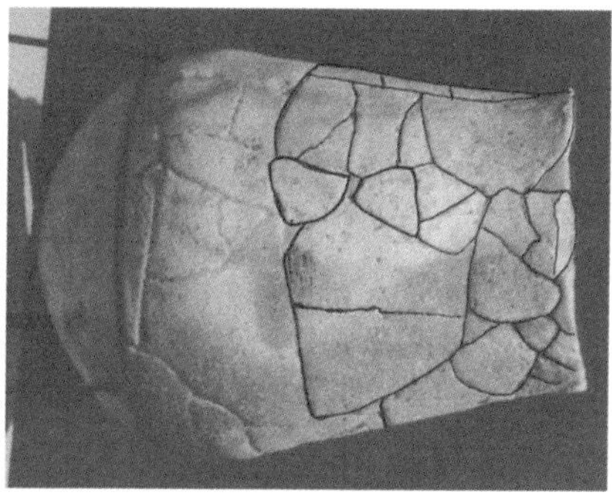

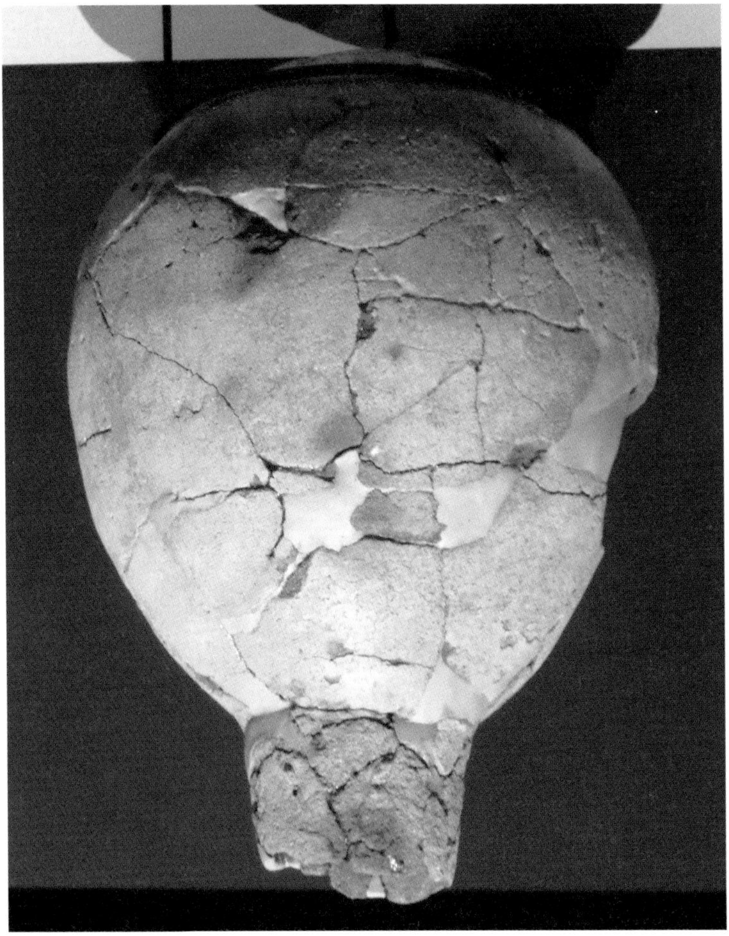

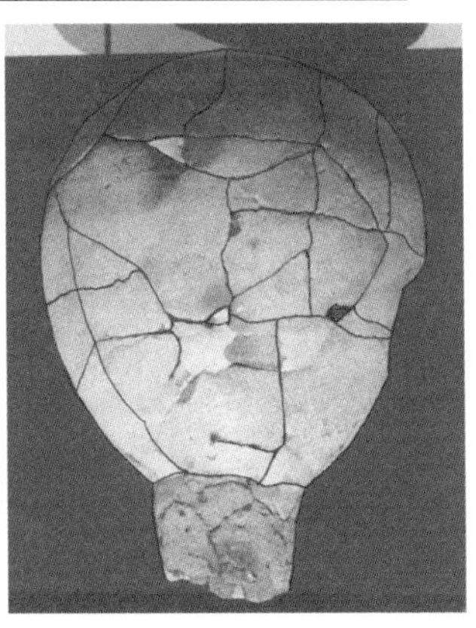

KBS 영상에 나온 토기다.

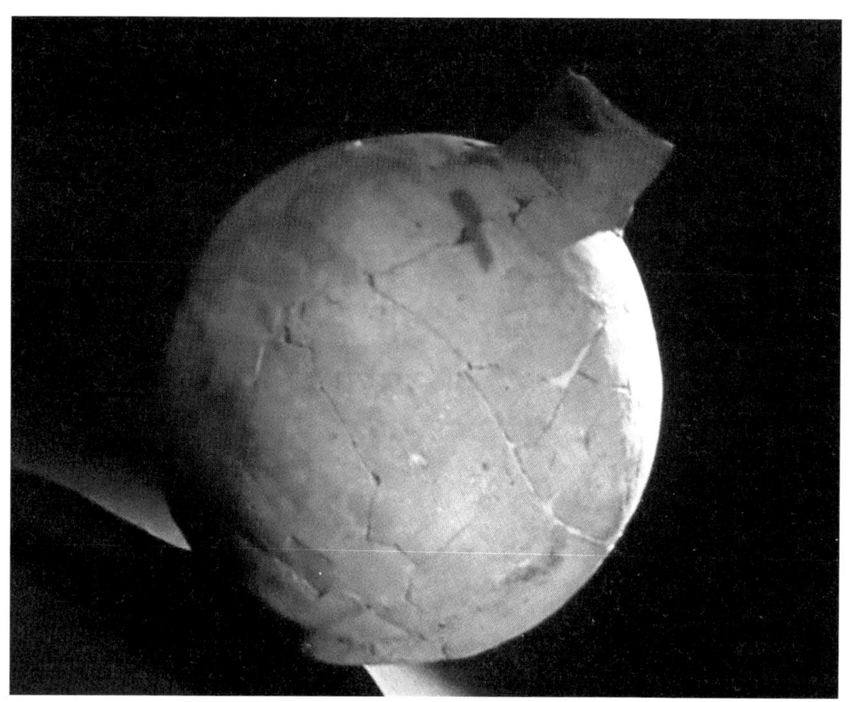

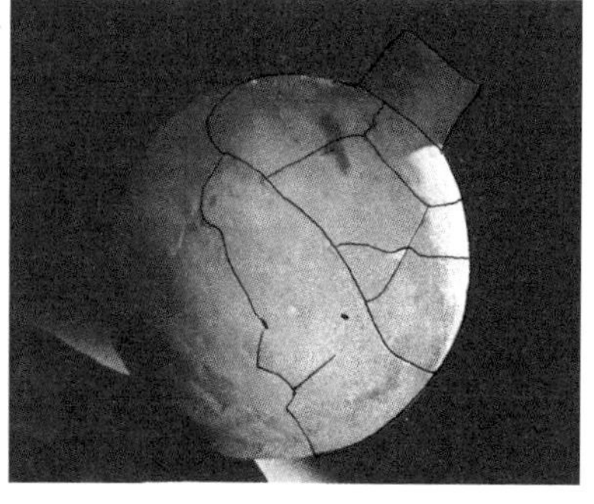

유골을 덮은 토기 잔해들이 형상을 나타낸다.

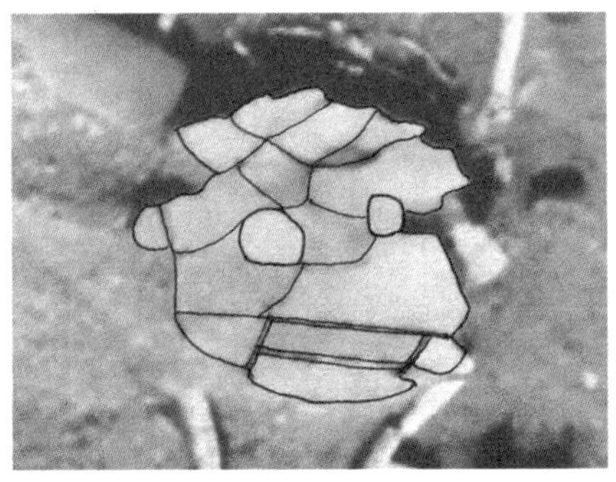

흙이 뼈보다 단단하게 굳어 뼈를 분리하지 못한 유골이다.

외부의 흙은 쉽게 분리된 것을 고려하면 흙에 뼈를 붙여 놓은 것일 수 있다.

유심히 보면 인물상을 나타내는 듯하다. 깊은 사색에 잠긴 모습이다.

자연스러운 유골이 아니라 흙에 뼈를 붙여 단단하게 굳혀 인물상을 표현해 놓은 소조로 추정된다.

가덕도 신석기인의 유물이 생명형상과 관련 있음이 증명된다. 앞에서 살펴본 다른 지역의 신석기시대 유물과 같다.

이는 가덕도 인골을 의도적으로 배치했다는 추정이 사실임을 의미한다.

한국인과 다른 H형 유전자를 지닌 인골을 배치한 이유는 의문을 제기하고, 의도적으로 인골을 배치했음을 알 수 있도록 하기 위함인 듯하다.

앞에서 제천 황석리 13호 고인돌 발견 두개골로 얼굴을 복원한 결과 서양인과 유사했다는 것을 살펴보았다.

제천 황석리 13호 고인돌의 청동기인이 가덕도 신석기인의 맥을 잇고 있음을 알 수 있다.

양자가 동일한 주체에 의해 조성되었을 가능성이 크다.

독일 할레선사박물관에 전시된 하르츠 지역에서 발굴된 줄무늬토기인들의 유물을 살펴보자.

조개로 만든 장신구다. 조개로 만든 장신구는 가덕도유적에서도 발견된다.

뚜렷하지 않지만 구멍이 눈을 나타내고 아래쪽에 그어진 홈의 줄이 입을 나타내는 인물상으로 보인다. 좌측 부분에도 인물상이 새겨져 있다.

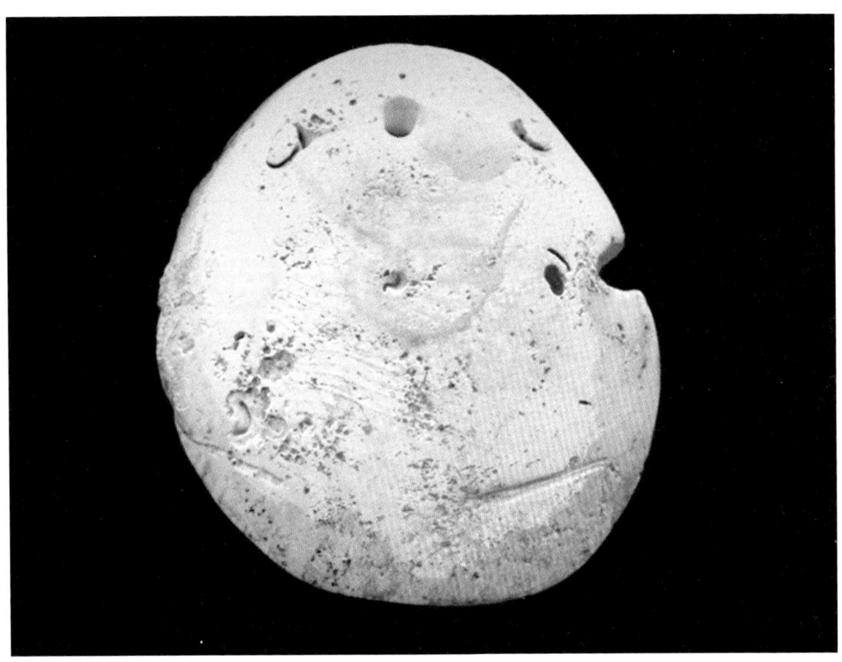

석관과 함께 묻힌 동물뼈다.

동물뼈를 다른 방향에서 바라보면 인물상의 형태를 나타내는 것으로 보인다.

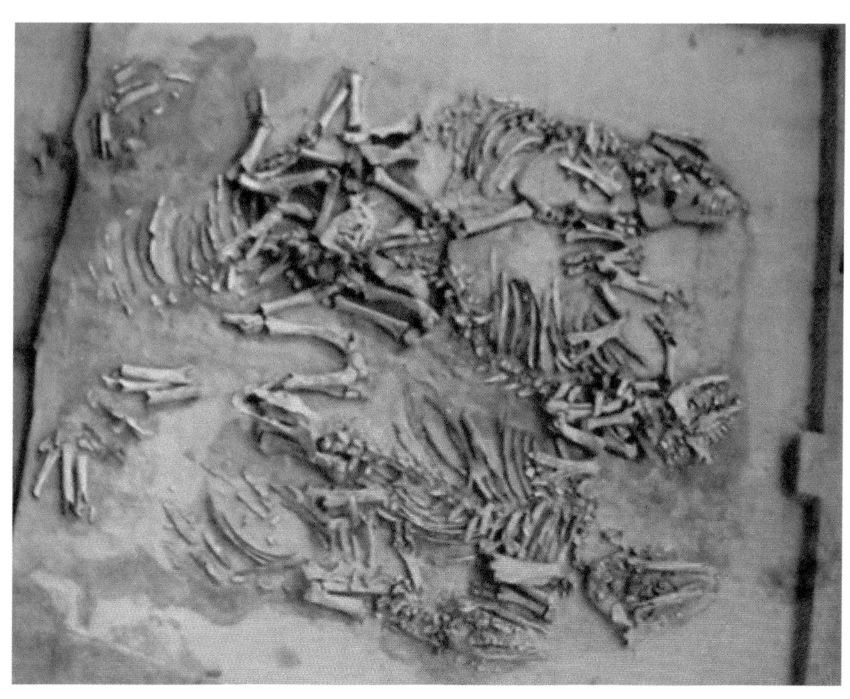

석관 안의 두개골의 모습이다. 치아가 매우 특이하다. 다른 유골에서는 보기 어려운 모습인데, 가덕도 유골처럼 뼈가 흙에 들러붙어 있는 상태로 보인다. 가덕도 유골처럼 뼈보다 흙이 더 단단하게 굳은 상태로 추정된다.

치아의 배치가 매우 익살스러운 인물상을 표현하는 듯하다.

뼈와 치아를 흙에 붙여 조성했을 것으로 추정된다.

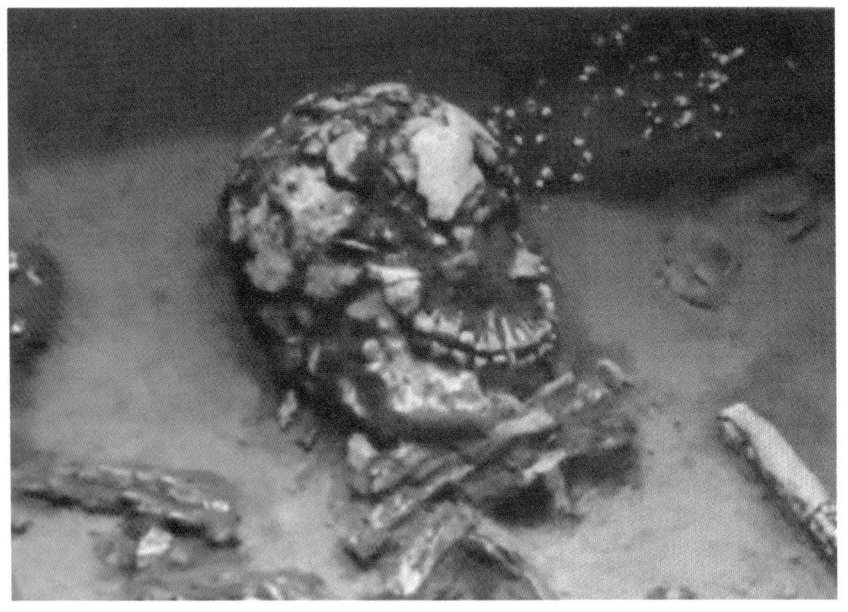

유골 아래에 길게 두 개의 뼈만이 놓여 있어 자연스러운 매장이 아님을 나타낸다.

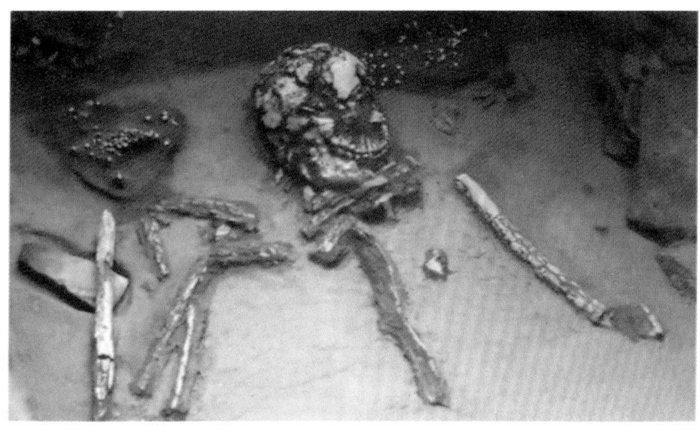

7,500년 전부터 4,200년 전까지 사용되었던 갖가지 모양의 도끼 3,700여 개가 전시돼 있다. 이렇게 많은 돌도끼를 갈아서 제작했을까?

실용적으로 사용한 돌도끼라면 이처럼 많은 수가 필요하지 않을 것이다. 불필요하게 많은 수는 실용품이 아님을 나타낸다. 우리나라의 구석기가 한탄강댐 예정지에서 1만 2,000여 개가 발견된 현상과 유사하다.

의도적으로 제작해 매장해 놓은 듯하다.

돌로 벽을 쌓고 윗부분을 돌로 덮은 한반도 고분의 석실과 유사한 형태의 묘제는 이 유물들이 어디에서 왔는지를 짐작게 한다.

뒤쪽에 전시된 동물뼈는 유사한 형태가 요하문명에도 나타나고 있어 주목할 필요가 있다.

토기 등 유물의 자료를 구할 수 없어 더 정밀한 분석은 하지 못했지만, 독일의 7천 년 전 신석기인인 줄무늬토기인들의 유물이 생명형상과 관련 있음이 어느 정도 증명된 듯하다.

유물을 가덕도 인골처럼 의도적으로 배치했음이 분명하다. 실제 생활유적이 아니라 그렇게 보이도록 유적과 유물을 배치한 것으로 추정된다.

독일 지역에 최초로 농경문화를 전했다면, 이는 문명의 전수가 된다.

고대문명 도약의 물적 토대가 갖추어진 결과로 이어질 수 있다.

2. 가덕도 해변의 몽돌

1) 서언

가덕도 신석기인들이 유물 외에 가덕도에 남긴 흔적은 없을까?

이와 관련해 자연적으로 형성되기 어려워 보이는 해변의 몽돌 등을 살펴보기로 하자.

앞에서 살펴봤듯이 고대의 문명 수준은 지금까지의 통념과는 다른 듯하다. "고도로 발달한 문명이 존재하다 기후변화 등으로 사라지게 되고, 다시 시작되었다"는 주장이 있는데, 어느 정도 설득력이 있다고 생각된다.

새로 시작된 인류는 원시사회에 가까웠을 것인데, 이전의 고도문명이 어디엔가 보존되다가 토기, 청동기, 문자 등을 전수한 것은 아닐까 추측된다.

이에 따라 고대의 문명은 원시사회에서 비약적 도약이 이루어져, 현대의 문명을 낳는 데까지 이르렀을 수 있다.

이처럼 발달한 고대문명이 있었다면 가덕도 바닷가의 몽돌도 이와 관련 있지 않을까. 이런 의문의 출발은 몽돌 또한 자연적으로 생성되지 않은 것으로 보이기 때문이다.

현대인은 몽돌을 사람이 조성하지 않았음을 알고 있다. 근래에 조성한 사실이 없으며, 기술 수준이 낮은 과거에는 더더욱 그럴 일이 없다고 생각한다.

따라서 몽돌의 존재에 대해 처음부터 자연적으로 형성되었다고 생각하고 추호의 의심도 품지 않는다.

몽돌의 형성과정에 대한 지질학의 설명도 명확하다.

큰 바위가 깨지고, 파도에 의해 서로 부딪히며 모난 부분이 마식돼 매끄럽게 되었다는 것이다.

이는 큰 바위 등이 깨져, 흐르는 물에 따라 흘러내리며 다듬어져 매끄럽게 되었다는 강돌의 형성과정과 유사하다.

강돌의 형성과정은 이해되는 측면이 있다.
위에서부터 돌이 운반돼 오기 때문에 주변의 암석과의 비교도 의미가 없다.

그런데 바닷가의 몽돌은 많이 다르다. 다른 곳에서 돌이 옮겨올 수 없는 위치에 몽돌이 위치하는 경우가 있기 때문이다.
가덕도 해변의 몽돌이 그 예다.

가덕도 해변의 몽돌을 살펴보자.

두 곳의 해변을 살펴볼 것인데, 두 곳 모두 대항 근처에 존재한다.
편의상 언덕 너머의 곳을 '대항 건너편 해변', 앞쪽의 곳을 '대항 맞은편 해변'으로 구분하기로 한다.

2) 대항 건너편 몽돌해변

몽돌해변의 모습이다.

몽돌의 모습이다.

성분이 다른 돌들이 섞여 있다. 이처럼 다른 성분의 돌들이 한곳에 모여있으려면 분명한 이유가 있어야 할 것이다.

강돌처럼 상류 쪽에서 운반돼 올 수 없으므로, 자체의 위치에서 생성되어야 하는데, 한 지점의 암석이 이처럼 다양한 성분으로 이루어진 경우는 별로 없을 것이기 때문이다.

좌우대칭을 이루며 둥글게 다듬어진 것도 많은데, 이 또한 생성 과정을 이해하기 어렵다.

이렇게 많은 돌이 어떻게 생겨나게 되었을까? 하천이 흘러들지도 않는다. 그렇다면 이 위치에 있던 바위가 깨져 파도에 의해 다듬어져야 할 것이다.

그러나 주변을 보면 둔덕으로 둘러싸여 있는데, 이 둔덕의 암석이 단단한 몽돌과 다르게 무른 암석으로 이루어져 있으며, 색감도 다르다.

위의 지점 반대 방향으로, 마찬가지로 몽돌을 둘러싼 주변 암반이 무른 바위이며, 색감도 다르다.

몽돌을 에워싼 곳에 드러난 암석이 몽돌과 같이 단단한 암석이 아니어서 이 위치의 바위가 깨져 몽돌들이 형성될 수 없음이 자명하다.

한편 몽돌이 모여 있는 지점 변두리 부분에 위치한 다음 바위는 여러 암석이 섞인 역암으로 보이는데, 주변 지형을 보면 이 위치에서 자연적으로 생겨날 수 없다.

몽돌이 쌓인 곳 끝부분에 이어지는 암반과 바위의 모습이다.

파도에 지속적으로 노출되는 바위들의 표면이 손이 베일 듯 날카롭다. 몽돌이 파도에 의해 형성되었다는 것과 모순된다.

이곳만이 아니라 전국 바닷가의 갯바위는 대부분 표면이 매우 거칠다. 갯바위에서 낚시꾼들이 미끄러지지 않고 낚시를 할 수 있는 이유도 표면이 거칠기 때문이다. 몽돌만 파도에 의해 매끈하게 다듬어질 리 없다.

이처럼 분명한 사실들을 지질학이 인지하지 못한 이유가 의문이다.

다음 암반의 거친 표면에는 있을 수 있음을 전제로 찾지 않으면 보이지 않는 인물상이 숨겨져 있다. 그저 자연 암반으로 보일 뿐이어서, 인물상이 새겨져 있음에도 인공적으로 보이지 않고 자연미가 그대로 살아있다.

위 암반에 나타난 인물상이다. 위쪽에도 작은 인물상이 중첩해 있다.

갯바위가 인위적으로 다듬어졌음을 나타내는데, 파도에 의해 크게 마모되지 않은 것을 감안하면, 조성된 이후 그리 오랜 시간이 지나지 않았음을 의미할 것이다.

다음은 확정할 수 없다는 전제하에, 인위적으로 조성되었다고 생각되는 형상들을 살펴보자.

검은 바위 두 개가 눈을 나타내고, 앞에 놓인 바위가 입을 표시하는 인물상으로 보인다. 이와 같다면 뒤쪽의 산은 머리카락을 나타내는 기능을 하는 것으로 해석할 수 있다.

마찬가지로 우연일 수 있다는 전제하에 살펴보자.
돌이 눈과 입을 이루고 물이 형상의 윤곽선을 이루고 있다.

바위가 배치되어 눈과 입을 표시한다. 뒤쪽 산자락이 형상의 윤곽선을 나타낸다.

현대에 할 수 없는 일들이 바닷가 암반에 이루어져 있음이 분명하다.

조상 대대로 함부로 자연에 손대지 말라는 엄명이 내려졌고, 이 때문에 훼손되지 않은 자연을 물려받을 수 있었다.

이제 이 엄명을 지켜야 하는 이유가 분명하게 드러나고 있다고 생각된다.

다음도 참고로 살펴보자.

두 암초 바위가 눈을 이루고 앞에 놓인 작은 바위가 입을 이룬 형상으로 볼 수 있다.

물에 떠온 나무가 입을 나타내는 듯하다. 구름이 수시로 형상을 나타내다 사라지듯, 짧은 시간 형상을 이루다 나무는 다시 파도에 휩쓸려 갈 것이다.

갯바위 전체가 다듬어져 산과 함께 형상을 나타내는 것으로 보인다.

3) 대항 맞은편 몽돌해변

위 몽돌해변에서 언덕 너머에 있는 작은 몽돌해변이다. 마찬가지로 다양한 성분의 몽돌이 섞여 있다, 산에 인접해 있어서 대항 건너편 몽돌해변과 다르게 산 위에서 다양한 성분의 바위가 흘러내려 파도에 의해 다듬어져 형성될 수 있다.

따라서 대항 건너편 몽돌해변에서처럼 몽돌이 자연적으로 생성되지 않았다고 단정 지을 수 없다. 그러나 하나의 산의 암석이 이렇게 다양한 성분의 단단한 바위가 섞여 이루어지지는 않았을 것이다.

따라서 산 위에서 흘러내렸을 것 같지 않다.

산 위에서 몽돌을 이루는 돌들이 흘러내리지 않았다면, 돌들은 위치한 곳의 암석이 부서져 형성되어야 할 것이다.

몽돌 사이에 놓인 암반으로 보이는 바위의 성분과 색감이 주변의 몽돌과 크게 다르다. 따라서 몽돌들이 현 위치의 암반이 부서져 생성되지 않았음을 나타낸다. 그리고 바위의 거친 표면은 파도에 의해 마모되지 않았음을 나타내, 몽돌이 매끄럽게 다듬어진 것과 모순된다. 몽돌이 자연적으로 생성되지 않았음이 분명하다.

표면에 황토색감의 물질이 입혀졌음이 잘 나타난 바위가 놓여 있다.

유사하게 내부와 표면의 색감이 다른 바위를 다른 곳에서도 어렵지 않게 볼 수 있으나, 이곳은 바닷가다. 따라서 표면에 얕게 입혀진 황토색 물질은 파도에 의해 마모되어 사라져야 정상이다.

풍화보다 영향이 큰 파도에 노출된 곳이므로, 내부의 바위가 풍화되어 표면이 황토색 물질로 덮였다는 설명도 통하지 않는다. 그리 오래되지 않은 때, 인위적으로 바위 표면에 황토색 물질을 입혀 옮겨 놓았다는 설명 이외 다른 요인을 찾기 어렵다.

대항 옆 산줄기를 보자. 파도에 의해 마모되어 현 상태로 다듬어졌다고 생각할 수 있다. 그러나 다시 생각해보면 파도의 힘이 그렇게 강력하다면 이처럼 가늘고 길게 남는 것은 불가능할 것이다, 가늘고 길게 남기보다 두텁고 뭉툭하게 다듬어질 것이다.

어류나 파충류의 형상으로 보인다. 자연에는 이처럼 사람형상이 아닌 형상이 훨씬 더 많이 나타나므로, 이를 생명형상이라 통칭한다.

갯바위 표면이 매끈하지 않은 것은 파도에 의해 크게 다듬어지지 않은 증거다. 다음도 확정할 수는 없지만 형상이 나타나 있는 듯하다.

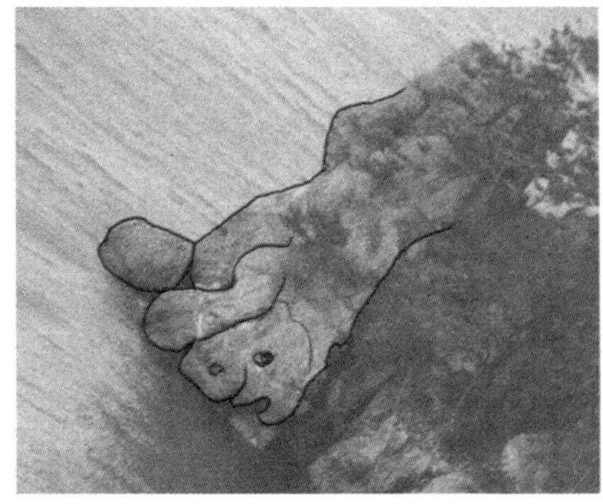

전체로 형상의 형태를 나타내고, 바위가 눈을 이룬다.

바위가 현재 위치에 있는 이유와 의미를 지니고 있음을 알 수 있다.

다음 암반도 형상을 나타낸다. 파도에 의해서 다듬어진 것이 아님이 분명하다.

이런 형상들이 나타난 이후 파도에 의해 마모되어 사라지지 않은 것이 오히려 더 이상하다. 그리 오래되지 않은 시점에 암반들이 현 상태를 갖추었음을 알 수 있다.

4) 연대봉

바닷가의 갯바위가 인위적으로 다듬어지고, 몽돌이 인위적으로 조성되었을 가능성이 크다. 그렇다면 산은 어떨까? 가덕도에서 제일 높은 봉우리인 연대봉을 살펴보자.

연대봉의 모습이다. 정상 부근에 바위가 솟아있는 것이 보인다. 전체적으로 육산으로 바위가 많이 노출돼 있지 않다.

여기에서는 등산로 주변만을 위주로 간단하게 살펴보기로 한다.

등산로 옆에 작은 세 바위가 놓여 있다.

산에서 흔하게 볼 수 있는 현상이지만, 다시 생각해보면 왜 이런 바위가 놓여 있는지 분명치 않다.

육산이고 경사도가 낮아 위에서 굴러내리기 어렵다.

장구한 시간이 경과하면 비가 내리며 지반이 물러질 때 조금씩 땅속으로 가라앉자 흙에 묻히게 될 것이다.

따라서 그리 오래되지 않은 때 현 위치에 옮겨졌을 것으로 추정된다.

자연적으로 옮겨져 오기 어렵다면 인위적으로 옮겨 놓았을 가능성을 고려해야 한다.

위치가 사람이 다니는 길옆이기 때문에 더욱 그렇다.

선이 그어져 인물상을 나타내는 듯하다.

균열된 것도 아니며 표면에만 자연적으로 이런 선이 나타날 요인이 없다. 풍화라면 반대로 있던 선도 사라질 것이다.

인위적인 선으로 추정된다.

정상 부근에 암반이 드러나 있다. 풍화되었다면 바닷가의 몽돌처럼 어느 정도 매끈해야 하는데, 매우 거칠다. 형상의 아랫부분에 나타난 반듯한 선은 인위적으로 그은 것이 분명하므로, 형상이 인위적으로 조성되었을 것으로 추정된다. 확정할 수 없지만, 참고로 형상을 살펴보자.

정상에 솟은 바위다.

암반 주변의 바위들이 떨어져 나가 형성되었을 것인데, 옆면이 반듯한 수직을 이루도록 바위가 떨어져 나간 이유가 궁금하다. 불가능한 것은 아니겠지만 자연적으로 형성될 요인을 찾기 어렵다.

사람이 바위를 다루었던 기술은 고인돌과 고대의 석재유물에서 충분히 확인할 수 있으므로 인위적일 가능성이 크다. 바위를 다루는 기술이 있다면 일반 바위에도 이를 적용했을 것이다. 눈, 코, 입의 표시가 분명하지 않지만, 인물상의 형태여서 더욱 그렇다.

바위를 다듬어 작품을 만들고, 그러면서도 자연적으로 보일 수 있다면, 그런 기술을 고인돌과 작은 규모의 석재유물에만 적용할 까닭을 찾기 어렵다.

연대봉 정상에서 보는 백미라 할 수 있는 전경이다. 앞에서 살펴본 몽돌해변도 보인다.

자연의 신비를 말하지만, 전체적으로 바위의 성분이 같음을 전제로 하면, 자연적으로는 형성되기 어려운 형태다. 파도는 무차별적이어서 돌출된 부분부터 먼저 마모시킬 것이다. 이처럼 길게 뻗어 끝이 뾰족한 형태가 나타나는 것과 배치된다.

5) 가덕도 고인돌과 몽돌

가덕도의 두문고인돌을 살펴보자. 고인돌은 바위를 다듬어 설치한 것이므로, 자연적으로 생성되지 않은 것으로 보이는 몽돌과 관련이 있을 수 있다.

안내판의 내용이다.

"부산지역의 유일한 해안 지석묘로, 윗돌(상석)의 재질은 화강암이며, 인공적으로 가공한 흔적이 없어 자연석을 그대로 이용한 것으로 판단된다."

자연석을 그대로 이용했다 하는데, 이에 대해 의문이 있다.

가장 눈에 띄는 점은 전체의 바위 색감과 완전히 다른 붉은 색감이 밑부분에 나타나 있다는 점이다.

붉은 색감이 매우 얕게 표면에만 살짝 나타나 있어서, 바위의 원래 성분과는 무관함을 알 수 있다. 풍화로 이처럼 붉은 색감이 나타날 리 없다. 앞에서 고대의 석재유물과 토기에 다른 색감의 물질을 입혔음을 살펴보았다. 이 유물 중에는 고인돌에서 출토된 것도 있었다.

이러한 사실을 고려하면, 자연적으로 나타날 리 없는 붉은 색감은 입혀졌음이 분명하다. 얕게 입힌 붉은 색감이 사라지지 않은 것은 고인돌이 조성된 이후 풍화로 크게 변형되지 않았음을 나타낸다.

조성된 이후 원형을 그대로 유지하고 있다는 의미이다.

다음을 보면 표면이 크게 떨어져 나간 것이 분명한데, 안내판의 내용은 자연석을 그대로 사용했다고 되어있다. 이를 자연적 현상으로 보는 듯하다.

지금까지 살펴본 바로는 이와 같은 형태로 표면을 다듬은 고인돌은 흔치 않다. 그러기 때문에 인위적으로 다듬었다는 생각이 들지 않는 것은 당연해 보인다.

그러나 구석기에서는 이런 형태로 가공한 것을 다수 볼 수 있었다.

따라서 바위를 이런 형태로 다듬는 것도 가능했을 것으로 추정된다.

어떤 방식으로 다듬었는지 알 수 없지만, 그렇다 해서 인위적으로 다듬어 설치한 고인돌에 나타난 이런 형태를 자연적인 현상으로 설명하는 것은 받아들이기 어렵다.

형상의 눈을 나타내는 표면 벗겨진 부분을 보면, 표면이 다른 물질로 입혀진 것이 잘 나타난다.

고인돌이 위치한 곳 앞쪽 바닷가 몽돌 사이에 놓여 있는 바위를 보자. 내부와 표면의 색감이 다르다. 파도에 의해 표면이 벗겨져 사라지지 않은 것은, 이렇게 형성된 이후 많은 시간이 흐르지 않았음을 나타낸다.

자연에는 이런 형태의 바위가 많은데, 고대에 인위적으로 표면에 다른 물질을 입혀 옮겨 놓은 것일 수도 있다.

두문고인돌을 위쪽에서 보면 잘려 나간 부분이 머리카락 구분 선을 나타내는 인물상이 뚜렷하다.

두문고인돌에서 보듯이 큰 바위를 원하는 형태로 다듬을 수 있고, 석재유물에서 보듯이 돌을 가공할 수 있었음을 감안하면, 고대 어느 때인가 바닷가의 몽돌도 다듬을 수 있었을 것으로 추정된다.

전국의 해변 여러 곳에 몽돌해변이 존재한다. 그러나 이는 전국 해안선과 비교하면 극히 일부일 뿐이다. 그렇다면 당연하게 왜 극히 일부 지역에만 몽돌이 가득 찬 해변이 형성되었는지 설명이 필요하다.

앞에서도 설명했듯이 그 위치에 있던 암반이 깨지거나, 위쪽에서 돌들이 이동해 와야 한다. 그런데 가덕도 몽돌해변에서 보듯이 이 두 가지에 모두 해당하지 않는 경우, 자연적인 요인이 아닌 인위적 현상인지 여부를 검토해 볼 수밖에 없다.

앞에서 독일 할레박물관에 3,700여 개의 돌도끼가 전시돼 있다고 설명했는데, 실용적인 용도라면 이처럼 많은 양을 생산할 리 없다. 한편으로 만들기 어렵다면 이처럼 많은 양을 만들 수도 없었을 것이다.

돌도끼를 만든 신석기인인 줄무늬토기인들이 외부에서 유입돼 독일의 보편적인 문화가 아닌 반면, 우리나라에서는 전국적으로 돌도끼 등 석재유물이 다량 제작되었다.

이처럼 돌을 다듬을 수 있었다면, 신석기시대인들이 몽돌을 조성하는 것도 가능했을 것으로 추정할 수 있다.

비교를 위해 다른 지역의 몽돌해변을 살펴보자.

여러 곳의 몽돌해변을 답사했지만, 여기에서 모두 살펴볼 수는 없으므로 서로 근접해 있으면서도 몽돌의 형태가 극명하게 다른 울산 해변 두 곳과 고흥 오천몽돌, 독도를 살펴보기로 하자.

먼저 울산의 주전 몽돌해변과 강동 몽돌해변을 보자.

주전 몽돌해변의 몽돌 모습이다. 가덕도 몽돌과 유사하다.

주전 몽돌해변의 몽돌은 어떻게 생성되었을까?

몽돌이 현 위치의 바위가 부서져 형성되었다면, 몽돌이 둘러싸고 있는 황토색 암반 바위도 일부 부서져 몽돌이 되었을 것이다. 그런데 같은 색감의 황토색 몽돌은 보이지 않는다. 이는 현 위치의 암반이 부서져 몽돌이 형성되지 않았음을 의미한다.

주전몽돌이 현 위치의 암반이 부서져 형성되지 않았다면, 이어져 있는 육지 쪽에서 이동해 올 수밖에 없다. 몽돌해변의 육지 쪽 모습을 보자.

산자락을 잘라 도로를 낸 곳에 드러난 암반의 색감이 해변의 암반과 크게 다르지 않다. 바닷가 몽돌과 성분이 다른 것도 명백하다. 이는 해변과 이어진 주변 지역에서 몽돌이 이동해 오지 않았음을 증명한다.

방문한 전국의 여러 몽돌해변도 이어진 주변 지역에서 돌들이 운반되어 오기 어려운 구조였다. 낮은 산지나 들판으로 연결돼 있어서 돌 자체가 없는 것이다. 고흥 오천몽돌처럼 물이 흘러들어 멀리에서 돌이 운반될 여건이 갖추어진 곳도 있었으나, 이 역시 전체 몽돌해변의 일부에만 영향을 줄 수 있어서, 이를 통해 몽돌해변이 형성된 것으로 볼 수 없었다.

이처럼 몽돌이 자체의 자리에서 생성되지도 않고, 이어진 주변 지역에서 운반되어 온 것도 아니라면 이 몽돌들은 어떻게 생성된 것일까. 자연적으로 이루어질 수 없다면, 인위적으로 조성된 것인지 살펴볼 필요가 있다.

신석기나 청동기시대에 돌을 이용해 다양한 석재유물을 만들 수 있었으므로, 돌을 매끈하게 다듬어 몽돌을 만들 수 있었을 것이다. 돌을 매끈하게 다듬어 몽돌을 만들 수 있었다면, 비록 양이 방대해서 그 과정이 이해되지 않는다 해도, 인위적으로 몽돌해변이 조성되었을 가능성이 가장 크다는 점을 인정할 수밖에 없다.

강동 몽돌해변의 모습을 보자.

인접한 주전 몽돌해변의 몽돌보다 현저히 작은 손톱만 한 크기의 몽돌이 가득하다. 이처럼 인접해 있으면서 몽돌의 크기가 극명하게 다른 현상이 자연적일 리 없다. 자연적으로 형성된 것이 아니고, 인위적으로 조성할 수 있었음을 감안하면, 인위적으로 조성한 것으로 추정할 수밖에 없다.

고흥 오천몽돌을 살펴보자.

멀리까지 이어진 대규모의 몽돌해변이다.

뒤쪽은 산에 둘러쌓인 우리나라 여느 곳과 다르지 않은 마을과 논·밭이 펼쳐져 있다. 몽돌을 이루는 돌들이 이곳에서 옮겨오지 않았음은 자명하다. 몽돌을 뒤쪽의 건물과 비교하면, 2층 이상의 높이여서 이 많은 돌들이 자연적으로 쌓였는지 의문이다.

평지를 이루는 울산 지역의 몽돌과 완전히 다른 형태로, 경사를 이루며 높게 쌓여 있다.

앞에서 바라본 것과 반대 방향으로, 끝부분에 암반이 보인다.

몽돌이 뒤쪽 땅에서 옮겨오지 않았다면, 이 자리에서 자체적으로 생성되어야 한다. 그런데 이 암반은 전혀 다른 성분이어서 이 자리에서 몽돌이 자체적으로 생성될 수 없다.

암반의 모습이다. 몽돌과 완전히 다른 성분으로 이루어져 있다.

몽돌이 쌓인 바닥 부분의 암반도 몽돌과 전혀 다른 성분이다.

몽돌 끝부분의 암반을 사이에 두고, 뒷 부분에는 전혀 몽돌이 없다.

바닥에 보이는 돌들이 날카로우며, 몽돌과 전혀 다르다.

규모가 그리 크지 않은 암반을 경계로 한쪽에는 다량의 몽돌이 쌓여 있는데, 다른 쪽에는 전혀 몽돌이 보이지 않는 것은, 몽돌이 자연적으로 형성되지 않은 직접적 증거다.

관련 전문가인 지질학자와 일반인의 '자연적'이란 말의 의미는 크게 다른 듯하다.

지질학자가 자연적이라 할 때는 풍화·침식·비바람·흐르는 물·파도·화산·용암·압력 등등의 구체적 자연현상에 따라, 바위나 암반 등이 생성되거나 변형되는 현상의 변경을 의미한다.

일반인들이 자연적이라 할 때는 말 그대로 자연적이어서, 막연히 풍화나 물에 의해서라 생각할 뿐, 더 이상의 구체적인 요인은 거의 고려하지 않는다. 일반인에게 자연적이란 말은 저절로와 거의 동일하게 쓰이는 듯하다.

이를 오천몽돌에 적용해보자.
일반인들은 2층 높이로 쌓여있는 현상에 대해 막연히 저절로 자연적으로 쌓일 수 있다고 생각한다. 사실상 구체적 요인을 따지지 않는다.

그러나 지질학자들이 자연적이라 할 때의 의미는 다르므로, 오천몽돌이 높게 쌓여있는 이유에 대해, 어떠 어떠한 과정을 거쳐 형성되었다는 구체적인 형성요인에 대한 설명이 요구된다.

그러나 한편 지질학자들도 장구한 시간에 기대어 막연히 풍화나 침식, 물의 작용으로 이루어졌다는, 사실상 일반인이 자연적이라 설명하는 것과 다르지 않은 설명을 하는 경우도 많은 듯하다.
몽돌의 형성 과정에 대해 별다른 설명이 없는 것도 마찬가지다.

과거 대규모의 바위를 채석하고 다듬고 옮겨서 설치한 수만 기에 달하는 고인돌과, 전국 각지에서 출토되는 돌검, 돌도끼 등 매끈하게 다듬어진 석재유물을 고려하면, 인위적으로 조성하는 것이 가능했을 수도 있음을 고려해야 한다.

막연하게 파도에 의해 자연적으로 형성되었다 하지만, 더 이상 구체적으로 자연적 요인을 설명할 수 없다면, 오천몽돌을 위시한 앞에서 살펴본 울산의 주전·강동몽돌도 인위적으로 조성되었다고 해석하는 것이 타당하다.

몽돌을 조성한 고대인의 발자취를 보며, 현대인은 자연을 아름답게 하는데 어떤 기여를 했는가 생각해보면, 선뜻 떠오르는 것이 없다.
해치는 일을 우선 멈추는 것이 중요하다고 생각된다.

욕망을 절제해 자연을 해치는 일을 중단하는 것은 쉽지 않은 일인데, 성현의 말씀을 경청하고 실천하는 것이 우선일 것으로 생각된다.
관련해서 성현들의 말씀은 다음과 같이 간략하게 요약될 수 있을 듯하다.
"지나친 욕심을 버리고, 욕망을 절제하라."

이를 실천하기 위해서는 '건강한 육체에 건강한 정신이 깃든다'는 말처럼 건강한 육체가 전제되어야 할 것이다. 건강한 육체를 위해서는 편안함을 추구하지 말고 몸을 활발히 움직이는 것이 필요하다.

몸이 건강해지면 스스로 활기에 차 자족하게 되므로, 외부에 의존함이 적어져 욕망에서 벗어나는 데 도움이 된다.

독도 몽돌해변을 보자.

직접 답사하지 못해 불완전하지만 살펴보기로 한다.

뒤쪽 산과 바다에 갇힌 좁은 지역에 몽돌이 쌓여 있다. 위치한 곳의 암반이나 산의 암반과 성분이 다르게 보이는데, 이들 몽돌이 모두 현 위치에서 생성된 것일까?

이처럼 육안만이 아닌 과학적 방법으로 2011년과 2016년에 독도 몽돌해변의 몽돌 분포를 연구한 조사보고서가 있다.[4]

관련 내용을 요약해 보자.

[동도와 서도의 몽돌해변에서 주로 발견되는 몽돌의 종류에는 독도에서 직접적으로 기원한 것으로 판단되는 현무암, 조면암류, 응회암류와 외부에서 유입된 것으로 판단되는 화강암, 유문암, 편마암, 규암, 대리암, 그리고 콘크리트가 있다.

화강암은 동·서도의 해빈자갈퇴적층에서 매우 흔히 발견된다. 현미경 하에서 이들 화강암은 석영, 장석, 흑운모로 이루어진 전형적인 화강암 조직을 보인다.

콘크리트도 동도와 서도에 걸쳐 비교적 다량 발견되었다. 풍화 및 침식상태가 다양하였으며, 둥글게 침식된 콘크리트는 독도 인근에 오랫동안 방치되어 있었다는 점을 의미한다.

이러한 암종 중 화강암은 울릉도에서는 화강암질암이 발견된 바 있지만, 독도에서는 아직 이러한 사례가 보고된 바 없으며, 사실상 가능성이 희박하다고 볼 수 있다.

독도의 화산활동 산물을 볼 때 유문암이 몽돌로 발견될 확률 역시 희박하며, 더욱이 변성활동의 산물인 편마암, 규암, 또는 대리암은 독도의 지질활동과는 아무런 연관이 없다.]

4 "독도천연보호구역 해빈자갈퇴적층(몽돌 해변)의 외래 역 분포 변화"(임호성, 박진수, 김정훈, 우현동, 장윤득, 암석학회지, 2017)

조사보고서에서는 독도 자체에서는 생성될 수 없는 성분의 몽돌은 외부에서 반입되었다고 규정한다. 화강암, 유문암, 편마암, 규암, 대리암, 콘크리트가 이에 해당한다.

반입 이유로 관광객, 공사용 자재 반입 등을 들고 있다. 그러나 일부 이러한 이유로 돌들이 반입되었다 하더라도, 고립된 환경을 고려하면, 일부만이 이에 해당할 것이다.

독도 자체에서 생성될 수 없는 성분의 몽돌은 외부에서 반입된 것인데, 그 과정을 설명할 수 없으니 나온 추측으로 보인다.

우리가 기억하는 한 독도에 몽돌이 반입된 적이 없으므로, 독도에 몽돌이 옮겨진 시점은 고대일 수밖에 없다.

고대문명의 수준이 우리의 상상을 넘어서 있음이 분명하다.

독도에 반입된 몽돌은 섬인 가덕도의 몽돌이 자체적으로 생성되지 않았다는 분석이 사실임을 방증한다.

동해 가운데 있는 독도에 몽돌을 반입해 몽돌해변을 조성했다면, 육지에서 근접한 가덕도에 몽돌을 운반하는 것은 훨씬 용이할 것이다.

특이하게 콘크리트도 포함되는데 이에 대해 살펴보자.

조사보고서에서는 "둥글게 침식된 콘크리트는 독도 인근에 오랫동안 방치되어 있었다"고 설명하면서도, 이들 콘크리트가 독도에 들어오는 과정에 대해 명확한 입장을 취하고 있지 않다.

"독도 인근에 오랫동안 방치되어 있었다"고 설명하면서도, 은연중 근래에 공사용 자재의 반입으로 추정하는 것이다.

그런데 조사보고서에 실린 콘크리트 사진을 보면, 시멘트 성분뿐만 아니라 자갈까지 매끄럽게 갈려서 마식되어 있다. 이는 시멘트의 강도가 돌보다 약하다는 것을 고려하면 있을 수 없는 일이다. 돌이 마모되기 전에 시멘트가 마모돼 자갈이 분리되어 나가는 것이 자연스럽기 때문이다.

이처럼 자갈까지 매끄럽게 갈려서 몽돌처럼 매끄럽게 변한 콘크리트는 자연적인 산물이 아니라 인위적으로 조성해 놓은 것이 명백하다.

그동안 유사한 형태의 콘크리트 몽돌을 육지의 다른 해변에서도 자주 볼 있어서, 큰 의문이었다. 인위적으로 조성하지 않고서는 나타날 수 없을 것이 명백했지만, 이를 증명할 수는 없었다.

그런데 독도에도 유사한 콘크리트 몽돌이 존재한다면, 이는 인위적으로 조성해 놓은 것이 분명하므로. 육지의 여러 해변에 나타난 콘크리트 몽돌 또한 모두 인위적으로 조성해 놓은 것이 명백해진다.

해변에서 발견되는 콘크리트 몽돌이 근대에 들어 콘크리트 구조물이 마모돼 자연적으로 이루어진 것이 아니라, 고대에 조성해 놓은 것이 증명되는 것이다.

독도 몽돌해변의 외부에서 반입된 몽돌의 존재는 인위적으로 몽돌을 조성했다는 분석이 사실임을 증명한다.

아울러 콘크리트 몽돌은 몽돌을 조성할 당시 콘크리트가 존재했음을 증명해서, 고대에 현대와 유사한 문명이 존재했음을 증언한다.

그리고 수명이 짧은 현대의 시멘트와 다르게, 수천 년의 시간을 견딘 콘크리트 몽돌에 사용된 시멘트는 분명 현대를 뛰어넘는 과학기술 수준을 보여주고 있다고 해석된다.

6) 결언

해변의 몽돌은 파도에 의해 만들어지지 않았음이 증명된 듯하다.

서해안에도 돌들이 많은데 대부분 날카로움을 유지하고 있다. 따라서 서해안에는 몽돌해변이 많지 않다. 몽돌해변이라는 곳도 남해의 몽돌과는 다르게 둥글둥글하지 않고 각진 형태가 많다.

서해안의 돌들이 날카로움을 유지하는 것은 파도에 의해 몽돌이 형성되지 않았음을 상식적 차원에서도 확인할 수 있는 명백한 증거다.

자연에 나타난 현상 중에는 아직 밝혀지지 않은 것이 많다.

몽돌이 모여 있는 몽돌해변은 사라진다면 다시는 자연적으로 나타나지 않을 것이 분명하다. 자연현상만으로 생성될 수 없기 때문이다. 자연은 차별성이 없어서 다른 지역의 해변과 동일하게 작용할 뿐이어서, 대부분의 해안에 없는 몽돌이 특정 지역에만 자연적으로 생성될 리 없다.

이론적으로는, 지역적으로 특별한 조건이 갖추어져, 몽돌해변이 자연적으로 나타나는 것이 불가능하다고 할 수 없겠으나, 답사한 몽돌해변은 모두 주변이 다른 지역과 크게 다르지 않았다.

가덕도의 두문고인돌 바위를 가덕도 내 어디에서 운반해 온 것인지에 대해서도 조사가 필요해 보인다. 육안으로 보아도 고인돌 바위가 가덕도에 드러난 암반과 다른 성분으로 보이기 때문이다. 가덕도는 섬이므로 만약 가덕도에 동일한 성분의 암석이 존재하지 않는다면 이는 섬 밖에서 운반해 온 것이 된다. 고인돌을 많은 사람이 줄로 끌어서 운반했다는 설명이 맞지 않음이 증명된다.

이는 몽돌도 마찬가지다. 다양한 성분의 돌이 섞여 있는데 이들과 같은 성분의 암반이 가덕도 내에서 발견되지 않는다면, 그 성분의 몽돌은 모두 섬 밖에서 운반해 온 것이 된다.

두문고인돌과 다량의 몽돌을 섬 밖에서 운반해 와 몽돌해변을 조성했다면 고도로 발달한 문명을 전제하지 않고서는 불가능할 것이다. 현대는 그렇게 형성되어 있는 돌을 가져다 건축자재 등으로 활용해 파괴하는 경우도 있다. 여러 곳에 몽돌해변이 있으니 그 가치를 몰라보고 이를 가볍게 여길 수도 있으나, 하나하나가 사라지면 다시는 나타날 수 없는 귀중한 존재임을 인식할 필요가 있다.

우리나라의 경우 오랫동안 자연을 훼손하는 것을 금기로 여겨 왔다. 이는 조상 대대로 이어져 와 현대에 이르기까지도 그 영향이 어느 정도 남아 산이나, 강, 바다를 함부로 훼손하는 데 크게 반발하고 있다. 어쩌면 아직도 우리 민족의 뇌리에 그런 사상이 뿌리 깊게 남아 있는지도 모른다.

우리나라 산과 바다에 여러 현상이 나타나 있는데, 그것을 지킬 수 있는 사상을 지니고 있기 때문에 이런 현상들을 남긴 것으로 생각된다.

그동안 수천만 년, 수억 년의 시간이 흘렀기 때문에 어떤 일이 벌어졌는지 알 수 없다는 주장으로, 지질학에서는 밝혀지지 않은 현상을 모두 자연적이라 설명해 왔다.

그러나 생각해보면 현재 이루어진 바닷가의 여러 현상들은 모두 현재의 바닷물 수위에 맞추어진 것이다. 그동안 해수면의 높이가 수없이 바뀌었다 하는데, 현재 시점에 바닷가에 형성되어 있는 몽돌들은 수면이 최종적으로 변동된 후에 형성되었다는 의미다. 그렇다면 수천만 년, 수억 년의 시간을 고려할 필요가 없어진다. 해수면이 현 상태가 된 것은 1만여 년 전이라 하므로, 1만 년의 시간만을 고려하면 되는 것이다.

연천 한탄강 변에서 발견된 수만 년 전의 주먹도끼가 구석기로 밝혀진 것은 아직 칼날의 날카로움을 유지하고 있었기 때문이다. 물에 마모되어 매끄럽게 되었다면 일반 돌과 차이가 없게 되어 구별이 불가능해진다.

이후 주변의 땅속에서 구석기 유적이 발견됨으로써 이 주먹도끼는 확실한 구석기로 인정받게 되었을 것이다.

강변에서 수만 년 동안 물의 마모를 받았는데, 날카로움을 유지하는 것은 시사하는 바가 크다. 바위와 관련된 많은 현상을 물의 작용으로 설명한 이론들에 대한 재검토가 필요해 보인다.

수만 년을 물가에서 있으면서도 마모되지 않은 구석기를 고려하면, 1만여 년 전 이후에 형성되었을 해변의 몽돌이 자연적으로 현재와 같이 매끈하고 둥글둥글해지는 것은 가능해 보이지 않는다. 이 또한 몽돌해변이 인위적으로 조성되었음을 증명한다.

이런 점에서 가덕도에 매장된 7천 년 전 신석기인 유골이 가지는 의미는 크다. 가덕도의 몽돌이 1만여 년 전 이후에 생성되었는데, 자연적으로 생성되지 않았다면, 신석기인들에 의해 조성되었다고 추정해 볼 수 있기 때문이다.

몽돌을 조성한 신석기인들은 매장된 유골의 주인공들은 아닐 것이다. 동아시아에 존재하지 않는 H형 유전자를 지닌 유골을 매장해 놓은 고도의 문명을 지닌 신석기인들일 것이다.

어떤 원인으로 고도의 문명이 저물고 원시문명부터 새로이 시작되었다는 이론이 있는데, 이처럼 새로 시작된 원시문명에 그 이전의 고도문명이 문명을 전수한 것으로 추정해 볼 수 있다.

이에 따라 고대문명의 비약적 도약이 이루어진 것이다.

여기에서 한 가지 의문점은 그 문명의 존재를 증명해 줄 현대의 문명과 유사한 흔적이 없다는 점이다. 예로 오랜 시간이 지나도 완전히 사라지지 않을 것으로 추정되는 도로나 산에 터널을 뚫은 흔적이 발견되지 않는 것은 의문이다. 산에 이런 생체기를 내지 않고서도, 즉 자동차가 없이도 문명이 가능한지는 현대의 개념으로는 이해되지 않는다.

쉽게 채굴할 수 있는 석유가 그대로 남아있었던 것도 의문이다. 이는 고대문명이 석유를 사용하지 않았음을 의미할 것이다. 지금은 쉽게 채굴할 수 있는 석유는 모두 사용하고, 채굴 지점이 깊어지고, 심해 등 채굴에 점점 어려움이 증가하고 있다.

석유의 사용 없는 문명을 현대로서는 상상할 수 없다. 이를 대체할 에너지가 처음부터 존재하지 않고, 현대처럼 석유를 활용하며 점차 문명이 발전해간다면 쉽게 채굴할 수 있는 지점의 석유의 고갈은 기정사실이다. 이런 점을 고려하면 석유를 활용한 문명은 1회만 가능하다고 할 수 있는데, 그 석유들이 고스란히 남아있었으므로 고대문명의 존재에 대해 근본적인 회의가 들게 된다.

이런 점들 때문에 고대에 발달한 문명의 흔적이 없다고 해석하게 된 듯하다.

그러나 이런 근본적인 의문에도 불구하고 아름다운 해변이나 몽돌이 인위적으로 조성되었다면 고도의 문명이 존재했다는 명확한 증거가 된다.

이와 관련해서 1만 5,000년 전 청주 소로리 볍씨와 함께 출토된 비닐에 주목할 필요가 있다.

관련 기사를 보자.[5]

> "1만 5,000년 전 볍씨가 출토됐다는 토탄층에서 비닐이 나왔다면 층위가 뒤집혔다는 뜻이고, 현대의 볍씨가 비닐과 함께 토탄층에 혼입되었다는 얘기나 다름 없었다. 이런 수근거림은 소로리유적을 근본부터 불신하는 결과를 낳았다."

5 이기환, "홀연히 나타난 1만5000년 전 청주 소로리 볍씨의 정체", 이기환의 흔적의 역사, 경향신문, 2019년 12월 3일

"그러나 소로리유적의 토탄층 연대측정 결과는 층위상 안정적이다. 맨 밑에서부터 위까지 시기가 차근차근 올라간다는 것은 지층이 뒤집어지지 않았다는 것을 의미한다.

즉 현대에 제작된 비닐이 1만 5,000년 전의 토탄층에 들어갈 수 없다는 뜻이다. 그렇다면 현대의 볍씨가 1만 5,000년 전에 쌓인 토탄층에 혼입될 수 없다."

"일단 소로리 토탄층과 볍씨의 연대가 국내외 4개 기관(서울대, 한국지질자원연구원, 미국의 지오크론연구소, 애리조나주립대 AMS연구실)에서 측정 결과 1만 2,500년 전~1만 5,000년 전으로 측정되었다는 것이 눈에 띈다."

"볍씨가 출토된 문화층에서는 사용 흔적이 관찰되는 홈날연모가 나왔다."

기사를 종합하면, 비닐이 나왔다는 이유로 공신력 있는 여러 기관에서 토탄층과 볍씨의 연대측정 결과 1만 5,000년 전으로 나왔음에도 불신을 받았다 한다.

이런 이유로 1988년 문화재위원회는 볍씨가 출토된 토탄층의 보존 안을 일축했다.

보존 안을 일축한 것은 토탄층에서 비닐이 나온 것이 확실하다고 판단했기 때문일 것이다.

그러나 다시 생각하면 안정된 층위에서 비닐이 토탄과 볍씨와 함께 발견되었다면, 이 비닐이 1만 5,000년 전의 것임이 확실해진다.

1만 5,000년 전에 비닐이 존재했음이 물증으로 증명되는 것이다.

인공물질인 비닐과 함께 발견된 벼는 자연 벼가 아닌 재배종임이 분명하다.

토탄층에 박혀있는 소로리 볍씨의 모습이다.
토탄층이 일반 토양과 명확히 구분된다.

근대 이전에는 비닐이 존재하지 않았다는 절대적인 관점에서 접근하니 이런 분명한 물증과 과학적 연구 결과에도 불구하고, 비닐이 고대에 존재했을 가능성이 전혀 고려되지 않고 있다.

그러나 지금까지 살펴봤듯이, 고대에 이미 과학문명이 발달한 때가 있었다고 분석했는데 이와 일치해서, 비닐이 고대의 것일 수 있음이 인정된다.

이처럼 화학합성물인 비닐이 존재했다면, 구석기시대에 과학문명이 발전해 있었음이 증명되는 것이다.

도자기가 청동기시대에 존재했다는 물증도 이미 드러나 있다고 할 수 있다. 이에 대해서는 앞에서도 설명했지만 사진 자료를 제시하지 못했는데, 최근의 방송 보도[6]에서 이를 확인할 수 있었다.

청동기시대 고인돌 중에서 가장 규모가 큰 김해 구산동고인돌에서 2021년 발굴조사로 출토된 청자 등의 도자기 조각 사진을 보자.

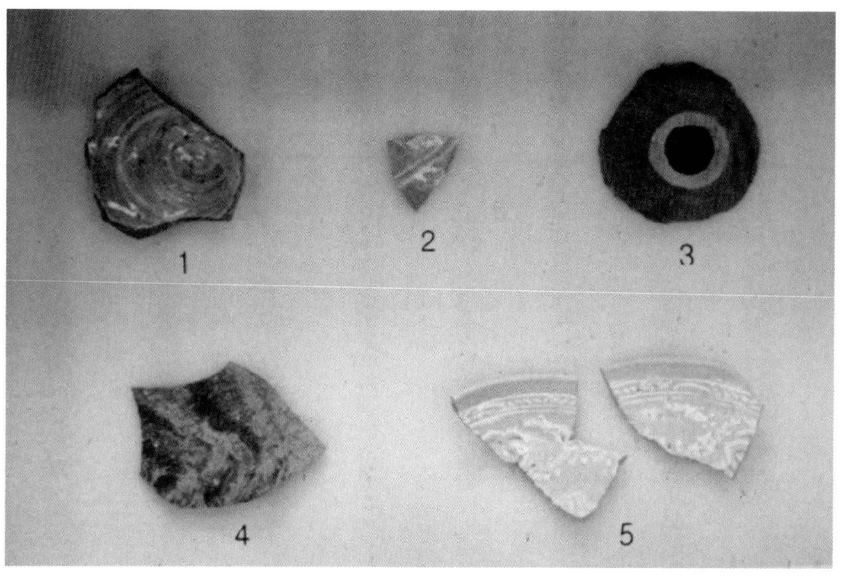

고인돌에서 출토되는 청자는 청동기시대에 이미 도자기가 제작되었음을 증명한다.

이들 도자기에 대한 아무런 설명이 없는데, 고려시대 이후에 들어간 것으로 규정할 것이다. 다른 고인돌에서도 도자기가 발견되는데 모두 같은 방식을 적용해 해석하고 있어서 이처럼 짐작할 수 있다.

---

6 "세계 최대 고인돌을 욕실 닦듯 솔로 '벅벅'.. 전문가들도 경악" JTBC, 2022년 8월 31일 방송

이천 지석리고인돌에서 'X'자가 새겨진 백자 조각이 출토되었는데, '후대에 흠모해서 넣었다'고 설명한다.

그러나 여기에는 의문점이 있다.

후대에 흠모해서 넣었다면 온전한 백자를 넣지 조각을 넣었을 리 없다는 것이다. 이는 김해 구산동고인돌도 같아서 청자 전체가 아닌 조각을 후대에 넣을 리 없다. 이런 의미에서 후대에 넣어진 것이 아님을 증명하는 수단으로 조각을 넣은 것으로 추정된다.

토기 바닥의 큰 구멍은 실제 사용된 토기가 아님을 나타낸다.

이천 지석리고인돌에서 'X'가 새겨진 백자 조각이 출토되었는데, 백자에 'X'자 선을 현대의 못이나 송곳으로 그을 수 없음을 감안하면, 고인돌 조성 당시와 현대 사이의 시기에 백자에 선을 그을 수 있는 도구는 없었다고 판단된다.

따라서 고인돌 조성 당시에 'X'자 선을 그었다고 추정할 수밖에 없다.

이는 고인돌 조성 당시에 도자기에 선을 그을 수 있는 과학이 응용된 도구가 있었음을 의미한다.

고인돌에 'X'자가 새겨진 백자 조각을 매장한 이유는 이를 알아볼 수 있도록 하기 위함인 것으로 추정된다.

김해 구산동고인돌의 발굴 전 모습은 고인돌과 전혀 다른 형태여서 일반바위로만 여겨졌다 한다. 관련 기사를 보자.[7]

> *"나이 든 어르신들은 '소 바위'라고 불렀다.*
>
> *세월이 지나며 논밭 한가운데에 아랫도리가 묻혔지만 동네사람들은 우직한 소 모양을 닮았다고 하여 '소 바위'라고 부르며 정겹게 여겼다."*

> *"2007년 아파트 택지개발 과정에서 유적을 시굴조사한 삼강문화재연구원 조사팀원들은 흙에 파묻힌 채 윗부분만 드러난 소 바위 고인돌을 처음에 자연석으로 알고 계속 파내려갔다가 굴착갱으로 드러난 아래쪽 바닥 부분에 거대한 기단열과 박석들이 질서정연하게 배치된 사실을 알고 크게 놀랐다."*

85여 미터에 이르는 기단열과 박석이 발견되지 않았다면 미처 무덤방을 발견하지 못하고, 자연바위로 여겨 파괴되었을 가능성이 컸음을 알 수 있다.

기단열과 박석을 배치한 이유는 이에 대비해 조치를 취해놓은 것으로 짐작할 수 있다.

---

7 노형석 "'소 바위'라 불린 김해고인돌...파내졌다 묻혔다 비극의 10년", 한겨레신문, 2022년 8월 26일

고임돌 바위에 고여진 고인돌과 달리 밑 부분이 땅에 파묻혀 있어 고인돌로 이해될 여지가 전혀 없었음을 알 수 있다.

색감 또한 밝은 색감이어서 다른 거대 고인돌에서 느껴지는 장중한 느낌도 없으므로 더욱 자연바위로만 보였을 것이다.

그런데 2007년 80여 미터에 이르는 박석이 깔린 묘역시설이 발견되고, 2021년 무덤방에서 목관묘와 유물이 발견되어 고인돌로 밝혀졌다.

이러한 상황을 보면, 고인돌인 것이 분명한 이천 지석리고인돌과 다르게 후대에 흠모해서 청자 조각을 넣었다는 설명이 전혀 적용되지 않는다.

땅에 깊게 박혀있어 무덤방의 존재가 정식 발굴로 드러난 것으로, 이전 시기에 주변 지형보다 저지대에 위치하며, 자연석으로 여긴 바위 아래에 위치한 무덤방의 존재를 알 리 없다.

더구나 주변에 배치된 박석들이 흐트러지지 않고 질서정연하게 남아 있어서 후대에 도자기 조각을 넣지 않은 것이 증명된다.

이상을 종합하면 고인돌 조성 당시에 도자기 조각을 매장한 것이 입증된다.

청동기시대에 도자기가 제작되었음이 고인돌에서 출토된 물증으로 확인되었다. 지금까지 알고 있었던 청동기시대에 대한 인식이 사실과 크게 다르다는 것이 물증으로 증명된 것이다.

그렇게 시간이 흘러 물질문명의 발달이 고도화된 현시점에 이르러 사람들의 인식력은 매우 높아진 듯하다. 고대의 고도문명이 이때를 기다린 것은 아닐까 추측된다.

이 시점을 현대로 해석하면, 과학문명이 발달해 인간의 수명이 늘어나고 인구가 많아질 때일 것이다. 무한욕망 긍정시대가 되며 과도한 경쟁을 해 환경이 파괴되고, 이에 따라 바이러스가 창궐하게 된다.

물질문명은 극대화 되고, 지식의 축적에 따라 인식력은 고도화되는데, 정신문명은 쇠퇴한다.

인간과 다른 동물의 차이점이 정신적인 측면임을 고려하면, 정신문명이 약화되며 본능적 욕구 충족에 의존하는 동물적 삶과 유사해짐은 무엇인가 더 중요한 것을 잃어버린 것일 수 있다.

이에 따라 문명의 큰 변화가 올 수도 있다고 추측되는데, 그것이 어떤 것인지는 알 수 없다. 이에 대한 연구와 대비가 필요해 보인다.

먼저, 사람에 의해 이루어진 일과 자연적으로 이루어진 일을 분별할 필요가 있다. 사람에 의해 이루어졌으나, 자연적으로만 해석한 현상들이 대자연에 여전히 펼쳐져 있음을 인지하고 이를 밝혀나가야 한다.

모든 것이 밝혀져 어린이들까지 교육받게 되는 나중에는 어린이들이 "너무 이상하다. 이런 것도 몰랐다니" "돌검을 수작업으로 갈아서 만들었다고 생각하다니…" 하는 말들을 할 수도 있다. 알고 나서 보면 너무 명확하고 단순해서 못 알아보는 것이 이상할 정도이기 때문이다.

현재 시점에서 우주에 가고, AI 로봇이 등장하는 등의 관점으로 과거를 보며, 불과 얼마 전 세대도 과학 수준이 낮아서, 의식 수준 또한 낮고 사고방식이 낡았다고 생각하는 경향이 있다.

그러나 과거에는 과거에 맞는 도덕과 질서가 있다.

가령 권위주의라 비판하나, 물질적 토대가 다른 당시에는 거기에 맞는 권위가 필요하고, 현대에는 현대에 맞는 권위가 필요하다.

지금도 누구나 스스로의 권위를 유지하기 위해 노력하며 살고 있다.

물질이 크게 부족한 시대에는 충족되지 못하니 서로 격렬한 투쟁이 발생하게 된다. 이때는 강력한 권위로 통제되지 않으면 끝없는 분쟁이 발생하게 된다.

불과 얼마 전까지 우리는 좁은 집에서 여러 식구가 함께 살았다. 이처럼 좁은 집에 여러 명이 살 때도 이와 같아서 강한 권위로 각자의 자유로운 행동이 통제되지 않는다면 함께 살아가기 어렵게 된다.

과거 시점을 지금의 기준에 맞추어 권위주의라는 용어로 재단해서는 곤란할 것이다.

바로 전 세대가 어떻게 하느냐에 현재 세대의 운명이 결정된다.

우리나라의 경우 이전 세대의 구성원들이 지금 세대처럼 자기 일신의 자족만을 추구했다면, 자본축적이 전무한 상태에서 시작된 경제가 살아나다가 다시 가라앉았을 것이다. 이에 따라 지금 세대의 상태는 크게 달라졌을 것이다.

전쟁으로 모든 것이 부서지고 거의 맨손에서 자본축적을 이루기 위해서는 경제 성장과 함께 철저한 절약이 필수다. 그렇지 않다면 조금씩 늘어나는 소득에 따라 자족을 위해 소비를 늘리게 된다. 특히 우리나라의 경우 잔치와 술 문화가 발달해 있어서 더 좋은 시설을 갖추어 가며 향락 문화가 크게 확대되었을 것이다. 이렇게 되면 돈이 모이지 않게 된다.

돈이 모이지 않으면 자본축적이 이루어지지 않아 경제성장이 지속될 수 없게 된다. 지금의 경제적 성과는 경제 성장과 더불어 철저한 절약의 결과인 것이다.

우리의 전통적 사고방식은 현대에 맞게 바뀌어야 할 부분도 있지만, 지금 세대가 지나치게 물질문명에 휩쓸리고, 추종하는 사고에 사로잡히지는 않았는지

돌아볼 필요가 있다.

'배부른 돼지보다 배고픈 소크라테스가 되겠다'는 말은 이러한 상황을 경계함일 것이다.

근검절약하는 삶을 살 필요가 있다. 그래야 경제 활동에 쓰는 시간을 줄일 수 있다. 시간을 살 수 있을 때 경제적 풍요가 가장 큰 의미를 지닐 것이다. 이렇게 확보된 시간으로 삶의 궁극적 의미를 탐구하는 삶을 추구해 나가야 할 필요가 있다.

세계 경제는 지금과 같은 무한 경쟁 보다 적절한 무역으로 재편할 필요가 있다. 무한 경쟁은 모든 시간과 여유를 경제활동에만 집중하게 한다.

과거 문명 수준이 낮았다 하더라도, 이 단계를 거치지 않고서는 현대문명이 있을 수 없다.

그런데도 지난 시절의 문명 수준을 낮추어보며, 은연중 지금이 우월하다고 생각하는 사고방식은 고대에 발달한 문명이 존재했다는 다양한 정황들이 나왔음에도 크게 관심을 두지 않는 주요 요인인 듯하다.

고대에 발달한 문명이 있었는데 이를 인지하지 못한다면, 그 자체로 오류이고 인식력이 아직 부족함을 의미한다.

더 이전 고대문명의 영향으로 새로 시작된 고대문명의 도약이 이루어져 현대문명에 이르렀다면, 단순히 조상이라는 차원을 넘어 직접적으로 도움을 받은 것과 진배없을 것이다.

참고 박물관 도록 및 도서

본문에서는 박물관 도록은 『○○○박 도록』으로 표기한다.
박물관명이 들어가지 않은 경우, 박물관명으로 바꾸어 표기한다.

『국립춘천박물관』, 2002.

『충주박물관 소장품도록』, 충주시 간행, 2004.

『국립청주박물관』, 2011.

『국립경주박물관』, 1989. 1999.

『국립대구박물관』, 1994.

『국립김해박물관 』, 2018.

『대가야는 살아 있다』, 대가야박물관 간행, 2018(『대가야박 도록』으로 표기)

『울산대곡박물관』, 2015.

『국립공주박물관』, 1999.

『국립전주박물관』, 1990.

『국립부여박물관』, 1993.

『국립나주박물관』, 2013.

『익산박물관』

『미륵사지유물전시관』, 전라북도 익산지구문화유적지 관리사업소 간행, 1997.

『수원박물관』, 2014.

『판교박물관』, 2017.

『한성백제박물관』, 2012.

『대구오천년』, 국립대구박물관 간행, 2001.

『영남문화의 첫 관문, 김천』, 국립대구박물관 간행, 2005.

『대가야와 여섯가야』, 대가야박물관 간행, 2008.

『통영』, 국립진주박물관 간행, 2013.

『양산』, 양산시립박물관 간행, 2018.
『임실』, 국립전주박물관 간행, 2011.

『영광』, 국립나주박물관 간행, 2020.
『순천』, 국립광주박물관, 순천시 간행,
『발굴유적유물 도록』, 강릉대학교박물관 간행, 2000.(『강릉대박 도록』으로 표기)
『소장품 도록』, 관동대학교박물관 간행, 2004.(『관동대박 도록』으로 표기)
『선사유적발굴도록』, 충북대학교박물관 간행, 1998.(『충북대박 도록』으로 표기)
『발굴유물도록』, 서울대학교박물관 간행, 1997.(『서울대박 도록』으로 표기)
『계명대학교박물관』, 2004.
『경희대학교박물관도록』, 1986.
『한양대학교박물관』, 2003.

『한국의 청동기문화』, 국립청주박물관 간행, 2020.
『금강』, 국립공주박물관 간행, 2002.
『전북의 고대문화』, 국립전주박물관 간행, 2009.
『백제』, 국립중앙박물관 간행, 1999.
『고인돌』, 국립광주박물관, 동북아지석묘연구소 간행, 2016.
『해남, 해양교류의 시작』, 목포대학교박물관 간행, 2009.
『완도 여서도패총』, 목포대학교박물관 간행, 2008.
『고대 함평 중랑마을의 주거와 장제』, 목포대학교박물관 간행, 2015.
『고구려와 한강』, 한성백제박물관 간행, 2020.

『한국미의 태동 구석기·신석기』, 김성명,김상태,임학종,정성희,양성혁 지음, 국립중앙박물관 간행, 2008.
『고분미술』, 중앙일보 간행, 1985.
『고분미술』, 이영훈,신광섭 지음, 솔출판사, 2004.(『고분미술 2004』로 표기)
『국보를 캐는 사람들』, 김상운 지음, 글항아리출판사, 2019.